宗教社会学大师译丛 / 魏德东 主编

宗教社会学：
彼得·贝格尔读本

Sociology of Religion: A Peter Berger Reader

[美] 彼得·贝格尔（Peter L. Berger）著
魏德东 钟智锋 编
谢夏珩 译

中国社会科学出版社

图书在版编目(CIP)数据

宗教社会学：彼得·贝格尔读本／（美）贝格尔（Berger, P. L.）著；
魏德东，钟智锋编；谢夏珩译 . —北京：中国社会科学出版社，2015.12
（宗教社会学大师译丛）
ISBN 978-7-5161-7260-5

Ⅰ.①宗⋯ Ⅱ.①贝⋯②魏⋯③钟⋯④谢⋯ Ⅲ.①宗教
社会学 Ⅳ.①B920

中国版本图书馆 CIP 数据核字（2015）第 291002 号

出 版 人	赵剑英
特约编辑	胡国秀
责任编辑	陈　彪　凌金良
责任校对	蒋海军
责任印制	张雪娇

出　　版	中国社会科学出版社
社　　址	北京鼓楼西大街甲 158 号
邮　　编	100720
网　　址	http：//www.csspw.cn
发 行 部	010-84083685
门 市 部	010-84029450
经　　销	新华书店及其他书店

印　　刷	北京金瀑印刷有限公司
装　　订	廊坊市广阳区广增装订厂
版　　次	2015 年 12 月第 1 版
印　　次	2015 年 12 月第 1 次印刷

开　　本	710×1000　1/16
印　　张	25.75
插　　页	2
字　　数	422 千字
定　　价	89.00 元

凡购买中国社会科学出版社图书，如有质量问题请与本社营销中心联系调换
电话：010-84083683
版权所有　侵权必究

献给布丽吉特·贝格尔（1928 — 2015）
To Brigitte Berger nee Kellner

丛书总序

宗教是人类为实现自身的终极价值而创造的教育与文化体系。宗教既关乎个人的终极信仰，也具有丰富的社会关怀，并以社会组织的形式存在于世。就人类社会的起源看，宗教的权威、理念与仪式构成了人类最为古老而核心的组织形式，直至今天，宗教仍然是人类最重要的社会组织之一。

对宗教与社会关系的科学研究构成了一个学科，这就是宗教社会学。就学科系统上看，宗教社会学是宗教学与社会学的交叉学科；就学科规模看，宗教社会学至今在世界各大学也都是一个很小的门类；但就学科内容看，宗教社会学却在整个社会科学体系中占有非常显赫的地位。社会科学的重要奠基人亚当·斯密（Adam Smith, 1723 - 1790）在其巨著《国富论》中，就已经用经济学原理分析宗教发展的动力机制，堪称宗教社会学科的先声。而早期社会学的创立者，孔德（Auguste Comte, 1798 - 1857）、马克思（Karl Marx, 1818 - 1883）与斯宾塞（Herbert Spencer, 1820 - 1903），无不对宗教在社会中的地位与作用展开丰富的论述；而作为社会学巨匠的杜尔凯姆（Emile Durkheim, 1858 - 1917）、齐美尔（Simmel Georg, 1858 - 1918）与韦伯（Max Weber, 1864 - 1920），则直接就是在阐述宗教与社会的关系中奠定其学术地位的，他们既是社会学的建构者，也是宗教社会学的创立者。

对宗教与社会关系的研究对于早期的社会科学之所以具有如此重要的作用，是与宗教在传统社会的核心地位分不开的。在现代化进程中，随着政教分离原则的创立与普及，世俗化成为人类社会发展的重要指向，宗教逐渐丧失其在全社会价值系统中的核心地位。与此相对应，宗教社会学家的工作在很长一段时间也不再具有古典社会学大师那样的公共性。这一特征在第二次世纪大战前后表现得最为明显。

自 20 世纪 80 年代以来,宗教在人类社会中的作用出现了"复兴"的迹象。进入 21 世纪,宗教则重新回到了人类社会生活舞台的中心,从个人的身心健康,到社会道德的重建,到文明的对话与冲突,到欧洲及全球的一体化进程,每一重大社会问题,宗教无不身处其中。毫无疑问,宗教是当代社会最活跃的社会元素之一。

基于对现代化与全球化时代宗教与社会关系的精深研究,出现了一批杰出的宗教社会学家。他们的许多工作,也直追先贤,成为社会的普遍知识。罗伯特·贝拉(Robert N. Bellah)关于现代社会中公民宗教实质与作用的论述,彼得·贝格尔(Peter Berger)关于世俗化与神圣化关系的判断与演进,大卫·马丁(David Martin)对全球范围内世俗化与宗教复兴的研究,罗德尼·斯达克(Rodney Stark)从人的理性选择视角对宗教发展动力机制的探索,不仅极大地丰富了宗教社会学内涵,也对民众更好地理解宗教的当代价值大有裨益。

21 世纪以来,中国的宗教社会学也有了长足的进步。以 2004 年"宗教社会科学年会"与"中美欧暑期宗教学高级研讨班"的创立为标志,中国宗教社会学界在 10 余年的时间内,一方面积极引进、学习与消化国外的理论研究成果与方法,同时秉承格物致知、实事求是的学术精神,对中国宗教与现代化的关系开展了大量的实证研究,推动了学科发展,成长起一代学人,更对改善全社会对宗教的理性认知发挥了积极作用。

在教学与科研过程中,我们意识到,对于世界各国的学术思想,要想真正做到以我为主、西为中用,就很有必要从中国学者的视野出发,梳理、凝练世界各国宗教社会学大师的理论成果。这是一个与世界宗教社会学大师对话的过程,也是更准确地理解、消化其思想智慧的步骤。

自 2010 年起,我们开始运作编辑出版一套"宗教社会学大师文集"。首先,我们遴选出了 4 位大师级的学者,这就是罗伯特·贝拉、彼得·贝格尔、大卫·马丁与罗德尼·斯达克,通读其迄今为止的所有著作与论文,取其精华,编辑成册;第二,将我们所选编的文献呈送 4 位教授,请作者自己或删或增,并专门写序,成为得到作者认可的能够代表其思想的选集;第三,在此基础上,出版了马丁与斯达克的英文版文集:Sociology of Religion: a David Martin Reader 和 Sociology of Religion: a Rodney Stark

Reader，由魏德东、钟智锋编辑，贝勒大学出版社（Baylor University Press）2015 年出版；由于发行问题，我们没有能够出版贝拉与贝格尔文集的英文版；第四，组织具有欧美宗教社会学教育背景的青年学者（其中多位曾经是作者的学生），将著作翻译成中文，对于翻译中的疑难，能够随时向老师请教；最后，呈现在您眼前的，就是由中国社会科学出版社出版的中文版文集，冠名"宗教社会学大师译丛"。

编辑这部文集的难度远超最初的想象，坚持与忍耐成为必不可少的美德。最困难的是版权问题，4 部著作的 112 篇论文，是一篇一篇与各出版商谈下来的，且不说费用之昂贵，仅仅合同就签了近百份，这前所未有地丰富了编者与各国出版社、杂志社交往的经验。

值得感动与庆幸的是，我们最终完成了这项工作。一部由中国学者编辑、体现中国学者眼光、得到原作者认可的"宗教社会学大师文集"与"宗教社会学大师译丛"，分别以英文、中文在美国与中国出版，嘉惠学林。我们首先要感谢贝拉、贝格尔、马丁与斯达克等 4 位前辈大师对我们的信任；倍感遗憾的是，贝拉先生已于 2013 年阒然长逝，没有看到《宗教社会学：罗伯特·贝拉读本》的中文版问世，在此我们只能以最严谨的翻译与最认真的学习，告慰贝拉教授的在天之灵。我们要衷心地感谢钟智锋、谢夏珩、袁浩等各位翻译，这些青年学者将其最美好的生命时光奉献于这一西学东渐的事业，自利利他。我们要向中国人民大学国际佛学研究中心致敬，这个机构为项目的完成提供了坚强的经济保障。我们感谢美国贝拉大学出版社与中国社会科学出版社的编辑与领导，你们的远见卓识是人类文明薪火相传的保证。

最后，在这个多媒体时代，感恩您能打开此书。诚恳地期待您的批评指正，呈上我们对您及所有文化人的祝福！

魏德东
2016 年 7 月 4 日
于北京紫金庄园

目　录

作者自序 /1

译者导读：彼得·贝格尔的社会学研究简述 /1

第一部分　知识社会学

第 1 章　作为人文学科的社会学 /3

第 2 章　作为一种观察方法的社会学 /13

第 3 章　制度化 /48

第 4 章　合理化 /81

第 5 章　现实的内化 /109

第二部分　宗教社会学

第 6 章　现代性就是异端的普遍化 /139

第 7 章　宗教：体验、传统和反思 /161

第 8 章　世俗化进程 /184

第 9 章　社会学和神学的视角 /202

第 10 章　宗教的美国，世俗的欧洲？ /210

第三部分　经济与文化发展

第 11 章　现代意识：包裹和载体 /227

第 12 章　一种资本主义理论：形态与用途 /239

第 13 章　一种东亚发展模式？ /251

第 14 章　全球化的文化动力 /260

第四部分　社会学的应用

第 15 章　技术专家体制与意识形态之间的社会学 /277

第 16 章　给人民以权力：从国家到市民社会 /293

第 17 章　相对性的时代中宗教传统之间的对话 /345

第 18 章　在比较语境下的南非 /357

附录 1　为"结束种族隔离制度之后的南非"项目进行现实测试所建议的分析大纲 /384

附录 2　分析大纲 /386

译后记 /388

作者自序

首先我要说，我很高兴看到我的一些作品被选译成中文，编成了这一卷书。我对所有使这本书的刊行成为可能的人心怀感激，特别是谢夏珩博士，因为她肩负起了翻译这个艰巨的任务。我对中文所知为零，所以无法衡量翻译质量如何。不过，夏珩在美国学习的时候是我的学生，她理解我的研究工作，所以我知道她会是可靠的译者。

编辑们把整本书中所选的文章分为四个部分。在中国的传统中，人到了我这个年纪便会被冠以崇高的地位，我所说的每一个字里都应该透着伟大的智慧。对此，我不抱什么期望。而且，我在漫长的学者生涯中写了不少东西，所以选编成本书肯定不是件容易的事。然而编辑们的工作仍然完成得非常出色，他们所选择的文本使读者们对我学者生涯中不同阶段的思想都能够有所了解。

本书的第一部分主要是关于我在知识社会学领域所作的贡献。所谓知识社会学，研究的是社会和意识之间的关系。在这个阶段的代表作是我和托马斯·卢克曼（Thomas Luckmann）合著的《现实的社会构建》（1966）。这本书很有影响力，也已经被译成了不少文字（曾有一位书评人，带着有点可恶的恭维与贬低相混合的复杂情绪，称这本书"几乎是部经典"）。卢克曼和我在书中试图将不同的社会学思想流派汇集为一种理论，用以公正地对待社会的双重性——社会既是人类思想的产物，也是处于任何人类个体的思想之外的一种现实。在之前的一本书中，我把自己研究社会学的方法称为"人文的"，我用这个词的意思是，社会学属于文化科学，而非自然科学。在把人从非人化的虚构中解放出来时，它有着教育性的作用。我在和汉斯弗莱德·凯尔纳（Hansfried Kellner）合著的《社会学的再诠释》（1981）一书中，进一步阐述了这一方法。（是的，我总是很享受与他人合作研究！）

第二部分所关注的是宗教社会学，这从开始就一直是我的主要研究兴趣所在。我在这一领域中的第一部重要论著就是《神圣的帷幕》（1969）。该书的第一部分是一般性的理论探讨，就算在今天，我也坚持这些观点（尽管我可能会使用简单一些的语言——一个人年轻的时候，总是倾向于使用具有深刻含义的艰涩语言）。第二部分是有关世俗化的内容（宣称宗教将在现代世界中衰落），我今天则对之不再赞同——因为我在这一点上的想法已经发生改变：世俗化理论的核心理念，即现代性不可避免地会导致宗教的衰落，并不受到经验证据的支持：在世界的大部分地区，宗教仍然生机勃勃。我花了二十多年才得出这一结论；在我所编的《世界的非世俗化》（1999）一书的序言中，我稍嫌聒噪地阐述了这个问题。由于我一直在研究多元主义理论，我认为，这个理论更准确地反映了当代世界的现实状况［《现代性的诸多祭坛》（2014）］。我和格蕾丝·戴维（Grace Davie）以及艾菲·福卡斯（Effie Fokas）合著的《宗教的美国，世俗的欧洲？》就是要解决这个谜题：为什么美国和欧洲同为高度发达的现代地区，却在宗教方面差异那么大。（正如我经常对我的学生们所说的，一个社会学家相对于哲学家的优势，就在于不论你的理论被证明是错误的，还是受到经验证据的支持，你都能享受到同等乐趣。）

第三部分收录的是文化和经济发展方面的研究。这是20世纪70年代我在墨西哥的一个智库工作期间，被激发起来的一个新的研究兴趣。我在那里第一次接触到当时所谓的"第三世界贫困"问题。在思考如何以最好的方式摆脱这种贫困之余（如果你愿意，也可以称其为一种"人道主义关怀"），我被文化和发展之间的关系所吸引（参见我和布丽吉特·贝格尔（Brigitte Berger）以及汉斯弗莱德·凯尔纳在1974年合著的《流浪之心：现代化与意识》）。我的注意力不可避免地被引向了文化因素是否能帮助解释东亚社会何以成功出现经济快速增长的问题［参见我和迈克尔·萧（Michael Hsiao）在1988年合编的《一种东亚发展模式？》］，这是在中国经济改革所带来的巨大影响变得显著之前。当时的重要实例是日本和所谓的"四小龙"；放在今天，中国会是一个至关重要的实例。

第四部分是把社会学洞见应用到尖锐的社会问题上的一些尝试。一个是美国福利国家的结构，一个是南非种族隔离问题。在1985年至1988年间，我主持了一个有关南非未来的国际研究小组，那几年里，我在南非度过了不少日子。那是一段奇妙的经历——是我的一次尝试，努力地试图理解一个正在全面经历迅速的社会变迁的社会。我们那个由22位成员组成的团队（其中的大部分是有着不同族群和学科背景的南非人）访谈了政治领域中各方势力的领袖，从政府和改革派团体中的南非白人（布尔人）右翼，到黑人城镇中的抵抗运动力量。我们的报告发表于1988年，大约有一年时间都是南非最畅销的书，然后就迅速地过气了。我们没有预料到种族隔离政体的崩溃来得那么快。我们当时并不知道，但是后来当我们的书得以刊行时，政府已经在和曼德拉的非洲人国民大会进行秘密谈判了；曼德拉于1991年从监狱中释放出来，并于1994年当选总统。

我希望这本书的读者们能够在智识方面受到激励，进而分享我对于社会世界多姿多彩的现实所怀有的无尽迷恋。

彼得·L. 贝格尔
2015年5月于波士顿

译者导读：

彼得·贝格尔的社会学研究简述

谢夏珩

彼得·贝格尔最为人称道的身份是著名的奥裔美籍社会学家，研究主题涉猎知识社会学、宗教社会学和现代化等问题。同时，他也是一位持路德宗信仰的神学家。贝格尔的学术生涯主要在纽约社会研究新学院（The New School for Social Research）、鲁特格斯大学（Rutgers University）和波士顿大学（Boston University）度过。1985 年他在波士顿大学创立了经济文化研究所（The Institute for the Study of Economic Culture），即之后的文化、宗教及世界事务研究所（The Institute on Culture, Religion & World Affairs）。2008 年，美国学术界的主要新闻报刊之一《高等教育纪事报》（The Chronicle of Higher Education）曾评论贝格尔是"继韦伯之后最有影响力的社会学家"。此外，琳达·伍德海德（Linda Woodhead）在《彼得·贝格尔与宗教学研究》（*Peter Berger and the Study of Religion*）一书的导言中也说道：

> 如果以第二次世界大战作为分水岭，战前的学者中，我们引用最多的是韦伯、特洛伊奇、涂尔干、马克思和西美尔。……而战后的宗教学研究的经典标准还尚未明确界定，因此我们发现一个饶有兴味的事实：我们引用最多的学者是大卫·马丁、罗伯特·贝拉、罗伯特·伍思诺，以及彼得·贝格尔。这四位学者都在不同的程度上以不同的方式把对经验证据仔细考察和高度理论化相结合。彼得·贝格尔无疑在"形上理论"

(meta - theory)① 层面上是对宗教学研究贡献最多的。②

贝格尔在美国社会学界的重要程度由上述可见一斑。贝格尔及其著作为中国学术界所知，得益于1991年《神圣的帷幕：宗教社会学理论之要素》中文版的出版。其后，《天使的传言》、《世界的非世俗化》及《与社会学同游》等著作相继在中国出版，使学界对其在宗教社会学和神学方面的见解及理论发展有所了解。作为马克斯·韦伯式社会学最重要的继承人，贝格尔在知识社会学、现代化理论、社会学理论以及公共政策方面的研究也可谓贡献卓著，但其在这些方面的著作在中国却鲜为人知。

有鉴于贝格尔教授的自序中已经按照章节结构对本书内容进行了简述，本文将依据其学术生涯的时间脉络，对他在研究历程的三个阶段中提出的主要观点及主要著作的内容做一简单介绍，为本书内容提供一个基本背景：(1) 知识社会学中"现实的社会建构"理论的提出，暨宗教社会学的"世俗化"阶段；(2) 对经济发展和现代化路径的探讨，及社会学的应用阶段；(3) "后世俗化"阶段，即"非世俗化"向"多元化"理论的转向。

贝格尔独特的社会学视角形成于他在纽约社会科学新学院的研究生时代，主要受到阿尔伯特·萨洛蒙（Albert Salomon）、阿尔弗雷德·舒茨（Alfred Shutz）和卡尔·梅耶（Carl Meyer）在不同方面的影响。通过萨洛蒙的教导，贝格尔开启了此后一生对于人类社会结构和内部运行机制以及个体动机的无限研究热情。同时通过萨洛蒙的介绍，贝格尔接触了法国启蒙运动时期的思想，了解了涂尔干的社会学观点，并在某些方面深受其影响，如涂尔干关于社会现象的客观性、"集体良知"（collective conscience）、现代性的本质是机制特征的变化、宗教是社会的神圣象征以及混乱无序（anomie）是社会纽带被剥夺的不可忍受的状态等。

尽管贝格尔并不认同舒茨对现象学更广泛的应用，但在社会学理论方面，舒茨对他的影响无疑是最持久的。贝格尔从舒茨理论中所汲取的核心观点，是舒茨建构的"多重现实"（multiple realities）的概念及其在个体

---

① 形上理论（meta - theory）即以某一具体研究领域的理论为研究对象的理论。

② Woodhead, Linda, Paul Heelas, and David Martin, ed., *Peter Berger and the Study of Religion*, New York, NY: Routledge, 2001: p.1.

意识中实在得以存续的形式。舒茨将现象学与美国社会心理学的传统相结合，对"多重实在"在个体意识中的存续进行阐释：他围绕这个中心概念构建了一系列辅助概念，解释了不同实在如何在个体的主观意识中组织起来，并有效地在主体间进行沟通交换。

卡尔·梅耶对贝格尔的影响主要源自他对宗教社会学基本观点的介绍和对韦伯论著的诠释，尤其是后者。梅耶全面深入地讲解了韦伯关于特定的宗教运动和社会力量间的"选择性联姻"，超凡个人魅力（charisma）及其"常规化"，教会和宗派的社会结构，以及新教伦理与现代资本主义发展的关系。贝格尔对韦伯式社会学理论框架的认同由此发端，纳为己用，并深深认同韦伯对社会科学研究者应当抱持"价值中立"（value-free）态度的观点。

这三股色彩各异的思想源流，汇合而成贝格尔的社会学理论框架的雏形，同时，对这三种理论体系进行协调整合的努力，构成了贝格尔与托马斯·卢克曼（Thomas Luckmann）此后合作的名著《现实的社会构建——知识社会学专论》的基础。①

《现实的社会构建》是贝格尔和卢克曼在知识社会学领域扔下的一枚重磅炸弹，在社会建构理论的发展中起到了至关重要的作用。同时，这本书也清晰地阐明了贝格尔的社会学理论的哲学基础。该书被国际社会学协会（International Sociological Association）列为20世纪最重要的十本书中的第五名②。相对于"知识社会学"这个名词而言，"意识社会学"似乎更符合贝格尔和卢克曼写作该书的意图。在此书中，贝格尔和卢克曼借鉴了舒茨关于"我们"和"他们"两种关系的分类，而将现实划分为"主观实在"和"客观实在"两个层次：主观实在存在于对个体本身有直接意义的领域；而客观实在则指社会机构或机制等不取决于主观思想的存在。首次明确地以"外化—客体化—内化"的三段形式阐释社会与意识之间的辩证关系。简言之，"外化"即人类作为一个整体想象出一个社会，他们建造并认识自己建造的外部世界；"客体化"即人类个体意识到

---

① Berger, Peter L. *Adventures of an Accidental Sociologist: How to Explain the World without Becoming a Bore*, New York, NY: Prometheus Books, 2011: pp. 11—43.

② http://www.isa-sociology.org/books/books10.htm.

既存的体制或规则等是独立于他们意识的客观实在，并且绝大部分不能轻易被改变；"内化"即人类个体通过社会化过程，将已经客体化的体制或规则等当作既成事实而接纳或吸纳，并认可其为自己和他人共同接受的事实，这也是客观实在通过社会化而成为主观实在的过程。这本书作为社会建构主义（constructivism）发端的"宣言"而广受瞩目，同时也深刻影响了民族方法学（ethnomethodology）的发展。[1]

在此理论基础上，贝格尔写成了他在宗教社会学领域的代表作《神圣的帷幕：宗教社会学理论之要素》。这本书撇开了当时美国宗教社会学界着力研究的宗教的各个侧面，而将宗教重新作为一个不可分割的整体进行研究。不同于卢克曼，贝格尔延续了韦伯的宗教社会学思路，着眼于对宗教进行本质性的定义，尤其强调宗教中蕴含的超自然的世界观。宗教即"用神圣的方式进行秩序化的人类活动"[2]。《神圣的帷幕》分为两个部分：第一部分中，宗教被表述为社会建构和维系中至关重要的存在。所有的制度都是不稳定的，它们的运转完全仰赖于人们持续认为制度"似乎"是真实存在的似然性。[3] 而宗教提供了一种神圣的宇宙论作为使制度化秩序合理化的"帷幕"，使人们忘记了制度是人类社会的产物，从而强化了制度的真实性。书的第二部分讨论了世俗化，即宗教在社会以及个人意识层面的衰落，是现代性的必然伴生物。也正是这部分内容及其后一系列的延伸讨论，使贝格尔成为世俗化理论大军的中坚力量。贝格尔承续了韦伯关于"理性化"亦即"现代化"植根于极端的"世界的去魅"的理论，认为这一关系在古代犹太教中已经显明，而在宗教改革中进一步极端化。他进一步阐释道，现代性削弱了人类有关集体信念和价值观的共识，因而削弱了在现代条件下集体信念和价值观的似然性。简言之，现代性带来了多元主义，进而产生了世俗性。[4]

---

[1] Berger, Peter L. and Thomas Luckmann, *The Social Construction of Reality: A Treatise on Sociology of Knowledge*, Garden City, NY: First Anchor Books, 1967.

[2] 彼得·贝格尔，《神圣的帷幕：宗教社会学理论之要素》，高师宁译，上海人民出版社，1991年版。第5页。

[3] Berger, Peter L. *Adventures of an Accidental Sociologist: How to Explain the World without Becoming a Bore*, New York, NY: Prometheus Books, 2011: p.98.

[4] Berger, Peter L., *The Sacred Canopy: Elements of a Sociological Theory of Religion*. Garden City, N.Y., Anchor Press, 1990.

1979 年出版的《异端的律令：宗教信仰在当代的可能性》继续了世俗化的探讨，同时也是贝格尔对多元主义及宗教在现代化条件下继续存在的可能性的探讨。现代化使人类社会发生了翻天覆地的变化，人类实现了从"命定"到"选择"的转变。人类的共识被粉碎，神圣的帷幕被撕裂，人们面对的不是缺乏神明，而是神明泛滥。每个人都被迫在各种世界观和信仰中自己进行选择。贝格尔在书中展示了宗教回应多元化现状的三种情况：压缩，即将宗教传统进行世俗化表达；追溯，即坚定地重申宗教本原的传统，亦即原教旨主义；导入，即结合多元化现实对宗教传统进行改造。他认为在多元化的社会中，第三种改良性策略是最有可能实现的。①

其间大概有二十年的时间，贝格尔的研究兴趣转向了经济发展，特别是资本主义发展的模式，这是他社会学研究第二个阶段的开始。在这一阶段，他先后写了《牺牲的金字塔》和《资本主义革命：关于繁荣、平等和自由的五十条论纲》等书，但反响平平。20 世纪 70 年代，他游历了"四小龙"，对四个国家和地区的经济发展之迅速印象颇为深刻。他认为他看到了一种全新的经济发展模式，既能实现市场经济的快速发展，又能保留当地的文化传统。市场经济发展过程中痛苦和意义所累积起来的"牺牲的金字塔"并非不可避免。这次"社会学家的游历"直接引起了他对东亚发展模式的兴趣，编辑了《探寻东亚发展模式》一书。贝格尔并非"文化主义者"，所以尽管他肯定东亚人群中有某种文化价值观在这个区域的经济腾飞中扮演了一个很重要的角色，但他并不认为文化是唯一的解释。②

在这个阶段，贝格尔与妻子布丽吉特·贝格尔（Brigitte Berger）以及妻弟汉斯弗雷德·凯尔纳（Hansfried Kellner）合作了《漂泊无依之心：现代化与意识》，试图解释现代化的社会本质、理念的霸权等与现代化密切相关的意识层面的现象，并尤其关注社会制度中环境人类意识是如何产

---

① Berger, Peter L., *The Heretical Imperative: Contemporary Possibilities of Religious Affirmation*. Garden City, N. Y.: Anchor Press, 1979.

② Berger, Peter L. "An East Asian Development Model?" in *In Search of An East Asian Development Model*. Transaction Publishers, 1988.

生的，而意识的特征又是如何被制度化的环境所决定的。① 这本书是《现实的社会构建》所搭建的理论框架的一个具体应用，而且由于书中观点对堕胎等现实问题持保留态度，把保守派和自由派都得罪了，因此书评并不好，销量也自然低迷。

  贝格尔将社会学理论与现实公共政策结合起来研究的主要实例有两个，也因此诞生了两本书。一个例子是他所主持的关于美国公民社会的研究。贝格尔和他的团队认为邻里关系和教会等民间自愿结成的组织是具有关键作用的"中介结构"（mediating structure），而这些组织的崩塌将会带来灾难性的后果。所以为了避免政府持续扩张侵入市民社会，每一个公民都应该行动起来，为市民社会注入力量。② 这项研究的成果最初发表于1976年，在当时美国社会政策的大讨论中起到了巨大影响，"中介结构"一词也随之变得家喻户晓，成为被广为引用的词汇。

  另一个实例是他所主持的关于南非种族隔离制度的研究。这项研究使他全面深入地接触并理解了一个国家在各个层面上的转变，亲眼看见南非种族隔离制度——这座看似难以征服的堡垒，在短短数年时间内便轰然倒塌。在整个项目进行过程中，贝格尔基于知识社会学的理论，为研究团队设计了一个理论框架，即抛开道德论断，只探讨政策以及政治行动的可行性和有效性，为南非政治描绘一幅准确的"认知地图"（cognitive map）。事实证明这个"价值中立"的研究方法行之有效，并在南非种族隔离问题的学术研究和干预公共政策制定两方面都获得了巨大的成功。③

  之后，贝格尔的研究重心又回归到宗教社会学方面。然而谁也没有想到，这位世俗化理论的尖兵在21世纪初进行了第一次理论转向。在《世界的非世俗化：复兴的宗教与全球政治》中，贝格尔基于多年来观察和收集到的经验证据，明确指出世俗化理论的谬误，认为当今世界并非沿着世俗化道路前进，反而变得越来越非世俗化。以伊斯兰教和基督新教五旬

---

  ① Berger, Peter L., Brigitte Berger, and Hansfried Kellner, *The Homeless Mind: Modernization and Consciousness*. New York: Vintage Books, 1974.

  ② Berger, Peter L., and Richard John Neuhaus, ed., *To Empower People: From State to Civil Society*. Washington, D.C.: American Enterprise Institute, 1996.

  ③ Berger, Peter L., and Bobby Godsell, eds., *A Future South Africa: Visions, Strategies and Realities*. Boulder, CO: Westview Press, 1988.

节派为代表的宗教势力在全球大规模复兴，并形成了不容忽视的政治和社会力量。世界上只有两个部分在持续世俗化，即西欧国家和知识分子群体。以往被视为"异数"的美国只是这泱泱大潮中的普通一员。① 这一理论转向在宗教社会学界引起了不少争论，但并非人人都赞同他的新论点。英国宗教社会学家史蒂夫·布鲁斯（Steve Bruce）就明确认为世俗化理论仍然成立，而贝格尔的这种理论转向是毫无必要的。

仅仅只过了十年，贝格尔对他的观点再次进行修正。他认为现代化不一定会带来世俗化，却一定会带来多元化。这听起来像是另一个源于他折衷主义的产物，但更具现实意义。多元化的现实是：当现代化打碎所有信仰的"理所当然性"之后，许多替代性的世界观和信仰涌现出来，有不同种族或宗教背景的群体将在同一个社会中实现和平共处和互动。多元化破坏的是集体共同信仰或"理所当然"的宗教，而并非所有宗教。宗教可以有多种形式和层次，既可把宗教当作肤浅的客户需求，也可把宗教当作热烈的信仰的飞跃。贝格尔对多元化的强调其实为宗教发展的不同路径敞开了大门，并且认同这种路径的差异是必然的现实。这似乎是他所赞许的埃森斯塔特（Shmuel N Eisenstadt）倡导的"多元现代性"理论的宗教社会学版本。②

贝格尔认为，在当今社会条件下，不太可能再签订一份《威斯特伐利亚合约》，由君主们决定一国的宗教信仰之后达成和解，以弥平国家间或民族间的宗教冲突。一份超越国界的和平方案目前尚未成熟，但无神论者和其他自由选择宗教信仰的信徒们能够在同一社会空间中和平共处，也许就是这份方案的雏形。唯一的问题是，在现代社会中，以何种社会集体意识作为基础，才能容纳这些不同的信仰并与之共存，且使得不同信仰之间和平共处。

基于上述的贝格尔的思想发展脉络，可以明显看到贝格尔的主要思想和学术贡献大致可以分为四个方面：知识社会学、宗教社会学、文化与经济发展和社会学的应用，而其中的核心理论框架，或者说"形上理论"

---

① Berger, Peter L. ed., *The Desecularization of the World: Resurgent Religion and World Politics*. Washington D. C.: Ethics and Public Policy Center, 1999.

② Berger, Peter L. ed., 未发表手稿 Further Thoughts on Religion and Modernity。

基础即他与卢克曼合作的《现实的社会构建》。如前所述，该书综合了韦伯、涂尔干和舒茨的思想，着眼于社会与意识的相互关系，重新定义了知识社会学，使其从"思想史的注脚"成为"全新的社会学理论方法"[①]。在宗教社会学研究方面，贝格尔认为既然宗教社会学属于知识社会学的范畴，则方法论必须严守"方法论上的无神论"，即韦伯所说的"价值中立"，必须和任何对宗教真理的哲学或神学讨论严格区分开来。同时，贝格尔基于经验证据而在现代化对宗教的影响的讨论中做出的两次转向，充分说明了他尊重事实而不畏承认理论错误的治学态度。在文化与经济发展的研究方面，贝格尔秉承了韦伯式的宗教社会学研究中所应用的比较与历史研究法。在贝格尔的话语体系中，"资本主义"等同于"市场经济"，而他尚未注意到萌芽中的中国内地的经济腾飞。贝格尔始终赞同埃森施塔特提出的"多元现代性"理论，认为文化因素在各个不同地区的现代化发展中有着强大的作用，因而包容多种现代化路径比倡导单一特定的现代化路径要更具有现实意义，也更贴近实际情况。在社会学的应用方面，贝格尔将社会学从理论思考付诸实践，以寻求现实问题的答案。他带领的研究小组进行的社会学研究，在两次大规模社会问题的讨论中均起到至关重要的作用：一是在美国国内主持的关于公民社会前途命运的研究，二是在结束南非种族隔离制度中的研究。这两项研究成果所带来的社会影响出乎贝格尔自己的预料，也使他在社会学应用方面的思考更进了一步。

贝格尔的著作大多理论性极强，逻辑严密，观点论证具有深厚的哲学功底，这也使他的书显得有些艰深难读。但是贝格尔的研究实际上与现实问题密切相关。例如他在对现代化路径问题的探讨中，着重考虑了文化因素，以及由文化而造成的各国国情的差异，因而得出了市场经济及现代化的路径必将是多元化的结论，而非某些人或某些势力所极力倡导的现代化的单一路径。结合当今世界的发展状况，中国、印度、东亚四小龙等国家和地区都结合自身文化传统的特点，利用自身优势，沿着有别于西方传统的现代化路径各自发展。这足可说明贝格尔所持的是更有建设性、更为实际、也更符合世界历史发展规律和潮流的观点。又如，他最近发展的现代性与多元化之间相关性的理论，在更好地解释当今世界的文化版图的同

---

① 2009 年对贝格尔的访谈

时，也透露了贝格尔尝试以社会学角度进行观察、以解决当前国际社会中纷繁的宗教冲突的意图。现代化在世界各地均先后发生，带来了物质生活水平提高等相似的结果。但与此同时，由于历史文化等各异的因素，现代化也给各个国家和地区造成了不同的文化后果：现代性带给西欧国家的是普遍的世俗化，甚至是去宗教化，而留给美国的则是依然浓厚的宗教传统和较高的信教人口比例。基于个别国家或地区的发展经验得出世俗化或非世俗化的结论，继而对其他国家和地区的发展前景一概而论，显然是不符合现实的。相反，在打破了意识垄断而个人选择空前繁多的现在，多元化是不可避免的，一个国家或整个国际社会要面对的问题都是如何在一致的"集体意识"基础上，实现与"他者"的和谐共处。

第一部分　知识社会学

第1章 作为人文学科的社会学①

社会学自开始之日起就自认为是一门科学。本书开篇不久，我们就曾讨论过一些这种自我认识所导致的方法论后果。现在，在本书的结语部分，我们所关注的并非方法论，而是在诸如社会学这样的学科中隐含的人文意义。我们已经在前几章里试图描绘社会学视角是如何帮助说明人的社会存在的。在最后一个"补记"中②，我们简短地提出了一个问题：这种视角所隐含的伦理意义会是什么。在社会这个嘉年华中，有个被称之为学术研究的特殊角落，我们现在把社会学作为这个特殊角落中的学科之一，对它再次进行审视，为本书进行总结。

许多社会学家可以向自然科学领域的同行们借鉴的重要一点，是要对自己的学科抱有一定的游戏心态。总体来说，自然科学家们随着年龄增长，会以更加成熟的态度对待他们的研究方法，这使得他们能够看到研究方法的相对性和有限性。社会科学家们则倾向于带着阴沉而一本正经的态度对待自己的学科，使用诸如"经验性的"、"数据"、"正确性"或者甚至"事实"这样的术语，就像一个巫毒法师召唤最珍爱的小精灵一样。随着社会科学从热情洋溢的青春期发展到柔和圆润的成熟期，我们期待社会科学家们和他们的游戏之间也会出现类似程度的疏离，事实上，已经出现了这样的端倪。到那时，可以把社会学理解为众多游戏之一，它对人类生活意义重大，却并非定论，对于在认识论层面对其他人进行的消遣娱乐，人们不仅会待之以宽容，甚至会觉得饶有兴味。

---

① 本章节选自 *Invitation to Sociology: A Humanistic Perspective.* Garden City, N.Y., Doubleday, 1963。——译者注

② 在《社会学的邀请》一书中，有两章特别注明为"补记"的章节。——译者注

这种在自我理解上的成熟，本身就具有人文意义。甚至可以说在一个学科中，对自己的研究语带嘲弄充满怀疑，这种现象本身就是其人文特征的标志。这对社会科学而言更为重要，因为它们应付的是一些特别滑稽古怪的现象，而这些现象又构成了社会这出"人间喜剧"。事实上，没有发觉社会现实中这个喜剧维度的社会科学家们，也将无法看到它的本质特征。除非把政治理解为一场骗局，否则你就不能完全掌握其要领；或者不把社会分层体系的特征看作一场化装舞会，就无法理解它。除非能够回忆起还是个孩童的时候，是如何戴上面具，只要简单说一句"嘿！"就能把小伙伴们吓个半死，否则是无法从社会学的角度理解宗教机制的。如果不抓住色情的本质就是出滑稽剧，那么就没人能够理解色情的任何一个方面（这一点需要对严肃的年轻社会学家们特别强调；如果不苟言笑地教授"恋爱、婚姻和家庭"这样的课程，那就太不合适，因为这个研究领域的各个方面都是和人体的那个部分挂钩，而这又是最难以严肃对待的部分）。而一个社会学家如果想不起在《爱丽丝梦游仙境》里某个王后的司法判决，就无从理解法律。无须赘言，这些话不是为了诋毁严肃的社会研究，而只是想指出，严肃研究将会从只有在笑声中才能获得的洞见中大受裨益。

社会学尤其不要把自己固定在一种毫无幽默感的唯科学主义态度上，而无视社会景观中的滑稽现象。如果社会学是这样，那么它会得到万无一失的方法论，但却会失去它原本出发去探索的气象万千的世界——这种悲伤的命运就如同魔法师最终找到了办法，可以从瓶子里释放出强大的精灵，但是却忘记了他最初对精灵许下的愿望。然而，如果规避了唯科学主义，社会学家将会发现普遍存在于社会科学和自然科学的科学程序中的人文价值：在所研究的世界那无限的丰富性面前保持谦卑，在寻求理解时对自我的忽略，在研究方法上保持诚实与精确，尊重诚实研究得到的发现，愿意且静候自己被证明是错误的，然后更正自己的理论，以及最后但并非最不重要的一点是，和其他也具有这些价值观念的人之间的伙伴关系。

社会学家们采用的科学方法，暗含着这个学科所独具的一些价值。其中之一就是，小心地关注其他学者可能感到平淡无奇、不值得被当作科学研究对象的事情——你几乎可以把它们称为社会学研究进路中的平民式兴趣焦点。有关人类及其行为的一切，无论多么平凡，都可以成为重要的社会学研究对象。另一个独特的价值是社会学家天然地必须倾听他人的叙述，却不必提供自己的看法。这种倾听的艺术，静默而专注，是任何要从事经验研究的社会学家都必须具备的。尽管不应该夸大一种研究技巧的重要性，但是在这种做法中，至少是潜在的，有一种重要的人文意义，特别是在我们这样一个神经质又喋喋不休的时代，几乎没人会抽出时间来专注地倾听别人说话。最后，只要社会学家的心理状态允许，他就有责任对自己的发现进行评估，而不顾自己的偏见、好恶、希望或者恐惧，这其中也存在一种特殊的人文价值。这种责任，当然，社会学家和其他科学工作者都有。但是在一个如此接近人类激情的学科里，却尤其难以付诸实践。显然这个目标不是总能达成，但是在这种努力中，蕴含着不容轻视的道德意义。社会学家们关注倾听世界，却并不会立即凭借自己心中对于好坏的理解进行回应，而诸如神学或法学这样的规范性学科，遇到的则是持续的强迫性冲动，要将现实硬挤进价值判断的狭窄框框里；两相比较，社会学的责任感就显得越发讨人喜欢。通过比较，社会学看起来与笛卡尔对"清楚而明白的感知"的追求一脉相承。

在这些社会学的科学事业中所固有的人文价值之外，这个学科所具有的其他特点，就算不能说明社会学完全属于人文学科，也使其非常接近人文学科了。在前面的章节中，我们已经尽力阐明这些特点，要对它们进行总结的话，就是：毕竟，社会学最为关注的，是人文学科的首要课题——人类的生存状态本身。正因为社会对于人类的存在是一个如此关键的维度，社会学才无数次地追问最根本的问题：作为一个人意味着什么，作为一个处在具体情境之中的人又意味着什么。这个问题经常被科学研究的繁文缛节，以及社会学为了使自己合理地占有科学的一席之地而发展出的苍白的词汇表所掩盖。但是社会学的数据来自于非常接近人类生活的核心部分，使得这个问题能够反复地显露出来，至少对于那些能够敏锐地感知自己的工作所具有的人文意义的社会学家而言是这样的。这种敏感，正如前述，并非社会学家在应有的职业素养（例如音乐家的好耳朵，或者美食家遍尝美食的味觉）之外，可能拥有的无关痛痒的品质，它直接关系到社会学家的感知本身。

这种对于社会学的人文地位的理解，暗含着开放的思想和广阔的视野。应该欣然承认，这种姿态的获得，也许是以社会学系统构建的任务中严格周密的逻辑为代价的。我们自己的论述就可以充作一个令人尴尬的例证。在本书第四和第五章中所追求的推理，本来可以合理地专注于唯社会学主义（sociologism，即，一个始终完全使用社会学术语诠释所有的人类现实的系统；在其解释范围内，不承认有其他构成因果关系的因素，在其因果关系的构建上，不允许有任何漏洞之类的东西）的理论系统。这样的系统很棒，甚至在审美上让人很愉悦。其逻辑是一维的，封闭的。对许多条理清晰的头脑而言，这种知识结构很诱人；从实证主义发端之日起，其各种表现形式所具有的吸引力就证明了这一点。马克思主义和弗洛伊德主义所具有的吸引力也有着类似根源。要展开社会学论证，又要规避其看似必然的唯社会学主义的结论，就必须在思想中给不太合逻辑又不太严谨的想法留有一席之地，正如读者可能已经察觉到的，我们在第六章的论述中开始撤回一些前几章的论点。我们欣然承认这一切——但是还要追加一点，不合逻辑并非出于观察者在推理方面的刚愎自用，而是由于生活本身具有许多看似矛盾的面相，这也就是他所承诺要进行观察的生活。对人类生活所具有的无限丰富性保持这种开放的态度，使得唯社会学主义的沉闷结果难以为继，并且迫使社会学家在其理论设计的封闭高墙上允许"漏洞"的存在，并通过这个开口，感知到其他可能的视野。

　　社会学对于人文视野的开放性，进一步暗含着和其他对探索人类生存状态极其关切的学科之间不断的沟通。其中最重要的学科是历史和哲学。如果对这两个领域有一定了解，那么有些错误、特别是美国的社会学研究中所犯的愚蠢错误，是可以轻易避免的。尽管大多数社会学家，由于个人气质或者专业领域的原因，关注的主要是当下的事件，但是无视历史的维度不仅违背了西方有关文明人的经典理念，而且违背了社会学推理本身——即，社会学中有关预定义（predefinition）这一核心现象的部分。对社会学的人文理解所导向的，是即便社会学不把自己理解为一个历史性学科（这个概念对大部分美国社会学家而言仍很陌生，但是在欧洲的社会学家中却很普遍），也和历史有着几乎是共生的关系。至于哲学，它不仅可以防止某些社会学家在方法论上的幼稚，而且有助于社会学家们对希望研究的现象本身有更充分的把握。说这些不是为了诋毁社会学从非人文学科那里借用的统计方法等手段。但是如果发生在人文意识的背景下，那么对这些手段的借用会更加高明和（如果可以这么说的话）更加文明。

人文主义的观念和文艺复兴以来的思想解放关系密切。通过前文的论述，我们已经证明了社会学名正言顺地在这个传统中占有一席之地。然而，我们在结论中可以问这样一个问题：美国的社会学研究（其本身正在形成一种社会机制和一种专业领域的亚文化）可以通过何种方式完成它的人文主义使命。这个问题并不新颖，而且已经有很多社会学家曾尖锐地提出过，比如弗洛里安·兹纳涅茨基（Florian Znaniecki）[①]、罗伯特·林德（Robert Lynd）[②]、爱德华·希尔斯（Edward Shils）[③] 等。但是这个问题有足够的重要性，让我们无法不谈它便完结本书。

如果一个炼金术士被一个掠夺成性的君主关押起来，这个君主不仅想要黄金，而且要很快便得到，那么炼金术士不会有什么机会用点金石（Philosopher's Stone）崇高的象征意义来吸引他的雇主。受雇于许多政府机构和产业部门的社会学家们，便经常处于差不多的境地。有些研究的目标是决定轰炸机的最佳机组成员构成、发现吸引患梦游症的家庭主妇在超市里选择某个牌子的发酵粉的因素，或者建议工厂的人事经理破坏工会影响力的最佳步骤，对于这样的研究设计，要引入人文主义的维度并不容易。虽然受雇于从事这些实用研究的社会学家，也许能够让自己满意地觉得这些对他们专业的应用在伦理上没有问题，但是要把这种应用看作具有人文性质的尝试，则需要某种绝技对其进行意识形态方面的诠释。另一方面，在政府或产业运作中应用社会科学，也有可能带来某种对人文精神的强调，对于这种可能性，也不应该太过草率地排除。例如，社会学家们在公共卫生、福利规划、城市改造，或者致力于消除种族歧视的政府部门等各个领域中所

[①] 弗洛里安·兹纳涅茨基（1882—1958），波兰社会学家，波兰农民文化权威，著有《欧洲和美洲的波兰农民》、《社会心理学的规律》、《社会学的方法》、《知识分子的社会作用》、《文化科学的起源和发展》、《现代民族》等。——译者注

[②] 罗伯特·林德（1892—1970），美国社会学家，与妻子海伦·梅瑞尔·林德（Helen Merrell Lynd，1896—1982）合著《中镇》系列。——译者注

[③] 爱德华·希尔斯（1910—1995），美国杰出的教育家、学者、作家、编辑和社会学家，著有《文明美德》、《传统》、《马克斯·韦伯论社会学研究方法》等。——译者注

处的位置，都理应使我们免于太过匆忙地得出结论，认为社会学家受雇于政府，就必然意味着他们将成为被政治实用主义囚禁的没有灵魂的囚徒。甚至在产业界，也可以证实，在管理方面（特别是在人事管理方面）最明智且最具前瞻性的想法，都大大得益于社会学所作出的贡献。

如果可以把社会学家看作马基雅维利式的人物，那么他的才能既可服务于人性中极恶的一面，也可以被用于成就人性解放的事业。如果容许我使用一个有趣的比喻的话，那么可以把社会学家看作社会感知的雇佣兵。有的雇佣兵为压迫者卖命，有的则为了解放人类而战斗。特别是当你环顾四周，看看美国的国境内外，你便会发现，有充分的理由相信，在当今的世界上，后一种雇佣兵还有用武之地。人们在意识形态上对于社会的本质感到迷惘，而这种迷惘是相互冲突的狂热情绪所具有的共同点。在人们被这些狂热情绪所折磨的情况下，社会学的马基雅维利主义所具有的超然态度所提供的帮助并非无足轻重。为人类需求而非宏大的政治纲领所推动；有选择且有节制地贡献力量，而非为极权主义信念奉献自己；同时兼具同情心和怀疑的态度；寻求不带偏见的理解——所有这些都是社会学研究存在的可能性，它们在当今社会的许多情境中所具有的重要性，几乎不可能会被估计得过高。这样，社会学也可以得到与政治相关的尊严，不是因为它自己可以提供什么特别的政治意识形态，而恰恰是因为它没有这种意识形态。特别是对于那些已经从当代炽热的政治末世论中清醒过来的人而言，社会学有助于向他们指出，还存在着不需要牺牲一个人的灵魂和幽默感就能参与政治的可能性。

然而在美国，大部分社会学家还是继续供职于学术机构。似乎在看得见的将来也仍将如此。因此，任何有关社会学的人文主义潜能的思考，都必须直面大部分美国社会学研究所处的学术环境。有些学术界的人认为，只有那些从政治或经济机构领工资的人才用肮脏的手段；这种论调很荒谬，本身就是用来使学术界人士的地位合理化的意识形态。就说一点，如今的科学研究，其本质就是学术世界被外部组织的实际利益所渗透。即便有许多社会学家们没有搭上政府或企业的财富捞钱专列（他们多半相当懊恼），学术管理层所知晓的手段，"经费自由化"（freeing of funds，说难听点就是"挪用经费"①）保证了深奥的专业追求也可以从捞钱专列上掉下来的面包渣中汲取养分。

然而，即便专注于学术研究，受雇于学术机构的社会学家也没什么正当理由对他人表示轻蔑。比起位于麦迪逊大道的广告业界那众所周知的激烈竞争，大学里的追名逐利通常更加野蛮，不过这种残暴性被学者气质的谦恭有礼以及献身教育的理想主义所掩盖。当一个人花了十年时间，试图离开一个三流的专科院校，而跻身一所有名的大学，或者当一个人在有名的大学中花了同样长的时间，想挣到一个副教授的职位，社会学的人文主义脉动所要经历的冲击，至少和受雇于非学术机构的人所经历的一样强烈。人们会写那些有机会在合适的刊物上被发表出来的东西；会试图接触那些靠近学术赞助机构核心部分的人；会像任何利欲熏心的初级行政人员一样，充满政治热情地填补简历上的空白；会像憎恨同囚一室的犯人那样，默默地嫌恶自己的同事和学生。有关学术界的狂妄自大，就先讲到这里。

然而有一点是不变的，如果社会学有着人文主义特征，那么就算只是因为统计上的原因，这个特征也必然要在学术环境中展现出来。我们认为，尽管刚才说了很多不敬的话，但这是一种具有现实主义的可能性。大学就像教会一样，难以抵御来自世界的强大诱惑。但是大学从业人员和神职人员一样，受到诱惑之后就会有矛盾的负罪感。西方的古老传统中认为，大学是一个追求自由和真理的地方，这是一个用血和墨捍卫的传统，这个传统有办法在一颗不安的良心面前，重新夺回自己的地盘。正是在这种坚持不懈的学术传统之中，社会学的人文主义脉动能够在我们当下的情境中，找到自己的栖身之所。

很显然，关注如何训练新生代社会学家的研究生院，在这方面和本科教学所要面对的问题是不同的，研究生院所面临的问题相对简单。作者自然感到本书中所提出的社会学概念，应该在未来社会学家的"养成"（formation）中有一席之地。前文所说的社会学的人文维度，对于社会学

---

① 原文是 cigar-box method，但是和现在普遍说的 cigar-box method 意义不同（现在主要指 1999 年以来应用于农业综合企业中的一种工具包，用以核算商品价格、边际、捐款、收支平衡量以及盈利状况等）。此处 cigar-box method 应该源于杂耍中抛接雪茄盒的杂技，表示随意挪借科研经费。——译者注

的研究生课程所暗含的意义是很明显的。此处不再展开。我们所设想的方针是，牺牲技术上的专业化以塑造人文素养。你对于社会学作为一个学科的构想，显然将决定你对于社会学家应该受到何种教育的看法。但是无论这种构想是什么，也只和一小部分学生有关。幸亏不是每个学生都会成为羽翼丰满的社会学家。如果接受我们的论点，那么成为训练有素的社会学家的人，就必须支付去魅的代价，在一个依靠神话支撑的世界里找到自己的路。我们已经花了不少篇幅，说明其实现的可能性。

对于本科院校来说，问题显然不同。如果社会学家在这样的学校进行教学（大部分社会学家都是），那么他的学生中没有几个会进入研究生院，并在社会学领域继续深造。甚至可能社会学专业的学生中都没几个会继续深造，反而会进入社会工作、新闻、商业管理，或者很多其他将"社会学背景"视为有用的行业。一个在许多方面都很一般的本科院校教书的社会学家，审视着班上迫切地热衷于社会地位的年轻男女，看着他们凭借学分制开辟一条向上爬的路，执拗地为成绩争辩，明白只要学期末给他们的成绩单上加上三个学时，即使自己在课堂上给他们念电话簿，他们也不在乎——这种境遇下的社会学家，迟早会怀疑自己所从事的到底是份什么样的工作。如果是在一个上流社会的环境中，对学生们而言，他们的社会地位已经早已确定，接受教育是一种特权而不是为社会地位奋斗的工具，一个为这样的孩子提供智力消遣的社会学家，他也会质疑，在这种情况下，不论什么领域的社会学，还有什么存在的价值。当然，在州立大学和常青藤盟校中，总是有少数几个真正关心学习的内容并且真正学懂了的学生，老师也总可以把他们当作自己教育的对象。然而，长期下来，这还是很令人沮丧，尤其当老师怀疑自己所教授的内容在教育上是否有用的时候，更是如此。而那正是一个在道德上非常敏感而又从事本科教育的社会学家应该问自己的问题。

有的学生上大学只是因为他们需要一个学位，来得到自己心目中理想的工作；有的是因为他们的社会地位要求他们取得一个学位。教授这样的学生，是社会学家和其他专业的同事们所要面对的共同问题。本文对这个问题不做探讨。然而，这对社会学家而言存在一个特殊的问题，它与前文讨论过的社会学所具有的揭露真相、去除迷思的特点直接相关。我们不妨问，他有什么权利，向那些年轻人兜售如此危险的知识商品，因为他们很有可能误解和误用他所讲述的内容。向已经全身心地对社会学成瘾的研究生们发放社会学毒药是一回事，因为他们在高强度的学习中，可以得到引导，从而理解存在于那毒药中的具有心理治疗效果的可能性。但是对于那些没有机会或者意愿对社会学有更深了解的学生而言，在他们中间自由地散发社会学毒药是另一回事。谁又有权利去撼动他人心中理所当然的信念呢？为什么要教育年轻人，让他们看到从前以为绝对牢靠的事物中存在的无常呢？为什么要引导他们看到批判性思维中不易察觉的问题呢？总之，为什么不让他们清静呢？

很显然，至少一部分的原因在于教师的职责和技巧。没有人会在大一新生的课上讲和研究生讨论课上一样的内容。另外一种不完整的答案是，理所当然的（taken-for-granted）结构在意识中根深蒂固，不会轻易被几门大二的课程所动摇。"文化休克"没那么容易诱发。这种使理所当然的世界观相对化的情况，大多数人都没有心理准备，也就不会允许自己充分地面对其内涵，反而会把它看作在社会学课堂上玩的有趣的智力游戏，类似于在哲学课上讨论一个物体在人没有看着它的时候是否还存在——即，人们在玩游戏时，没有一刻认真地怀疑过自己之前的常识性视角所具有的终极正确性。这个不完整的答案也有其长处，但却基本不能使社会学家教学的内容合理化，因为只有当教学没有达到其目的的时候，它才适用。

我们仍然认为，假设在文科教育（liberal education）和思想解放（intellectual liberation）之间存在超越了词源上的联系，那么教授社会学就是合理的。有些地方不存在这种假设，而且教育被单纯地理解为技术性或职业性的，那么可以把社会学从课程安排中剔除。根据在这种情形下所盛行的教育思潮，如果社会学没有被去除，它就只会干扰教学的顺利进行。然而，在这种假设仍然站得住脚的地方，那么对于有意识的状态比无意识状态好且意识是自由的一项条件的信念，就使得社会学合理化了。获得更大程度的认知，及其带来的更大程度的自由，意味着一定程度的痛苦甚至是风险。绕开这种痛苦和风险的教育过程，变成了简单的技术培训，和思想开化不再有任何关系。我们的主张是，社会学是我们这个年代中特别现代、特别合时宜的一种批判性思维形式，而与之接触则是开明思想的一部分。用韦伯的话来说，有的人并未在这种思想追求中找到自己的理性魔鬼

（demon）①，但即使是他们，也会由于这种接触而变得不那么固执于自己的成见，对自己的承诺多一分小心，对他人的承诺多一点怀疑——而且也许会在穿越社会的旅程中，多一些怜悯。

让我们再一次回到前文中所构想的木偶剧场的景象。我们看到木偶们在模型舞台上舞蹈，随着提线的拉扯上上下下，遵从着为各个小小角色所设定的路线。我们学着理解这个剧场的逻辑，发现自己在追随着它的运动。我们被社会吊挂在不易察觉的提线上，我们借此确定并接受自己在社会上的位置。有那么一刻，我们觉得自己真的就像木偶一样。但是后来，我们发现，在木偶剧场和人生戏剧间有个决定性的差异。和木偶不同，我们有可能停止活动，向上看去，发现控制着我们行为的机制。这个动作就是迈向自由的第一步。也正是在这个动作中，我们发现了社会学作为一个人文学科的确凿理由。

---

① 韦伯在《以科学为业》（Science as a Vocation）中曾在两处用到 demon 和 devil 这样的字眼，第一处是谈到以耶稣的登山宝训为代表的宗教教诲和世俗教诲之间的对比，两者在对待诸如邪恶的方式上形成了强烈对比（前者要求不要抵抗，而后者则认为除非与之同谋，否则必须抵抗）。韦伯说这两种教诲明显一为神，一为魔，但何者为神，何者为魔，则要自己判定。第二处是提到理性主义（intellectualism）的时候说憎恶理性主义如同憎恶最可恨的恶魔（the worst devil），提到一句箴言："听着，恶魔是年迈的；要认识他，你也得变老。"故本文中的 demon 应当理解为理性。——译者注

第 2 章 作为一种观察方法的社会学①

人们常常注意到在现代世界中，变迁的过程极大地加速了。通常这似乎意味着机构、群体、甚至个人都迅速地从幼年迈向了衰老，而其间只经过了一段极短的过渡时期。这样的情况貌似也在社会学这个学科中发生了。不多久之前——比如说，20 世纪 50 年代甚至 60 年代早期——社会学家们把自己定位为一个新兴职业中的成员，而来自于学科内外的各种抨击都集中在社会学所呈现出的一种幼稚的无序状态，无论是理论方面、研究方法方面或者从科学角度对学科的理解方面均是如此。形成鲜明对比的是，今天的社会学家们似乎花费了过多的时间以互相确保职业地位，就好像那些住在养老院的人，对他们来说，看到对方还健在是件值得额手称庆的事。

无疑这种士气消沉的状况一部分是由于纯粹的经济原因。大多数社会学家都受雇于各类学院，学术界所处的严重的经济困境不可避免地影响了其成员。自 20 世纪 60 年代后期开始，在西欧和北美思想界发展起来的激进主义思潮中，社会学家所扮演的角色也带来了不少政治问题——他们所持的立场在社会其他群体中并不讨喜。但是并不能轻易将社会学呈现出的萎靡不振全都归咎于大学倒闭和政治体制的"保守"倾向。造成这种萎靡不振的原因，至少有一部分是出于学科内弥漫的一种广泛而深入的困惑，无法正确理解到底什么是社会学研究。这个问题很大程度上是学科自身造成的，只有社会学家们在关于他们自己的职业在科学和更广大的社会中的定位问题上有所觉悟（*prise de conscience*）才能解决。

---

① 本章节选自 Peter L. Berger and Hansfried Kellner. eds., *Sociology Reinterpreted an Essay on Method and Vocation*. Garden City, N. Y.：Anchor Press, 1981。——译者注

如果不是同样的疑问已经渗透了各级社会学家自身，社会学不被该领域之外的人（包括学术界其他领域的学者）严肃对待的事实本该更容易应对。然而任何只要在社会学领域的各种集会稍作逗留的人，都不难察觉那种自我怀疑和并不总是很隐蔽的对在这个时代身为一个社会学家的命运的不满。一如既往，自我怀疑比来自外界的质疑要更有杀伤力。

这里无意讨论当下社会学所处的经济和政治大环境，甚至不会讨论社会学在学术界象牙塔珍贵的啄食顺序中所占的地位。当前更需要考虑的问题是社会学恰如其分的自我理解。很可能社会学家早先的自信和高期望都是错误的。但是当下的士气低落也一样不正确。有充分的理由相信社会学现在是一种恰当的、甚至是重要的研究人类集体生活的进路，而且将来也会继续如此。我们需要厘清社会学能做什么、不能做什么。社会学具备的一个内在特性是对事实有清醒认知，并穿越幻象，这也包括它自身的幻象。今日的我们正可仰仗这一特性，而其中已经包含了对未来的希望。

社会学从来就是一门非常独特的学科，它发现了自己的目标和研究方法：社会学最初并非一种研究社会的新进路，但是在把"社会"本身作为现象进行研究这一发现中，社会学构成了一个重要部分。如果有人将社会学的肇始追溯到缔造了这一学科名字的奥古斯特·孔德（也许是恰当地混合了拉丁文和希腊语创造出一个粗糙的新词，而这个词肯定会冒犯每一个人文学科的感情），那么这一论述必须有相应的条件方可成立，即"社会"作为一种现象早于孔德便已被感知并加以分析了。但是，正如阿尔伯特·萨洛蒙（Albert Salomon）① 所示，如此在年代上界定社会学是很武断的。可被称作"社会学的"研究视角至少能被追溯到17世纪，所以更为确切的理解是，在19世纪早期命名的这个学科只是其发展中特殊的一步。因此社会学和其他科学学科有着很有趣的不同。它很显然和物理学不同：物质的宇宙在现代物理学形成之前已被观测，而生命在现代生物学形成之前也已被感知，等等。但是社会学在这一方面甚至有别于其他社会科学学科：例如经济作为一个现象在现代经济学形成之前已被认识，政治秩序被认知也早于现代政治学形成，等等。此外，谈到对这些现象的现代研究方法与早期方法有何区别，正是它们在某种程度上都应用了广义上的社

---

① 阿尔伯特·萨洛蒙（Albert Salomon）是贝格尔在社会科学新学院的导师。——译者注

会学视角进行研究。

现代社会学研究视角的核心，是对人类共同体中自发的并且常常是隐秘的动因的认知。"社会"不过就是"永不停歇地运转"着的那个东西的名字，而运转的法则尚未被发现，"潜伏"于被诸如神学、哲学和法学之类提供社会价值规范的学科所"官方"界定的集体构架之下。所以，要想理解"社会"，必须有一个揭露真相的视角。更进一步说，一旦社会学发现自己探究的目标，便成为一种观察世界的方法，而之后对于这一独特视角的详细阐述，只是对通向理解之路的第一步中所蕴含的内容的解读。因此，在20世纪美国社会学界，罗伯特·默顿（Robert Merton）①创造了"显性"（manifest）和"隐性功能"（latent function）这两个术语，分别指代"官方界定"的一个特殊机制或社会安排的目的，和社会学家能够揭示的"深层"（和事实上未被认知的或无意识的）目的。例如，教育的"显性"功能是传承知识，"隐性"功能是树立并维护阶级藩篱；或者，医院的"显性"功能是治病，"隐性"功能是维持并强化医生的地位特权，等等。但是要做出这些判断，就只有起初便预设一个非常特别的视角，这就是社会学的精髓：在人类世界可见的体系之下，有一个隐藏着的看不见的利益与力量结构等待着社会学家去揭示。"显性"部分并非事物的全貌；"隐性"部分正待研究。或者用最简单的话来说，*世界并非它所展现出来的样子*。

社会学这一揭露真相的属性中包含着其本质上便具有的颠覆性特征。任何共同秩序总是被官方定义合法化，证明后者只道出了真相的一部分，或者更糟糕的情况下，官方定义实际上正是要掩盖真相，是对"良好秩序"本质性的颠覆。换句话说，当社会学将其特殊的视角应用到观察社会现实的那一刻起，社会学就开始进行"颠覆"。需要着重强调的是，这无关某一个具体的社会学家是否有意进行颠覆。确实，社会学古典时代的巨匠们——艾米尔·涂尔干，马克斯·韦伯，维尔弗雷多·帕累托（Vil-

---

① 罗伯特·默顿（Robert K. Merton）美国社会学家，被视为现代社会学的奠基人之一，发展出了众多影响深远的社会学术语，比如"榜样"（role model），"自我实现的预言"（self-fulfilling prophecy）等。相比于帕森斯而言，他在理论方面追求的是更加有限的中型理论，而非帕森斯那样宽泛的理论基础。—译者注

fredo Pareto)①——在某些方面都可被描述为保守的,除了马克思主义者,大多数社会学家至多可以算作温和的改良派而非革命派。然而,不管他们的意图有多"保守",这些社会学家的思想都深藏有不安的性质,困扰和激怒着那些能够从使事情看起来如同"官方界定"一样中获得巨大利益的人。后面将会论及社会学和政治行动间关系的话题,但是此处已可得出一个观点:*社会学家如果想要扮演拥护者的角色——或者,更确切地说,如果他们想以社会学家的身份这么做,便总是和他们自己的学科相悖*。无论他们拥护"保守的"或"革命的"主张,此论断都成立。社会学的天赋便是否定,并且看似矛盾地,正是其否定性才能对肯定的主张做出最大的贡献。社会学的"颠覆性"属性总是被具有各种意识形态色彩的独裁政权几乎是本能地察觉到,这也就是为什么社会学在这些政权统治的国家里不是被压制就是被扭曲。

当然,有个极其有趣的历史性问题,即为什么在欧洲的特定时期社会学视角会发展起来——这个我们问题无法在此详细探究。通常给出的一个原因是现代欧洲由资本主义和工业革命带来的社会变化太过迅速。但是更早一些,在其他地方也有社会急速变化的时期,却没有带来这一特殊结果。也许能效仿马克斯·韦伯,假设一个重要因素是植根于久远之前的圣经宗教、希腊思辨和罗马法的特有的西方理性,而正是这种理性使得现代资本主义和现代科技的激变成为可能。无疑社会学视角即立足于此种理性,也就是为什么这个学科自其开端便自认为是*一种科学*(虽然对此含义必定有其他不同的诠释——例如社会学的法国和德国古典学派之间即有分野)。然而,这种自我认识与社会学视角具有的"揭示真相"或负动力性质之间总是有一种张力,因为它暗示世界具有*可塑性:世界不仅不是它看起来的样子,而且它背后的真实状态也是可以改变的。*换句话说,大多数社会学家(甚至那些和韦伯一样悲观的社会学家)也总是难敌诱惑,要运用他们的洞见对社会进行理性"改良"——这种运用导致了前述的暧昧状态,即以拥护者的姿态进行揭露真相的工作。社会学

---

① 维尔弗雷多·帕累托(Vilfredo Pareto),意大利经济学家、社会学家,洛桑学派的主要代表之一。在社会学上,他属于"机械学派",认为阶级在任何社会制度中都永恒存在,所以反对平等、自由和自治。——译者注

中的这种进行"修补"的动机,当然源自它与启蒙运动的理想、建立一个更加理性以及应当更加人性化的社会秩序的抱负之间的联系。这种动机在世俗化的情境下变得更加急迫。正因宗教为"正确秩序"树立的规范似乎真的被弱化了,于是以理性的方式为人类的一切事务重建秩序变得更加重要。无需多言,正如其它各社会科学学科以及普遍的社会思潮一样,自17世纪以来社会学在这一方面成为更加广泛的西方思想运动的一部分。

启蒙运动以来的乐观主义和世界具有理性上的"可塑性"的观念在20世纪遭受了重创。确实可以说现代性和现代的世俗理性现在正处于危机之中。这和社会学界内部的士气低落也很有关系。不论是采用马克思主义的"进步主义"或更加中立且偏自由主义版本的进步观点[比如最近罗伯特·尼斯比特(Robert Nisbet)① 所进行的最涂尔干式的研究],有些人可能希望重拾对启蒙运动抱有的乐观信心。本书则采取不同的立场。那些觉得无法对启蒙运动和与其伴生的"应用"社会学的成果恢复信心的人,会发现自己恰恰处在马克斯·韦伯的困境之中:处于这一困境中的人,试图尽可能地看清世界,而看清之后,他们又因为随之而来的极端的"去魅"而痛苦——尽管如此,他们仍然致力于将集体事件中政治或其他手段的干预变得人性化。这就是韦伯的思想对号召社会学的觉悟仍有意义的第一个原因。

对于寻求重新发现社会学内在天赋的当代社会学家而言,还有一个原因解释为什么韦伯的思想理应是其焦点——即他对现代性本质这个问题的执著。在这一点上,韦伯也是整个社会学研究的代表。因为社会学不仅是一个具有特殊研究进路和方法的现代学科,而且它从诞生之日起就锁定了现代性作为其探求的课题。对社会学古典时代之前、之中及之后的所有伟大的社会学家来说,以下这些都是核心问题:现代社会有何不同?它如何变成这样的?它的基本结构是什么?它的未来之路通向何方?这些问题在韦伯的全部作品中占据了中心位置——但是对于涂尔干、帕累托、格奥尔

---

① 罗伯特·尼斯比特(Robert Nisbet),美国社会学家,在对现代社会文化体系及其流动方面被视作涂尔干的追随者。其代表作有《追寻社区》(The Quest for Community)。——译者注

格·西美尔、索尔斯坦·凡勃伦（Thorstein Veblen）①和塔尔科特·帕森斯（Talcott Parsons）②以及卡尔·马克思来说，它们也都同样重要。忘记这些问题，社会学就失去了其知识主旨中的一个核心要素。

对现代性的关注意味着试图对当代社会本身和与其他社会的关系做整体性研究。就是说，它暗含着社会学视角是具有全面性和比较性的。用否定式的话来说，所有狭隘的社会学研究路径都必然丧失其知识主旨。这当然不是说和认识社会整体性的意图没有直接联系或不与其他社会做比较，而在自己社会中的某一角落研究人类行为细节的社会学调查就不正确。好的社会学家即便对人类行为的细枝末节也总是抱有无法满足的好奇心，而且如果这种好奇心引导一个社会学家贡献了多年时间费尽心机地探索社会某个在别人看来毫不起眼的小角落，那又如何：为什么住在明尼苏达州乡下的十几岁青少年比住在爱荷华州乡下的更爱挖鼻孔？加拿大萨斯喀彻温省一个小镇的教会社交活动在二十年的周期里是什么模式？年长的匈牙利人中，宗教归属和事故多发倾向之间有何关联？我们绝不敢诋毁这样的研究兴趣！我们其实觉得这是非常给人安慰甚至是鼓舞人心的，因为有社会学的同行们不仅致力于这些课题，而且能够有大量的热情来做这些研究！甚至可以说，社会学家能够投身于仔细研究人类生活的细微之处是一种高尚的道德品质；这是对古代谚语"人所固有，我亦具有"③的一种社会学注解——所以，人类世界中没有任何东西太卑微而不配我们投以尊贵的注意力！尽管如此，如果整个学科都在研究中追求这种褊狭的视野而迷失了自我，仍然是什么地方出了问题。

换句话说，社会学必须回到"大问题"的研究上来。现在和古典时期一样，这些问题中最重要的，是前面提到的那些关于现代世界构成的问

---

① 索尔斯坦·凡勃伦（Thorstein Veblen），美国经济学家、社会学家，制度学派的创始人和主要代表人物。代表作有《有闲阶级论》、《企业论》、《科学在现代文明中的地位》等。——译者注

② 塔尔科特·帕森斯（Talcott Parsons），美国社会学家，哈佛大学教授，结构功能理论的代表人物。早期倾向于建构宏大的社会理论，到后期开始转向较微观的层面。代表作有《社会行动的结构》等。——译者注

③ 原文是"Nothing human is alien to me"，出自罗马共和国时期的剧作家泰伦提乌斯的剧作《自我折磨的人》[Heauton Timorumenos (The Self-Tormentor)]，"*Homo sum, humani nihil a me alienum puto*"。——译者注

题。而这些问题还没有被彻底回答清楚。此外，每天的日常生活都在为解答它们带来新的证据和材料。于是社会学作为一个学科，无法做到一窥整个当代社会全貌——大概就是马歇尔·莫斯（Marcel Mauss）① 所说的*社会全体*（*le fait social total*），而只能尝试重拾这一宏观视野。这就意味着社会学家必须保持在全球范围内进行跨文化比较的能力，既具有历史的深度又要有当代眼光。简单说来，社会学家的使命在本质上是世界性的。反过来说，很多社会学训练的狭隘视野（这里只提当今大多数美国社会学家无法用任何英语之外的语言进行研究）亟须订正。

综上所述，社会学的重生将意味着首先要复兴一种视角，一种观察世界的方法。其中，本书的主张是，马克斯·韦伯的著作仍然具有重要的战略意义。必须加上一句，这里所提倡的，绝不是以一种树立教条主义权威的形式"回归到韦伯"（我们非常乐于把此类学术练习留给那些以此为乐的马克思主义者们）。社会学是一门科学，不是一组教条，它自身的出处便绝不能免受社会学揭示真相的倾向所影响。"回归到韦伯"也不是带着倒退式的恋旧情怀提出的课题。更确切地说，这意味着回归到滋养这一学科的知识源头。当下社会和知识界的形势明显不同于韦伯的时代，所以，即便有人想要实现单纯的"回归"，也是不可能的。

那么，为什么是韦伯？如前文已经说过的，这个问题有很多答案，但是最重要的答案可能是这个：因为相比于社会学历史上其他巨擘，韦伯投入了更多的热情和坚持以厘清社会学视角究竟为何。正因如此，比起韦伯社会学研究中的其他任何具体方面，这才是目前的社会学家们应该"回归"的——即，并非回归到韦伯，而是回归到"韦伯主义（Weberianism）的精神"。尽管韦伯无疑是支持现代西方科学理性的，但对于其在与人相关的研究中的含义，他有着非常独特的理解：人类现象不会自述；它们必须被*解读*。因此，对该解读行为的厘清在韦伯方法论中占据了中心位置。这种厘清不只牵涉枯燥的方法论上的思考，还包含了道德伦理，甚至是仁爱的层面。在耐心细致地留心其他人的生活意义和"解码"社会现象的

---

① 马歇尔·莫斯（Marcel Mauss），法国社会学家，研究横-跨社会学和人类学，最著名的成就是对不同古代民族和文化中的行为仪式的研究，开启了列维-施特劳斯的结构人类学。代表作品是《礼物》。——译者注

内在含义中，有一种存在主义的态度。这种态度意味着对他人及其意愿、希望和生活方式的尊重。进一步说，这种态度还意味着据实观照社会本身的决心，而不顾虑自身的愿望和恐惧——即，把实然与个人信念中的应然区分开来。因此韦伯的进路对于作为职业的社会学及其研究方法而言都影响深远。撇开韦伯在方法论方面的工作大多很枯燥不谈，韦伯的进路解释了一个看似矛盾的事实，即它既能从职业精神方面给予激励也能在研究方法方面进行指导。

在刚刚提到的这些品质方面，韦伯和其他巨擘相差甚远，而且这种差别融入了社会学的发展之中。艾米尔·涂尔干，还有他创立的整个法国社会学派，显示了非常不同的精神气质。这种气质很接近启蒙运动。因此，他的研究方法在本质上仍是实证主义的，类似于自然科学。虽然社会很明显是个独特的现实存在，但这对涂尔干的社会学研究方法而言，并不是最终的决定性因素，科学应该为何的抽象概念反而更重要。此外，由于和启蒙运动之间千丝万缕的联系，涂尔干没有划分社会现实的"实然"与"应然"；这么说可能听起来有些不敬，但是通观其作品，二者之间的关系显得非常简单。在科学理解和价值判断之间，涂尔干同样缺乏清晰的界定，而且此后英美社会科学中的各种"功能主义"流派都受到了这种影响。虽然这些流派中的很多领袖人物（比如美国的塔尔科特·帕森斯和罗伯特·默顿）都表示弃绝这种影响，但很多时候人们还是认为只要证明某事物在某"社会体系内"是"功能性的"，那事实上就等于给予了某种正面的价值判断。至于社会学中的马克思主义传统，虽然在这个问题上的处理方法与涂尔干有很大区别，但是在社会的"实然"与"应然"之间的界线也是模糊的。当然，其原因并非科学的实证主义理想。更确切地说，是因为他们用历史哲学的眼光看待社会，而在这种情况下，除非作为整个哲学过程中一个不可或缺的部分，否则科学式的理解注定是不可能的（或者说，扭曲的）。整个哲学过程终结于对未来的乌托邦式的构想，没有这个愿景，哲学过程就不再具有似然性。

所有这些观点将会在后面的章节中详细讨论。但是现在我们可以用"韦伯式的精神"而非"韦伯的"术语泛泛地谈一下对社会学研究的理解。此种理解避免了实证主义的和乌托邦式的社会学研究。没有任何科学方法可以全面且完全无误地解决人类现实的所有问题。科学反而总是以选择性的、部分的方式看待它的研究对象，也因此这种方式问题多多。把社会作为一个整体所感知到的也是这样；用韦伯的术语来说，甚至"社会全体"本身也是对其进行观察的科学家所构建出来的（为公平起见，这里需要说明一下，马歇尔·莫斯恐怕不会同意对他创造的语句进行这种韦伯式的描述）。最重要的是，科学永远无法为行为提供道德准则。但是这种理解也排除了任何形式的乌托邦主义。乌托邦主义认为现在必然会逐渐走向一个充满救赎的未来。如果科学不能提供伦理道德，乌托邦主义更不能提供救赎之道。这种对科学的理解，对作为一种科学的社会学的理解，最终厘清了智识分析和存在、反思和单纯的生存之间的区别。人类生存状态的这些领域之间存在着严格的分割线。有人可能会为之哀悼，甚至认为是"异化"。但是无人能够轻易地越过它们。

　　具有不同"教派"形式的实证主义和乌托邦主义，是当今社会学的两个占支配地位的阵营。这种搭配在不同的国家会有些区别（比如在北美，实证主义大概仍是较大的阵营；在西欧和第三世界，乌托邦主义则更占上风），且"教派"之间存在着各种争执。然而正如之前的分析所示，本书采取的立场是实证主义和乌托邦主义都代表了社会学研究的脱轨，所以要想复兴社会学，就必须在进行充分考虑后，有意识地抛弃这两者。值得再一次强调的是，这牵涉职业和方法两个方面——即，不止包括了对这个学科认知结构的理解，还有对何谓做一个社会学家的理解。有一种职业，要仔细思考并经受存在于"实然"和"应然"之间、理解与希望之间、科学分析和行为之间的张力。实证主义和乌托邦主义都为了从这种张力中解脱出来，而提供了捷径和简便的方法，比如扮演否认道德困境的"纯科学家"，或扮演理应轻而易举就能为这些困境提供最终解答的先知。不难发现，这些捷径提供了心理安慰，而很大程度上这也许就是它们长久具有吸引力的原因。

　　很有可能正是这种在实证主义和乌托邦主义之间的摇摆，导致了大众普遍不愿严肃地对待社会学。大众对"纯科学家"不再抱有幻想，因为他们给出的都"仅仅是技术性的"建议，并且事实上回避了很多社会问题在道德上的困境。但是大众可能也已经学会了去怀疑披着预言斗篷的社会学家（当然，这些社会学家总是声称自己不仅是"纯技术人员"）：常常他们的预言被证明是错误的——或者，在更糟糕的情况下，被揭露出来是为自身利益服务的。对社会学能做什么和不能做什么有一个正确的理解，会使社会学家在为大众和各种机构提供意见时更加谨慎。会使社会学家小心避免任何变种的教条主义。仅仅是可能，这种谦虚谨慎会重新赢回一些大众的尊重，并同时消除社会学家们对自己工作正当性的不确定。

今日的世界完全不同于韦伯生活的年代。韦伯（正确地）将"理性化"理解为现代性最隐秘的力量，而理性化的进程仍在大力发展中，并且现在确实已经成为一种真正的全球现象。但是（正如韦伯预见到但未亲眼见证的）现在也存在着强力的逆向运动。换句话说，在包括西欧和北美在内的世界上的许多地方，都可观察到现代化和反现代化之间的辩证关系。用韦伯的术语来说，普遍的"去魅"（disenchantment）仍在持续，但是在宗教、文化和政治领域也存在着强有力的"复魅"（re-enchantment）运动。并且，私人生活和公共领域的巨型机构之间的分裂也愈加深化，与之相伴的是各种人群间的疏离感也愈加强烈。

社会学，还有所有的社会科学，都无法避免融入这样的发展。社会学家中间已经出现了现代化和反现代化阵营的分裂。不用说，"纯科学家"一直都是由衷的现代化者。带着启蒙运动精神的实证主义，隐含着一种现代化的态度。然而，更值得注意的是，正是对社会学抱有实证主义理解的人，特别容易皈依某种反现代化的信仰：因为他们对科学的见解根本无法帮助他们区分不同的救赎论信条，所以当他们生存的苦恼剧烈到一定程度时，他们的批判能力就会忽然全部崩塌。其他社会学家从一开始就和各种"复魅"世界的尝试站在了同一阵线，典型的表现就是这样或那样的"反传统文化"运动。他们作为社会学家的名声和这些运动的命运已经变得息息相关。不论在私人或政治领域，所有这些尝试都涉及预言和对弥赛亚的信仰。所有这些尝试使社会学大大超载；因为这些尝试中暗示社会学所能企及的事情，其实大大超出了社会学本身真实的能力，如此一来便不可避免地导致了沮丧和失望。当社会秩序的危机愈加深化，在有的地方甚至是灾难性的，社会学遭受的这些失败不可避免地导致了学科内和其他大众的幻灭。也许比其他方面更重要的是，社会学的重新觉悟（*reprise de conscience*）将包括承认自身的局限性（*recognition of limits*）。

再说一次：这里所讨论的不是也不能是，对社会学古典时期某种失落的智慧的简单重申。因此也就不可能是变成某种正统韦伯主义的问题。所以，在接下来的章节中，其他韦伯之外的社会学之源会被不断提到，以勾画出社会学研究的正确形貌。这里简单列举几个：现象学分析，特别是经阿尔弗雷德·舒茨（Alfred Schutz）① 发展后的；知识社会学；源于乔治·赫伯特·米德（George Herbert Mead）② 的美国社会学传统，他们比韦伯更加关注社会—心理分析和制度体系分析；还有泛泛的对微观社会学模式的兴趣，即便有人最终感兴趣的是"大问题"，它们依然重要。然而为了消除疑虑，证明本书并非倡议社会学的某种新正统，也许已经说得够多了。

但是回到本章开篇：不论社会学可能是其他的什么，它首先是观察人类世界的一种非常特殊的方法。那么，目前思考的必然焦点，就肯定是审慎地厘清这种观察方法到底是什么。而下一步就肯定是对社会学诠释行为的厘清，即韦伯所谓的*诠释社会学*（*Verstehen*），而整个社会学研究必须与之共存亡。

2. 诠释的行为

所有的人类都有意义体系，并寻求居于一个有意义的世界。原则上来说，每一个意义体系对他人都是可理解的。这种相互可理解性确实构成了一个决定性的前提，使人们相信存在着共通的人性之类的东西。但是，当然了，有些意义体系比其他体系要更容易理解。借用阿尔弗雷德·舒茨所做的划分，也许能区别出两大类意义系统：一类是在个体自我生存世界中的意义系统，是实际上或潜在地"可及的"（reachable）或"手头的"（at hand），是通常在日常生活中流露出的自然状态下悉得的。还有一类是个体自我生存世界之外的意义系统，属于其他社会，或本社会中不太熟悉的其他部分，或是过去；这些意义系统都不是在自然状态下现成的，不是"可及的"或"手头的"，而是必须通过特定的传授过程才能获得，

---

① 阿尔弗雷德·舒茨（Alfred Schutz），美国哲学家、社会学家，强调日常世界的主体间性特点，反对实证主义社会学把"社会世界"与"自然世界"等同并按照自然科学模式研究社会现象及其过程的做法。也是现象社会学代表人物。代表作有《社会世界的现象学》。——译者注

② 乔治·赫伯特·米德（George Herbert Mead），美国社会学家、社会心理学家及哲学家，符号互动论的奠基人，在心理学界及社会学界有较大影响。——译者注

比如将自己沉浸在一个不同的社会环境或（特别是属于过去的意义系统）特定的学科知识中。这里必须进行更进一步的区分：在上述所有例子中，在日常生活中普通的意义诠释和社会科学中的意义诠释是不同的。而且对以下三种情况的诠释也必须进行区分：能够或有潜在可能进行面对面交流的个人［舒茨称作"合伙人"（consociates）］的意义系统；无法进行面对面交流的个人［称作"同辈人"（contemporaries）——或者，在研究过去意义系统的情况下，称作"前辈"（predecessors）］的意义系统；还有最后，在无名的结构中显现的意义系统（比如永不可能与其人类代表进行互动的体制的意义系统）。

即使不熟悉舒茨文献中更晦涩的部分，读者也能够看出，所有这些很快会变得非常复杂。比起铺开说明其复杂性，我们还是马上用一个具体的例子来说明。换句话说，让我们看看在具体的社会情形下，解读究竟是怎样发生的。正如现象学家们爱说的，让我们构建一个世界——或者，在这里，至少是一个迷你世界：

> 我是一个年轻女性，一个社会学研究生，就读于中西部一个非精英级别的州立大学。我正在西海岸的一个大饭店里参加社会学大会。现在，两个会议小节之间，我正跟另一个年轻女性谈话，她是就读于加利福尼亚州一个精英大学的研究生。我们正在谈论就业形势（还能有什么呢？），她给了我一些关于她所在地区的空缺职位的信息，很有趣，也许还会用得着。对话很友好，愉快，我对形式和内容都很熟悉——就是说，就算我只是刚刚碰见这个人，我以前也曾在多个场合进行过类似的谈话，而且即便她传递给我的一些信息对我来说是新的和有趣的，也没有让我惊异的。然后，忽然之间，毫无征兆地，一个突兀的因素，甚至是令人惊惶的陌生感，被注入对话之中，一个劲爆的消息，猛然改变了这个平和的交流。我的谈话对象看了看她的手表，道歉，然后说她确实现在必须走。我用遗憾的语气，嘟囔了几句，表示同意。她本来已经离开了，又转过身来，带着探询的目光看着我，说："其实我和你根本不熟。也许我不该说这个。但是我有几个从洛杉矶来的朋友正在举行性乱交派对，在楼上十四层。如果你也去，我肯定他们会很高兴。我想多一个女人无妨。你不如跟我一起？

其中几个男人真的很不错。"

现在，让我们先暂停一下这个画面。此刻正在发生什么？现在先别在意我是感到震惊还是兴奋，受到诱惑想接受邀请还是想迅速从现场溜走。这以前从未发生在我身上，无关我的感受还有我最终将如何处理这个情势，此刻正在发生什么很清楚，也很简单：我面前呈现了一个需要进行解读的对话。一旦我从急剧升高的肾上腺素水平中恢复过来，我的脑海里便会涌入几种不同的可能的解读："这是个笑话。"或者，"这不是邀请我去性乱交派对，而是个女同性恋企图进行引诱"。或者甚至，"也许我没听明白？"每一种可能的解读，如果相信它们的话，都会把形势从无法容忍的陌生感拉回熟悉状态的安全中——有些人的幽默感有点奇怪；以前也有女同性恋跟我搭讪过；有些加利福尼亚人确实口音有点怪。然而，让我们进一步假设，我排除了前面提到的解读——没有任何东西表明她在开玩笑；女同性恋引诱人的时候不会提到不错的男人；不管是不是加利福尼亚人，她说的都是标准的美式英语，而且我的听力没有任何问题。因此，我的结论是，这个对话说的就是它字面上的意思：我确实被邀请了去参加性乱交派对。非常确实地，这个结论给我呈现了一个对我而言全新的社交世界。不论我最终如何在进一步的行动上回应这个世界，我面临的也是个智力上的挑战。我必须，和以前一样，扩展我的认知地图，以纳入这项社会现实中的新内容。

我必须扩展我的认知地图，也就是说我必须找到一种方法，以解读我刚刚发现的新领域。换句话说，诠释也是一种吸纳：我结合自己已有的经验，进而理解新的事物。现在，这个例子中也是如此，我不需要从头开始。虽然我以前从没有过这样的对话经历，它确实符合我知道或者我以为我知道的一些情况——比如，关于加利福尼亚的生活方式［我读过赛勒·麦克法登（Cyra McFadden）的《连续剧：在马林县生活的一年》；我甚至看过这部电影］。如果我的确有这些信息，那么我正在做的就是把新信息纳入"手头的"红标题下："所以加利福尼亚人真的这么干！"这种情形下，虽然此类具体情境对我而言确实是全新的，但我的认知系统已经包括了相关的分类，能把这个具体情境纳入我对社会世界的看法。那么可以说，情境是新的，但是也没那么新。（回到我们的例子，试想一个不同的邀请:"我的一些朋友从洛杉矶来,他们正在进行血祭,就在楼上十四层。我们还没有祭品。你想作这个祭品吗?……")但是即便我能把新信息纳入已有的分类之下,我至少必须重建这些分类,以适应刚刚发生的一切:"他们*真的*这么干!"这句话已经构成了一次重建。当我继续和我的谈话对手交谈,重建很可能变得更加坚实和详细。

现在这个例子中,需要着重强调,我并不是在进行社会学研究的过程中开始这个谈话的;确实,直到现在,我的反应和那些没有受过任何社会学训练的普通人很相似。在脑海里努力理解我听到的话,并非系统地、一步一步地进行的过程。它反而看上去是自主发生的,迅速吸收大块的信息,"强塞"进我的认知系统。这种持续的解读行为在我的脑海中不断发生,成为伴随着语言交流的重要的*低语*。但是现在是时候把我们的小故事向前推进一步。当我收到这个邀请,且当我已经得出结论它确实意味着它字面上传递的意思(得出这个结论的时间要比我在这里进行对其逻辑的书面整理少得多)之后,我并不立即给予肯定或否定的回应。*我的兴趣被激发出来了。*而且(哪怕在某种程度上这只是争取了一点时间)我开始问问题:这些从洛杉矶来的朋友是谁?他们经常这样吗?我的交谈对象经常参加吗?在这些聚会上一般做些什么?等等。

当然,此时我所做的比解读一个简单的对话要多得多。我开始进行调查,以使我解读一个更大、也许非常大的社会层面。这仍然未必是一个严格意义上的社会学调查;我现在所问的问题不过是任何一个被激起兴趣的普通人都会问的。所以这些问题不一定要从什么系统研究的逻辑中才能得出,它们一个接着一个,不需要事先考虑多少,也并非有安排好的顺序。但是,如果我的谈话对象愿意回答,这些问题自然会让我能够着手对现象进行全面得多的解读。虽说如此,如果事情真朝这个方向发展,那么有一个简单但非常重要的假设:*我必须倾听。*

用非常普通的话说,不难分析出这里涉及了什么:我必须持续注意这个人说了什么。我绝不能走神,必须和她的交谈步调一致。我不能打断她。尤其忌讳以我自己的价值判断或观点打断她,不仅因为这样可能会使她生气或产生戒备,而且因为这样会把我的注意力从她说的内容转向我自己。就是说,我必须试着控制自己分神的冲动或对我情绪的影响(不管是肯定的或否定的)。所有这些加起来,意味着至少当下保持思想开放的意愿：为了抓住她的世界观，至少是在这次试探性的对话进行的过程中，我必须暂时封闭自己的世界观。

让我们假设此次意在得到更充分理解的努力获得了成功。我的谈话对象延迟了她去十四层享受的时间来回答我的问题。现在发生的，至少，是我掌握了关于在学术会议现场开性乱交派对的人们的第一手信息。尽管不多，但这在特定的方面修正了我的认知地图——比如，我关于美国社会性道德的认知地图。正是我被激起兴趣的这个事实（说明一下，这是一种可能性，即便没有伴随任何利比多之类的升高）意味着这些新知识与我相关。更准确地用舒茨的术语来表达，即我在此解读行为中所做的，是调整我自己的*相关性结构*，以适应我的谈话对象和她所属的群体。

此次对话进行得越久，相关性结构的调整适应就越详尽。我会知道更多关于她和她朋友的普遍的世界观——很可能包括不是直接与性行为相关的事情。我将开始了解一种普遍的世界观，在这个框架内，这些性行为对这些人能讲得通。这种普遍的看法很可能包含某种理论，解读人际关系、亲密关系，也许还包括政治或者宗教。随着我继续发问，我的问题将会反映出在我已知的、正在了解的和仍有兴趣知道的三者之间的相互联系。很有可能，这种对知识的整合能使我在某种社会分类体系中，更准确地"定位"这个女子——就是说，我将把她*典型*化。比如说，如此一来我可以不再把她归类为"一个加利福尼亚人"（当谈及参加性乱交派对的人，这是一个明显不准确的分类——想想那些给里根投了票的选民们吧！），而是另外建构一个更加细化的类型，以标识参加这些活动的人。

然而，记住这个：我对这个类型的建构取决于她告诉了我什么。换句话说：正是*她*在为我描绘这种性的亚文化——我们没去十四层，至少现在还没去——我们还在楼下的这个咖啡馆！因此，从对话中浮现了两种假设：其一，由这个个体所代表的这类人，从这种特殊的角度看待这种亚文化；或者其二：她对这种亚文化的看法是对的。如果我要从这两种假设之间选一种，很显然，不管用什么办法，我必须对我的信息提供者的*可靠性*有个结论。根据我做出的选择，我会说以下二者之一（对我自己说）："我现在明白了这个人怎么，也许还有为什么，会如此看待世界"；或者，"这是一个我应该认真对待的观点"（认真的意思不一定是要加入她所在的亚文化，而是承认她的想法是对的）。这里可以使用让·皮亚杰的两个术语：在第一种情形下，我吸收了她的观点——就是说我已经将它融合进我自己的看法里了，而我的看法并未因此改变多少；在第二种情形下，我调整了自己以适应她的观点，因而我自己的观点发生了根本性的改变。然而不管是哪种情况，我现在看待世界的眼光已经不同了。简言之：我如果不改变，即便是极少地，我自己的意义系统，便无法解读他人的意义系统。

再重复一遍：至此，在这个例子中，一个不寻常的社会现实的片段刚刚呈现在我面前，而我则是一个对它有兴趣的普通个体，而非社会学家；迄今所说的一切关于我进行诠释的努力，如果我是一个中西部的百货商店的顾客，或者一个家庭主妇，或者（至少如今的）一个修女也能做到。但是让我们现在稍微变换一下这个例子：我现在作为社会学家进行相同的谈话——就是说，我现在要花时间尝试进行明确的社会学诠释。说我作为社会学家进行谈话，可能意味着以下两种情况之一：要么，让我们想象一下，我带着这个特定的研究兴趣，已经在咖啡店附近逗留了一阵子——我正在写博士论文，主题是关于社会学家的性道德——那么我们大概可以想象，前面提到的参加性乱交派对的邀请，并非纯属偶然，而是我为了进行研究而特意寻找的机会，甚至可能是由我激起的。或者，另一种情况是，我们可以保持原先描述的事件状态，但简单想象一下，在对话过程中，我作为一个社会学家的兴趣被勾起来了——就是说，在心里而非口头上，我现在定义自己是一个社会学家，正对一个意料之外的有趣事件进行研究。从普通参与者到社会学调查员的身份转变，会使结果发生什么改变呢？

作为一个社会学家，我肯定必须继续倾听和解读，但是现在倾听和解读都带有了特殊的性质。这和普通的倾听与解读之间有很大相似性；基本上，和之前所描述的相同的步骤会继续发生。但是区别也是重要的，而且能被很好地说明。开始之前，我现在要在自己的脑海中，与当下的情境之间拉开一段更大的*距离*。详细地说来就是我跨出这个情境之外，把自己当作一个局外人（即使谈话的对方并未意识到我的疏离）。由此类推，这种距离感立刻就会让我对当下的形势有更强的掌控感。我在倾听的时候保持一个开放的思想也很必要，但是和普通的听众相比，这种临时的（或者暂时的）思想开放要更加系统和受制。当然，如果我以前做过社会学研究，我已经习惯了如此倾听，一旦我判断这是一个研究场合，就会立即启动这种模式。我还会从过去的经验中发展起一种习惯，尽可能地把自己切身关注的问题和当下的情境分离开——比如在这个例子中,道德上的不赞同,或者令人喘不上气来的利比多的激增,或者因为我即将在思想或行动上拯救别人,而怀有宗教式的期待——我将认为在当下的情境中,这样的疏离是合适的(与之不同的情形是,比如说,和我的未婚夫或丈夫交谈,将切身利益进行类似的疏离不但不合适,而且是对私人关系的背叛)。

当我从社会学的角度探究当下的情境,之前所描述过的我自身的和我谈话对象的相关性结构间的互动也是存在的,而且借由我们的对话,一种性的亚文化得以进入我的视野,我希望也和其相关性结构进行互动。但是现在,我自己的相关性结构不但更加系统和清晰,它还是一种不同类型的相关性结构。这是因为,它不止由我自己之前的经验和诠释组成,还有社会学的全部理论和知识,而且一直参与了我的解读过程。我现在采用的分类和假设在内容上更加系统而又不同。比如,在把我的谈话对象和她的朋友圈进行分类的时候,我可能会特别注意他们的阶级,而这样做,我需要借用从其他社会学家的研究中得出的全部有关社会分层的理论以及数据,并把它们带入我自己的解读。因此,在某个社会学家研究的基础上,我可能假设,这种性行为模式在父母离异、社会阶层向上移动的中下层福音派新教徒中很典型——或者在十几岁的时候经常为花粉热所苦、社会阶层向下移动的中高层犹太人中很典型①。换句话说:当我作为社会学家,默默解读当下情境时,整个学科(或者更确切些说,在理论上与此研究素材相关的部分)在我的脑海里无形地参与进来——正如在当下情境中的一个沉默的同伴。

作为一个受过训练的社会学家,我能随时利用许多知识,而无须如此明显地一步步来。换句话说,整个知识体系对我就是现成的。针对这一特定情境,各种*可能的*诠释几乎是自动地闪现在我脑海中。至于最后我会实际采用哪一个,将取决于它是否"适合"要探讨的数据。我自然而然地并且不为察觉地完成这些。然而,此时数据显示现成的诠释模板似乎并不"适合",我现在将变为对可能的诠释进行明显的系统比较。此时,我正玩杂耍似的"边抛边接"许多可能的诠释。如果没有一个足够"适合",我将被迫构建一个新的,或者至少经过极大修改的我自己的诠释。其间,

---

① 原来在句子之前有个括号,是 what the hell,因为后面所说的那个社会阶层向下变动,十几岁时候总得花粉热的犹太人应该是指作者本人,所以他在这里是表示拿自己开涮。——译者注

我慎重地努力分辨，或者"证伪"，什么是已知的，什么是我试图得到的新知识。这是一个谨慎的构建工程。这一点在下文讨论概念化的时候还会提到。现在已经足以说明，这是一个保险机制，为了提防变得教条主义（比如，为了坚持我之前的观点，而把数据强塞进相符的框架），也为了提防忽略那些无法归入现成的诠释模板的数据。

而且，作为一个社会学家，针对报道人谈话内容的可靠性，我有另一种对待方式。通过对她进行分类，我能立刻做出假设，即和她同类的其他人也可能持有类似的这些观点。但是如果我要决定是否将这些观点容纳进自己关于美国性道德的社会学观察之中，我只需要做一件事：我必须走出去，对这个假定存在的亚文化进行更深入的研究。这不一定表示我要跟着我的谈话对象去十四层看看是否真的有个性乱交派对，是否真是她所声称的那样；更不是说我已经上到十四层，正在参与所发生的事情。我也许出于科学研究的兴趣，决定做一个所谓的参与式观察者；在这个例子中，对当下的情境保持一些心理上的抽离更为重要，尽管也许很困难（事实证明性高潮和分层理论很难调和）。或者，如果他们允许，我可能仅只作为一个旁观者，遵循早期天主教徒们不可避免地被困于一个非天主教宗教仪式时的做法——"不引人注意的不参与"（这在一个性乱交派对上也许同样困难）。但是，当然，我有其他选择。我可以访谈其他相似的对象。我可以在其他对研究更为有利的条件下，寻求接触这个亚文化。如果我的研究有资助，我可以雇佣其他人为我做调查。但是，不管我最终选择哪种研究方式，很明确的是，这个人所说内容的有效性或无效性都必须经过（在原则上非常严格的）实践检验。反之，我无法仅仅以这个人看起来是否可信为基础——更不用说以我之前的理论信念为基础，得出任何有关有效性的结论。我所有的假设——有关社会阶层向下移动的新教徒，患花粉热的犹太人青少年，等等——都要经过实践检验。如果我的研究是诚实的，我必须保持一种开放的态度，接受我的发现也许并不支持我的假设的可能性。

我们至今所描述的是在面对面交流中呈现的意义诠释（不论是作为普通人在日常生活中，或者是作为社会学家）。然而，意义系统也可能通过匿名的方式呈现出来，其中并没有其他人物实体。例如，我也许正坐在家里，读着一篇关于加利福尼亚州新的性道德观念的新闻报道。如果我想解读这篇报道，那么与前述的面对面交流相比，此时的诠释行为有何不同呢？同样的，有很多相似之处，但是不同点也非常重要。相较于对话中非常松散的陈述，新闻报道以高度组织化的方式，将一种世界观呈现在我的面前。毕竟大多数人在讲话时，不会非常仔细地组织语言段落。这也意味着这一报道中的信息被放置在了一个更大的语境内——至少，要考虑该报的主编认为什么内容算是新闻——而且，可能还要考虑对于更广泛的社会现实，该报所进行的表述。所以，比如说这可能是一份比较保守的报纸，而这篇报道只是描述美国社会堕落的系列之一；或者相反，这是一个对时代的文化革命抱有同情的报纸，而这篇报道是对思想解放前沿进行的系列报道之一。

而且，在阅读报纸的时候，我可以"倾听"它的世界观，仅指我对它投以注意力，并试图保持开放的态度。但是我无法提问。所以，我自身的和呈现在我面前的知识体系之间要进行沟通就更加困难。我试图深入一副不熟悉的认知地图时，无法轻而易举地（用乔治·赫伯特·米德的话说）进行"换位思考"。因而，报纸所呈现给我的内容，缺乏威廉·詹姆士所说的"现实的特点"；比起一个坐在桌子对面的人，"放下"报纸并"去除"其影响要更简单。如果我作为社会学家阅读报纸——那么报纸上的报道就是我采集的"数据"的一部分——我有一个小优势：我能更容易地从这个情境中抽离，并用我自己的知识体系应对报纸所呈现的知识。换句话说，同与我进行面对面交流的个人相比，报纸不能那么轻易地"把我吸进"这个新观点。但是如果现在我想作为一个社会学家解读报纸上的报道，我必须非常警惕——恰是因为报纸的表述具有高度组织性的形式。和面对面的交流不同，报纸以一种可以被称为*原始科学式*（*protoscientific*）的形态将其观点展现给我——即报道本身已经具备了诠释的形态——或者，更准确地说，报道叙述的方式已经包含了一种诠释（某种程度上，对话中讲述的故事也具有这种性质，但极少）。因此对我而言很重要的是将隐含的诠释分离出来，根据我自己的*社会学的*相关性结构，对其进行批判性分析。

还有另一种诠释的例子，这里只能简要地提及：对于完全匿名性质的结构进行解读，而不管其意义系统是如何被传递的。这不仅是解读个体或由个体组成的团体的意义系统的问题（即便如此会构成某种具体的亚文化），而且是解读大型体制性群体的意义系统的问题。合适的例子有"美国家庭"，或者"美国"，或者"资本主义经济"，或者"伊斯兰教律法"。当然，这里的每一个抽象概念都由从事着具体行为的具体的人所代表，而永远无法对体制直接进行经验性观察。尽管如此，这并不意味着体制是没有意义系统的实体。相反，每个人类体制都正是意义系统的沉淀，或者改变一下意象，是意义系统以客观形式呈现的结晶。当意义系统变得客观化，*制度化*，它们便成为无数的个体从事有意义的行为的共同基准点，即便经过不同的世代也依然有效。但是这些制度化的意义系统也能被解读——从它们看似失去生命的形态中"寻回"或"解封"。然而，能够达到这一目标的方法，无法在本文中进行讨论。

我们现在回到之前提到的另一种意义系统——即完全不属于个人所生活的世界的类型。当然，在之前详述的例子中，进行解读的个体确实面对着一种不熟悉的、令人惊异的社交情境，其中勾勒出的亚文化也是她之前未曾参与过的。尽管如此，她对那种情境和亚文化并非一无所知。正如例子中所表明的，实际上她"手头"有现成的诠释模板，可以用来对付陌生的社会现实——比如可以为现成的有关加利福尼亚生活方式的类型（或者说成见）提供证据。首先，和最早接触的报道人谈话是可能的，且已经和她交换了不少自己的社会现实（证据就是之前有关就业情况的话题），另外（最后，但并非最不重要的）和她可以用标准的英语进行交谈。如果我们进一步展开刚才顺口提过的这个例子的变体——有人在美国某个学术会议所在酒店进行某种人牲的仪式——毋庸置疑，解读的过程将会不同，而且难度大大增加。但是很显然，针对我们现在讨论的这类诠释，最佳的例子去到几乎完全不同的社会的访客：

> 那么让我们假设我是一个人类学家，终于来到地球上仅存的几个未被真正接触过的丛林地带之一，进行田野调查（我是个幸运的人类学家）。越过重重语言障碍，我的本地报道人正在向我解释他们的一种人牲祭礼（为什么不呢？）——比如，把处女扔到火山口里，以平息雨神。在我的原生社会里的一种普通情境下进行诠释和解读这种怪异的风俗，两相比较，既有相似，也有不同。

作为一个完全社会化的成年人，和另一个人进行面对面的互动，总是存在着一种可能性（在这里，我们假设，我自己不是处女，因此没有资格完全参与这里所探讨的事件）：就是"本地化"（going native）的可能性。在例子中展现的就是一个再社会化的过程，当这个过程结束的时候，我从一个最初对该意义系统进行研究的局外人，变成了一个成员。这种再社会化对所有的人类学家而言，都是不变的职业危险。当然，有些人类学家可能会欢迎而非避免这一后果。就算如此，"本地化"了的人类学家，在原本相异的情境下，已经发展出了新的"自然态度"（natural attitude）。那么问题就和之前所讨论的，在其原生社会中进行诠释所遇到的没有什么不同了。诠释者和行为将被诠释的人，将分享一个基本共同的相关性结构以及知识体系："这些女孩是谁？"——"要到火山里去的。"——"啊，对哦，当然了，又到了每年的这个时候。有多少个？"……

然而更有趣的例子，是没有完全"本地化"的人类学家（或者，就那件事而论，任何局外人）。让我们假设，这是我所处的情况。我保持着到达丛林之前的状态（或者我是这么认为的），而且我试图解读"本地的"意义系统。任何局外人，甚至随便一个游客，都会被迫如此，但是，作为一个人类学家，我的尝试更具有系统性和自觉性。当然，经过必要的修正，之前所说的全部关于社会学形式和普通形式的诠释的内容都适用：存在着一个人类学的理论和数据体系，一个人类学的相关性结构，等等。不用说，倾听的过程更加困难：我几乎不懂当地语言，我完全没有捕捉到人们语言和行动中的线索，有很多东西让我完全迷惑了——还有，让我假设，看着这些人被扔到火山口里，让我至少有点不舒服，所以维持必要的冷静的疏离态度，不根据自己的情感反应和道德判断进行"阻碍"，对我来说有点困难。用熟悉的人类学术语说，我很可能遭遇了剧烈的文化休克。然而，需要特别指出这种文化休克有用的副作用。正因为它是如此令人震惊的陌生，从而"迫使"我充分注意所有正在发生的事。相反，由于处于一个熟悉的框架之中，很多在我的原生社会里发生的事情都逃过了我的注意力。熟悉孕育轻蔑也许是事实；对于进行意义解读的社会科学研究者而言，熟悉所孕育的是忽视。那么在认知方面，此时的相异性便既是劣势，又是优势。

如果我作为人类学家，在此情境下将要成功了——即，我*既*不是一个困惑的局外人，*也*没有"本土化"——我必须真正成为一个"多元化的人"（在某种程度上，每个人在某时某地都是这样的，特别是当你身处现代多元社会时，但在这里谈到的是一种质的飞跃）。也就是说，我既处于局内，也仍在局外，作为从事社会科学工作的诠释者所进行的活动，确保我维持着这种向来微妙的平衡。通过训练，人类学田野工作者获得各种技巧以完成这奇妙的一招；例如，保持记录田野笔记，除了它作为一种工具的效用之外，这还是一个保持局内人/局外人身份的仪式。细节这里就不详述了。下一个观点是，社会学家，即便在其原生社会之中，也和上述情境下的人类学家相似，尽管社会学家更可能"在家"而不是在丛林中工作。可以说，如果为了避免习焉不察的情形，人类学家自动感受到的相异性，社会学家必须进行人为的构建。换句话说，人类学家的问题是"本地化"，而社会学家必须努力地"相异化"。再换句话说，任何社会学的诠释中，在诠释者与被诠释者之间，都人为地介入了距离感，或陌生感。

当然，除了人类学家之外，其他研究异文化的人也日渐增多；社会学家也掺了一脚。在这方面，这两个学科在方法论上的差异缩小了。但是关于解读一个非常不同的社会，还要指出一点。有两种可能的认知目标。其一，我可能只是想呈现这个社会——即，参与民族志博物馆里的展览。或者，其二，我的兴趣在于把这个社会和我自己的原生社会以及其他社会进行比较，以验证某种宽泛的假设或者理论。在人类学中，对上述两种进路所分别具有的正当性，存在着长期的争论。相反，在社会学中，从未有过如此的争论。社会学在其本质上来说，具有比较性和普适性，而这个认知目标将会完全决定需要解答的问题的性质。马克斯·韦伯在宗教社会学方面进行的大量跨文化研究，就是具有比较性和普适性的最好的例子，当然并非唯一的例子。

当然，还有一个不同之处，是对过去社会的诠释——比如对古罗马的性伦理或者宗教行为的诠释。这和解读一个有极大不同的现代社会有很多相似——语言障碍和缺乏信息，后果就是难以抓住其中起作用的相关性结构。但是也有不同，其中之一就是信息来源更加有限。在前述的丛林社会中，即便没有文字，每一个活着的社会成员都是一份有待诠释的"文本"；在古罗马的例子中，诠释者被局限于几乎是固定数量的文字资源，除非有考古发现进行扩充。（当然，就此而言，也有幸运的诠释者，针对其所研究的社会涌现了大量的考古新发现。）比起之前说过的看报纸的例子更加极端的是，诠释者无法提问。那个社会没有幸存者可以回答问题。这进一步意味着，要解读的意义系统是"冻住的"，再也不会发生改变了。相反的，即便是在"原始的"丛林社会中，意义系统总是在变化的，只要还有活着的人用这意义系统指导他们生存，它就处于不断变动的状态。也许过去社会的这种"冻住"的状态使它变得棒极了：再也没有罗马人了，他们行为和思想都被永远地定格在那时，再也不会改变；和任何活着的社会不同，古罗马是种"彻底的"实在。

而对人类学家而言，特别是历史学家，会有两种不同的认知目标：为了诠释过去而诠释过去；为了解释现在的或者其他社会的某些现象而诠释过去。同样，这也就是"民族志"的目标和比较与普适的目标。确实，不晚于爱德华·吉本开始，吸引学者们研究古罗马历史的最重要的动机之一，就是期望从中发现可供当代借鉴的"经验教训"。和人类学的情形一样，历史学家们为了这种意图争执不休，有些赞同，其他的则认为每个历史时期都是独特的，要为了研究历史而研究历史，而不要怀着要师法古代的想法进行研究。不论历史学家们决定如何，社会学家总是倾向于从过去吸取经验教训——当然并非就道德或哲学而言，而是提出有关社会运转方式的具有普适性的假设后，为其寻找存在于过去的证据。需要再次提到，马克斯·韦伯是在社会学研究中妙用历史的最好例证。

也许现在应该总结一下至今整章所讨论的内容：在讨论过的*所有*例子中，即便是在日常生活里的普通对话中，都涉及了通过复杂的互动和对相关性结构、意义系统和知识体系的解读，而对他者的意义系统进行诠释。我这个诠释者，所感兴趣的总是会和他人的兴趣相抵触；我应该和想要知道的，必然和他人的意图以及他们对实在的定义相冲突。如果我不是一个普通的观察者，而是一个社会学家，那么解读过程中的区别在于，我会，或者应该，更加留心互动中的变数，因而更能对之进行掌控。而且，作为社会学家，在如何进行的问题上，我受制于各种明言或暗示的规则——即社会学的"游戏规则"。最后，我将把有别于常人的具体的*科学性*的相关性结构和知识体系代入当下情境中。

现在必须要做的是，进一步厘清这种社会学式的（或者泛泛而言，社会科学式的）诠释有何特征。换句话说，我们必须进一步厘清社会学的"游戏规则"。通过关注几个关键的方法论问题，要完成这个任务很容易。

概念化的问题。科学里没有"未经加工的事实"（raw facts）；只有处

于某一概念框架之中的事实。然而要看到很重要的一点，即在日常生活中也是如此。没有"未经加工的事实"，只有嵌于相关性和意义系统的结构框架内的事实。日常生活也是在全部参与其中的人的脑海中，通过概念化的框架进行组织的——不论这可能有多么粗糙或缺乏逻辑性，也不管参与者是否几乎没有留意到这一点。因此，回到之前的一个例子，某个人（就是一个普通人，而非进行观察的社会科学家）说"这是个性乱交派对"，可能因为他确实观察到了确凿的"事实"而说出这样的话——比如看到了十个人，完全光着身子，在酒店房间的地毯上，明显在进行性行为。但是这个"事实"也不是"粗糙的"（这不是双关）①。这之所以在一开始能够成为一个观察到的事实，是因为观察者对它留心了：毕竟，我们从外省来的这位还比较纯真的教师也许，仅仅是可能，根本不会在意地上的裸体，而把热情的目光聚焦在墙上挂着的艺术品上（我们可以想象，她是位酒店艺术品的鉴赏家）。或者，另一种情况是，她可能一头扎进洗手间，检查下水管道，无论出于何种学术上的理由，她可能对现代科技在该领域的最新创新更感兴趣。换句话说，她对该情境中的性"事实"发生兴趣，是由于心理学家常说的"选择性感知"——就是说，比起其他至少在当下她没有留意的事实，她对这些事实更感兴趣，所以她能感知到它们。这种兴趣预设了一个概念性框架，可以规整那些不断侵袭感官的大量数据。当然了，把这些观察到的事实指称为"性乱交派对"，似乎是下意识的，实际上是把概念直接加诸感知到的事实上。那个概念预设了一个更大的有关性行为的概念系统。所以，改变一下例子，如果进入酒店房间，我们的观察者只看到两个裸体的人，一个男的和一个女的，躺在床上而不是地板上，在进行性行为——不管她会怎么命名那个场景，都不太可能是"性乱交派对"。那种情况下，在总体相同的关于性行为的概念框架内，另一个概念看起来会更适用。

但是它们并非严格的科学意义上的概念，因为没有对它们进行严密的定义，它们相互之间的关系也未厘清，它们在现实中的有效性也没有通过实证进行缜密的检验——而所有这些都是科学意义上的概念所应具备的特

---

① 原文是 this "fact" is not "raw" either。因为在英文中，色情电影也叫做 "raw"，相当于中文口语说"毛片"，所以作者专门强调这里并非一语双关。——译者注

征。日常生活中的准概念（quasi-concept）具有显著的务实性目的——提供一张"生存地图"。这些在日常生活中实际运用的准概念，就是阿尔弗雷德·舒茨所说的*类型化*（*typifications*），而且正如他充分证明的，普通的社会生活中不可能没有它们，否则人们会不知道"什么是什么"。

社会学家不能简单地直接采用这些类型化，而必须*细加审查*。如果缺少了这一环，便无法对实际所发生的事情进行解读。回到我们的例子：当观察者说"这是一个性乱交派对"的时候，他使用了一个概念，至少暗示了对传统性道德的集体破坏。但是如果随着她的探索继续深入，还坚持使用这个概念，她起码需要审视这个场景中的*行为者们想通过他们的行为表达什么*。换句话说，这些行为者们必须通过某种方式①在对他们自己说："我们在搞一场性乱交派对！"如果这不是他们自己认定的，那么这个社会学家将这个场景命名为"性乱交派对"就值得商榷。如果想象一下在此情境下的替代意义结构，要理解以上观点是最容易的：假设通过进一步调查得知，这个房间是被一位阿拉伯君主和他的九个妻妾占用了，而他们只是和往常一样在午休。或者，假设其实根本没有发生任何真正的性行为，只是一个业余剧团正在彩排一出嘲弄当代色情电影的戏剧。又或者，从一开始对整个情境的理解就完全错了：其实这些人穿着肉色的紧身连衣裤，在排练一幕非常庄重的现代舞。

之后的内容很简单，但是在方法论上很重要：在所研究的情境中，已经有类型化发生作用，而社会学的概念不该是脱离该类型化，而强加于这个情境的思维模式（正如各种实证主义者们惯常所为），反而必须与之相联系。所有的人类情境都有意义——或者说，所有的人类情境都被其内在的意义所光照。社会学诠释的目的是更清晰地"呈现"这些意义，并把它们和其他意义及意义系统相联系（不论是因果关系或其他类型的联系）。用舒茨的话说，社会学概念是次级结构（一级结构当然就是社会学家们在情境内发现的类型化）。或者，用韦伯的话说，社会学概念必须是意义充分的（*sinnadaequat*）——即，它们必须和情境中的行为者们充满

---

① 原文是 in some fashion (not necessarily using the same word)，这里 in some fashion 是通过某种方式的意思，但用 fashion 也可被理解为有调侃时尚界的含义，所以括号里专门写了一句看似解释的话"也不一定用这个词"。这里无碍意思表达，将其省略。——译者注

意义的意图保持一种清晰的联系。

这种对于社会科学中的概念的本质的理解，在韦伯的*理想型*（*ideal types*）的理论中得到了充分的发展。社会学中的所有概念都是"理想型"。在构建它们的过程中，普通类型化被进行了特殊的**翻译**，以纳入科学的参照框架。因此，它们并非"真实的"——并非"真实存在"——而是为了特定的认知目的，"人工"构建出来的。比方说韦伯自己创造的两个概念：*官僚制度*（*bureaucracy*）和*入世禁欲*（*inner-worldly asceticism*）。二者都是理想型，因而它们是韦伯为了某种诠释的目的而精心构建的；不论过去或现在，二者都不是韦伯所定义的"真实存在"。然而二者之间也有区别。现代社会中有很多人轻易就对自己和别人说："我是官僚体制中的一员。"相反，从没有清教徒企业家对自己说："我是一个入世禁欲者。"因此，第二个概念比起第一个来说，和"真实"的社会世界的类型化间距离更远。然而两个概念都是"意义充分的"。一个官吏很容易就能从韦伯构建的官僚制度中认出自己。一个清教徒企业家，如果乘坐时光机器从殖民地时期的新英格兰，去到韦伯在海德堡所做的研究中，肯定会对"入世禁欲"这个术语感到困惑，但是同样的，要他从韦伯的描绘中认出自己的道德世界，不会有什么困难。这两个概念之间的区别，还有它们分别和日常生活中的类型化之间的距离，都归因于韦伯在这两个例子中不同的认知目的。在他对于官僚制度的分析中，韦伯关注的是一种现代社会中独有的现象；但是构建入"世禁欲"这个概念，却是用以对从古印度到20世纪的美国所有的道德体系进行比较和概化，因而不得不构建一个更加"有距离感的"概念。

进一步说，社会学所有的概念都是特定的。它们是为了一个特定的认知目的而构建出来的，也有可能因为其他目的而被舍弃。"现实中的"经验证据可能会迫使对它们进行舍弃或修正。因此，如果人们无法在加诸其身的概念中"认出自己"——对活人来说，通过他们对自己处境做出定义进行口头抗议；对过去的人而言，则通过所谓的"抗议性文本"——那么社会学家将会被迫构建对所研究情境而言更加充分的新概念。

这里所做的，就是将日常生活中的意义重组为不同的意义世界，即社会科学家们的意义世界。这种重组在社会学的诠释中占有核心地位。这也构成了对所研究情境的初期*解释*：社会学诠释者现在不仅理解了一些东西，而且是以一种在重组发生之前不可能存在的新方式理解的。

概念化的后果问题。从诞生之日起，社会学就为实证主义理想所缠身。这种理想要求以自然科学的形式，奠定普世法则，预创一个以因果关系相连接的系统，将各种具体的现象纳入其中。如果这些法则通过经验证明是正确的，那么具体的现象就能作为例子推导出来，因而也能对其未来的轨迹做出预测。

上文对概念化的描述凸显了这种理想的弱点。如果社会现象的内在意义被忽视，那么它们将不可避免地被曲解。但是这一洞见还有更深的含意：法则理应具有普世有效性，但人类的意义系统却并非如此。

用举例的方式来说明，一个社会学家试图诠释某特定团体在某特定情境下的政治行为。假设诠释将遵循一个推定原则，即人们投票是为了实现自身利益最大化。这当然不完全错误。但是人们所认为的利益，取决于他们的意义系统——而这是无法从之前提到的原则中推导出来的。例如，一个观察者可能得出结论，认为候选人 X 在某次选举中明显代表了选区中大多数选民的利益——比如通过这位候选人所提议的经济政策可以看出来。但是恰巧选民们最关心的并不是经济问题。相反，他们的注意力都集中在种族问题上——并且他们当中很多人都认为，和他们同种族的候选人当选，是他们在选举中最首要的利益，而候选人 X 并不属于这一种族。换句话说，该情境中的利益并非观察者假设的利益。观察者完全可以认为人们在此情境中的判断是非理性的，甚至是应受谴责的，但是这种想法对于解读当下情境丝毫没有帮助（而且，并非完全巧合的是，对预测选举结果也没什么作用）。

这里所理解的概念化，能够切实协助因果联系的建立（"候选人 X 败选了，因为他不是意大利人"），但是只有考虑到在情境中起作用的意义系统时，这才成立。当然，预测也是一样。

和实证主义有所区别的是功能主义理想。这要求对功能的发现，而这种功能不受社会情境中的行为者的意图影响（罗伯特·默顿所说的"隐性功能"；当然了，要发现"显性功能"，用不着伟大的社会学进行探索，至少在自己的原生社会里是如此）。回到之前说过的另一个例子：在火山附近举行献祭仪式，其隐性功能并非保证持续的雨水，而是服务于祭司阶层的经济利益——比如，因为仪式需要昂贵的装备，而这些装备的生产和租用权，都被祭司阶层垄断了。

同样，这类解释不会被马上否定。但是必须要做一个区分（当然，是基于经验证据）。一种可能性是祭司们充分意识到了这些经济后果，而且确实这就是为什么他们或者他们的先辈们当初要发明这种仪式。这样，经济利益就根本不是"隐性功能"了——对祭司们而言不是——而是他们所作所为的显性意义。另一种（很平常的）可能性，是祭司们——还有普罗大众和（谁知道呢？）也许甚至是将要被献祭的处女们——虔诚地相信，献祭的唯一目的就是劝导雨神继续降雨。就是说，祭司们本身（像许多虔诚的人们一样）并未意识到他们的经济利益，并不认为这些利益是他们或其他人的动机，而且如果有人认为他们有这样的动机，他们会感到极度的愤慨。在这种情况下，社会学家可以使用"隐性功能"之类的术语。或者，用韦伯的话说，社会学家可以认为经济效益是这些行为所造成的"无意的后果"（unintended consequences）。只要关系清晰，即这只是存在于学术观察者脑海中的一种解释，且并未以任何方式转嫁于外部的社会现实，那么两种用法都可以。在艾米尔·涂尔干和英美功能主义传统中，如果仪式的"隐性功能"用维系集体团结来解释，这应该更清晰（在这种解释中，仪式所有的特殊细节都是偶然的）。在所有用"隐性"解释的情形中，行为者当然无法在解释中认出自己——只要不在经验上不存在的层面，将这种自我认知转嫁给他们，这是可以接受的。（至于是否存在精神分析中所说的"无意识动机"，这里不加讨论。）

证据的问题。社会学中的证据必须始终处于意义的框架之中。更准确点说，学术观察者的次级结构，必须不间断地和普通生活中的一级结构保持连接。因此，对社会学家的假设的证伪也必须在意义的框架中进行。

回到选战的例子：我（分析选战的社会学家）对候选人 X 的获胜几率感兴趣。为了探究我可能在这方面做出的假设，我必须寻求理解在这一特定选区中发挥作用的意义系统。因此我假设候选人 X 会胜出，因为他代表了极北地区（North End）的经济利益。但是我在进行实地研究后发现，极北地区的大多数选民根本不从经济角度考虑他们的政治利益。我的假设被证伪了，正是因为它并未考察情境中实际运作的意义系统。我现在修正我的假设，认为"虽然和他的两位对手相比，候选人 X 更能代表极北地区的经济利益，但是他还是会败选，因为他是爱尔兰人"。无疑这还是一个假设，而非陈述一条绝对真理，也可能在选举日证明我的预测是错的（可能他们走进投票站后，这些意大利人里有许多突然想起了自己的经济利益，而且在接下来的三分钟里忘却了种族热情和敌意）。就是说，任何社会科学的假设都是对*可能性*的陈述。（巧合的是，甚至在选举日之后，我的假设仍然是一种可能：我现在肯定知道候选人 X 已经败选，但我仍然可以只假设他为*什么*失败。）

社会学的诠释并非哲学项目。总是要接受经验证据的检验。社会学命题绝不是公理，而是能被经验所证伪的假设。这和所有的科学命题类似。但是在社会学中的证据和证伪与自然科学中的不同——正因为它们经常涉及意义系统。

另一个问题是有关搜集证据的方式——用美国社会学的说法，即方法（*methods*）的问题〔与之相对的是泛泛的学术进路，即方式（*method*）的问题〕。很长一段时间以来，这个问题都是谈论定性和定量的研究方法。不幸的是，这里讨论的关于社会学诠释的理解总是伴随着对定量研究的敌意。那是一种误解。当前的陈述中，没有任何内容应当被解释为含有在经验研究中定性研究优于定量研究的暗示。定量研究没有任何问题——只要它们被用于厘清在所研究情境中运作的意义系统。在两种研究方法之间的取舍，至少是在理想情况下，应该完全基于它们分别获取所需证据的几率。（我们知道，在并非理想状况的世界中，还应考虑可用的资源和技术手段，但是这些都不是方法论的原则所考虑的。）因此，在例子中，为了深入了解极北地区选民的想法，研究者可能做出以下两种决定之一：其一，他可能认为一个详细的调查是必要的——带着经过最严谨的设计和预备调查的问卷，严格参照选民分层样本进行抽样，运用最成熟的统计技术处理数据（包括使用最先进的计算机硬件）；或者，他可能认为只需两到三个经过充分培训的研究者，在极北地区的酒吧、商店和教堂附近逗留，就能得到想要的信息。如何在这两种方法之间取舍，将取决于认知和实际两方面的考虑，排除无法被概化的那一个。这里要指出的是，在获取证据方面，定量研究或定性研究均可充分满足社会学的"游戏规则"。

*客观性的问题。*如同文章至此所阐释的，一些抱有实证主义态度的批评者们认为，诠释暗含着"纯粹主观主义"，"直觉"或者"移情作用"——即一种不加任何控制或矫正地获取知识的企图。为了说明这是

一种误解，而且诠释并非什么都行得通的猜谜游戏，也许已经说得够多了。当然，这里的问题是关于社会学诠释的客观性，而且这种客观性的特征需要稍微进一步说明一下——不仅针对实证主义批评者们，他们想要引入由自然科学衍生出的客观性的标准，而且针对持所有其他不同观点的批评者，他们认为在对社会实在的诠释中，不可能有任何客观性。

诠释的行为中，不可避免地涉及研究者的社会定位、心理构成以及认知特征，三者均会对诠释产生影响。因此，当我解读酒店中的性乱交行为时，我必须考虑到一些情况——例如我是一个社会地位正向上运动的中产阶级，一个来自中西部的新教徒；我是一个快三十岁的女性，刚刚摆脱了一场痛苦的恋爱，让我开始怀疑搞学术的男人；如果可能，我会尽量避免统计方法，因为我不会加法；我有着强烈的欲望想要推翻舒尔策—梅瑞韦瑟关于性异常的假设（舒尔策是我以前的一个室友，我恨透她了）。现在如果宣称所有这些因素都能一直处于谨慎的社会学家控制之下，并且客观性就意味着将这类因素像杀菌一样从诠释工作中去除了，那肯定是非常愚蠢的。然而，这不是重点。

重点是，只要遵循前述关于科学的相关性结构和证据的规则，社会学家在原则上能够完全控制这些因素，而且在实际中，很大程度上也能够做到。首先，科学的相关性结构意味着我可以告诉自己："我正在做社会学"——因此我不是在表达自己小资产阶级的道德观，对学术圈的人（*homo academicus*）的憎恶，或者想证明舒尔策错误的希冀。更多的是，我真诚地想要尽可能地保持客观。科学的相关性结构附带着一个经验知识的体系，这在任何具体的诠释中都必须加以考虑。这个相关性结构还为诠释者所创造的概念提供了语境。这些概念必须具备解释力，将新的、有待解读的现象和之前其他社会学家解读过的类似现象之间建立起有意义的联系。这种联系不是从诠释者的主观中随意产生的，而是依托于一个普遍可用的理论和数据整体，而且必须和新的经验证据之间建立不间断的互动关系。我自己和他人的经验性数据，总"找机会发表意见"，虽然它们是在我（和其他人）构建的概念框架之内"表达"。因此，客观性并不意味着社会学家要据实汇报实际存在的"粗糙的事实"。相反，客观性意味着社会学家的概念体系与经验数据之间存在着辩证关系。

这里可以再次引用马克斯·韦伯关于"入世禁欲"的经典范例。不同的传记作者都试图从社会、心理和其他科学范围之外的角度，阐释韦伯对于宗教伦理和现代资本主义起源之关联这个问题的"兴趣"。一直以来，社会科学家和历史学家们不断地使用由这个问题产生的概念和庞大的假设集合，而他们并没有韦伯那些在科学范围之外的考虑。作为对当代史中某些侧面的诠释，著名的"新教伦理命题"客观地来说是否具有正确性，是不能通过深究韦伯的生平或心理来决定的。

换句话说，*科学的客观性是一种相关性结构，个体可以将自己的意识移入其中*。那些否定这种转移的可能性的人，绝对也会否定相关性在意识中进行转移的*普遍*可能性——但是这种否定与通常的经验和科学证据都是明显相悖的。我们知道，即便在日常生活中，这种转移实际上也是总在发生的。可以再次用性作为一个非常清楚的例子：我正和一个与我有不同性别的人谈论我们有着共同政治利益的事情。随着谈话的进行，我意识到一阵强烈的、可能是双方对彼此肉体的吸引力。从那时起，谈话的相关性结构发生了急剧转移，以关于竞选策划开始的谈话，变成了引诱对方的手腕。或者，相反的，当其他人在抒发政治见解时，因为我对这些话极其反感，所以我正和别人进行非常情色的交流。而我又是一个非常关注政治的人，所以当我面对这突然出现在眼前的不同政见，我发现自己难以保持对色情内容的注意力了。我开始进行政治话题的争论，而当我这么做的时候，（无疑）我不再感受到对方肉体的吸引力（至少是暂时的）。换句话说，在日常生活中，性提供了一个相关性结构，而我可以自如地移入或*移出*这个结构。可以加一句，除非我对性特别热衷或者（在前述的例子中）是个政治狂热分子，我能在很大程度上控制在相关性结构中的移动。

这在具有科学性的相关性结构中也成立。专业的诠释者可以学习并内化科学性的相关性结构，因为它的特点就是具有更高程度的觉悟和控制。在接受社会学训练的过程中，这确实是应该掌握的最重要的内容之一。而且非常重要的是，这种相关性结构是*制度化的*。这出现于查尔斯·皮尔斯所说的*调查者共同体*（community of investigators）之中。就社会学家而言，存在着一个包括健在和已逝的社会学家的共同体，他们作为一种科学性的"概化了的他者"（generalized other）"存在"于意识中。略微换种说法，社会学家的共同体，"整个学科"，提供了一个"参照群体"（reference group），而每个社会学家要么通过外在的社会关系，要么在自己的脑海里，都在不停地与之互动。客观性，不仅作为一种理想，而且作为一种经历过的实在，正是社会学家个人和这个社会学家共同体之间不停互动的结果。就科学性活动的本质而言，因此积累而成的客观知识的整体永远不可能完全固定，总是处于变动之中且需要进行修正的，甚至也有可能由于科学范围以外领域的发现，而需要做必要的修正。然而，所有这些修正都没有忽视方法论的客观性原则。相反，它证明了自己的持续有效性——因为，如果科学不讲求客观性，那么从一开始就没有必要进行修正。

　　社会学诠释的客观性与马克斯·韦伯所说的*价值中立*紧密相连——人们一直就这个概念进行无休止的而且经常处于混乱状态的争论。我们知道，在日常生活中，人们的诠释受限于他们的价值观。基本上，社会学家们也是如此。他们毕竟也是社会的成员，是其价值体系的一部分。很清楚，在许多情况下，这些价值观使社会学家们对某一现象产生了兴趣，从而为他们开始研究提供了动机。例如，如果不是大多数，很多美国的社会学家之所以研究种族问题，就是因为美国社会的种族模式冒犯了他们的价值观。社会学家的工作被这些动机所影响不仅不是错误的，而且是不可避免的。这并非关键。关键在于一旦这些社会学家们着手进行他们具有科学性的探索，他们必须尽可能地"悬置"（bracket）这些价值观——不用说，这并不意味着他们要放弃或试着忘记这些价值观，而是控制这些价值观可能对社会学视角造成的歪曲。如果无法悬置，那么科学的探索也会崩塌，社会学家认为自己所感知到的，不过是自己的希望和恐惧、愿望、憎恶或者其他心理需求的镜像；而他没有察觉的，却可以被合理地称作社会实在。

　　周密的研究方法无法保证对价值观的悬置。不够周密的研究方法和价值观一样会产生影响——连憎恶也能够被量化！价值中立是一种不同规则的认知行为。一方面，它是一种禁欲的理想——某种思想上的禁欲主义——而且常常难以达到，当然特别是与研究者的价值观息息相关的时候。价值中立首先是一种*对理解的激情*（passion to see）清楚地理解，而不顾自身的好恶、希望或恐惧。对自身价值观的悬置暗含着对他人价值观的系统的开放，只要与所研究的情境相关——即便它们与自身的价值观完全抵触；理解并非赞同，但是如果我总是在表达自己的反对，那么我便根本无法理解。

追求客观性和价值中立对严防科学教条主义非常关键。要做到这一点，卡尔·波普尔（Karl Popper）①指出了一条有用的规则——持续不断地并有系统地寻找反例：即，当我提出一个假设——正因为我知道我的价值观可能与这个假设相关——我必须完成的最重要任务，是寻找那些能够证伪而非支持我的假设的数据。就这个问题总结一下：我们对实证主义者们有关科学客观性存在的观点表示赞同（即使在实践中很难做到）。但是，我们坚持认为一门解释性科学的客观性不可能和自然科学的客观性相同，这一点上，我们和实证主义者们有分歧。另一种对社会学的客观性提出的批评来自于激进的反实证主义者们，他们认为，根本不可能从科学探索中把价值观分离出来（比如当下总有各种人要把社会学意识形态化，并把它变成进行游说的工具，在这些人当中就很普遍）。他们认为科学范围之外的领域经常阻碍诠释的行为，而这些阻碍需要被揭示出来，在这两方面我们都表示赞同。我们所不认同的是，这些说法忽略了在原则上或实际中，客观的社会科学是可能的。我们这一立场的其他方面将在下一章里继续讨论。

*适用性的问题。*几乎所有关于社会的知识，都可以被用来服务于这样或那样的实际项目。这是无法避免的。但是更重要的是理解下面所说的内容：社会学的诠释得自一个非常具体的认知过程，而这一过程发生在前文概述过的具体的相关性结构之内。一旦该诠释的内容被付诸社会中的行动，这一相关性结构便被舍弃了。行动所预设的相关性结构是完全不同的。现在必须舍弃的东西之一，便是对研究者自身价值观的悬置。所有的应用都必须是以价值观为基础的。例如，我可以写一篇社会学论文，详细描述某个美国社区的种族关系模式，而悬置了我自己关于种族问题的价值观——假设我的价值观是自由主义的，因此和各种维持现状的非自由主义特征相矛盾。假设我的研究增进了有关现状的认识。无法想象这种认识能

---

① 卡尔·波普尔（Karl Popper），当代西方最有影响的哲学家之一，研究范围涉及科学方法论、科学哲学、社会哲学、逻辑学等。他所著的《科学研究的逻辑》一书标志着西方科学哲学中最重要的学派——批判理性主义的形成，《开放社会及其敌人》则是他在社会哲学方面的代表作。——译者注

够直接付诸行动而不考虑我的价值观；现在最可能的是，我将为了在这种特定状况下实现我的自由主义价值观的最大化而行动。但是另一方面，从我之前的社会学诠释中，也无法直接推断出"该做什么"。可能在我的研究中，我已经发现，在这个社区中类似的白人和黑人群体之间存在着某种收入差距，而我的价值立场促使我对这一发现进行谴责。但是，我现在想从诠释转变为行动，便有许多可能的行动方案供我选择——通过司法行动以强制执行非歧视法或反歧视行动纲领，成立工会，特别培训和再培训项目，鼓励黑人企业，等等。对价值观的考虑以及对实际可操作性的评估，将会影响我在这些不同可能性中做出何种选择，而社会学知识的其他内容当然也会对我的决定有所影响。但是不论对我自己还是其他人，我都不可能说"这是我发现的情况；*因此*，这就是应该做的。"

忽略知与行之间的间接关系，忽略从知到行的移动所需要的相关性结构的转移，便是对社会学的一种滥用。正是由于这种混乱，社会学的概念或发现便被用于*合法化*那些基于特定价值观的行动进程。即，社会学一直被用来隐藏各种行动进程的价值预设。例如，宣称大多数白人和黑人不同意跨种族婚姻是一回事，要说*因此*应该有法律禁止跨种族婚姻——或者，相反的，*因此*应该有教育项目提倡跨种族婚姻，就完全是另一回事了。

一些结合了方法论和道德伦理方面律令的必要条件，是社会学家们应当遵守的：第一，要清楚社会学知识是很特殊的，源自于一个特定的系统参照框架，有别于大街上的普通人、政治活动家或者其他什么人的参照框架。（这不仅是个人的问题，而且是从事社会学家这个职业的全部人所关心的。）第二，社会学家们不能作出任何建议，除非使用"如果……那么"的形式，因为这个形式本身即是诠释的过程——"*如果你想要达到目标 X，那么我的这些发现就和你选择可能采取的行动相关。*"第三，从社会学的概念或发现中，无法直接得出具有道德规范性质的默示。换句话说，社会学家不能成为道德方面的向导。

虽然本章已经很长了，但不用说，本章内容尚未穷尽社会学诠释中所涉及的分支内容。然而最后说一点：诠释，正如这里所描述的，可见于不同的社会学流派——包括马克思主义、涂尔干派和结构功能主义者的不同群体。换句话说，社会学的诠释并非某个"宗派"（sectarian）所特有。尽管如此，正如已经充分阐述了的，我们认为韦伯的传统，在这个问题上提供了最令人满意的进路，它同时也在理解和价值观、理解和负责任的行动之间错综复杂的关系方面显示出了最完善的认知。

第3章 制度化[1]

机体和行为

人在动物王国中占据了一个特殊的位置。和其他高等哺乳动物不同，人类没有物种特定的生活环境（species-specific environment），他的本能机制没有构造出一个固定的环境。我们无法像描述狗的世界或马的世界那样描述人的世界。尽管狗或者马作为个体也有学习和积累的能力，但是它们和其所处环境之间的关系是基本固定的，在这一点上，其他类似物种的动物也是如此。这造成的一个明显结果是，与人相比，狗和马要更为固定地分布在特定的地理范围之内。然而，这些动物生存环境的固定性并非仅止于地理边界。即便引入地理环境的变化，它们与环境的关系仍是由生物特性决定的。在这个意义上，所有非人的动物，不论是物种还是个体，都生存在一个封闭的世界中，其结构是由物种的生物构造预先决定的。

相反的，人类和其生存环境的关系具有开放性（world-openness）的特点。这不仅指人类在地表的大部分面积上成功立足，而且他与周遭环境的关系也是被其自身生理构成所塑造的，并处处呈现出一种不完美的状态。需要肯定的是，后者使得人类能够从事各种不同的活动。但是，人类在一地过着游牧生活，而在另一处则变为农耕生活的事实，无法用生物过程来解释。这当然并不意味着在人与环境之间的关系中没有生物性所决定的局限；人类物种特有的感官和肌肉系统明显对其可能性范围强加了限制。人类特殊的生理结构其实体现在其本能的部分。

---

[1] 本章及第4章、第5章均选自 Peter L. Berger and Thomas Luckmann, *The Social Construction of Reality: A Treatise in the Sociology of Knowledge*. New York: Free Press, 1995。——译者注

和其他高等哺乳动物相比，人类的本能构造可以被描述为发育不全。人类当然有内驱力。但是这种内驱力完全没有特定功能，也没有预定方向。这意味着人类的肌体能够运用其与生俱来的生理机能，从事非常广泛的，不断变化的和不同范围的活动。人类肌体的这一特性是以个体发展为基础的。如果从机体发展的角度来看待这个问题，可以说人类的胚胎期延长并贯穿了出生后的第一年。动物在母体内完成的重要的机体发育，人类婴儿是在脱离子宫后完成的。然而此时，人类婴儿不仅身处外部世界之中，而且通过一系列复杂的方式与之相互关联。

因此，人类肌体的生理机能尚在发育之中时，便已经与周遭的环境之间产生了联系。换言之，成为人的过程发生于和环境的相互关系之中。如果考虑到这里所说的既是自然环境、也是人际环境，那么这句话就非常重要。就是说，正在发育的人类不仅与一个特定的自然环境相互关联，而且和一个具体的文化和社会秩序相互关联，而这种秩序是由照顾他的重要的他者（significant others）作为介质传递给他的。对人类婴儿而言，不仅其生命的存续取决于一定的社会安排，其机体发展方向也是由社会决定的。从降生的那一刻起，人类的肌体发展及其生物性要素的很大部分，都受制于由社会所决定的持续干预。

尽管在这种与环境间的双重相关性中，生理因素明显限制了成为人的方式上的可能性与差异性，在回应施加于自身的环境力量时，人类肌体展现了极大的可塑性。这一点很清楚地表现在为应对不同的社会文化决定因素，人类的生理构造所表现出的灵活性上。有句人种学的老生常谈：人类文化有多少种，成为人和作为人（becoming and being human）的方式就有多少种。人性因社会和文化的改变而改变。换句话说，人性无法作为固定生理基础决定社会文化形态的变化。人性只作为人类学的常量存在（例如，世界的开放性和本能结构的可塑性），限定人的社会文化形态，并使之成为可能。但是人性将会被模铸成何种具体的形态，是由社会文化形态决定的，并与其无数变体相关。可以说人具有本性，但更重要的是人构建了自己的本性，或者简单点说，人创造了自己。

民族学在性方面发现的证据，能够最好地说明人类肌体的可塑性和对社会决定的干预表现出的敏感性。虽然人所具有的性的内驱力和其他高等哺乳动物相仿，但人类的性具有程度非常高的灵活性。这不仅指时序节奏的独立性，而且在性所指向的对象和表达的方式上也很灵活。民族学的证据表明，在性方面，人几乎无所不能。一个人也许能刺激自己的性幻想，而变成高涨的性欲，但是不太可能凭空想出不与其他文化中已被确立的任何规则相呼应的性画面，或者至少不是那么容易的事。如果"常态"这个词指的是在人类学上根本的或在文化上普世的，那么它或它的反义词都不能对人类性行为的各种形式进行有意义的描述。同时，当然，在每种文化中，人类的性行为都是受到管理的，有时候是严格规范的。每种文化都有独特的性构型，有自己特有的性行为模式，并且在性方面有自己的"人类学"假设。这些构型事实上的相关性、大量的种类和奢侈的创造性，表明它们是人类自己社会文化形态的产物，而非源于生物性的固定人性。

人类肌体向着与周遭环境之间的相互关系发展完善的时期，也是人的自我形成的时期。所以自我的形成，也必须在持续的机体发展，以及通过重要他者对自然和人文环境进行传承的社会进程中加以理解。自我的基因前提自然是在出生时就决定好的。但是作为后来在主观和客观上能够辨认的身份的自我，却并非如此。决定机体完成的社会进程，同样也创造了特殊的、与文化相关的自我的形式。作为一种社会产物，自我的特点不仅限于个体对自我产生认同的特殊构型（例如，作为"一个男人"，在所谈论的文化中进行定义和形成的特殊形态），还有附属于这种特殊构型的综合心理素质（例如，"男人的"情绪、态度、甚至是肉体的反应）。所以，不用说，要想充分理解机体，还有自我，无法脱离它们所形成的特定的社会语境。

在一个由社会所决定的环境中，人类的肌体和自我的共同发展，与机体和自我之间特殊的人类关系有关。这种关系很怪异。一方面，人是一具躯体，和其他的动物机体一样。另一方面，人有一具躯体。即，人把自己当作一个实体来体验，但这和他的躯体又不完全等同，相反的，他有一具任他支配的躯体。换句话说，人对自己的体验永远徘徊于作为和拥有一具躯体之间的平衡点上，而这个平衡点必须反复进行矫正。人对自己身体的这种奇异的体验，肯定会影响对人类行为的分析，因为人类行为既是在物质环境中的举止，也是主观意义系统的外化。因为一些基于人类学基本现象的原因，要对任何人类现象进行充分理解，必须对这两个方面都加以考虑。

从前文可以清楚地看到，人创造了自己，但完全不同于普罗米修斯式的独立个体。人的自我创造总是，也必然是一种社会活动。人一起创造了人文环境，及其全部社会文化和心理构型。这些构型中没有一个可以被理解为人的生物结构的产物，因为正如前述，人的生物结构只能为人的创造活动提供外在界限。正如人不可能在孤立中发展为人，人也不可能在孤立中创造出一个人文环境。独立的人是动物层面的存在（当然，人和其他动物在这一点上是共通的）。一旦人观察到专属人类的现象，便进入了社会的范畴。人特有的人性及其社会性无可避免地相互交织。智人（*homo sapiens*）同样地也总是社会人（*homo socius*）。

人类肌体缺乏必要的生物手段为人类行为提供稳定性。如果退回只有机体资源的状态，人类的存在将处于一种混乱状态。即使在理论上能够设想出这种混乱的状态，它在现实中却是不存在的。在现实中，人类存在于一个有序、有方向、稳定的环境之中。那么就产生了问题：在现实中人类秩序现有的稳定性从何而来？可以从两个层次上回答这个问题。首先可以指出一个明显的事实，即社会秩序的成型先于任何个人机体的发展。就是说，人的开放性虽然是由人的生物构造先天决定的，但总是被社会秩序抢先占据。也可以说，人类的生物构造决定了人的存在天然具有开放性，但这种开放性总是，也确实必须是，由社会秩序转化为一种相对的闭合性。由于这种重新闭合是人为创造的，并因而具有"人工性"的特点，所以无法与动物界的闭合性相比，但是大部分时候，它依然能够为大部分的人类行为提供方向和稳定性。那么问题被推到另一个层次。我们要问，社会秩序本身是以什么方式产生的？

对这个问题的大致回答是，社会秩序是一种人类产物，或者更准确点说，一种持续的人类生产。它是人类在持续的外化过程中生产出来的。社会秩序在现实中的表现形式不是生而有之的或源于任何生物*数据*（*data*）。社会秩序，无须多说，也并非天然存在于人的自然环境中，虽然自然环境中的某些特征可能决定着社会秩序中的一些要素（例如，经济或技术安排）。社会秩序不属于"事物本质"（nature of things），也无法从"自然法则"（laws of nature）中推导出来。社会秩序只作为人类活动的产品而存在。如果认为社会秩序具有其他的本体论属性，将会完完全全地混淆它在现实中的表象。从它的起源（社会秩序是以往人类活动的结果）和它在任意时刻的存在（只有当人类活动继续创造社会秩序，它才存在，也只能在人类活动的范围内存在）来看，社会秩序都是人类的造物。

尽管人类外化的社会产物相对其肌体和环境背景而言，具有某种独有的特征，但需要强调的是，外化具有人类学的必要性。人类无法存在于一个封闭的、静止的内在区域中。人类必须不断地在活动中外化自身。这种人类学的必要性植根于人的生物构造。人类机体内在的不稳定性，迫使人类必须为自己的行为提供一个稳定的环境。人类必须专门化自己的内驱力，并对之进行引导。这些生物特征是进行社会秩序生产的先决条件。换句话说，虽然无法从生物数据中得出任何现有的社会秩序，社会秩序存在的必要性却源自人类的生物构造。

撇开生物常量安排的因素外，要想理解社会秩序产生、维系和传递的原因，必须基于制度化理论进行分析。

制度化的起源

所有的人类活动都受习惯化（habitualization）的支配。任何经常重复的行为都会被铸为一种模式，因而能够通过各种努力而重现，而这种努力在实际上就被实施者当作那种模式加以理解。习惯化更暗示着，通过合理的努力，未来这些行为能够以相同的方式加以重复。这对非社会性的和社会性的行为来说都适用。即使是独自生活在荒岛上的个体，也会将其行为习惯化。当他清晨醒来，继续试图用几根火柴造出独木舟，他可能会喃喃自语道"我又开始干了"，如同迈出了一共十步的运作程序里的第一步。换句话说，即便是独立的人，也至少与他的运作程序相伴。

被习惯化了的行为中所包含的意义，尽管被当作个人总体知识储备中所嵌入的惯例，并被认为是理所当然的，并且方便其对未来的情况进行预测，但是这些行为对个体而言仍然具有意义。随着习惯化而来的是重要的心理获益，即选择减少了。虽然在理论上，用火柴建造一艘独木舟可能有一百种方法，但是习惯化把这些选项减少到一个。这把个人从"这么多选择"的负担中解放出来，提供了一种心理上的释放，因为人的本能结构是没有既定方向的。习惯化为行动提供了人生物构造中缺乏的方向和专门化，从而减轻了源于无向的内驱力而积累的紧张。并且，因为在这样一种稳定的背景下，大部分时候只要做出最低限度的抉择，人类行为便得以进行，所以虽然在某些场合做选择是必要的，但习惯化节省了做选择所需的精力。换句话说，正是习惯化行为所提供的背景，为深思和创新打开了前台。

就人类在其行为上附加的意义而言，习惯化的出现，使得一步步地重新定义每个情境变得多余。大量的情境也许都能归入预先给予的定义之下。那么就能够预料在这些情境下需要采取的行动。即使是作为替代的行为也能被赋予标准比重。

这些习惯化的过程先于任何制度化，所以对一个脱离了所有社会互动的独立的个体也适用。假设这样一个独立的个体作为自我被创造出来（正如我们不得不假设那个建造火柴独木舟的人一样），即便是他，也会根据自己对世界的体验，习惯化自己的行为。对于在他独居之前即存在的社会制度，此时我们还不需考虑。在实际中，人类行为的习惯化中更重要的部分是它的制度化。因此问题就变成了制度是如何出现的。

只要习惯化行为和行为者的类型间存在相互类型化的关系，制度化便会发生。换句话说，这种类型化就是一种制度。必须强调的是制度性类型化的相互性，和制度中的行为以及行为者具有的类型性。构成制度的习惯化行为的类型总是共享的。它们对某个社会群体的全体成员都是*可用的*，制度本身会类型化个体行为者和个体行为。制度假设 X 类型的行为会由 X 类型的行为者完成。例如，法律制度假设在某种情况下需要用某种方式砍头，应该由某种类型的个体来执行这种砍头（比如刽子手，或者一个不洁的种姓的成员，或者某个年龄以下的处女，或者被神谕指定的那些人）。

制度进一步暗示着历史性和控制。行为的相互类型化，是在共同的历史中完成的。它们无法立刻被创造出来。制度总是有历史的，它们是历史的产物。如果不了解制度产生的历史过程，便不可能充分了解制度本身。通过设置预先定义的行为模式，行为被朝一个方向引导，而非理论上可能的许多其他方向，由此，制度通过它们的存在控制着人类的行为。特别重要的一点是，这种控制的特性是在制度化中固有的，先于或脱离于任何专门用以支撑制度的制裁机制的设立。这些机制（被通常称为社会控制系统的构件总和）当然存在于许多制度以及所有被我们称为社会的制度群中。然而，它们的控制功效是次级的或者是进行补充的。正如我们之后还会看到的，首要的社会控制是在一个制度的存在中给予的。说人类行为的一个部分被制度化了，也就是说人类行为的这个部分已经被置于社会控制之下了。只有在制度化的过程不是完全成功的时候，额外的控制机制才是必需的。因此，例如，法律也许规定任何打破乱伦禁忌的人都要被砍头。这种规定也许是必要的，因为已有触犯这种禁忌的先例。需要不断地援引这种制裁的情形不太可能出现（除非规定乱伦禁忌的制度本身处于崩溃之中，此处无须展开讨论这种特例）。因此，说人类的性行为是通过砍掉一些人的头而被社会所控制的没有什么意义。相反，人类的性行为是在特定的历史时期中通过制度化而被社会控制的。当然，还可以加一句，乱伦禁忌本身只是类型化集合的一个负面而已，最初只是用来定义哪些性行为是乱伦，哪些不是。

从实际经验上看，制度通常在有很多人的集体中是显性的。然而，理论上很重要的是，需要强调，即使两个个体从头开始互动，相互类型化的制度化进程也会发生。每个在时间上存续的社会情境中，制度化都是初发的。我们假设两个来自完全不同的社会世界的人（person）开始互动。说他们是"人"，就是说我们假设这两个个体已经形成了自我，而这只有在社会过程中才能发生。因此，我们此刻排除了亚当和夏娃的例子，或者两个"野生"的孩子在一片原始丛林中的空地上相遇。我们假设的是，两个来到会面地点的个体，是来自于两个在历史上被创造出来的时候即彼此相隔的社会世界，因此，互动是发生在未被任何一个参与者进行过制度化定义的情境中。可以想象成星期五①在荒岛上遇见了我们用火柴建造独木舟的人，前者是个巴布亚人，而后者是个美国人。在那种情况下，很可能这个美国人读过，或者至少听说过鲁滨逊漂流记，这至少能为他引入对当前情形进行预先定义的方法。那么，让我们简单地把两个人称为 A 和 B。

当 A 和 B 不管以什么方式进行互动，类型化会被迅速创造出来。A 看着 B 的行为。他将 B 的行为进行动机归因，当看见行为重复发生的时候，就把动机类型化为周期性的。当 B 继续行动，A 很快就会对自己说：

---

① 原文为 Man Friday，即《鲁滨逊漂流记》中鲁滨逊的野蛮人随从。——译者注

"啊哈，他又这么干了。"同时，A 可能假设 B 会对他做同样的事。从一开始，A 和 B 就都假设了这种类型化的相互性。在他们互动的过程中，这种类型化会以特别的行为模式表达出来。即，A 和 B 将开始扮演和对方一样的角色。即便双方不断地做和对方不同的行为，这也会发生。当二者都做一样的行为时，便会出现扮演对方角色的可能性。就是说，A 会在内心中挪用 B 反复饰演的角色，并把它们变为自己在角色扮演中的榜样。例如，B 在准备食物这个行为中的角色不仅被 A 如此归类，而且成为 A 自己在准备食物这个角色中的组成因素。如此，这种相互类型化的行为将形成一个集合，在角色扮演中把每一个都习惯化，有些分别完成，有些共同完成。虽然这种相互类型化还并非制度化（因为只有两个个体参与，所以不可能对行为者进行分类），但是很清楚，制度化的核心部分已经表现出来了。

有人可能会问，这两个个体从这种发展中能获得什么好处。最重要的获益是他们各自能预测对方的行动。随之而来的是，二者之间的互动变得可以预测。"他又这么干了"变成了"*我们又这么干了*"。这把双方都从巨大的紧张不安中释放出来。他们在分别或一起进行的外部任务中，和各自的心理状态上都节省了大量的时间和精力。现在，越来越多地被认作理所当然的常规程序定义了他们共同的生活。在投以较少注意力的情况下，许多行为也可能完成。个人的行为不再每个都让对方感到震惊和潜在的危险。相反，许多发生的事情对双方来说都将变成日常生活中琐碎的小事。这意味着这两个个体在搭建一个前文所讨论过的背景，这将使各自的行为和双方之间的互动变得稳定。搭建起这个常规程序的背景，反过来使在他们之间进行劳动分工成为可能，为创新开辟了道路，因为创新要求更高程度的注意力。劳动分工和创新将导致新的习惯化，并进一步拓宽两个个体所共享的背景。换句话说，社会世界将一直处于构建的过程中，在它之中包含着制度秩序持续扩展的根源。

一般来说，所有重复一次或多次的行为都倾向于在某种程度上习惯化，正如所有被他者观察到的行为，肯定都会从他者的角度涉及某种类型化。然而，必须要有一个持续的社会情境，使得两个或以上个体的习惯化行为能够在其中发生相互关联，刚才所描述的那种相互类型化才会发生。哪些行为容易被这样相互类型化呢？

大致的答案是，那些与 A 和 B 都相关，并在他们所处的共同情境之内的行为。可能以这种方式相关的领域，在不同情境下当然会有所变化。有些是源于 A 和 B 之前的个人经历，其他的可能是共同情境中自然的、前社会的环境条件所导致的。在所有情况下都不得不进行习惯化的，是 A 和 B 之间交流的过程。劳动、性和领地是其他可能成为类型化和习惯化焦点的领域。在这些不同的领域中，A 和 B 的情境是在更大的社会中发生的制度化的范式。

让我们把我们的范式往前再推一步，想象一下 A 和 B 有小孩。此时，情境发生了质的改变。第三方的出现改变了 A 和 B 之间进行的社会互动的特点，如果有更多的个体继续加入其中，甚至还将进一步变化。在 A 和 B 的原初情境中与生俱来的制度世界，现在传给了其他人。制度化在这个过程中对自身进行完善。在 A 和 B 共同的生活中发生的习惯化和类型化，直到此刻之前，这些构型仍具有专为两个个体而形成的概念的特点，现在变成了过去的制度。随着获得历史性，这些构型也获得了另一种关键的属性，或者更准确点说，完善了当 A 和 B 开始对他们的行为进行相互类型化时，就出现的一种属性：这就是客观性。这意味着，现在被透明化了的制度（例如，孩子们感受到的亲子关系）能够被"恰巧"在当时把它们实体化的个体所体验，也能超越他们，而被其他个体所经历。换句话说，现在所经历的制度自身便具有现实性，是一种和个体呈对峙状态的、外在的、并具有强制性的事实。

一旦初期的制度只在 A 和 B 之间的互动中构建和维系，即便单纯因为它们的形成这个事实，而获得了一定程度的客观性，其客观性仍是脆弱的，容易改变的，几乎是可以玩弄的。稍微换种说法，作为 A 和 B 的行为的常规化了的背景，仍然比较容易受到 A 和 B 的刻意干预。虽然这些常规程序一旦确立，便具有继续存留的倾向，但改变甚至废除他们的可能性依然时刻存在于意识中。A 和 B 对构建这个世界负全责。A 和 B 依然能够改变或者废除它。另外，既然他们在能够记住的共同的生活经历中造就了这个世界，对他们而言，如此形成的世界显得完全是透明的。他们把这个世界理解成自己的造物。而这一切都在传递给新生代的过程中改变了。制度世界的客观性"变厚""变硬"了，不只是对孩子们而言，而且（通过镜像效应）对父母们也是如此。"我们又这么干了"现在变成了"这些事就是这么做成的"。一个被如此看待的世界在意识中获得了坚固性；它以一种更大规模的方式变为了实体，而不再能被轻易地改变。对孩子们来说，特别是在他们社会化融入其中的早期阶段，它变成了*独一无二的*(*the*)世界。对父母而言，它丧失了可以玩弄的属性，而变得"严肃"。对孩子们而言，由父母传递下来的世界并非完全透明。因为他们并未参与世界的建造，这个世界作为一种既存现实与他们对峙，正如大自然一样，便会至少在某些部分混沌不清。

只有在此时，谈论社会世界才变得可能，这是一个全面的、既存的现实，以一种类似自然世界的状态与个体相对峙。只有这样，作为一个客观的世界，社会构型才能被传承给新的一代。在社会化的早期阶段，孩子实在无法分辨自然现象的客观性和社会构型的客观性。就社会化中最重要的一项而言，对孩子来说，语言看上去像是事物本质中所固有的，而无法抓住其因循性。事物就是(*is*)它的名字，而不能被叫做其他任何东西。所有的制度都以同样的方式呈现，是既存的，不可更改的，不证自明的。即便在我们那个现实中不太可能的例子中，父母们从头构建了一个制度世界，这个世界对他们而言的客观性也会随着他们孩子的社会化而增加，因为孩子们体验到的客观性会反馈到他们自己对这个世界的体验中。当然，在现实中，由大多数父母传递下去的世界，已经具有历史性和客观现实的特征。传承的过程只是加强了父母们对现实的感知，通俗点说，只是因为，如果有人说"这些事就是这么做成的"，常常已经足够让自己深信不疑。

那么，制度世界是被当作客观现实来体验的。它的历史追溯到个体诞生之前，不属于个体经历回忆的一部分。它早在个体出生之前便已存在，在个体死亡之后仍将存续。这种历史本身，作为现存制度的传统，具有客观性的特征。个体的经历是社会客观历史中的一个片段。制度，具有历史的和客观的真实性，作为不可否认的现实，与个体相对峙。制度就在*那里*，在个体之外，保持着它们的现实性，无论个体喜欢与否。他无法祈祷让制度消失。制度抗拒个体改变或逃避它们的企图。通过制度的真实性所拥有的绝对的力量，和常常附着于最重要制度上的控制机制，制度对个体便具有了强制力。如果个体不理解制度的目的或运转模式，制度的客观现实性也不会减弱。他可能会感受到，大部分的社会世界都是不可理解的，也许因为其混沌不明而感到压迫感，但依然是真实的。因为制度是作为外在的现实而存在，个体便无法通过内省理解制度。他必须"走出去"，了解它们，正如他必须学着了解大自然。即便社会世界作为一种人为创造的现实，可能对其进行理解的方式无法用以理解自然世界，这点依然成立。

很重要的一点是记住制度世界的客观性，无论它对个体而言可能显得多么庞大，都是一种人为创造的构建的客观性。人类活动的外化产物获得客观性特征的过程，即客观化（objectivation）。制度世界是客观化了的人类行为，每一个制度都是。换句话说，尽管客观性把社会世界在人类体验中打上了记号，但社会世界并未因此就脱离创造它的人类活动，而获得本体论上的地位。人类能够创造一个世界，并将其作为一种非人类造物加以体验的矛盾，我们之后再讨论。此时需要着重强调，作为创造者的人，和作为其造物的社会世界之间，是并将一直是一种辩证关系。即，人（当然不是孤立的个体，而是群体）和他的社会世界之间是互动的。造物会对创造者产生影响。外化和客观化是一个持续的辩证过程中的片段。这个过程中的第三个片段，就是内化（通过内化，客观化的社会世界在社会化的过程中，重回意识），我们之后将进行大量的详细讨论。然而，已经可以明白在社会现实中的这三个辩证性的片段之间的根本关系。它们各自对应社会世界的一个基本特性。社会是人类的造物。社会是客观的现实。人是社会的造物。而且应该也已经很明确，抛开这三个片段中的任何一个，对社会世界进行的分析都将是歪曲事实的。可以再加一句，只有把社会世界传递给新生代（即，在社会化中实现内化），最根本的社会辩证关系才在其整体性中得以体现。重复一下，只有当新生代出现的时候，才能恰当地谈论社会世界。

同时，制度世界需要合理化，即能够"解释"并使之正当化的方法。这不是因为它看起来不太真实。正如我们已经看到的，社会世界的现实性在传承的过程中扩大了规模。然而，这种现实性是过去的，新生代把它作为一种传统接受，而非经历过的记忆。在我们作为范式的例子中，社会世界的原创者 A 和 B，随时可以重塑自己的世界及其部分所处的环境。因为他们可以行使回忆的力量而获得制度的意义。A 和 B 的孩子们则处于完全不同的境况中。他们对于制度历史的知识是通过"道听途说"获得的。从记忆的角度来说，他们无法接触制度原本的意义。因此，借用各种合理化的配方为他们进行诠释，就变得很有必要。就制度秩序而言，如果要对新生代有说服力，则合理化的配方必须一致且全面。可以说，同样的故事，必须告诉所有的孩子。由此，持续扩展的制度秩序发展出了一个对应的合理化的帷幕，凭借认知和道德规范两类诠释，为它张开了一个防护罩。在新生代通过社会化以进入制度秩序的过程中，他们同时也习得了合理化。这一点同样也将进行深入详细的讨论。

随着制度的历史化和客观化，发展社会控制的具体机制也变得很有必要。一旦制度成为脱离了原本诞生的具体社会过程的实体，就有可能偏离制度所"设定"的行为方式。简单点说就是，相对于自己参与确立的程序，一个人更容易偏离别人为他设定的程序。新生代设置了服从问题，并且其进入制度秩序的社会化过程要求确立制裁措施。独立于个体可能附加于任何特殊情境的主观意义制度之外，制度必须且确实宣称了对个体的权威。对于情境进行定义的优先权必须始终维持在制度一方，以抵御个体想要重新进行定义的诱惑。孩子们必须被"教会端正举止"，一旦教会了，就必须"始终保持"。当然，成人们也必须如此。越制度化的行为，就越容易被预测，也就变得越受控。如果进入制度的社会化是有效的，彻底的强制性措施就能得以省而有选择性地付诸实施。大部分时候，行为会"自觉地"在制度安排的渠道内发生。而且，在意义的层面上，行为被认为是理所当然的，相对于制度"预设项"的替代选项越少，行为就越容易预测和控制。

原则上，制度化可能在与集体相关行为的任何领域中发生。实际上，几组制度化的进程是同时发生的。没有任何先验的理由可以假设这些进程在功能上必然"团结一致"，更不用说成为一个在逻辑上保持一致的系统。再次回顾我们的典范性示例，稍微更改一下虚构的情境，我们这次假设不是一个正开枝散叶的亲子家庭，而是一个刺激的三角关系，包括一个男性A，一个双性恋的女性B，和一个女同性恋C。无需赘述，这三者之间的性关系并非一致的。A和B之间的关系，C是无法共享的。由于A和B之间的关系而陷入了危机的习惯化，和那些因为B与C之间的关系以及C和A之间的关系陷入危机的习惯化并无关联。毕竟没有理由解释为什么两种有关性爱的习惯化，一种异性的和一种女同性恋的，不能一起发生，且不会基于同一种兴趣，例如花的生发（或者其他不论什么事情，可能与一个异性恋男性和一个女同性恋同时相关),而在功能上和对方或第三种习惯化相结合。换句话说,三个习惯化或初始形态的制度化的进程,即便在功能或逻辑上无法整合为社会现象,也会发生。如果假设 A、B 和 C 是集体而非个体,无论他们之间存在何种相关性,同样的推理也能成立。而且,当习惯化或制度化的进程被限于相同的个体或集体,而非我们的例子中假设的无关的个体或集体,不能先验地假设在功能上或逻辑上的整合。

尽管如此,经验事实说明,制度确实倾向于"团结一致"。如果不把这种现象认为是理所当然的,那就必须进行解释。怎么做呢?首先,可以提出,有些相关性对一个集体的所有成员而言是共同的。另一方面,行为的许多方面只和特定类型相关。后者包含了一种初始状态的分化,至少这些类型被分配了某种相对稳定的意义系统。这种分配可能基于前社会性的区别,比如性别,或基于在社会互动过程中产生的区别,比如劳动分工中产生的不同。例如,只有妇女可能会关注生育方面的魔法,只有猎人可能会在洞穴壁上绘画。或者,只有老人会进行求雨仪式,只有武器匠人会和他们母系的表姐妹同居。就他们外部的社会功能性而言,这几种行为无须被整合为一个统合的系统。它们可以在分别进行的基础上继续共存。但是当行为可以分割开来的时候,意义系统也至多能保持最低限度的一致性。当个体回想他的经历中那些连续的时刻,他试图把这些时刻的意义都纳入一个连贯的人生经历的框架中。随着个体和他者分享自己的意义制度及其在人生经历中的融合,这种倾向便增长起来。可能这种整合意义的倾向是建立在心理需求之上,而心理需求反过来又有生理基础(即,在人的心理和生理构成上,可能就有一种对于统合的内置的"需求")。然而我们的论点,并非基于这样的人类学假设,而是建立在对制度化过程中有意义的相互作用的分析之上。

由此得出,凡是有关制度"逻辑"的陈述都要给予极大的关注。逻辑不存在于制度内部及其外部功能,而在于进行反思时如何看待制度。换句话说,进行反思的意识为制度秩序附加了逻辑性。

语言为客观化的社会世界提供根本的逻辑叠加。合理化的大厦建立在语言之上,并将语言作为最主要的手段加以应用。因此,被归因为制度秩序的"逻辑"是全社会共享的知识存储中的一部分,而且这也被认为是理所当然的。既然充分社会化的个体"知道"他的社会世界是个连贯的整体，他就将不得不从"知识"的角度，解释社会世界的正常运转和故障失灵。结果是，对任意社会进行观察的人，很容易就会假设，这个社会的制度确实在进行运转和整合，正如它们"应该"的那样。

事实上，制度是统合的。但是对产生制度的社会过程而言，它们的统合并非在功能上具有必要性；而是一种衍生品。在生活经历的范围内，个体所完成的是互无关联的制度化的行为。这种生活经历是一个需要经过审慎思考的整体，其中发生的离散的行为并非孤立的事件，而被认为是在主观的意义宇宙①中相互关联的部分；主观的意义宇宙也非个体所专有，而是在社会环境中进行详细阐述并且共享的。只有绕道通过社会共享的意义宇宙，我们才能得出对制度统合的需求。

这对任何社会现象的分析有着深远的影响。如果只能把制度秩序的统合理解为社会成员拥有的"知识"，那么在对制度秩序的分析中，对这种"知识"的解析将是必不可少的。重要的是，需要强调这并未只涉及、甚至并非主要涉及为制度秩序提供合理化解释的复杂的理论体系。理论当然也必须纳入考虑。但是对在社会中的知识传承而言，理论知识仅仅只是一小部分，而且绝非最重要的部分。理论上很成熟的合理化出现于制度历史的特定时期。关于制度秩序的主要知识，都处于前理论阶段。它是关于社会世界的"所有人都知道的事情"的总和，准则、道德、众所周知的智慧结晶、价值观和信念、神话等的集合，是需要大量在智识上的坚韧精神才能完成的理论整合，正如自荷马以降直至近日的社会学系统建造者们，这历史悠久的英雄谱系所见证的一般。然而在前理论层面上，每一种制度都有一个用以传承的知识配方整体，即，提供与制度相适应的行为准则的知识。

这些知识构成了制度化行为的驱动因素。它规定了行为的制度化区域，指定了所有应该归入其中的情境。它还界定和构建了在制度的语境中活动的角色。事实上，它控制着并预测所有这类行为。因为这些知识是被全社会客观化而当作知识的，即，当作有关现实的普遍正确的真理体系，所以任何偏离制度秩序的极端异常行为都显得脱离现实。这种异常行为可

---

① 原文中使用的是 universe 一词，本考虑译作"体系"，但感觉不足以表达原文中需要体现的"包罗万象"的意义，故直译为"宇宙"。——译者注

能被认为是道德沦丧、精神疾病或者是纯粹的愚昧。尽管这些细微的区别会在如何对待这些离经叛道的人上造成明显的后果，但它们在特定社会世界中的认知地位都比较低下。如此一来，特定的社会世界就变成了单纯的世界。在社会中被理所当然地当作知识的部分，变得和可知的部分具有同样的外延，或者至少提供了一个框架，在这个框架内，任何的未知，将来都会被知晓。这就是在社会化过程中习得的知识，促成个体意识对社会世界的客观化结构进行内化的知识。在这个意义上，知识处于社会根本辩证关系的中心地位。它"预设"了外化得以创造一个客观世界的渠道。它通过语言和基于语言的认知器官，客观化了这个世界，即它把世界整理为被当作现实理解的客观。它又被当作客观正确的真理，在社会化的过程中被内化。有关社会的知识因而是这个词在双重意义上的*实现*（realization），一重意义是理解客观化的社会现实，另一重意义是不断地创造这个现实。

例如，在劳动分工的过程中，发展出了一个知识体系，意味着包含了特定的行为。知识在对这些经济活动进行制度安排的语言基础中，已经是不可或缺的。例如，对不同的狩猎模式、使用的武器、作为猎物的动物等，有一个专门的词汇系统。而且如果想正确狩猎，还必须学习一整套的方法。这个知识体系本身就是沟通和控制的力量，是这个行为领域进行制度化所不可或缺的成分。随着狩猎制度变得透明化，并经过一段时间存续下来之后，同一个知识体系便成为对它的一种客观（并且，顺带在经验上可以证明的）描述。社会世界中一个完整的部分被这个知识体系客观化了。对应狩猎经济这个客观现实，将会出现关于狩猎的客观"科学"。这个观点不许多说，这里的"经验证明"和"科学"不是从现代科学准则的角度，而是从知识的角度去理解的。这种知识可以通过经验得到证明，并且之后会被系统地组织为知识体系。

而且，同样的知识体系被传递给了下一代。在社会化过程中，它被当作客观真理来学习，然后被内化为主观现实。主观现实反过来会影响个体的塑造。它将会创造出一种特定类型的人，例如猎人，他作为猎人的身份和经历，只在由前述的知识体系构成的宇宙中有意义，要么是整个宇宙（比如一个猎人社会）或者是其中的一部分（比如在我们自己的社会中，猎人们组成了一个自己的亚宇宙）。换句话说，没有通过社会产生和客观化并指向这一特定行为的知识，狩猎的制度化不可能存在。狩猎和成为猎人，意味着在被这个知识体系所界定和控制的社会世界中存在。稍加修正后，这也同样适用于制度化行为的任何领域。

沉积与传统

全部的人类经验中只有一小部分存留在意识中。如此得以存留的经验沉积下来，即，它们作为可辨识和可记忆的实体凝固了。除非这样的沉积发生，否则个体就无法理解自己的生活经历。当多个个体分享共同的生活经历，他们对这经历的体验被纳入一个共同的知识体系，那么主体间的沉积同样也会发生。只有当主体间的沉积被用这种或那种的符号系统客观化，即，当共有体验被反复客观化的可能性出现时，它才可以被称为真正的社会性的。只有那时，这些体验才可能在一代一代间传承，从一个群体传播到另一个群体。理论上，无须符号系统，共同的行为可以成为传承的基础。实际上，这不太可能。一个客观上可用的符号系统，通过把沉积的体验从个人实际经历的原初语境中分离出来，把它们变成对所有共享或将来可能共享同一符号系统的人普遍可用的，使沉积后的体验在一开始就具有了匿名的性质。这些体验因此变得便于传播。

原则上，任意符号系统都可以做到。当然，决定性的符号系统通常是语言。语言将共同的体验客观化，使它们对整个语言共同体内的成员都可用，因而成为集体知识库存的基础和工具。此外，语言提供了将新的体验客体化的途径，使它们能够被纳入已经存在的知识库存之中，而且在把被客观化（objectivated）和客体化（objectified）了的沉积部分在集体的传统中传承下去的过程中，语言是最重要的途径。

例如，某狩猎社会中，只有一些成员有丢失武器和被迫空手与野兽搏斗的经历。无论从这种可怕的体验中得到了什么关于勇敢、狡猾和技巧的经验教训，它都在有过这种经历的个体的意识中扎实地沉积下来。如果有几个人都有这种经历，它将在主体间沉积，甚至可能在这些个体间形成一种深厚的纽带。然而，当这种经历通过语言的形式被命名和传播，就将使从未有过这种经历的人也能理解，并且可能变得对他们非常重要。用语言进行命名（我们可以想象，在一个狩猎社会中，命名将真的会是非常精确和详细的——比如"独自大开杀戒，单手，干掉了一头公犀牛"，"独自大开杀戒，双手，干掉了一头母犀牛"，等等），从个人经历中所发生的事情中，把体验抽象出来。它变成了对所有人而言都客观存在的可能性，或者至少某类人中的所有人（比如完全入门了的猎人）；即，就算它仍与某些个体卓绝的技艺相关，在原则上它变成了匿名的。甚至对那些并不期望在自己未来的人生经历中有类似体验的人而言（比如被禁止打猎的妇女），命名也可能以一种衍生的方式与之相关（比如考虑未来丈夫的标准）；在任意情况下，它都是共同的知识库存的一部分。在语言中将体验客体化（即，把体验转变为一种普遍可用的知识客体），通过道德教诲、默示诗歌、宗教寓言和诸如此类的东西，使它能够融入更宽泛的传统之中。这样，不论是狭义的体验，还是作为更广传统一部分的体验，都能被教给新生代，或者甚至扩散到一个完全不同的集体（比如，一个农耕社会，它可能给整个事件附加上非常不同的意义）。

语言变成了大量集体沉积的存放处，可以单独获取，即，作为连贯的整体，而且无须重建原本的形成过程。因为沉积实际的起源已经不再重要，传统可以虚构一个迥异的起源，而不会威胁到已经被客观化的部分。换句话说，一个接一个的合理化，可以不时地给予集体中沉积下来的体验以新的意义。社会过去的历史可以被重新诠释，而不一定打乱制度秩序。例如，在上述的例子中，"大开杀戒"可能被合理化为神迹，任何对它进行重复的人类行为，都被合理化为对神话原型的模仿。

这个过程强调了所有被客观化的沉积，而不仅是制度化了的行为。比如，它可能涉及传播并不直接和具体制度相关联的个体的类型化。举个例子，其他人被类型化为"高"或"矮"，"胖"或"瘦"，"聪明"或"愚笨"，而不附加任何特别的制度含义。当然，只要沉积下来的意义符合前述的制度特征，这个过程也适用。一个制度的意义的传播，其基础是社会认可该制度是对特定集体的"永久"问题的"永久"解决方案。因此，制度化行为的潜在行为者们，必须系统地熟悉这些意义。这使某种形式的"教育"过程成为必要的存在。制度的意义必须强有力且无法忘怀地烙印在个体的意识上。因为人类常常是懒散和健忘的，必须有能够重新印刻和重新记忆这些意义的程序，如果必要的话，可以通过强制和通常并不令人愉快的手段来完成。此外，因为人类常常是愚蠢的，制度的意义常常在传播的过程中被简化，这样特定的制度"配方"大全能够容易被后代学习和记住。制度意义所具有的"配方"的特征确保了它们的可记忆性。在沉积意义层面上,这里所说的常规化和平凡化,与在对制度化的讨论中已经提过的一样。和之前一样,通过程式化的形式,将英雄式的高超技艺融入传统,是一个有用的例证。

制度化行为所具有的客观化意义,被当作"知识"来理解和传播。这种"知识"中的一些被认为和所有人相关,有些只和某类人相关。所有的传播都需要某种社会机构。即,有些类型的人被指定为传播者,其他类型的是传统"知识"的接收者。这个社会机构的特征,当然因社会不同而不同。对传统从知之者到不知者的传播也会有类型化了的程序。和假定要在知之者和不知者间传递的"知识"一样,二者的类型是社会界定的问题;"知"和"不知"指的是被社会定义为现实的东西,而不是社会之外的认知有效性标准。说得通俗一点,舅舅们不是因为知道这些知识,而传播它们,而是*因为*他们是舅舅,所以知道这些知识(即,他们被定义为"知之者")。如果一个被制度命名为舅舅的个体,因为特殊原因而无法传播这些知识,他就不再是这个词所表达的完全含义上的舅舅,而且制度甚至不再认同他的这个地位。

由于某类"知识"相关性涉及的社会跨度及其复杂性以及在某群体中的重要性,"知识"可能不得不通过象征性物体(如偶像和军队徽章)和/或象征性行为(如宗教的或军事的仪式)再次获得确认。换句话说,具体的物体和行为可能会被用作记忆的辅助工具。所有制度意义的传承显然都暗含着控制和合理化的程序。它们都附属于制度本身,且由传承的人执行。这里再强调一遍,不能假设在不同的制度和其从属的知识传承形式之间,存在先验的连贯性,更别说功能性了。逻辑一致性的问题首先在合理化的层面上出现(不同的合理化和执行者之间可能存在冲突或竞争),其次是在社会化的层面上(对相继的或相互竞争的制度意义进行内化时,可能会在实践中出现困难)。回到之前的例子,并没有一个先验的原因,可以解释为什么源于狩猎社会的制度性意义不应该传播到农业社会。不仅如此,这些意义对一个外部的观察者而言,在传播的时候,可能显得在狩猎社会里有含混不清的"功能性",而在农业社会里就完全没有"功能性"。这里可能出现的困难,与在农业社会里进行合理化的人在理论方面从事的活动以及"教育者们"的实践行为相关。理论家们必须找到让自己满意的说法,解释一位狩猎女神也可能被农民所供奉,教师们需要设法让从未见过狩猎的孩子们明白狩猎女神在神话里的所作所为。不过,进行合理化的理论家们通常具有极强的逻辑性,孩子们也常常执拗反抗。然而这并非抽象逻辑或技巧功能性的问题,而是智谋和轻信的问题——一个相当不同的命题。

角　色

正如我们已经看到的,任何制度秩序,都起源于自己和他人行为的类型化。这意味着自己和他人共享特定的目标和连锁的行为阶段,而且此外还意味着不仅具体的行为,而且行为的形式都被类型化了。即,不仅可以识别从事 X 类型行为的具体的行为者,而且可以识别,受到所涉及的相关性结构可能影响的*任何*行为者都能够从事的 X 类型行为。例如,某人可能会认可小舅子痛打自己傲慢无礼的孩子,并且他很明白这只是同样适用于其他舅舅和外甥的行为模式中的一个例子,在实行入赘的社会里很普遍。只有后一种类型化盛行的条件下,这个事例才会被全社会都认为是理所当然的,父亲会谨慎地从现场离开,避免妨碍小舅子合理地行使自己的权威。

实现行为方式的类型化要求其具有客观性,反过来,要具有客观性则要求语言上的客体化。即,需要有指向这些行为方式的专门词汇(例如"痛打外甥",这个词从属于更广泛的对亲缘关系及其不同责任和义务的语言结构)。在原则上,一种行为及其含义可以脱离个体的表现和相关的各种主观过程而得到理解。自我和他者可以被理解为对客观的并且普遍知道的行为的实施者,并且这些行为是合适的行为者类型中的*任何*成员都可以反复和重复实施的。

这对自我体验有着非常重要的意义。在行为过程中,自我和行为的客观性是等同的;正在实施的行为,在当下,而且是从社会认定该行为具有的客观性的角度,决定着行为者的自我理解。虽然还是会对身体和其他没有直接参与行为的自我的部分有微弱的意识,但在当下,行为者对自身的理解,基本上是把自己和对被社会客观化了的行为相等同("我现在在痛打我的外甥"——经常在日常生活中发生的一个习以为常的片段)。行为发生以后，当行为者回想自己的行为时，产生了一个更加重要的后果。现在自我的一部分被客体化为这个行为的实施者，而整个自我再次从实施的行为中相对地分离出来。即，把自己想成只是部分地参与了行为，就成为可能（毕竟，在我们的例子中的人不单单是一个痛打外甥的家伙）。不难看到，当这些客体化累积起来（"痛打外甥者"，"姐姐的支持者"，"入门级战士"，"祈雨之舞大师"等），从这些客体化的角度，构造出了自我意识的一个完整部分。换句话说，自我的一个片段被客观化为了对整个社会都可用的类型化。这个片段是真正的"社会性自我"，主观上对这个片段的感受是和完整的自我有所不同甚至是对立的。这个重要的现象，使得自我的不同片段能够相互进行内在"对话"，在后文讨论社会构建的世界被内化入个体意识的过程时，我们将再次提到。眼下的重点是这个现象和客观上可用的行为类型化之间的关系。

总之，行为者在行为中等同于社会客观化了的类型化行为，但是之后回想其行为的时候，又重新建立起和行为之间的距离。这种在行为者及其行为之间的距离，可以留存在意识中，并投射到将来对该行为的重复实施中。这样，实施行为的自我和他者便不会被理解为独特的个体，而是*类型*。从定义上来说，这些类型是可以互换的。

如果一个客观化的知识库存为一个行为者群体所共有，那么在这个语境下，上述类型化发生时，我们便可以恰当地开始讨论角色。角色是在此语境中的行为者类型。很容易明白，角色类型的构建与行为制度化必然相关联。通过角色，制度在个体的体验中得到体现。通过语言客体化了的角色，是组成任何社会的客观部分的基本成分。个体通过角色扮演参与社会世界。通过内化这些角色，这个世界在主观上对他变得真实。

在共有的知识库存中的角色扮演标准，是社会全体成员都能够理解的，或者至少那些可能扮演这些角色的人能够理解。这种普遍的可理解性本身是该知识库存的一部分；不仅 X 角色的标准是普遍为人所知的，而且这种标准为人所知的事实*也*是为人所知的。因此，每个假定扮演 X 角色的行为者，都有责任遵循这些标准，这些标准被作为制度传统的一部分进行教授，被用以验证所有角色扮演者的资格，而且，由此类推，被当作控制手段。

和制度一样，角色起源于习惯化和客观化的基本进程。一旦包含着行为的相互类型化的共有知识库存处于形成的过程中，角色便出现了。共有知识库存的形成过程，正如我们所看到的，是特有的社会互动，并且先于制度化出现。哪个角色被制度化，和行为的哪个部分被制度化所影响，是两个一样的问题，而且可以用同样的方式解答。所有的制度化行为都涉及角色。因此角色也具有制度化的控制性特征。一旦行为者被类型化为角色扮演者，他们的行为因此便容易受到强制的影响。尽管在不同的情况下，制裁的力度当然会有所不同，但是否服从社会定义的角色标准不再是可以选择的。

角色象征着制度秩序。这种象征在两个层面上发生。首先，扮演角色象征着角色本身。例如，进行裁决象征着法官的角色。做裁决的个体不是以"他自己"的身份做出这个行为，而是作为法官进行裁决。其次，角色象征着整个行为的制度网络。法官的角色是在和其他角色的关系中定位的，这些关系的总和构成了法律制度。法官作为这个制度的代表行动。只有通过角色扮演的表现，制度才能在实际体验中彰显自己。制度及其"预设"的行为集合，就像一出戏剧还未写好的剧本。这出戏剧的实现，取决于活生生的演员们/行为者们对指定角色的反复演出。演员们使角色具象化，并通过在指定的舞台上表演从而实现这出戏剧。戏剧或制度都无法在现实中脱离这个反复的实现过程。那么，说角色象征制度，就是说角色使得制度作为在活生生的个体的经历中真实的存在成为可能。

制度也有其他的象征方式。从简单的词汇命名，到融入相当复杂的现实象征系统，通过语言实现的客体化，也在实际体验中象征着制度（即，使它们出现在体验中）。制度也可以被自然的或人工的实物象征性地表现。然而，除非在实际的人类活动中不断地"唤醒"它们，否则所有的这些象征都变成了"死的"（即，丧失了主观现实）。制度在角色中的体现和通过角色的体现，因此是绝佳的象征，所有其他的象征都取决于它。例如，法律制度当然也体现在法律语言、法律条款、法学理论，对该制度终极的合理化，及其在伦理、宗教或神话思想系统中设置的准则。而有些人为现象，诸如常常在法律裁决中出现的令人敬畏的法官行头，和有些自然现象，比如可能被当作神裁法中神的裁决，甚至是终极审判的象征的雷鸣，则更进一步象征着制度。然而，所有的这些象征都因为被运用于人类行为之中，从而持续获得重要性，甚至是可被理解性，而这里说的，当然是被法律体系内的制度化角色所类型化了的人类行为。

当个体开始回想这些情况，他们所面对的问题，是把不同的象征粘合为一个连贯的、有意义的整体。任何具体的角色扮演都指向制度的客观性，因此也指向其他的补充性角色扮演以及整体的制度。当整合所涉及的不同象征这个问题，首先在合理化的层面上获得解决，有些角色也要处理这个问题。在前述的意义上，*所有角色都象征着制度秩序*。然而相比其他角色而言，*有的角色在制度秩序的整体性上更有象征意义*。这些角色在一个社会中有更大的战略重要性，因为它们不仅象征着某种制度，而且象征着把所有制度整合进一个有意义的世界之中。因此，这些角色自然会帮助在意识和社会成员的行为中维系这种整合，即，它们和社会的合理化机制之间有着特殊的关系。有些角色除了表明制度秩序是一个和谐整体的象征作用之外，没有其他功能；而其他的角色除了完成自己不那么高尚的日常功能之余，时不时地也会承担这个功能。例如，法官有时在一些特别重要的场合，可能会代表社会的整体和谐。君主则总是承担这个功能，而且在君主立宪制之下，除了作为代表社会各个阶层——包括大街上的普通民众——的"活标志"之外，君主确实没有其他功能。历史上，象征性地代表整个制度秩序的角色，大多数都在政治和宗教制度之内。

对于我们当前的思考更加重要的，是角色作为共同知识库存中某些部分的传递者的特质。凭借其所扮演的角色，个体被正式引入了社会客观化知识的特定领域，不仅是在狭义的认知意义上，而且是在作为准则、价值观、甚至是情绪的"知识"的意义上。作为一个法官，显然要涉及法律的知识，也许还有关于更宽泛的且与法律相关的人类事务的知识。当然，还涉及被认为对法官适用的价值观和态度的"知识"，甚至延伸到普遍认为适用于法官妻子的价值观和态度。法官还必须具备情绪方面的适当"知识"：比如，这个角色所要求的一个比较重要的心理前提是，他必须知道何时克制自己的同情心。如此，每个角色都打开了一个通向社会知识库存整体中某一部分的入口。要了解一个角色，光知道对它的"外在"表现起到直接必要作用的常规部分是不够的。必须还要了解直接以及间接适用于这个角色的、不同的认知甚至是情感层面的知识。

这意味着知识的社会传播。一个社会的知识库存，是根据什么是普遍相关的、什么是只和某些角色相关的而构建的。即便在非常简单的社会情境下都是如此，比如我们之前举的例子，由一个男人、一个双性恋女人和一个女同性恋者之间的持续互动所产生的社会情境。其中，有的知识和三个个体都相关（比如使这组关系在经济上顺畅周转的必要程序），而其他知识只和其中的两个个体相关（女同性恋的处世之道，或者在另一种情况下，异性恋之间的相处）。换句话说，知识的社会传播必然是二分的，即普遍相关和特定角色相关。

鉴于在一个社会中知识的历史性累积，我们可以假设，由于劳动分工，特定角色相关的知识，将会比普遍相关且可知的知识增长快。劳动分工所带来的特定任务的成倍增长，需要易教、易学的标准化解决方案。反过来，这就要求具备对于一些情境以及在这些情境中被社会所定义的手段和目的之间关系的专业知识。换句话说，专家将会产生，而每一个专家必须知道要完成他的特定任务所必需的一切。

为了积累特定角色所需的知识，一个社会必须高度组织化，这样，个体才能集中精力在自己的专业上。如果在一个狩猎社会，某些个体会变成铸剑专家，那必须有条款免除他们进行狩猎活动，而转由其他成年男性承担。更加隐蔽的一种专业知识，例如密教信仰者和其他的知识分子的知识，也要求类似的社会组织。在这些情况下，专家变成了知识库存中社会安排给他们的那些部分的管理者。

同时，普遍相关的知识中，一个重要的部分是专家的分类。当专家被定义为了解各自专业的个体时，每个个体都必须知道专家是谁，以备需要他们的专业知识。没人指望街上的普通人会知道使土地多产或释放邪恶咒语之类的深奥知识。然而他必须知道的，是如果需要这些服务，他该去找哪个魔法师。因而专家的类型（当代的社会工作者把这叫做转诊指南）是普遍相关且可知的知识库存中的一部分，而构成专业的知识却不是。在某些社会的实际操作中可能出现的困难（例如，出现相互竞争的专家小团体，或专业变得太过复杂，普通人混淆不清）此时尚无需考虑。

因此，从两个有利角度来分析角色和知识的关系变得可能。从制度秩序的角度来看，角色的存在，是作为制度的象征和制度客观化的知识积累的传承人。从许多角色的角度来看，每个角色都承载着由社会所界定的一个知识附件。两种角度，当然都指向相同的普遍现象，也是社会最基本的辩证关系。第一种角度可以被归纳为一个命题，即只有当个体意识到社会的时候，社会才存在；第二种角度所归纳的命题是，个体的意识是由社会决定的。如果缩小到角色的问题上，我们可以说，一方面，只有通过执行的角色实现，制度秩序才是真实的，另一方面，角色是制度秩序的象征，而制度秩序界定了角色的特征（包括他们的知识附件），角色从制度秩序中得到自己的客观性。

对知识社会学而言，角色分析尤其重要，因为这揭示了在一个社会中被客观化的宏观意义宇宙和这些宇宙在个体的主观世界当中成为真实的途径二者之间的关系。例如，对某一群体中（比如阶级、族群或知识团体）宗教世界观的宏观社会根源和这个世界观是以何种形式彰显在某个个体意识中的这二者进行分析，便成为可能。只有当探究个体在其社会行为中和群体发生关联的方式时，这两种分析才会被放到一起。这必然是角色分析。

制度化的范畴和模式

至此我们已经讨论了可以被当作社会学常量的一些制度化的基本特征。在这部书中，对于无数存在于历史上的这些常量的表现及组合形式的变体，我们显然无法给出哪怕是一个概览——要完成这个任务，只能从社会学理论的角度写一部世界史。然而，有很多以制度形式出现在历史上的变体，对于具体的社会学分析如此重要，以至于它们至少应该被简单讨论一下。当然，我们的焦点还是会继续集中在制度和知识的关系上。

在研究任何具体的制度秩序时，可能会问到以下问题：在某个群体的社会行为整体中，制度化的范畴是什么？换句话说，和没有被制度化的那部分行为比起来，制度化了的部分有多大？这个问题在历史上肯定有变化，不同的社会给非制度化行为留出的空间也有不同。一个重要的普遍考虑是，什么因素决定了制度化的范畴是宽还是窄。

形式上，制度化的范畴取决于相关性结构的普遍性。如果一个社会中，许多或大多数相关性结构都是普遍共享的，制度化的范畴就宽。如果只有少数相关性结构被普遍共享，则制度化的范畴就窄。在后一种情况下，还有进一步的可能性，当社会中的一些团体共享某些相关性结构，但并非整个社会共享，则制度秩序会非常碎片化。

现在如果从理想型这个极端来思考，可能会很有启发性。要构思一个完全制度化的社会是可能的。在这样的社会中，*所有的问题都是共同的*，*所有解决这些问题的方案都是社会客观化的*，*所有的社会行为都是制度化的*。制度秩序包纳了社会生活的全部，这时社会生活就好像在持续表演一个复杂而且高度程式化的礼拜仪式。没有或者几乎没有针对特定角色进行的知识传播，因为对所有的行为者来说，所有的角色都是同等相关的。这种探索式的完全制度化社会的模型（顺便说一句，这很适合作为梦魇的内容）可以稍加改动，即设想所有的社会行为都是制度化的，*但并非只围绕共同的问题而进行*。即便这种社会强加给其社会成员的生活方式是同样僵化的，但针对特定角色所进行的知识传播将会增多。可以说，社会生活会变成同时进行多个礼拜仪式。无须赘言，无论是完全制度化的社会模型，或是它的修订版，都不曾真实地在历史上存在过。然而，可以从与这些极端类型的相似性的角度，来考虑现实社会。那么可以说，和文明社会相比，原始社会和这些理想型的相似度更高。甚至可以说，在远古文明（archaic civilizations）的发展过程中，它们在朝着远离这些理想型的方向进步。

相反的极端社会形态中，只有一个共同问题，且*只有当行为涉及这个问题的时候*，制度化才会发生。在这样的社会里，几乎没有共同的知识库存。几乎所有的知识都是角色特定的。而在宏观社会中，即便是近似这种理想型的实例也不曾存在。但是在较小的社会组成形态中，可以找到一些近似的——例如，在自由化的聚居地中，*共同关注的问题就只局限于经济安排*，或者在由许多部落或族群组成的军事远征中，唯一的*共同问题就是战争的进度*。

除了激发社会学的幻想之外，这些启发式的构想只在厘清哪些条件利于这些理想型的近似体时有用。最普遍的条件是劳动分工的程度，以及伴随发生的制度分化。任何社会，随着劳动分工程度的增加，都会不断远离上述的第一种极端形态。另一个普遍条件，和前一个条件紧密相关，是有经济盈余，这使得某些个体或群体可以从事并不直接关系到生计的专业行为。这些专业行为，正如我们已经看到的，导致了共同知识库存的专业化和分割。对共同知识的分割，使从主观上将知识从任何社会相关性中分离出来成为可能，即成为"纯理论"。这意味着某些个体（回到之前的例子）从狩猎中解放出来，不仅能够铸造武器，而且可以编造神话。我们因此拥有了"理论生活"，专业知识大量扩散，由那些专家们进行管理，而这些专家们之所以享有社会特权，也许正是由于他们除了理论化之外一无所长——这导致了许多问题需要分析，我们稍后会再提到。

然而，制度化并非一个不可逆的过程，尽管制度一旦形成，便有存续下去的倾向。由于各种历史原因，制度化行为的范围可能会缩小；去制度化可能会在社会生活的一些领域中发生。比如，在现代工业社会中出现的私人领域，和公共领域相比，就相当的去制度化。

下一个问题是：在制度的完成和意义层面上，不同的制度间有什么关系？从历史发展的角度看，制度秩序在这个问题上是有所变化的。在之前讨论的第一种极端类型中，在每个主观生活经历中，制度的完成和意义是具有一致性的。整个社会知识库存在每个个体的生活经历中得以实现。每个人都做所有的事，也知道所有的事。意义整合的问题（即，不同制度间有意义的关系的整合）完全是主观性的。制度秩序的客观性，以确定的、普遍认知的、全社会都认为理所当然的形态，呈现在每个个体面前。如果有任何问题，那是因为个体在内化社会公认意义的过程中，主观上可能会遇到困难。

随着逐渐偏离这个启发式模型（当然这在所有实际社会中都会发生，虽然程度不同），对制度意义的确定性将会有重要修正。头两个我们已经说了：制度秩序的分割，其中只有某几类个体从事某些行为，随之而来的，是知识的社会传播，其中特定角色的知识也被保存为某几类。然而，随着这些发展，在意义层面上出现了新的构型。在整个社会中广泛的意义整合方面，将会出现客观的问题。这个问题完全不同于协调个体赋予自身经历的意义和社会赋予其经历的意义这样纯粹主观的问题。其中的区别就好像创作用以说服他人的宣传品和说服自己的回忆录一样。

在我们关于男人/女人/女同性恋的三角关系的例子中，我们用了一些篇幅，以说明不能先验地假设制度化的不同进程间能够"相互配合"。男人和女人间（A-B）共享的相关性结构，不一定与女人和女同性恋间（B-C）或女同性恋和男人间（C-A）共享的相关性结构相整合。分散的制度化进程不用全面整合，可以继续共存。我们于是提出，只有当个体在意识中，对几种制度的体验进行回想，并附加上某种逻辑的时候，制度间确实相互配合的经验事实——尽管不能先验地进行假设,才能被用来进行解释。我们现在可以把这个观点再向前推进一步,假设例子中三个个体的其中一个(我们假设是男人A)对于当下情境中缺乏对称的状况变得不满。这并不意味着他参与的相关性结构(A-B和C-A)对他而言发生了改变。而是他之前并未参与的那个结构(B-C)现在困扰着他。也许是因为这个结构妨碍了他自身的利益(C花了太多时间和B做爱,而怠慢了和他一起侍弄花草的活动),或者也许是因为他有理论上的企图心。无论是什么情况,他想要把三个分散的相关性结构及其伴生的习惯性过程联合起来,形成一个有凝聚力的、有意义的整体——A-B-C。他如何能做到呢?

让我们想象他是一个宗教方面的天才。有一天,他向另外两人展示了一个新的神话系统。世界是通过两个阶段被创造出来的,陆地是由创世神和他的一个姐妹交媾创造出来的,而大海是由后者和她的双胞胎女神相互手淫而创造出来的。当世界如此创造出来之后,创世神和那对双胞胎女神跳起了伟大的鲜花之舞,这样便产生了覆盖陆地的植被和动物。因此现在的异性恋、同性恋和种花这个三角关系,便是人类对于神明最初的行为的模仿。不坏吧?稍有比较神话学背景的读者,便不难找到历史上与此相仿的小故事。我们例子中的男人可能会更难让其他两个人接受他的理论。他会遇到宣传上的问题。然而,如果我们假设B和C在保持她们的规划实施方面也遇到了实际困难,或者(可能性较小的情况)她们从A的创世故事中获得启迪,那么就会有很大的机会,他能够顺利完成自己的计划。一旦他成功了,并且三个个体都"明白"他们三个的一些行为,是在为更大的社会(即A-B-C)协同合作,这一"知识"将会影响在这个情境中所发生的事。例如,C可能会更加负责任地协调她的时间,以在她的两项主要事务间取得平衡。

如果对我们的例子所进行的扩展看起来有些不着边际,我们可以让它更贴近生活,想象一下我们的宗教天才脑海中的世俗化过程。神话看起来不再合理。必须用社会科学对当下情境加以解释。这当然很容易。很明显(对我们从宗教天才变成的社会学家而言)在当下情境中存在的两种性行为,表达了参与者内心深处的心理需求。他"知道"如果不能满足这些需求,将会导致"功能紊乱"的紧张氛围。另一方面,事实是我们的三个个体出售鲜花，以换取岛的另一端的椰子。那就解决了。行为模式 A – B 和 B – C 在"个性系统"的层面上起作用，而 C – A 在"社会系统"的经济方面起作用。A – B – C 则只是在跨系统的层面上，为了进行功能性的整合而产生的理性结果。同样，如果 A 成功地对他的两个姑娘宣传了这个理论，他们对于在自己情境中所涉及的功能性的规则的"知识"，将会对他们的行为产生一定的控制性后果。

如果从例子中这样一个面对面的田园生活场景，转移到宏观的社会层面，经过必要的修正后，同样的论点依然适用。制度秩序和伴随的知识传播的分割，将会导致提供整合性意义系统的问题，而整合性意义系统将涵盖整个社会，并为个体片段式的社会体验和知识提供客观性的整体语境。此外，不仅将出现整体意义整合的问题，还有相对于其他类型的行为者、合理化一类行为者的制度化行为的问题。我们可以假设存在一个意义宇宙，赋予战士、农民、商人和驱魔人的行为以客观性。这并不表示在这些行为者之间不存在利益冲突。即使在同一个意义宇宙中，驱魔人可能会有向战士"解释"自己的一些行为的问题，等等。这种合理化的方式，在历史上也是各不相同的。

制度化分割的另一个后果是，社会中可能出现相互隔离的意义亚宇宙。这是由于对角色专门化的强调到了一种程度，使角色特定的知识相对于共同知识库存而言，变成了秘不外传的。这种意义亚宇宙可能会也可能不会隐匿于公共视角之外。在某些情况下，不仅这个亚宇宙的认知内容是旁人无法知晓的，甚至这个亚宇宙的存在本身及维系其存在的团体都可能是秘密。意义的亚宇宙可能根据不同的标准进行社会构建——性别、年龄、职业、宗教倾向、审美趣味，等等。当然，亚宇宙出现的几率会随着劳动分工和经济余量的发展而增大。一个仅仅满足温饱的社会，可能在男人和女人或年老的和年轻的战士之间有认知隔离，正如普遍存在于非洲和美洲印第安人中的"秘密结社"一样。也许还能支撑少数祭司和法师的机密存在。成熟的意义亚宇宙，例如以印度种姓制度、中国的文官制度或者古埃及的祭司团体为代表，要求对经济问题有更完善的解决方案。

正如所有意义系统的社会大厦一样，亚宇宙必须为特定的群体所"承载"，即这个团体持续地创造意义，而且在这个团体中，这些意义具有客观的现实性。冲突或竞争可能会在这些团体间存在。在最简单的层面上，例如，可能会在对专业人士进行剩余资源的分配，或豁免生产劳动的问题上，发生冲突。谁会被正式豁免，全部药剂师，还是只有那些为首领的家庭服务的？或者，谁会从权力机构得到固定的津贴，用草药治好病患的，还是靠通灵治病的？这些社会冲突很容易用来解释两个敌对思想派别之间的冲突，二者都寻求确立自己的地位，使对方名誉扫地，甚至清除竞争的知识体系。当代社会中，在正统药学和脊椎推拿、顺势疗法或基督教科学之间，仍然存在这样的冲突（社会经济的以及认知上的）。发达工业社会所拥有的巨大的经济余量，允许大量的个体全时间投身于甚至是最费解的追求，因此能够想象得到的各种意义亚宇宙间的多元化的竞争，变成了事务的常态。

随着意义亚宇宙的确立，出现了多种观察社会整体的视角，每一种都是从一个亚宇宙的角度出发。脊椎推拿治疗师的视角不同于医学院的教授视角，诗人的不同于商人的，犹太人的不同于外邦人的，等等。无须赘言，这些视角的倍增，大大增加了为整个社会确立一个稳定的具有象征意义的帷幕的困难。每一种视角，不论具备怎样的理论甚或世界观，都和该群体的具体社会利益相关联。然而，这*并非*意味着不同的视角只是社会利益的机械反映，更不用说其背后的理论或者世界观了。尤其是在理论层面上，知识很可能在很大程度上，与具备知识者自身及社会的利益相脱离。因此，要回答为什么犹太人变得致力于某些科学研究，也许有具体的社会原因可以进行解释，但是却不可能仅凭从事这些研究的人是犹太人或非犹太人，而对其科学地位进行预测。换句话说，具有科学性的意义宇宙，相对于它的社会基础，可以获取很大程度的自主。尽管实践中会有很多的变体，但理论上，这适用于任何知识体系，甚至适用于对社会的认知视角。

而且，一个知识体系一旦被上升到相对自主的意义亚宇宙的层次，就具有反作用于产生这个知识体系的集体的能力。例如，犹太人可能成为社会科学家的原因，是*作为犹太人*，他们在社会中有特殊的问题。但是一旦他们被社会科学话语体系所接纳，由于他们新获得的社会科学视角，他们不仅可以不再从纯粹犹太人的角度看待社会，而且甚至可以改变他们*作为犹太人*的社会行为。这种知识脱离其产生源头的情况中，其程度取决于很多历史变量（例如所涉及的社会利益的急迫性，所涉及的知识在理论上的完善程度，后者的社会相关性或不相关性，等等）。我们所进行的普遍考虑的重要原则，是知识及其社会基础之间具有辩证关系，即，知识是社会的产物，*而且*知识是社会变迁中的一个因素。这个存在于社会生产和作为其产物的客观化世界之间的辩证原则，已经阐述过了；特别重要的是，在对具体的意义亚宇宙进行任何分析时，都要牢记这个原则。

亚宇宙不断增长的数量和复杂程度，使得圈外人越来越难以接近和理解它们。除了那些被正确地授以秘技的人之外，它们变成了秘密的小圈子，对所有人而言都是"用秘文封印的"（hermetically sealed）［就其和赫尔墨斯秘文集（*corpus*）① 有关的经典意义而言］。亚宇宙不断增长的自主性，对圈内人和圈外人而言，都有利于合理化这个特殊问题。圈外人必须*被排除在外*，有时候甚至要保持他们对亚宇宙的存在处于无知的状态。然而，如果他们不是这么无知，如果亚宇宙要求从更大的社会范围内获得各种特殊的特权和认可，那么就产生了排斥圈外人的同时，还要使他们认可这个程序的合理性的问题。可以通过各种技术手段达成这个目标，恐吓、理性的和非理性的宣传（对圈外人的利益和情感富有感染力），神秘化，还有通常情况下，操纵声望的象征。另一方面，圈内人则必须被纳入。这要求实践和理论程序两方面的发展，以监察逃离亚宇宙的诱惑。我们稍后会对这个有关合理化的双重问题再进行讨论。现在可以用一个例证来说明。树立一个医药学的秘密亚宇宙并不足够。普罗大众必须确信这是正确且有益的，而且医药学的兄弟会必须符合亚宇宙的标准。因此，大众便受到"不听医嘱"带来的肉体消亡的图景的恐吓；服从所带来的实际益处，和对于疾病以及死亡的恐惧，说服他们不要这么做。为了强化其权威，医药行业用古老的权力和神秘的符号把自己包裹起来，比如古怪的服装和无法理解的语言，而所有的这些，对于大众和其自身而言，从务实的角度出发，当然都是合理化的。同时，被完全承认为医学世界成员者，则不能沦为"庸医"（即，不论思想或行为上，都不能踏出医学亚宇宙），这不仅可以通过该职业所具有的强有力的外在控制实现，而且可以通过整个专业知识体系，向他们提供"科学证据"，说明偏离正道有多么愚蠢甚至邪

---

① 这里指的是公元2—3世纪，在希腊化后的埃及出现的一本智慧书，书的主要内容由伟大的导师赫耳墨斯·特里斯墨吉斯忒斯教导他的弟子的对话构成，译作《赫尔墨斯秘文集》。——译者注

恶。换句话说，整个合理化机器都在运转，这样门外汉依然是门外汉，医生就是医生，并且（如果有这个可能）二者都会很乐意如此。

制度和亚宇宙变化速率有所差别时，特殊的问题便会产生。这使得对制度秩序的整体合理化，和对个别制度或亚宇宙的专门合理化都更加困难。一个拥有现代军队的封建社会，一个不得不存在于工业化资本主义条件下的地主贵族，一种被迫应对科学世界观日益普及的传统宗教，相对论和占星术在同一个社会中共存——我们当下的体验中充满了这种例子，所以没有必要对这个观点作过度说明。可以说，在这种条件下，负责进行合理化的人，其工作变得尤其繁难。

最后一个充满理论意味的问题，源自制度化在历史上的变化性，并且和制度秩序客体化的方式有关：在何种程度上，制度秩序，或其一部分，被当作和人类无涉的真实来理解？这是有关社会现实物化的问题。

物化是把人类现象理解为它们好像是物体一样，即，是非人类的或者可能是超人类的。另一种说法是，物化是将人类行为的产物理解为似乎它们是人类产物之外的什么东西——比如自然现象，宇宙法则的结果，或者神意的彰显。物化意味着，人可以忘却是自己书写了人类世界，而且存在于人类、创造者及其产品之间的辩证关系也消失在了意识之中。被物化的世界的定义是：一个非人的世界。人类把它当作一个陌生的真实来体验，是人所无法控制的异质，而非人自己的生产活动的产物。

从我们之前对客观化的讨论中，可以很清楚地看到，客观的社会世界一经确立，物化的可能性便从未远离。社会世界的客观性意味着它作为人之外的某种事物与人对立。决定性的问题是，无论社会世界如何客观化，人是否依然能够意识到社会世界是人的造物——并且因此能够被人重新构造。换言之，物化可以被形容为在客观化过程中极端的一步，客观化的世界借此丧失其作为人类的事业所具有的可理解性，而变得固定为一种非人的、无法人性化的、静止的真实。通常，人与世界之间的真实关系在意识中被颠倒了。人，世界的创造者，被理解为世界的造物，而人的行为则是人类之外的过程的附带现象。人类的意义体系不再被当作创造世界来理解，反而轮到它们被当作"事物本质"的产品来理解。必须强调，物化是意识的一种形式，更确切点说，是人类对人类世界进行客体化的形式。即使从物化的角度来理解，人也在持续地创造着世界。即，人可以看似矛盾地创造一种否定人类的现实。

在意识的前理论层面和理论层面，物化都是可能的。复杂的理论体系可以被描述为物化，即便它们大概植根于在某种社会情境下所确立的前理论层面的物化。因此，把物化的概念局限于在知识分子脑海中的构建活动，是一种错误。物化存在于大街上普通人的意识之中，而且实际上，这是种更重要的存在。认为物化扭曲了原本并未物化的对社会世界的理解，是一种认知上的堕落，也是错误的。相反，现存的民族志和心理学的证据指向了相反的方向，即，原本对社会世界的理解在种族发展和个体发育两方面都是高度物化的。这意味着把物化作为意识的形式来理解，依赖于意识的，至少是，相对地去物化，这在历史上和任何个体的经历中，都是一种比较后期的发展。

对制度秩序的整体和部分都可以从物化的角度来理解。例如，可以把社会的整体秩序想成一个微观世界，它反映了众神所创造的宇宙这个宏观世界。在"这下面"无论发生什么，都只是在"上面"发生的事物的简单反映。对某些制度能够以类似的方式进行理解。制度物化的基本"配方"，是赋予它们独立于人类行为和意义之外的本体论地位。具体的物化都是这个普适主旨的变体。例如，婚姻可以被物化为对神的创世行为的模仿，或是自然法则所普遍赋予的权利，或是生物或心理驱动力的必然结果，或者就此而论，是社会系统功能性的律令。所有这些物化的共同点是把婚姻和持续的人类创造相混淆。在这个例子中很容易看到，物化会在理论和前理论的层面上发生。因此，神秘教义的传播者可以捏造出高度完善的理论，涵盖从具体的人类事件到神创宇宙的极远角落，而一对文盲农民夫妇可能带着类似的把形而上的畏惧所物化的战栗，来理解这些事情。通过物化，制度的世界显得融入了自然的世界。它变成必然和命运，不管开心或不开心，都要如此经历。

角色也可能以同样的方式像制度一样被物化。在角色中被客体化了的自我意识的部分，也被理解为一种无法逃避的命运，个体便可以否认对角色负责。这种物化的典型公式是如下陈述："我对此毫无选择，我必须这么做，因为我所处的位置"——作为丈夫、父亲、将军、主教、董事会主席、黑帮或者刽子手，等等。这意味着角色的物化缩小了存在于自身和其扮演的角色之间的主观距离。当然，在所有的客体化中，这种隐含的距离都存留着，但是不认同所造成的距离缩小到了几近消失。最后身份本身（完全的自我，也可以说）也可以被异化，不论是自己的自我还是别人的自我。那么，个体便完全认同他被社会赋予的类型。除了那个类型外，他*什么也不是*。这种理解会被价值或情绪从正面或负面进行强化。反犹主义者和犹太人自身可能会同样物化"犹太人"这个身份，只是后者会正面强化这个身份，而前者进行的是负面强化。两种物化都对一种类型给予了本体论的和完整的地位，而这种类型化是人为创造的，是甚至在被内化的时候，也只客体化了自我的一部分。再说一次，这种物化涵盖了从"人人都知道的关于犹太人的那些事"这样的前理论层面，到最为复杂的犹太人身份理论层面，即在生物（"犹太人的血脉"）、心理（"犹太人的灵魂"）或者形而上（"以色列之谜"）等方面的表现。

对物化的分析是重要的，因为它总是在纠正一般的理论思考，特别是社会学思考中的物化倾向。这对知识社会学而言，尤其重要，因为这可以防止知识社会学沦为一个研究人的所作所为和人的想法之间关系的缺乏辩证性的概念。对知识社会学的历史性和经验性运用，必须特别注意有利于去物化的社会环境——例如制度秩序的全面崩塌，以前相互隔绝的社会之间的接触，以及社会边缘的重要现象。然而，这些问题超出了我们当前思考的框架。

第4章 合 理 化

象征符号宇宙（*symbolic universe*）的起源

合理化作为一个进程，最好的描述是意义的"二级"（second-order）客观化。合理化产生了新的意义，使已经附着于完全不同的制度化进程之上的意义得到整合。合理化的功能是使已经制度化的"一级"（first-order）客观化在客观上可用，且在主观上合理。当我们凭借这个功能对合理化进行定义，不论激发任何合理化过程的具体动机是什么，都应该加上，不论以何种形式出现，"整合"也是驱使人们进行合理化的典型目的。

相对地，整合以及主观似然性指的是两个层面。第一，制度秩序总体上需要让参与不同制度化进程的人同时都能理解。在这里，似然性的问题指的是，对个体自己及其同伴们在情境中占有优势、但只是部分被制度化的动机背后的综合理念，给予主观上的认可——正如在族长和祭司或者父亲和军事指挥官的关系，或者甚至在同一个个体的情况下，父亲，同时也是他儿子的军事指挥官，和他自己之间的关系。那么，这就是整合和似然性的一个"横向"层面，把整个制度秩序，和参与其中扮演着数个角色的个体联系起来，或者和某一个个体能够随时参与的数个不完全的制度进程联系起来。

第二，穿越制度秩序的不同层级，而得以继承的个体生命的整体性，必须在主观上有意义。换言之，以多个具有承继性的、由制度预先界定的阶段形式存在的个体经历，必须被赋予一个使其整体都具有主观似然性的意义。因此，必须把一个贯穿单个个体生命周期的"纵向"的层面，加在制度秩序的整合和主观似然性的"横向"层面之上。

正如我们之前已经提出的，合理化在制度化的第一阶段并非必须，其时制度只是一个单纯的事实，不需要在主观之间或个人经历的层面上对其再给予进一步的支持；它对所有相关者都是不证自明的。当（现在已经成为历史的）制度秩序被客观化，然后需要被传递给新生代时，合理化的问题便不可避免地产生了。那时，正如我们已经看到的，制度那不证自明的特点，无法再通过个体自身的回忆和习惯化维系下去。历史和个人经历的一致性断裂了。为了重建这种一致性，并且使这两方面都可以被理解，就必须对制度传统的突出要素进行"解释"和辩护。合理化就是这个"解释"和辩护的过程。

合理化通过把认知的有效性归因于其客观化的意义来"解释"制度秩序。合理化通过赋予制度秩序在实践中的强制性以规则层面的地位，为其进行辩护。认识到合理化具有认知和规则两方面的因素是很重要的。换言之，合理化不仅是"价值"的问题。它同时也蕴含着"知识"的内涵。例如，亲属结构的合理化不是仅仅通过特定的乱伦禁忌实现的。首先必须具备关于角色的"知识"，以界定在这个结构中"对"和"错"的行为。比如，个体不能在宗族内部嫁娶。但是他首先必须"知道"自己是这个宗族的成员。通过"解释"什么是广义的宗族，以及他自己的宗族具体为何的传统，他得以了解这种"知识"。这些"解释"（通常这些解释构成了集体的"历史学"和"社会学"，在谈到乱伦禁忌的情况下，可能还包括"人类学"）既是传统中合理化的工具，也是其伦理的要素。合理化不仅告诉个体为什么应该做某种行为，而非另一种行为；也告诉他事物为什么成其为事物。换言之，"知识"在制度的合理化中先于"价值"。

在分析中区别合理化的不同层次，是可能的（当然，在现实中，这些层面是相互重叠的）。一旦对成体系的人类经验的语言客体化形式进行传承，便出现了原初的合理化。例如，传承有关亲属关系的语汇，实际上就是对亲属关系结构的合理化。可以说，根本的合理化"解释"是内置于语汇中的。因此，一个孩童得知另一个孩童是"表亲"，在命名的同时所习得的，还有立刻并在本质上合理化有关"表亲"的行为的信息。所有简单的传统确证，大意是"事情就是这么办的"——即对孩童们提出的"为什么？"这样的问题最早和普遍有效的回应，都属于这原初合理化第一层次。这一层次，自然是前理论的。但是这是不证自明的"知识"

的基础，所有之后的理论都必须建立于这"知识"之上——并且反过来，如果这些理论想要被纳入传统之中，则必须具备这些知识。

合理化的第二层次包含具备基本形式的理论主张。从中可以看到把几组客观意义联系起来的解释性方案。这些方案是高度实用主义的，直接关系到具体行为。俗谚、道德箴言和智慧格言在这一层次很常见。通常以诗歌形式传诵的传说和民间故事也属于这一层次。因此，孩童习得了诸如"偷窃表亲东西的人，手上必长瘊子"，或者"当你的妻子哭喊，去；但是当你的表亲召唤你，跑"之类的谚语。或者他可能会受到"并肩狩猎的忠实表亲之歌"的激励，被"为两个私通的表亲谱写的哀乐"吓傻。

合理化的第三层次包含明确的理论，由此，制度的一部分从分化的知识体系的角度获得了合理化。这种合理化为制度化行为的各个部分提供了相当全面的参照框架。由于它们的复杂性和差异性，所以通常被托付给专门人员，通过正式的传授程序进行传承。因而，可能有一整套完备的"表亲"经济学理论，探讨其权利、义务和标准操作程序。这门学问由宗族中的长老们管理，也许是当他们自己的经济价值耗尽之后才交付给他们的。长老们在青春期的仪式过程中，向青年人传授这一高阶经济学，并且无论何时在应用中出现问题，他们都作为专家出现。如果假设没有委派给长老们其他任务，那么很可能，即使在应用当中没有问题，他们自己就会发展出相关理论，或者更确切些说，在他们理论化的过程中，他们会发明出这些问题来。换言之，随着专门的合理化理论的发展，并且由全职合理化人员对其进行管理，合理化开始超越实际应用，变成"纯理论"。随着这一步的踏出，相对于合理化的制度而言，合理化的范畴开始取得一定程度的自主性，并且最终会产生自己的制度化程序。在我们的例子中，"表亲学"会开始有自己的生命力，独立于纯粹的"普通"表亲的行为之外，一伙"表亲学家们"可以建立学科自己的制度化程序，脱离"学科"原本需要合理化的制度。我们可以想象一下，当"表亲"这个词不再被用于指示一个亲属角色，而是指示在"表亲"研究专家等级制度中的某个学位的持有者的时候，这种发展将达到一个具有讽刺意味的顶点。

象征符号宇宙构成了合理化的第四个层次。这些理论传统的主体整合了意义的不同部分，并且如果依照我们之前的定义使用"象征性"这个术语，这些体系将制度秩序包覆进一个具有象征性的整体之中。重申一下，象征性过程所指向的并非日常生活中体验到的现实，而是具有重大意义的现实。很容易看到象征性范畴是如何与最完备的合理化层面相关联的。实用性应用的范畴一劳永逸地得到了升华。合理化现在借助于日常生活中根本无法体验到的象征性整体进行——当然，要排除有人可能会提到的"理论体验"（严格说来，这是用词不当，如果非要用的话，也要启发式地使用）。在进行有意义整合的范围方面，合理化的这个层次被和前面的层次进一步区分开来。在前面的层次上，对特定意义区域以及离散的制度化行为的过程，进行高度的整合已经成为可能。然而现在，制度秩序的*所有部分都被整合进一个全覆盖的参照框架中，构成了一个宇宙，因为所有的人类体验现在都可以被想成在这个宇宙之中发生。*

象征符号宇宙被设想为一个矩阵，包含所有被社会客观化的和在主观上具有真实性的意义；整个历史性社会和个体的全部生活经历都被看做发生在这个宇宙之中的事件。尤其重要的是，个体生命的边际状态（所谓边际，即不包括在社会日常生活存在的现实中）同样也被包括在象征符号宇宙之中了。在梦中和幻想中所经历的这种境况，是脱离日常生活的意义部分，并被赋予了特殊的现实性。在象征符号宇宙中，现实的这些脱离出来的部分，被整合进一个有意义的整体，对其进行"解释"，也许还证明其合理性（例如，心理学理论可以"解释"梦境，转世理论可以"解释"梦境且说明其合理性，而这两种理论都基于一个更全面的宇宙——一个"科学的"宇宙，而非"形而上"的宇宙）。象征符号宇宙当然是通过社会客观化构建的。然而它所具有的赋予意义的能力，却远远超出社会生活的领域，这样个体即便在自己最孤立的体验中，仍可在这个宇宙中定位自己。

在合理化的这个层次上，对离散的制度化进程进行的反思式整合达到了终极的完满。整个世界被创造出来了。所有次要的合理化理论都被看做观察这个世界部分现象的特殊视角。制度化角色变成了参与宇宙的模式，而这个宇宙超越并包含了制度秩序。在我们前面的例子中，"表亲学"只是更广大的理论体系中的一部分，它几乎肯定将包括关于宇宙和人类的普遍理论。对亲属结构中"正确"行为的最终合理化，将是它们在宇宙学和人类学参照框架中的"定位"。例如，乱伦最终将会被禁止，因为它是违反宇宙的神圣秩序，以及神所奠定的人类本性的。不端的经济行为，或者任意其他对制度规则的偏离，结果都是一样。原则上，这种终极合理化的局限性，和理论上的企图以及合理化人员，即正式认定的现实定义者，所具有的智巧的局限性具有相同的外延。在现实中，当然，在准确性的程度上则会有变化，而制度秩序的特定部分带着这种变化被放置于宇宙的语境之中。这些变化可能是源于那些向合理化人员们进行咨询的特定的实用性问题，或者可能是由宇宙论专家们的理论想象经过自主发展所造成的。

随着前面讨论过的客观化、知识的沉淀和积累进程而来的，是象征符号宇宙的晶体化。即，象征符号宇宙是具有历史性的社会产物。如果要理解它们的含义，就必须理解它们产生的历史。这一点更加重要，因为这些人类意识的产物，出于本性，就把自己呈现为充分发展的和必然的完全体。

我们现在可以进一步探究象征符号宇宙为合理化个体经历和制度秩序所进行运转的方式。在两种情况下，运转根本上是相同的。它的特点是符合规则的，或有序的。

象征符号宇宙为主观理解生活经历体验提供秩序。通过把属于不同现实范畴的体验，纳入相同的、包罗万象的意义宇宙，而得到整合。例如，象征符号宇宙在日常生活的现实范围内，决定梦的重要性，在每个实例中，重新确立日常生活至高无上的地位，缓释从一种现实过渡到另一种现实所带来的冲击。如非这样，意义的各个部分，就将在日常生活的现实中保持无法理解的离散状态，但现在却被纳入了现实的等级体系之中，实际上变成了可以被理解的，也就不那么可怕的。在日常现实的框架内，对现实的边际状态所进行的这种整合非常重要，因为这些状态对社会中理所当然的且常规的存在构成了最为尖锐的威胁。如果把后者当作人类生活中的"白昼"，那么边际状态则构成了"黑夜"，时时不祥地潜伏在平常意识的边际地带。正因为"黑夜"有着自己的真实，且常常充满恶意，所以它对于社会生活中理所当然的存在、事实以及"理智的"现实是一种持续的威胁。思想不断地暗示自己（卓绝的"疯狂"念头），也许，日常生活中光明的现实不过是一种幻象，随时都有可能被黑夜的现实那咆哮的梦魇所吞噬。在覆盖日常生活中所有现实的象征符号宇宙之内，把一切可能想到的现实状况都进行整理，遏制了这种疯狂和恐怖的念头——将它们进行如此的整理，使日常生活中光明的现实得以保持它至高无上的，决定性的

(如果愿意，可以说"最真实的"）性质。

象征符号宇宙对个体体验而言所具有的这种规则性功能，可以很简单地被描述为它"让所有的事物各得其所"。此外，无论何时有人偏离了具备这种秩序的意识（即，当发现自己处于边际状态的体验之中），象征符号宇宙使他能够"回归现实"——也就是说，回归日常生活的现实。当然，既然这是所有形式的制度化行为和角色所归属的范畴，通过赋予制度秩序以人类体验的等级体系中的首要位置，象征符号宇宙为其提供了终极的合理化。

除了对边际现实所进行的这一至关重要的整合，象征符号宇宙还为在社会的日常生活之中具体化了的、有差异性的意义提供了最高层次的整合。我们已经清楚了，分散的制度化行为的各个部分，是如何在前理论和理论阶段，通过回忆反思进行有意义的整合的。这种有意义的整合并未从一开始就预设了象征符号宇宙的假说。它可以在不借助象征性过程的情况下发生，即，不对日常体验的真实进行升华。然而，一旦假设了象征符号宇宙的存在，那么便可以通过直接援引象征符号宇宙，而对日常生活中的不同部分实现整合。例如，扮演表亲的角色和扮演地主的角色所具有的意义之间的差异，不必援引普适神话便*可以*得到整合。但是如果存在一个有效的普适神话世界观，则可以直接被运用于整合日常生活中的差异。把表亲从一片土地上扔出去，可能不只在经济上不划算，或者在道德上有亏缺（消极制裁没必要延伸到宇宙维度）；这种行为可以被理解为违反了宇宙中的神创秩序。如此一来，象征符号宇宙通过将日常生活中的角色、优先权和运转程序放置在下属分类中，即可能的最宽泛的参照框架的语境中，对它们进行整理，并且因此使之合理化。在同样的语境中，即便是日常生活中最琐碎的事务，都会被灌注以深邃的意义。很容易明白，这个过程是如何为制度秩序的整体及特定部分提供强大的合理化的。

象征符号宇宙也使对个体经历的不同阶段进行整理变为可能。在原始社会中，通过仪式代表了这种规则性功能的朴拙的形式。对个体经历所进行的阶段划分，在每个阶段都参照人类意义的总合进行象征化。成为孩童，成为青少年，成为成人，等等——每个人生阶段都被作为存在于象征符号宇宙中的模式而被合理化（最通常的情况是，作为和神的世界相关的某种模式）。我们无需赘述这显而易见的观点，即这种象征化带来了安全感和归属感。然而，如果这里只提到原始社会，则将是一种错误。现代心理学中的人格发展理论可以实现同样的功能。在这两种情况下，从一个人生阶段进入另一个人生阶段的个体，都可以认为自己正在重复存在于"事物的天性"中，或他自己的"天性"中与生俱来的时序。即，他可以打消自己的疑虑，告诉自己在"正确地"生活。他的生活程序的"正确性"因此在普遍性的最高层级获得合理化。当个体回望自己过往的人生，从这些方面看，他的生活经历对他而言是可以理解的。当他展望自己的未来，他可能会把自己的经历设想成在一个具有已知终极坐标的宇宙中逐渐展开。

　　同样的合理化功能与个体主观身份的"正确性"相关。从社会化的本质上来说，主观身份是一个不稳定的实体。它取决于个体和重要的他者之间的关系，而这个重要的他者却会改变或消失。而且，这种不稳定性会由于在前述的边际情境中的自我体验而被进一步增强。将自我理解为一个确定的、稳定的和社会认可的身份的主宰，这种"理性的"认知，不断地受到梦境和幻想这种"超现实"蜕变的威胁，即使在日常的社会互动中，它仍继续保持相对的一致性。把身份置于象征符号宇宙的语境中，它便被终极地合理化。从神话学的角度说，个体的"真实"姓名是由他的神赐予他的那个。宇宙现实是免遭社会化的偶然性和边际情境中恶意的自我转变之害的，而通过把自己的身份固定在宇宙现实之上，个体因此得以"知道他是谁"。即使他的邻居都不知道他是谁，即使连他自己也可能在梦魇的痛苦中忘记，他可以聊以自慰的是，他的"真实的自我"是存在于一个终极真实的宇宙中的终极真实的实体。神明——或者精神病学——或者党，知道。换言之，身份的真实性不需要通过每时每刻都为个体所知而得到合理化；为了达到合理化的目的，身份是*可知的*就足够了。既然身份是为神明、精神病学或党所知或可知的，且同时也被赋予了至高无上的现实的地位，那么合理化便再次把所有可能想到的身份的变体，和具有植根于社会日常生活的现实属性的身份整合起来。同样的，象征符号宇宙奠定了一个层级体系，包括从"最真实的"到最难以捉摸的自我对身份的认知。这意味着个体在社会中生活时，可以带着一些安心，当他扮演日常的社会角色时，无论在光天化日之下还是在对他有重要意义的人眼中，他确实是他所认为的那个人。

象征符号宇宙对个体经历而言，所具有的一个战略性合理化功能，是对死亡的"定位"。他人的死亡体验，以及随之而来的，对自身死亡的预感，为个体设置了一个绝佳的边际情境。无须详述，死亡也对日常生活中理所当然的现实构成了最为可怕的威胁。因而将死亡整合进社会存在的至高无上的现实范围之内，对任何制度秩序而言，都具有最重要的地位。所以，对死亡的合理化是象征符号宇宙最为重要的成果之一。这个目标的达成，是否借助于神话学、宗教或形而上学对现实的诠释，不是这里要讨论的根本问题。例如，现代无神论者，从进步演化论或革命历史的世界观角度，把意义加诸死亡，他们同样通过将死亡与一个从现实延伸出去的象征符号宇宙进行整合，而对死亡进行合理化。所有对死亡的合理化，都必须执行同一个基本任务——它们必须让个体能够在重要的他者死亡之后继续在社会中生存，并且带着恐惧，静候自己死亡的降临，但这种恐惧必须获得足够的缓冲，使其不至于阻碍个体继续在日常生活中完成他的例行程序。很容易明白，如果不把死亡整合进一个象征符号宇宙，那么这样的合理化是很难做到的。这样的合理化向个体提供了"得体死亡"的配方。最好的情况下，当个体自身的死亡迫在眉睫时，这个配方仍会保持其似然性，并且将使个体能够确实地"得体地死亡"。

在对死亡的合理化中，象征符号宇宙所具有的进行升华的效力最为清晰地彰显出来，并且日常生活这一至高现实的终极合理化所具有的缓释恐惧的根本特点也显露了出来。日常生活的社会客观化所具有的首要地位，如果能够不断地抵御恐惧，就能保持其主观上的似然性。在意义的层面上，制度秩序代表了防御恐惧的一面盾牌。因此，丧失规则就意味着剥夺这面盾牌，而被单独暴露在梦魇的狂轰滥炸之中。尽管对孤独的恐惧可能已经被放在人固有的社会性之中，但它在意义的层面上显明了自己，即，人无力在与社会的有序构建相隔绝的情况下，维系一个有意义的存在。象征符号宇宙将终极合理化赋予制度秩序的保护性结构，让个体躲避终极恐惧。

论及象征符号宇宙对社会（相对于刚刚讨论的个体）的重大意义，要说的也差不多。它们是遮蔽着制度秩序和个体经历的帷幕。它们也为社会现实提供了边界；即，它们界定了在社会化互动中何者相关。这种情况下的一种极端的可能性，有时类似于原始社会，是把*所有*事物都定义为社会现实；甚至无机物也被当作具有社会性的东西。狭义的且更为普遍的边界则是，只包括有机物或动物世界。象征符号宇宙把不同的现象安排在事物的层级序列中，在这个序列范围内界定社会性的范畴。无须多说，不同类型的人也被进行了类似的排序，而且这些类型所属的更宽泛的类别（有时是处于特定群体之外的每个人）常常被定义为非人或低于人的。这通常会用语言表达出来（在极端情况下，会对这样的群体使用等同于"人类"的术语）。这种情况并不少见，即使是在文明社会。例如，传统印度的意义宇宙给予贱民的地位更接近于动物，而非高等种姓所属的人类（这种组织运转方式靠业力轮回理论得以终极合理化，而业力轮回中包括了*所有的*存在，人类或非人的），当西班牙征服美洲后，西班牙人才可能认为印第安人属于不同的物种（这种运转方式则通过一种不那么全面的形式获得合理化，即"证明"印第安人不可能是亚当和夏娃的后裔。）

象征符号宇宙也对历史进行整理。它在一个包含过去、现在以及将来的有凝聚力的整体之内，把所有的集体事件都进行定位。就过去而言，它确立了全部在集体范围内得以社会化的个体所共享的"记忆"。就将来而言，它确立了一个共同的参照框架，以预测个体行为。象征符号宇宙因此把人和他们的先辈及后代们都联结在一个有意义的整体之中，超越了个体存在的有限性，并赋予个体死亡以意义。一个社会的全体成员现在可以认为自己属于一个有意义的宇宙，它先于他们出生之前便已存在，并在他们死后将继续存在。现实中的共同体被转移到了一个宇宙的平面上，并威严地独立于个体经验的兴衰之外。

正如我们已经观察到的，象征符号宇宙提供了一个涵盖全部离散的制度化进程的全面整合。现在整个社会有了意义。通过在一个详尽的有意义的世界之中，为某些制度和角色找到位置，使它们获得了合理化。例如，政治秩序通过参照权力和正义的宇宙秩序而获得合理化，政治角色则被合理化为这些宇宙原则的代理人。远古文明中的神授亲属制度，是这种终极合理化运作的绝佳示范。然而正如个体经历的秩序一样，很重要的一点是，要认识到制度秩序，是不断受到从它的角度看来无意义的现实所威胁的。制度秩序的合理化同样有必要不断地阻止混乱前进。*所有的社会现实都是不稳定的。所有的社会都是面临着混乱的构建物*。一旦掩盖这种不稳定性的合理化受到威胁或崩塌，面对规则丧失的恐惧这种一直存在的可能性就会变为现实。伴随着一位君主的死亡而来的害怕，尤其这种死亡是由突然而来的暴力所导致的，表达出了这种恐惧。比之情感上的同情或现实的政治忧虑，一位君主在这种情况下的死亡，更给在意识上相似的人带来了对混乱的恐惧。大众对于刺杀肯尼迪的反应就是一个强有力的证明。很容易理解为什么这种事件之后，紧接着要对庇护性符号的持续现实性进行最为庄严的重申。

象征符号宇宙的源头植根于人的构造。如果社会中的人是世界建造者，那是他生而具有的世界开放性使其成为可能，因为这种世界开放性中已经暗含着秩序与混乱之间的冲突。人类的存在，从一开始就是持续的外化。随着人对自我的外化，他构建了一个世界，又把自己外化入内。在外化的过程中，他将自己的意义投射成为现实。宣称全部现实从人的角度来看都是有意义的，并且运使整个宇宙以证明人存在的正当性有多么重要的象征符号宇宙，构成了意义投射所及的最远之处。

宇宙维系的概念机制

从认知构建的角度来说，象征符号宇宙是理论性的。它产生于主观反思的过程中，而主观反思以及社会客观化使源于数个制度的重大主题之间的明确联系得以确立。在这个意义上，无论象征符号宇宙对于一个"冷漠的"局外人而言，看上去有多么的缺乏系统性或逻辑性，其理论特征是毋庸置疑的。然而，人可能而且通常确实幼稚地生活在一个象征符号宇宙之中。鉴于象征符号宇宙的确立预设了理论反思是由一部分人完成的（对他们而言，世界，或者更确切点说，制度秩序显得有问题），每个人都能够以一种理所当然的态度"居住"在那个宇宙中。如果要把整个制度秩序作为一个有意义的整体而视为理所当然，那就必须通过把它"安置"在象征符号宇宙中进行合理化。但是，在其他条件相同的情况下，宇宙本身并不需要进一步的合理化。起初便是制度秩序，而非象征符号宇宙，显得有问题，也正因如此，才进行了理论化。例如，回到之前关于亲属关系合理化的例子，一旦表亲关系的制度被"置于"富有神话色彩的表亲关系的宇宙中，就不再只是一个简单的、没有任何"额外"重要意义的社会事实。然而，神话本身可能被幼稚地坚持着，而没有对它进行理论反思。

只有当一个象征符号宇宙被客观化为理论思想的"第一"产物之后，对宇宙本质进行系统性反思的可能性才出现。鉴于象征符号宇宙在普适性的最高层次上对制度秩序进行合理化，对象征符号宇宙的理论化可以被描述为第二层次的合理化。从对分散的制度化意义进行的最简单的前理论性的合理化，到象征符号宇宙的宇宙级确立，全部合理化反过来都可以被描述为宇宙维系的机制。很容易明白，它们从一开始便要求在概念上非常成熟。

很明显，在具体情况下，严格地划分"幼稚"和"成熟"是很困难的。然而，即使在这些情况下，进行分析性的区别也是有用的，因为它关系到象征符号宇宙在多大程度上被视为理所当然的问题。当然，在这方面的分析性问题和我们在对合理化的讨论中已经遇到过的很类似。正如制度的合理化一样，象征符号宇宙的合理化有不同的层面，只是因为显而易见的原因，后者不能被降至前理论层面，即象征符号宇宙本身就是一个理论现象，而且即便是被幼稚地坚持着，也仍旧是个理论现象。

和制度一样，在何种情况下，必须通过具体的宇宙维系概念机制对象征符号宇宙进行合理化的问题产生了。同样的，答案和在讨论制度时所给出的类似。当象征符号宇宙已经成为一个*问题*，宇宙维系的具体程序就变得有必要了。只要不是这种情况，象征符号宇宙是自我维持的，即，凭借它客观地存在于特定社会中这纯粹的真实性进行自我合理化。可以设想一个上述情况成立的社会。这样的社会应该是和谐的，自我封闭的，完美运转的"系统"。但实际上，没有这样的社会存在。由于制度化进程中不可避免的张力，而且恰恰因为所有的社会现象都是人类活动在历史上生产出来的*构建物*，没有社会是被完全视作理所当然的，更不用说象征符号宇宙了。每个象征符号宇宙最初都是有问题的。那么问题是，在何种*程度*上，它变成了有问题的。

和我们讨论过的与普遍传统相关的问题类似，在象征符号宇宙从一代传递到下一代的过程中，出现了一个内在的问题。社会化从来没有彻底成功。对自己所"居住"的从上一代传承下来的宇宙，有些个体比另一些要更为确定。即便在或多或少被认可的"居民"中，在对宇宙的认知方面，总是因人而异的。正是因为在日常生活中无法体验象征符号宇宙本身，而是在本质上超越了日常生活，才无法像教导日常生活的意义一样直白地"教导"象征符号宇宙的意义。孩子们对于象征符号宇宙的问题，相比于他们对于日常生活中制度现实的问题而言，不得不通过一种更加复杂的方式来回答。各种各样的成人所提出的问题则需要更进一步的概念性阐释。在之前例子中，表亲关系的意义是由扮演表亲角色的有血有肉的表亲们，通过日常生活中可以被体验的常规行为，持续地加以表现的。人类的表亲在现实中可以看到。可惜神明的表亲却看不到。这对讲授神明表亲关系的教师而言，构成了一个内在的问题。只要小小改动，就可以看到其他象征符号宇宙的传承中也有同样的问题。

如果有部分"居民"都接受脱离象征符号宇宙的非常规版本，这一内在问题就变得更加严重。在此情况下，由于明显存在于客观化本质中的原因，非常规版本便会凭借自身凝结成为现实，而这种现实便会借由自身在社会中的存在，挑战象征符号宇宙作为原初形态的现实地位。而将这种非常规版本客观化的群体，则变成了现实的另一种定义的承载者。无须多言，这些异端团体不但对象征符号宇宙在理论上构成了威胁，而且对象征符号宇宙合理化的制度秩序形成了实际威胁。对于这些团体，现实的"官方"定义的守护者们通常会采用镇压的手段，但在此不再对其加以讨论。对我们来说更重要的，是考量对这种镇压进行合理化的必要性，这自然隐含着如何设置用以维系"官方"宇宙以对抗异端挑战的各种概念机制的运转。

有史以来，异端的问题常常是对象征符号宇宙进行系统理论概念化的第一驱动力。基督教神学思想的发展，便是"官方"传统应对一系列异端挑战的结果，为这一过程提供了绝佳的历史例证。正如所有的理论化一样，在这一过程中，传统的内部涌现出了新的理论含义，而传统本身在新的概念化中被向前推动，超越了原有的形式。例如，在早期教会中，对基督学的构想并非出于传统本身的需要，而是源自异端的挑战。随着这些构想被详细阐释，传统同时得到了维系和扩展。因此，在早期基督教团体中不但没有必要，而且实际上本不存在的三位一体的理论化概念和其他创新一起涌现出来。换言之，被构建出来以抵挡社会中的异端群体的概念机制，不仅合理化了象征符号宇宙，而且对其进行了修改。

当一个社会对抗另一个历史迥异的社会时，便是维系宇宙的概念化发展中的一个重要时机。这种对抗造成的问题通常比社会内部的异端所造成的更加尖锐，因为这里面对的是另一种具有"官方"传统的象征符号宇宙，它具备和对手社会相同的理所当然的客观性。对一个象征符号宇宙的现实地位而言，对付少数离经叛道的团体比与另一个社会抗衡相比，还不算那么可怕，因为前者的反抗事实上被定义为愚蠢的或邪恶的，而后者却将这个象征符号宇宙对现实的定义看作无知的、癫狂的或彻底邪恶的。有些无法遵守或者也不会遵守表亲制度规则的个体存在于社会之中，即便他们联合成为少数派群体，这是一回事。面对一整个从未听说过这些规则，也许甚至根本没有"表亲"这个词的社会，而且它还运转良好，这就是完全不同的另一回事了。另一个社会所呈现出来的替代性宇宙，必须用最佳理由好好应对，以显示原本的宇宙的优越性。这需要一个具备相当成熟度的概念机制。

一个具有替代性的象征符号宇宙的出现形成了一种威胁，因为它的存在本身就显示了实际上原本的那个宇宙并非无可避免。现在正如人人都能看到的，没有表亲制度，也可以在这个世界上生存。否认甚至嘲弄表亲之神，天也不会立刻就塌下来。这个令人震惊的事实必须至少在理论上进行说明。当然，这个具有替代性的宇宙可能还负有传播的使命。身处自己原本的社会中的个体或团体，可能会受到从传统的宇宙中"外移"的诱惑，或者，甚至会出现更危险的状况，即他们可能会试图仿照新秩序的样子改造旧秩序。例如，很容易想象得到，处于父系社会的希腊人的出现，对当时地中海东部地区的母系社会造成了多大的冲击。希腊人的宇宙对于这些社会中惧内的*男性*具有相当的吸引力，而且我们也留意到，伟大母亲（Great Mother）① 在希腊人身上也留下了深深的烙印。为解决这个问题，希腊神话中充满了概念性的阐述，而这一举措被证明是非常必要的。

需要着重强调的是，正如所有的合理化形式一样，宇宙维系中的概念机制本身是社会行为的产物，脱离群体的其他行为还能被理解的情况极为罕见。具体而言，特定概念机制的成功，和运作这一机制的人们所握有的权力相关。可替代的象征符号宇宙间的对峙，意味着一个权力问题——相互矛盾的对现实的定义中，哪一个将会在社会中胜出。两个具有相互矛盾

---

① 即神话系统中的女神形象，通常是创世女神，如大地母亲盖亚等。——译者注

的象征符号宇宙的对峙社会，都会发展出旨在维系各自宇宙的概念机制。从内在似然性的角度看，对于外部观察者而言，两种形式的概念化可能看上去没什么选择的余地。然而，二者之中谁能胜出，更多的是取决于权力，而非各自合理化人员的理论独创性。分别代表奥林匹斯山诸神和冥府诸神的经验同样丰富的秘法家们，有可能召开跨宗教磋商，讨论各自宇宙的功绩，而没有愤怒或偏好（sine ira et studio），但更有可能的是，问题最终却会在并不那么深奥的武力层面获得解决。历史上诸神之间每次冲突的结果，都由使用更好武器的一方决定，而非辩论得更好的一方。当然，社会内部的此类冲突也是如此。谁的棒子更大，谁就更有可能把自己对现实的定义硬塞给别人。这一假设适用于任何具有更大规模的集体，尽管对政治不感兴趣的理论家们能够相互说服，而不需要使用更加粗鲁的说服手段的可能性总是存在的。

维系象征符号宇宙的概念机制总会涉及对认知性和规则性合理化的系统化，而这种系统化已经以一种更加朴拙的形态存在于社会中，且成型于象征符号宇宙之中。换言之，构成维系宇宙的合理化的原料，基本上是对数种制度合理化在更高的理论整合层面所做的进一步阐述。因此，在解释型和规劝型的方案之间，通常存在着连续性；解释和规劝是在最低理论层面上的合理化手段，也是对宇宙进行解释的宏伟的知识建构。认知性和规则性概念化之间的关系，在实际中是流变的；规则性概念化总是暗含着某些认知性的预设。然而，在分析中对二者加以区分是有用的，主要是因为这种分析会引起对于这两个概念范畴间具有不同程度差异的注意。

如果在这里试图对历史上曾出现过的各种维系宇宙的概念机制进行详细的讨论，显然是很荒谬的。但是可以对几类显著的概念机制稍加品评——神话、神学、哲学和科学。这些类型之间并不存在演进关系，但是可以说神话代表了宇宙维系的最原初形态，而且它也代表了合理化的最原初形态。很可能神话是人类思想发展中的一个必经阶段。无论如何，既有的最古老的维系宇宙的概念化是以神话的形式出现的。为我们的目的服务，将神话定义为一种对现实的设想就足够了，这种设想假定神圣的力量持续地渗透着日常经验的世界。这种设想势必带来社会和宇宙秩序间，及二者各自的合理化间的高度连续性；所有的现实都显得如出一辙。

作为一种概念机制，神话最为接近象征符号宇宙朴拙的层面——在这个层面上，在该宇宙是客观现实这一实际假设之外，对理论化宇宙维系的必要需求是最少的。这解释了为什么在历史上反复出现相互矛盾的神话传统不需理论整合却能够持续共存的现象。通常只有在这些传统变得有问题了，并且某种整合已经发生之后，才会感受到其中的矛盾。对这种矛盾的"发现"（或者说事后推断）常常是由在该传统方面的专家做出的，他们通常也是对离散的传统主题进行整合的人。一旦产生整合的需求，随即重新进行的神话构建便可能会具有相当的理论成熟度。荷马的例子便是最好的佐证。

说神话接近朴拙的层面，还因为尽管存在着神话传统方面的专家，但他们的所知并未被完全从众人皆知的内容中剔除。要从外部进入由这些专家们进行管理的传统中，也许比较难。可能仅限于精挑细选的候选人，限于特殊的场合或时间，可能还有繁重的仪式准备工作。然而，这个知识体系本身，从内在属性来说，通常并不艰涩，不难掌握。为保障专家们的垄断权利，必须从制度上确立其知识的不可获得性。即，假设出了一个"秘密"，从制度上确立了一个对内部开放的秘传的知识体系。简单回顾一下当代理论家小圈子的"公共关系"，就会揭示出这种古代的花招今天依然有效。然而，在维系宇宙的概念化全部都是神话式的社会，和并非如此的社会之间，仍然存在着重要的社会学区别。

更加详尽的神话体系力求消除前后矛盾，并从理论整合的角度维系神话宇宙。如此"典范性的"神话，可以说，进入了神学式的概念化范畴。为进行我们当下的讨论，可以简单地从神学思想具有更高的理论系统性的角度，把它和它的先驱——神话进行区分。神学概念被从朴拙的层面移出得更多。也许还是从古老神话中的神圣力量或神圣存在的角度去设想宇宙，但是这些神圣的实体被放得更远了。神话式思想是在人类世界和神明世界之间的连续性之内运转。而正是因为这两个世界之间的原本存在的连续性断裂了，神学思想便服务于协调这两个世界。随着从神话到神学的过渡，日常生活显得不再总是浸润在神圣力量之中。因此，神学知识体系被进一步从社会共有知识库存中移除，也因而从*内在* (intrinsically) 变得更加难以掌握。即便在其未被精心地制度化为秘传式的情况下，也由于其本质上难以被普罗大众所理解而保持着"秘密的"状态。这进一步导致了大众可能保持着相对不受神学专家们所炮制的复杂的宇宙维系理论所影响的状态。群众中的朴拙神话和神学精英们中的深奥神学都服务于维系同一个象征符号宇宙，二者的共存是历史上常常出现的现象。只有记住这一点，才有可能，比如说，把远东地区的传统社会称为"佛教"社会，或者把中世纪社会称为"基督教"社会。

对后来出现的哲学和科学对宇宙的概念化来说，神学是范式性的。神学也许在对现实进行定义的宗教内容方面更靠近神话，但它在社会定位方面更接近具有世俗化了的概念化的后来者。和神话不同的是，其他三种在历史上占据过统治地位的概念机制形式变成了专家精英的所有物，其知识体系被逐渐地从社会整体的共同知识中移除了。在这一发展和宇宙维系机制的世俗化及成熟中，现代科学是极端的一步。科学不仅完成了将神圣因素从日常生活的世界中移除的工作，而且将维系宇宙的知识也从日常生活的世界中移除了。日常生活由此丧失了具有神圣性的合理化，以及理论上的可理解性，而这种可理解性原本应把日常生活和象征符号宇宙联结为一个整体。简言之，社会中的"普通"成员不再知道自己的宇宙是如何在概念上获得维系的，尽管，当然了，他仍旧知道谁会是宇宙维系方面的专家。这种情况造成的有趣问题属于研究当代社会的经验知识社会学的范畴，本文就不再深究。

无须赘言，各类概念性机制以不可胜数的改良和混合形态出现在历史上，而我们已经讨论过的类型并非详尽无遗。但是有两种对宇宙维系的概念性机制的运用，仍需要在一般理论的框架内进行讨论：心理治疗（therapy）和虚无化（nihilation）。

心理治疗包含了对概念机制的运用，以确保实际或潜在的离经叛道者留在制度化的现实定义框架内，或者换言之，以防止某个宇宙的"居民们""外迁"。心理治疗通过将合理化装置施加于"个案"之上得以实现这一目的。正如我们已经看到的，因为每个社会都面临着个体偏离的危险，我们可以假设某种形式的心理治疗是一种全球普遍的社会现象。而其具体的制度安排，从驱魔到心理分析，从教牧关怀到个人心理咨询，当然都属于社会控制的范畴。然而，在这里我们所感兴趣的，是心理治疗的*概念性*方面。由于心理治疗必然与偏离"官方"的现实定义有关，所以它必须发展出相应的概念机制，以解释这种反常发生的原因，并且维系因之受到挑战的现实。这就需要一个知识体系，其中包含有关反常的理论、诊断装置、和"治愈灵魂"的概念系统。

例如，在一个有着制度化的军事化同性恋的集体中，顽固地坚持异性恋的个体就肯定是接受心理治疗的人选。不仅因为他的性趣味对所在部队的战地爱人们的战斗效率构成了威胁，而且因为他的反常对其他人自然的男子气概是在心理上是颠覆性的。毕竟他们中的有些人，也许是"潜意识地"，可能会受到诱惑而步其后尘。在更加根本的层面上，离经叛道者的行为挑战了原有的社会现实，质疑社会现实在认知（"男子汉天生就会相爱"）和规范（"男子汉应该相爱"）两方面理所当然的运作程序。确实，也许离经叛道者本身就是对神明的一种活生生的侮辱，因为神明们在天上也彼此相爱，正如他们的信徒在地上一样。如此重大的反常行为需要进行稳当地扎根于心理治疗理论中的心理治疗实践。必须有与反常行为相关的理论（即，一种"病理学"）用以解释这种令人震惊的状况（例如，假设他被恶魔附身了）。也必须有一系列用以诊断的概念（例如，症状学，以及将其运用于神明审判中的适当技巧），这不仅可以对紧急状况有精确的说明，而且能够探测到"潜在的异性恋"，并及时采取预防措施。最后，必须对治疗过程本身进行概念化（例如，驱魔技巧目录，且每种技巧都有充分的理论基础）。

这种概念机制允许合适的专家实施心理治疗，而且可能也会被受到反常情况折磨的个体所内化。内化本身便会起到心理治疗的功效。在我们的例子中，概念机制可能被设计为激起个体的负罪感（例如"异性恋恐慌"），如果个体的初期社会化只是取得了哪怕最低限度的成功，这就不难实现。在这种负罪感的压力之下，个体将会在主观上接受对其状况的概念化，而这正是心理治疗师要其面对的；他的"自知力"（insight）得到发展，诊断在其主观上成为真实的。概念机制也许会进一步发展，使治疗师或"患者"感受到的任何有关治疗的疑惑被概念化（并据此在概念上对其清除）。例如，也许存在一种"抗拒"（resistance）理论，以解释患者的疑惑，还有一种"反向移情"（counter-transference）理论用以解释治疗师的疑惑。成功的心理治疗确立了概念机制和它在个体意识中的主观存在之间的对称；它对离经叛道者进行重新社会化，将其纳入社会象征符号宇宙的客观现实之中。当然，从回归"常态"之中，会获得相当的主观满足感。该个体现在能够回到他的小队指挥官爱的怀抱中，开心地知道他已经"找回了自我",他在众神的眼中又成了正常的。

心理治疗运用一种概念机制把每个人都留在宇宙中。虚无化,则运用相似的机制将这个宇宙之外的所有东西都在概念上加以清除。这一过程也可以被描述为一种消极合理化。合理化维系着社会构建的宇宙的现实性;虚无化则否认任何与该宇宙不协调的现象或对现象的诠释的现实性。这可以通过两种途径得以实现。第一,偏离常规的现象会被赋予一个消极的认识论地位,这不一定具有心理治疗的意图。对概念机制的虚无化运用,最通常的情况是针对外来的个体或团体,因此心理治疗并不适用。此处的概念运作非常简单。通过赋予所有存在于本象征符号宇宙之外的定义一个较低的认识论地位,并由此在认知上不会被严肃对待,以中和其对社会现实的定义所构成的威胁。因此,把相邻的反同性恋团体看作非人的存在、天生搞不清楚事物的合理秩序、生存在没有希望的认知黑暗中的人们,那么为了我们的同性恋社会,就会把来自他们的威胁从概念上清除掉。最基本的演绎推理过程是这样的:邻居们是一个野蛮人部落。邻居们是反同性恋的。因此,他们的反同性恋态度是蒙昧的胡言乱语,不应该被明理的人们当真。当然,同样的概念过程也可以被运用到社会内部的离经叛道者身上。无论是否从虚无化转到心理治疗,还是把已经在概念上清除的东西进行物理消除,都是政策中的实际问题。在概念上被清除的团体所具有的物质力量这一因素,在大多数情况下都并非微不足道。有些时候,唉,环境逼迫人们不得不和野蛮人维持友好关系。

第二,虚无化中包含了更大的野心,企图从归属于本宇宙的概念*的角度*,解释所有偏离常规的对现实的定义。在神学的参照框架内,这意味着从异端论到护教学的转变。偏离常规的概念不止被冠以负面的地位,而且要在理论上详细地与之较量。最终的目标是要将偏离常规的概念纳入本宇宙,并由此对它们进行终极清除。因此,偏离常规的概念必须被翻译成源自本宇宙的概念。如此,对本宇宙的否定便微妙地转变成了肯定。预假设向来都是否定者并不真的知道自己在说什么。只有被翻译成更"正确的"话语,即源于被他否定的宇宙的话语,此时他的陈述才有意义。例如,我们的同性恋理论家们可能会认为,所有的人天生就都是同性恋。否定这一点的人,是由于被恶魔附身了,或者单单因为他们是野蛮人,而否认他们自己的天性。在他们内心深处,他们知道是这样的。因此,一个人只需要认真地检审他们的言论，就会发现他们的立场的防御性和欺骗性。如此一来，无论他们说什么，都能被翻译成对同性恋宇宙的肯定，虽然他们表面上是否定它的。在神学的参照框架内，同样的过程证明了魔鬼在不知不觉中荣耀了上帝，所有的不信都只是没有意识到的不诚实，甚至无神论者实际上也是信徒。

在心理治疗和虚无化中对概念机制的运用，是象征符号宇宙所固有的。如果象征符号宇宙要用以理解所有的现实，就不能允许任何东西被留在它的概念范畴之外。原则上说，它对现实的定义至少必须包含存在物的全体（the totality of being）。历史上，这些试图完成这种总括的概念机制，有着不同的成熟度。简言之，一旦象征符号宇宙形成，它们便出现了。

宇宙维系的社会组织

因为所有的社会建构的宇宙都是人类活动的历史产物，它们都会改变，而这种改变又是由人类的具体活动所带来的。如果一个人被用以维系某个具体宇宙的概念机制的错综复杂之处所吸引，便会忘记这一基本的社会学事实。现实是被社会定义的。但是定义又总是通过作为现实定义者的具体的个体和由个体组成的团体所*体现*出来的。在任何时候，要理解社会构建的宇宙的状态，或者它随着时间推移所发生的变化，就必须理解使得定义者能够进行定义活动的社会组织。说得简单一点，对于在历史上找到的对现实的概念化，不断地把对其所提出的问题从抽象的"什么？"推向有社会学意义的具体的"谁说的？"是很必要的。

正如我们所看到的，作为劳动分工的结果，知识的专业化和与之伴生的对专门知识进行管理的人员组织得到了发展。可以设想在这种发展的较早阶段，不同的专家之间是不存在竞争的。每个专业领域都是根据劳动分工的实际情况所划定的。狩猎专家不会声称自己具备捕鱼的技能，因此也没有立场和捕鱼的专家竞争。

随着更加复杂的知识出现，经济余量也逐步积累起来，专家们便全时间地致力于自己专业领域，并且随着概念机制的发展，这些专业知识可能离日常生活的实际所需越来越远。精通这些深奥的知识体系的专家们，声称自己有获得新的地位的权利。他们不仅是社会知识库存中某个方面的专家,他们宣称自己对全部知识库存有终极管辖权。他们是,毫不夸张地说,万能专家(universal experts)。这并不意味着他们宣称自己知道一切,而是说他们宣称自己知道每个人知道的和做的一切事情的终极意义。其他人可能还会继续占据现实的个别部分,但是他们则宣称自己具备对现实进行终极定义方面的专业知识。

知识发展的这一阶段带来了几个后果。第一,是我们已经讨论过的,纯理论的出现。因为万能专家们在脱离日常生活变迁的、一个相当抽象的层面上运作,其他人和他们自己都可能会认为他们的理论和正在进行的社会日常生活无关,而只是存在于一种柏拉图式的、无关历史和社会的思想天堂之中。这当然是一种错觉,但是它凭借着定义现实和产生现实的过程之间的关系的力量,而产生很强的社会和历史效力。

第二个后果是因此而变得合理的制度化行为中的传统主义得到强化,即,制度化中所固有的惰性倾向得到了强化。习惯化和制度化本身便限制了人类行为的可塑性。制度倾向于存续,除非它们变得"有问题"。终极合理化不可避免地强化了这种倾向。合理化越抽象,越不可能随着实际需求变化而改变。如果有一种无论如何都要像以前一样继续下去的倾向,这种倾向明显会因为有了这样做的绝佳原因而被强化。这意味着制度会存续下去,即便,对于一个外部观察者而言,它们已经丧失了原本的功能性或实用性。一个人做一些事,不是因为这些事有效,而是因为它们是*对*的——即,从万能专家们所宣扬的现实的终极定义的角度看是对的。

负责宇宙维系合理化的全职人员的出现,同样也带来了社会冲突的可能。有些冲突是专家们和实施者之间的。后者,出于很明显的原因,可能会憎恶专家们浮夸的自我标榜,及其所带来的确实的社会特权。特别可恨的一点也许是,专家们声称自己比实施者们还明白他们的行为的终极意义。"外行"一方的这种反抗,可能会导致出现有竞争性的对现实的定义,并且最终出现负责新定义的新专家。古代印度在这方面为我们提供了最好的历史性图解。婆罗门,作为终极现实方面的专家,把他们对现实的定义烙印在整个社会之上,并取得了令人震惊的成功。不论其源头为何,种姓制度是作为一种婆罗门的构建物而得以延续数个世纪,直至覆盖了印度次大陆的大部分地区。婆罗门确实被一个接一个的君主邀请担任"社会工程师",在新的疆域设立这一制度(一部分是因为这种制度被视作等同于高等文明,一部分无疑也是因为这些君主了解这种制度巨大的社会控制能力)。摩奴法典(The Code of Manu)让我们充分地了解婆罗门的社会设计,以及由于婆罗门被接纳为天授设计师所带来的世俗优越性。然而,在这种情况下,理论家和权力的实施者之间接踵而来的冲突变得不可避免。后者的代表是刹帝利,军事和王公种姓。古代印度的史诗文学,《摩诃婆罗多》和《罗摩衍那》是这一冲突的有力见证。并非出于偶然,对抗婆罗门宇宙的两大理论,耆那教和佛教,其社会定位都是刹帝利种姓。无须赘言,在耆那教和佛教对现实的重新定义中,产生了它们自己的专业人士,也许通过其他并不那么全面和成熟的方式挑战婆罗门宇宙的史诗诗人们也是如此。

这带来了另一个同样重要的冲突的可能性——在敌对的专家团体之间的冲突。只要理论继续有直接的实际运用,可能存在的对抗就是可以通过实践检验得到解决的。可能有着不同的狩猎野猪的理论,敌对的狩猎专家们的小团体在这个问题上有着各自既定的利益。只要看哪种理论最有助于杀死大多数野猪,这个问题就可以相对容易地得到解决。比如说在多神教和单一主神教①的宇宙理论之间进行抉择,则没有这种可能。各自的理论家被迫用抽象论证代替实践检验。本质上来说,这种论证不具备实践成功固有的说服力。对一个人有说服力,未必对他人也有说服力。如果这些理论家们为单纯的论证那脆弱的力量寻求其他各种更加有力的支撑,我们实在不能责怪他们——例如让权威动用武装力量加强某个论点,以对抗其竞争者。换言之,对现实的定义可以通过警察来强制实施。顺便说一下,这不一定意味着这些定义会一直比那些"自愿"接受的定义更没说服力——社会力量包括决定关键社会化进程的力量,所以也包括产生现实的力量。无论如何,高度抽象的象征(即,从现实的日常生活经验中极大抽离的理论)由社会支撑而非经验支撑所确认。可以说,如此,一种伪实用主义被再次引入。理论可能再次被认为是有说服力的,因为它们有效——即,从在社会中成为标准的、理所当然的知识的角度而言有效。

这些思考意味着敌对的现实定义之间进行竞争的社会结构的基础将会永远存在,而且,即使这种竞争的结果并非完全总是由其决定的话,也将

---

① polytheism 即多神教,henotheism 即相信在多神中有一个主神。——译者注

被这一基础的发展所影响。在与社会结构中广泛的运动几乎完全隔绝的情况下，深奥的理论性的系统阐述也很有可能被炮制出来，在这样的情况下，敌对专家之间的竞争便会在一种社会真空中发生。例如，两个隐修的伊斯兰教苦行僧团体可能会在沙漠中央持续地对宇宙终极本质进行争辩，而圈外却没人对这场争论有一丁点兴趣。然而，一旦双方之中的任意一方观点得以在周遭社会中获得发言机会，那么决定他们之间竞争结果的将主要是理论之外的利益。不同的社会团体将会在竞争理论中有不同的选择，并且将会随之变成后者的载体。因此，苦行理论 A 可能会吸引社会上层，而苦行理论 B 则会吸引社会的中层，但原因却远远不同于鼓舞着最早创造出这些理论的人们那种热情。那么，相互间存在竞争关系的专家团体将会依附于"载体"集团；无论是什么冲突导致了这些载体集团分别采纳各自的理论，但冲突的结果将决定专家团体之后的命运。相互竞争的对于现实的定义也因此在敌对的社会利益范畴之内进行决定，而敌对的社会利益也相应地被"翻译"成理论术语。从社会学角度对这些过程进行理解，敌对的专家们及其各自的支持者们在主观上是否"真诚"地对待这些理论，只是次要的。

当执着于不同的对现实的终极定义的专家团体之间，不仅在理论上而且在实际中都存在竞争时，理论的去实际化（de-pragmatization）被逆转了，理论的实际功效变成了外在的；即，在实践中"证明"一个理论不仅由于其内在属性而更加优越，而且对于成为其"载体"的集团的社会利益而言，其适用性也显示出了其优越性。在历史上，如此产生的理论专家的社会组织具有很大的差异性。尽管在本文中我们显然无法穷尽其类型，但对一些比较常见的类型进行探讨是很有用的。

第一种可能性，也许是范式性地，是万能专家们对社会中全部的对于现实的终极定义有着有效的垄断。这种情况可以被看做范式性的，因为有很好的理由让我们认为，这在人类历史的早期是很典型的。这种垄断意味着一种单一的符号传统维系着该宇宙。那么身处这样的社会就意味着对这种传统的接受。该传统的专家们的身份基本上被该社会的所有成员认可，没有具威胁性的竞争对手需要应付。所有实际上可供我们检验的原始社会似乎都属于这一类型，并且稍加修改的话，大部分远古文明也都属于这一类型。这并非意味着这些社会中没有持怀疑态度者，人人都把传统充分内化，没有例外，而是说怀疑论没有通过社会组织对"官方"传统的支持者形成挑战。

在这种情况下，形成垄断的传统及其专家管理者们通过一元化的权力结构获得支持。占据决定性的权力地位的人，随时准备运用自己手中的权力将传统的对于现实的定义强加于其治下的人民。潜在的具有竞争性的宇宙概念化一经出现就被消灭了——不论是在肉体上的摧毁（"不崇拜神明的人，无论是谁都必须死"），还是被整合进传统本身（万能专家们认为具有竞争性的神明系统 Y "其实"不过是传统的神明系统 X 的另一个方面或另一种表述）。在后一种情况下，如果专家们的理论获得成功，竞争被消弭于"合并"，可以说，传统变得丰富，并产生了分化。竞争也可能在社会内部被隔离开来，因而就传统的垄断而言变为了无害的——例如，在征服者或统治集团内，无人崇拜 Y 类型的神明，但是被征服者或下层集团中可能会有此类崇拜。同样的保护性隔离也可以被用于外国人或"客人"身上。

中世纪的基督王国（Medieval Christendom）（当然不能被称为原始的或远古的，但仍是一个具有有效的符号垄断的社会）为全部的三种消灭程序提供了绝佳的图解。公开的异端必须在肉体上被摧毁，无论其具体表现为一个个体（例如，一个女巫）或者一个群体（例如，阿比尔派教众）。同时，教会，作为基督教传统的独一守护者，在该传统的范围之内，非常灵活地吸纳了众多的民间信仰及宗教实践，只要它们还未对基督教宇宙形成清晰的异端挑战。如果农民们对他们所信奉的一位古老神明"施洗"，让他变成一个基督教的圣人，继续讲述那些与其有关的古老故事，欢庆因他而来的古老节日，这都无所谓。有些具有竞争力的对现实的定义至少可以在基督王国之内被隔离开来，而不被视作一种威胁。当然，此类型中最重要的例子就是犹太人，尽管基督徒和穆斯林被迫在和平年代成为近邻时，也出现了类似的情况。这种隔离，顺便也保护了犹太人和穆斯林的宇宙免受基督教"污染"。只要能够在概念上和社会中将具有竞争力的对现实的定义隔离开来，对陌生人适当，且与己无关，那么和这些陌生人保持适当的友好关系是可能的。而当"陌生感"被打破，且这个偏离常规的宇宙看上去对自己人会是一个可能的居所，麻烦就开始了。那时，传统的专家们便可能诉诸武力——或者，采取另一种方案，特别是如果并不具备相应的武力时,就与竞争者展开促进基督宗教合一的谈判。

这种垄断的情形预设社会结构的稳定性程度较高,并且能够在结构上实现自我稳定。传统的对现实的定义抑制了社会变革。反过来,如果把这种垄断当作理所当然而接受的情况崩塌,则会加速社会变革。那么,在有意维持既定权位的人和管理垄断性宇宙维系传统的人员间存在深刻的紧密关系,就不该让我们感到讶异。换言之,保守的政治力量倾向于支持万能专家们的垄断性主张,后者所属的垄断性组织反过来在政治上也倾向于保守。当然,在历史上,这类垄断大部分都具有宗教属性。因此可以说,如果把教会理解为现实的宗教定义方面的全职专家们的垄断性联合体,那么教会一旦在某个社会中成功确立其垄断地位,其本质上便是保守的。反过来,意在维持政治现状的统治集团,便在宗教取向上天然与教会相适应,且由此类推,对在宗教传统方面的所有创新都持怀疑态度。

出于各种"国际的"和"国内的"历史原因,垄断状态可能会无法确立或维系。那么在有竞争关系的传统及其管理人员之间的斗争便有可能持续很长一段时间。当特定的对现实的定义依附于一个具体的权力利益集团,便可被称作意识形态。需要强调的是,这个术语如果被用于上述的垄断情形,则基本没什么用。例如,说基督教是中世纪的一种意识形态基本没有什么意义——即使对统治集团而言,它有着明显的政治用途——原因很简单,因为中世纪社会中的每个人都"居住"在基督教宇宙中,无论是农奴或是他们的主人。然而,在工业革命之后的年代里,把基督教称作资产阶级意识形态则是有一定正当性的,因为资产阶级在对抗新兴产业工人阶级的斗争中,运用了基督教传统及其人员,而在欧洲的大部分国家里,产业工人不再被视作"居住"在基督教宇宙中了。如果两种不同的对现实的定义在跨社会的接触中相对峙——例如,如果一个人谈及十字军的"基督教意识形态"和撒拉逊人①的"伊斯兰意识形态",那么使用意识形态这个术语也是没有什么意义的。意识形态的独特性更主要的是在于将同一个宇宙用不同的方式进行诠释,而方式取决于在社会内部具体的既定利益。

一种意识形态常常因为一些具体的、有利于其利益的理论因素而被一

---

① 即阿拉伯人。——译者注

个团体所采用。例如，当一个穷困的农民群体和在经济上奴役他们的城市商人群体相对抗，他们可能会团结在一种支持农耕生活的美德、谴责金钱经济及其信用体系不道德、并且总体上抨击城市生活奢侈享受的宗教教义周围。农民们在意识形态上从这种教义中的"获益"是很明显的。这一点从古代以色列的历史中可以找到很好的例证。然而，把利益集团及其意识形态之间的关系想象成总是如此有逻辑性，则可能是错误的。每个参与社会斗争的群体都要求团结。意识形态产生团结。选择某种意识形态不一定基于其内在的理论因素，而有可能源于一次偶然的相遇。例如，在君士坦丁大帝的时代，是否因为一些基督教的内在因素，而使一些群体在政治上对其"产生了兴趣"，还尚不清楚。看上去更有可能是因为有权势的利益集团出于政治目的而利用了基督教（原本只是一种中下层阶级的意识形态），而无关其宗教内容。使用其他东西或许也能达到同样的目的——在决策的关键时刻，基督教恰好在那儿。当然，一旦意识形态被该群体所采用（更准确点说，一旦特定的教义变成该群体的意识形态），它就必须合理化该群体的利益，并依照该利益进行修改。这势必导致对原本的理论命题主体进行选择和增加的过程。但是没有理由假设这些更改必然会影响被采纳的教义的完整性。在一种意识形态中，可能有很大部分和被其合理化的利益没有特别的关系，但是却获得"载体"集团的大力肯定，仅仅因为它终于这种意识形态。在实践中，这可能会导致权力持有者在与其利益无关的理论争执中支持其意识形态的专家。君士坦丁大帝对当时的基督学纷争的介入就是一个很好的例证。

  很重要一点是记住，大部分现代社会都是多元的。这意味着它们共享一个被视作理所当然的核心宇宙（core universe），并且不同的部分宇宙（partial universe）以一种相互包容的状态共存。后者可能具有某些意识形态的功能，但意识形态之间公开的冲突则为不同程度的容忍甚或合作所取代。一系列非理论因素造成了这种局面，它给传统专家带来了严重的理论问题。依靠古老的垄断性的自我标榜来管理一种传统，那么面对已经发生的去垄断，他们就不得不找出在理论上对其进行合理化的办法。有时，他们选择继续鼓吹以前的极权主义宣言，就像什么事都没有发生，但是极少人会认真对待这些宣言。无论专家们做什么，多元化情势改变的不仅是对现实的传统定义的社会位置，还有它们在个体意识中的存留方式。

多元化情势预设了一个城市社会，它具备高度发达的劳动分工、随之出现的社会结构的高度分化和大量经济剩余。这些明显在现代工业社会随处可见的条件，也存在于前工业化社会中，至少存在于某些部分中。希腊—罗马后期的城邦可以作为一个例子。多元化情势和快速社会变迁的条件相伴而生，而正是因为多元主义帮助削弱了现实的传统定义所具有的抵制变革的效能，其本身就是一种加速因子。多元主义鼓励怀疑主义和创新精神，并因此在本质上便对传统现状其理所当然的现实性具有颠覆性。当现实的传统定义的专家们缅怀过去，怀念他们的定义处于垄断地位的时候，我们很乐意对他们表示同情。

历史上有一种重要的专家类型，原则上在之前讨论的任何情况下都可能存在，就是知识分子，我们可以将他们定义为其专业知识不被社会大众所需要的专家。这意味着相对于"官方"学问，要对知识进行重新定义，即这意味着对后者要进行的不仅是有点离经叛道的诠释。知识分子因此，在定义上，是一种边际类型。无论他是先边际化后成为一个知识分子的（例如当代西方社会中的许多犹太知识分子），还是他在思维上的脱轨直接导致了其边缘化（比如遭流放的异端分子），不是本文所关心的。在任意情况下，其社会边缘状态表达了他在自己社会的宇宙中缺乏理论整合。他作为反面专家出现在界定现实的事业中。像"官方"专家一样，他对整个社会也有个设计。但是当前者的设计符合制度化程序，成为其理论上的合理化，知识分子的设计便存在于一个制度真空之中，最好的情况也只是在同为知识分子的亚社会中获得社会客观化。这种亚社会能在多大程度上存活显然取决于大社会的结构性安排。可以说某种程度的多元主义是一个必要条件。

身处知识分子的境遇之中，历史上有许多有趣的选项可供他选择。他可以退回知识分子的亚社会，在那里找到情感的避难所，以及（更重要的一点）找到对他偏离常规的现实定义进行客观化的社会基础。换言之，知识分子在这个亚社会中可能会有"家"的感觉，这在大社会中他是无法体验到的；同时他还可以在主观上保持自己离经叛道的观念，而这是大社会所要虚无化的，因为在亚社会中还有其他人认为他所持的想法正是现实。他将会发展出各种程序以保护亚社会那不稳定的现实，免受外界要将其虚无化的威胁。在理论层面，这些程序将会包括我们之前讨论过的心理治疗式防御。在实践中,最重要的程序则是限制其本身与亚社会其他成员间的重要关系。圈外人是被回避的对象,因为他总是象征着虚无化的威胁。宗教教派可以被看做此类亚社会的样板。在庇护教派的共同体中,即便是最不着边际的离经叛道的观念都具有客观现实的特征。反过来,当教派之前在大社会中被客观化了的现实定义瓦解了,即被去客观化(de-objectivated)了的情况下,教派回撤是很普遍的。这些过程的细节属于宗教历史社会学的研究范畴,但是这里必须加上一点,教派主义的各种世俗化形式是现代多元化社会中的知识分子所具有的一个重要特征。

一个在历史上非常重要的选项当然就是革命。知识分子从这里出发在社会*中*去实现他对社会的设计。这里无法讨论历史上这一选项所呈现出的各种形式,但是必须要指出一个重要的理论观点。正如回撤的知识分子们需要其他人协助,以将自己离经叛道的现实定义作为现实加以维系,革命知识分子也需要他人来肯定*他的*离经叛道的观念。这比起没有组织密谋就无法成功这样明显的事实而言,是更加基本的要求。革命知识分子必须有他人为他维护革命意识形态的*现实性*(即,在他自己意识中的主观似然性)。所有在社会中有意义的现实定义必须通过社会进程加以客观化。其结果是,亚宇宙需要亚社会作为其客观化的基础,反现实定义则需要反社会为其基础。无须赘言,革命意识形态在实践中的任何胜利,都会强化它在亚社会和亚社会成员的意识中所具有的现实性。当整个社会阶层成为其"载体"的时候,其现实性便会大规模地扩张。现代革命运动的历史提供了大量的实证,解释在运动胜利之后,革命知识分子到"官方"合理化人员的转变。这说明在革命知识分子的社会生涯中有极大的历史性差异,而且不同的选项和组合也有可能在个体的生活经历中发生。

在前面的讨论中,我们强调了宇宙维系人员的社会存在中的结构方面。真正的社会学讨论别无他途。制度和象征符号宇宙是由活着的个体进行合理化的,这些个体有着具体的社会定位和确实的社会利益。合理化理论的历史总是社会历史整体的一部分。"思想的历史"不可能孤立于普遍历史的血汗而存在。但是我们必须再次强调,这并不意味着这些理论仅仅是"深层的"制度化进程的反映;"思想"和支撑它的社会进程之间总是存在着辩证关系。说理论是为了合理化显存的社会制度而被炮制出来的,是正确的。但是社会制度发生改变以合乎现存理论的情况也是存在的,即，使它们更加"合理"。合理化方面的专家们可能会是现状的理论辩护者；他们也有可能以革命思想家的样子出现。现实的定义具备自我实现的功效。理论可以在历史中实现，即便是那些在其创造者的脑海中刚被构思出来时艰深难懂的理论。在大英博物馆阅览室里沉思的卡尔·马克思便是这种历史可能性的著名例子。因此，必须总是在与"思想的历史"间的辩证关系中去理解社会变革。"唯心论"和"唯物论"对于这一关系的理解都忽视了这种辩证性，也因此歪曲了历史。同样的辩证性也在我们讨论过的象征符号宇宙的整体转变中占据了优势。从社会学角度看，不变的本质认识是，所有的象征符号宇宙和合理化都是人类的产品；它们存在的基础是在具体个体的生命之中，脱离了这些生命，它们便不具有实际地位。

第5章 现实的内化

初级社会化

由于社会作为客观现实和主观现实而存在，所以要在理论上对其进行充分的理解，就必须包括这两个方面。正如我们已经提出的，如果把社会作为一个由外化、客观化和内化三个片段所组成的持续的辩证过程加以理解，那么社会客观现实和主观现实这两方面将会得到正确的认识。就社会现象而言，这些片段*并非*依时间顺序发生的。相反，社会及其各个部分同时具有这三个片段的特征，所以如果只从一个或两个片段的角度来分析是不够的。对于社会的个体成员而言也是如此，他将自己外化到社会世界之中，同时也将社会世界作为一种客观现实进行内化。换言之，身处社会之中就意味着参与它的辩证过程。

然而，个体并非生来就是社会的成员之一。他生来具有社会性的倾向，然后变成社会的一个成员。所以，在每个个体的生命中，是有时序的，在这个过程中，他被接纳为参与社会辩证过程的一分子。这个过程的起点是内化：把一个客观事件即时地理解或诠释为意义的表达，即另一个个体主观进程的表现形式，并且该进程因此在主观上变得对我本身具有意义。这并不意味着我充分地理解了对方。我可能其实误解了他：他在歇斯底里地狂笑，而我却将他的笑理解为对欢乐的表达。尽管如此，无论他和我的主观过程之间是否存在一致性，他的主观性对我还是客观存在的，并且变得对我有意义了。正如之前讨论过的，两种主观意义系统之间完全的一致性，以及相互之间对这种一致性存有对等的认知，预设了内涵（signification）。然而，这里所使用的泛指的内化构成了内涵及其本身更加复杂的形式的基础。更准确点说，这种泛指的内化是，首先，理解自己的同胞,以及其次,领悟到世界是有意义的社会现实的基础。

这种理解并非来自孤立的个体对意义的自发性创造,而是始于个体"接手"已经有他人居住的世界。诚然,"接手"本身,在某种意义上,对每个人类肌体而言都是具有独创性的过程,而世界,一旦被"接手",就可能会被创造性地修改或者(在较少情况下)甚至被重建。在任意情况下,凭借具有复杂形式的内化,我不仅"理解"了他者当下的主观过程,"理解"了他所居住的世界,而且那个世界变成了我自己的世界。这预设了他和我共享一段不算短的时间以及一个全面的视角,在不同主观间将情境的顺序串联在一起。我们现在不仅理解了对方对于共享情境的定义,我们还相互对它们进行了定义。一条动机的纽带在我们之间建立了起来,并延伸至未来。最重要的是,我们之间现在有了一种持续性的相互认同。我们不仅居住在同一个世界,我们还参与到对方的生命之中。

只有当个体达到了这种程度的内化,他才是社会的成员之一。实现这一目的的个体发展过程就是社会化,因此社会化可以被定义为将个体引入社会或其某个部分的客观世界的全面且持续的过程。初级社会化是个体在童年时期经历的第一次社会化,他通过这一过程成为社会的成员之一。次级社会化(secondary socialization)是将一个已经社会化了的个体引入其社会客观世界的新部分的后继过程。有关我们最初成为成员的社会之外的社会的客观世界的知识的获取,以及将这个世界内化为现实的过程——一个展现了,至少是表面上,与初级社会化和次级社会化均有某些相似之处,但结构上却和两者都相异的过程,我们现在可以暂且不谈。

很明显,对于一个个体而言,初级社会化通常是最重要的一环,次级社会化的全部基础结构都必须与初级社会化的结构相似。每个个体都生于一个客观的社会结构之中,在那里,他遭遇了负责其社会化的重要的他者。这些重要的他者是强加于他的。他们对于他所处情境的定义是作为客观现实加诸其身的。因此,他不仅生于一个客观的社会结构之中,而且还是一个客观的社会世界。向他传授这个世界的重要的他者在传授的过程中对世界进行了修改。他们根据自己在社会结构中的位置,以及源于他们个体经历的特质,选择了一些方面。通过这种双重选择,社会世界被"过滤"给个体。因此,较低阶层的孩子不仅吸收了较低阶层看待社会世界的视角,而且是带着他父母给予的特质色彩吸收的(或者任意负责他初级社会化的其他个体)。这种较低阶层视角可能会引入一种带着满足、顺从、痛苦的憎恨或者火热的反叛精神的情绪。因此,较低阶层的孩子结果不仅会居住在一个与较高阶层孩子大相径庭的世界中,而且可能会以完全不同于隔壁较低阶层孩子的方式得到这个结果。

无须赘言,初级社会化所涉及的不仅是单纯的认知学习。它是在情感极其饱满的情况下发生的。确实,有很好的理由相信,如果没有对重要的他者的情感依赖,学习的过程即便不是不可能,也将是十分困难的。孩童通过各种情感方式对重要的他者产生认同感。无论是什么样的方式,只有产生了认同感之后,内化才会发生。孩童承接了重要的他者的角色和态度,即,将他们内化并变成自己的。并且通过认同重要的他者,孩童变得能够认同自己,获得在主观上连贯且合理的身份。换言之,自我是一种得自他人的实体,反映出重要的他者起初对其采取的态度;个体变成了其重要的他者所描述的样子。这并非单方面的机械式的过程。它包括了他人认同和自我认同、客观赋予和主观认定的身份之间的辩证关系。这种辩证关系,每当个体认同于其重要的他者时都会出现,可以说是我们之前讨论过的社会普遍辩证关系在个体生命中的特殊化。

尽管这一辩证过程的细节,当然了,对社会心理学极为重要,但是我们如果在这里详细探讨它对于社会心理学理论的意义,就超出了本书的目的。我们当前所考虑的最重要的是这样一个事实:个体不仅承接了他人的角色和态度,而且在同一个进程中还继承了他们的世界。确实,身份客观上被定义为在特定世界中的位置,并且只有与该世界一起才能在主观上被认定。换言之,所有的身份认同都发生在暗含某个具体的社会世界的范围之内。孩童学到了他就是他被称呼的身份。每个名字都暗含着一套系统命名法,它反过来又暗含了一个指定的社会位置。被给予一个身份包括了被赋予一个在世界中的具体位置。随着这个身份被孩童主观认定("我是约翰·史密斯"),这个身份所指向的世界也被他主观认定了。对身份和社会世界的主观认定其实不过是*同一个*内化过程的不同方面,通过*相同的*重要的他者进行传授。

初级社会化在孩童的意识中完成了从具体他者的角色和态度到*泛化的*角色和态度的渐进的抽象过程。例如,在对规范的内化中,有一个从"妈妈现在对我很生气"到"只要我把汤弄洒了,妈妈就很生气"的发展。当其他的重要的他者（父亲、祖母、姐姐等等）都支持母亲对待洒汤这件事的否定态度，这一规范的普适性就在主观上被延伸了。当孩童意识到每个人都讨厌洒汤这件事，并且当规则被泛化为"一个人不会弄洒汤"——"一个人"指的是作为笼统群体一部分的他自己，而这个群体原则上来说包括对于孩童而言重要的社会全体，此时，决定性的一步便到来了。从具体的重要的他者的角色和态度中被抽象出来的概念被称为泛化的他者（generalized other）。这个概念在意识中的形成意味着个体现在所认同的不仅是具体的他人，而且还有一个他人的群体，即社会。只有凭借这种泛化的认同，他的自我认同才能获得稳定性和持续性。他现在所具有的不仅是一个借由某个重要他者得到的身份，而且具有一个*泛化的*身份，这个身份被主观认定为无论他者，重要的或不重要的，遭遇了什么，都是保持不变的。这个新近统合的身份包含了所有已经内化的各种身份和态度——其中包括作为不弄洒汤的人这一自我认同。

在意识中形成泛化的他者标志着社会化中的一个决定性阶段。它意味着对社会本身的内化，对在其中确立的客观现实的内化，以及同时，一个统合的、连续性的身份在主观上的确立。在同一个内化过程中，社会、身份以及现实在主观上成形。这一成形与语言的内化是同时发生的。确切说来，从之前对语言的观察可以清楚地看到，语言构成了社会化最重要的内容和工具。

当泛化的他者在意识中成形，客观现实和主观现实之间就奠定了一种对称关系。"外在"的真实对应着"内在"的真实。客观现实可以很容易地被"翻译"成主观现实，反之亦然。当然，语言在这持续的双向翻译过程中是最主要的媒介。然而，应该强调的是，客观现实和主观现实之间并非完全对称。两种现实相互对应，但是并非同延。比之在任何个体意识中实际上已经内化的客观现实，总是存在着更多"可用"的客观现实，这仅仅是因为社会化的内容是由知识的社会分布状态所决定的。没有任何个体能够内化其社会中被客观化为现实的全部内容，即便那是相对简单的社会及其世界。另一方面，主观现实中总有些成分并非产生于社会化之中，例如，早于且脱离任何在社会中所学到的看法，个体便对自己的身体有所认识。主观经历并不是完全社会性的。个体认为自己*既*身处社会之内，*也*在社会之外。这意味着客观现实和主观现实之间的对称绝非静止的、一劳永逸的状态。它实际上必须总是被生产和再生产的。换言之，个体和客观的社会实践之间的关系就像一种在不断取得平衡的行为。这与我们讨论过的有关人类在动物王国中的特殊地位的问题有着相同的人类学根源。

在初级社会化中，没有认同的*难题*。重要的他者是无法选择的。社会呈现在即将接受社会化的个体面前的，是一组已经预先确定的重要的他者，个体必须接受这些重要的他者，没有做出其他安排的可能。这儿就是罗德岛，在这里跳吧（现在就证明你自己吧）。① 个体必须设法应对命运所安排的父母。这种作为一个孩童所固有的不公平的劣势，造成了一个明显的后果，那就是虽然孩童在其社会化过程中并非单纯地处于被动状态，制定游戏规则的还是成人。孩童可以充满热情地玩这个游戏，也可以怒气冲冲地抵制它。但是，可惜啊，没有其他可玩的游戏了。这造成了一个重要的必然的结果。既然孩童无法选择其重要的他者，所以他对他们类似自动地产生了认同感。出于同样的理由，他对他们独特的现实的内化也几乎是不可避免的。孩童并非把其重要的他者的世界当作许多可能的世界之一进行内化。他把它当作*独一*的世界（the world），唯一存在和唯一能想象得到的世界，无可比拟的世界。这就是为什么在意识中，在初级社会化中内化的世界比在次级社会化中内化的世界根深蒂固得多。然而，最初那种无法避免的感觉在后来的去魅中被削弱了很多，对一种再也不可能被重复的确定感——对于现实初次开始形成的确定感——仍然依附于童年最初的世界。初级社会化因此完成了（当然，这是事后诸葛亮的看法）社会在个体身上所设计的最重要的骗局——使一系列偶然显得像是必然，也因此使他的出生这样一个意外具有意义。

当然，初级社会化中所内化的具体内容因社会而异。有些是随处可见的。首先必须要内化的是语言。借由语言本身及对语言的使用，各种激励性的和诠释性的设计被当作制度界定的内容得以内化——例如，想做得像

---

① 原文是拉丁文 *Hic Rhodus , hic salta*，出自伊索寓言《吹牛的运动员》一则。有一个人缺乏勇气，但爱说大话，吹牛说自己曾在罗德岛参加跳远比赛得到第一名。他说："如果你到罗德岛去问问当地人，他们都会告诉你这是真的。"有个旁观者回答道："如果你能跳那么远，那你在哪里都能跳，我们根本不用去罗德岛。你就把这里当作罗德岛，在这里跳吧！"寓言要说明的是做胜于说，这句话本身也就有了"此时此地便证明你能做到"的意思。——译者注

一个勇敢的小男孩一样,并且以为小男孩本来就被分成勇敢的和懦弱的。这些设计为孩童提供了日常生活中的制度化程序,有些当下就适用于他,有些预期性行为是社会为他以后的人生阶段所界定的——使他能够度过被他的同侪和其他各种人考验其意志的时光的勇气,还有以后被要求具有的勇气——比如当一个人被征召为战士,或者一个人可能被神所呼召的时候。当下便适用的和具有预期性的程序都将一个人的身份和另一个人区分开来——比如女孩、奴隶男孩或者来自另一个氏族的男孩。最后,还有对至少是合理化机制雏形的内化;孩童明白了"为什么"这些程序是这个样子。一个人必须勇敢,因为他想成为一个真正的男子汉;一个人必须进行仪式,不然神明就会发怒;一个人必须对首领忠诚,因为只有这样,在危难的时刻神明才会帮助他;等等。

那么在初级社会化中,构建出了个体最初的世界。其尤为坚固的性质,至少是部分地,源于个体及其最初的重要的他者之间关系的必然性。因此童年的世界,在其光明的现实之中,是有助于对重要的他者本人及其对情境的定义的信心的。童年的世界的真实性,是厚重且毋庸置疑的。在意识发展的这一阶段,或许也不可能是别的情况。只有到以后,个体才可能负担得起怀疑,至少是一点点怀疑,的奢侈。也许这种在理解世界方面的原始的现实主义是和种族发展及个体发展都有关联的。无论如何,童年世界如此的构成,有利于向个体灌输规则性的结构,在这个结构之中,他可以相信"一切都很好"——让我们重复一下这句可能是母亲们对哭泣的后代最常说的话。当他们后来发现有些事远非"很好",可能多少会感到有些震惊,震惊的程度取决于个人生活的环境,但是不管在什么情况下,童年的世界在回忆当中多半都保持着其特有的真实性。它还是"家的世界",不论在以后的生活中,一个人会在完全没有家的感觉的空间里游走得多远。

初级社会化包括了社会规定的学习顺序。在 A 岁的时候,孩童应该学习 X,B 岁了就应该学习 Y,等等。每个这样的程序安排都需要社会对于生理成长和分化的承认。因此,在任何社会中,每个程序安排都必须承认不可能期望一个一岁的孩童学会三岁孩童所会的。而且,大多数程序安排都或许对男孩和女孩的学习内容有不同的规定。当然,这种最低限度的认可是由生理事实强加于社会的。然而,在此之外,对于学习顺序的阶段的规定有着极大的社会历史变化性。在一个社会中还被定义为童年的内容，在另一个社会中可能已经被定义为进入成年了。而且童年的社会含义在不同社会中可能有很大差异——例如，在情感素质、道德责任感或者知识能力方面。当代西方文明（至少在弗洛伊德运动之前）倾向于认为孩童本性是"无辜"和"纯真的"；其他社会则认为他们"生性有罪和不洁的"，和成人的区别只是在于力量和理解力不同。对孩童在性行为、刑事责任和神启等方面的可能性也存在着类似的差异。这些对于童年及其阶段的社会定义方面所存在的差异显然会影响学习的程序安排。

初级社会化的特点也会被需要传承的知识库存的要求所影响。理解有些合理化可能比其他的要求更高的语言复杂性。例如，我们可以猜测，对一个孩童而言，要理解他不能手淫的原因，比起说那会影响他今后的性调适而言，说那是因为会激怒守护天使所需要的词汇量要少。整个制度秩序提出的要求会进一步影响初级社会化。在不同在社会中，或者甚至是在同一个社会的不同部分中，不同的年龄阶段要求具备的技巧是不同的。在一个社会中可能被认为是一个孩子可以驾驶汽车的适当年龄，在另一个社会中就可能被认为是孩子应当已经杀死了自己第一个敌人的年龄。一个上层社会的孩子可能在学习"生活的事实"，而他在下层的同龄人已经掌握了人工流产技术的基础知识。或者，一个上层社会的孩子可能第一次体会到振奋人心的爱国热情，而他在下层的同龄人却第一次体会到对警察以及警察所代表的一切的憎恨。

当泛化的他者（还有与之相关的所有内容）在个体的意识中确立之后，初级社会化便结束了。此时，他是一个有效的社会成员，在主观上拥有了自我和一个世界。但是对于社会、身份认同和现实的内化并非一劳永逸之事。社会化绝非完全的，也永不会结束。这给我们带来了两个更进一步的问题：第一，在初级社会化中所内化的现实是如何在意识中得到维系的，以及第二，进一步的内化——或者说次级社会化——是如何在个体之后的生活经历中发生的。我们下面将从第二个问题开始解答。

次级社会化

一个在初级社会化之后没有更进一步的社会化发生的社会是可以构想

出来的。这样的社会当然只有非常简单的知识库存。所有的知识都是普遍相关的，个体间的差异只在于他们的视角不同。这个概念在假设一个有限的情况时是有用的，但是据我们所知，没有任何一个社会不存在某种程度的劳动分工，以及与之相伴的，*某种程度的知识的社会传播*；一旦这一点成立，次级社会化就变得必要了。

次级社会化是对制度化的或者建立在制度基础上的"亚世界"的内化。其范围和特点因此也由社会分工及相伴随的知识的社会传播的复杂程度所决定。当然，普遍相关的知识也能进行社会传播——例如，以建立在阶级基础上的"版本"的形式——但是我们这里要讨论的是"专门知识"的社会传播——作为劳动分工的产物而出现的知识，其"载体"是被制度化界定的。暂时先抛开次级社会化的其他方面，我们可以说次级社会化就是对角色特有知识的获得，而这些角色则是直接或间接地源于劳动分工的。对于如此狭窄的定义是有一些正当理由进行辩护的，但绝不是全部。次级社会化要求获得角色特定的语汇，这一方面意味着，在一个制度化领域内，对构成常规诠释和行为的语义场的内化。同时，也需要对这些语义场具有"默契"、评估和感情色彩。不同于初级社会化中获得的"基础世界"，在次级社会化中所内化的"亚世界"通常只是部分现实。不过它们多少也是前后一致的现实，其特征是具备规范性、情感性和认知性的组成部分。

此外，它们也要求至少具备合理化机制的雏形，通常伴随着仪式性的或物质化的标志。例如，在步兵和骑兵之间可能发生分化。后者必须经过专门训练，所包含的内容可能不止驾驭战马所必需的单纯的身体技能。骑兵使用的语言会变得和步兵使用的语言大相径庭。一套术语会被建立起来，用以指示马匹、它们的特质和用途，和步兵无关的骑兵生活中遭遇的情况。骑兵在非实用情况下也会使用不同的语言。一个愤怒的步兵在咒骂时可能会说到他疼痛的脚，而骑兵则可能会提及他胯下战马的屁股。换言之，一个图像和寓言的体系在骑兵语言的实用性基础上被建立起来了。当个体接受马上战斗的训练时，这套角色特定的语言就被他完全内化了。他不仅获得了成为骑兵所必需的技能，而且变得能够理解和使用这套语言，他在这两层意义上成为一个骑兵。他可以和自己的骑兵伙伴们使用暗语进行交流，其中含义对他们来说极为丰富，却让步兵摸不着头脑。不用说，这个内化的过程中必然包含着主观上对角色及其适用规则的认同——"我是个骑兵","骑兵永远不会让敌人看见他的坐骑的尾巴","绝不要让女人忘记马刺的感觉","战场上的迅猛骑士,在赌桌上也很迅猛",等等。当有需要的时候,这套意义体系将会通过合理化得到维系,从前面提到的简单的格言,到详细的神话构建都包括在合理化的形式之内。最后,会有各种代表性的庆典和确实的目标——比如,每年庆祝马神节,节日期间所有的饭都要在马背上吃,新加入的骑手将会收到马尾制作的神物,并且以后会一直把它戴在脖子上。

这种次级社会化的特征取决于其相关知识体系在象征符号宇宙整体中的位置。学习让马拉肥料车或者骑着它在战场上作战都必须要训练。但是一个只让马拉肥料的社会,不太可能通过详细制定的仪式或物品崇拜包装这一行为,而且被安排进行这一工作的人也不太可能对这个角色产生深刻的认同;对它的合理化,虽然价值不大,可能是一种补偿性的。因此,在次级社会化中涉及的表现形式就有很大的社会和历史多样性。然而,在大多数社会中,有些仪式是伴随着从初级社会化到次级社会化的转变的。

次级社会化的正式进程是由其根本问题所决定的:它总是预设在它之前有个初级社会化的过程;即,它必须应对一个已经形成的自我和一个已经内化了的世界。它不可能无中生有地构建出主观现实。这就带来了一个问题,因为已经内化了的现实具有持久存留的倾向。不论现在要内化的新内容是什么,都必须以某种方式叠加在这个已经存在的现实之上。因此,在原有的和新的内化之间就存在着一致性的问题。在不同情况下,这个问题解决的难度多少有些差别。明白洁净对一个人自己是种美德之后,要把同样的美德转移到自己的马身上并不困难。但是如果当自己还是一个学步的孩童时知道某些下流话是应当予以谴责的,那么要接受现在作为骑兵的一员,这些话是社交礼节上所需的,就可能需要一些解释。为了奠定并维系一致性,次级社会化预设了概念程序以整合不同的知识体系。

在次级社会化中,生活经历的局限对学习顺序的重要性渐渐减小,现在,学习顺序开始基于要获取的知识的内在性质来确定;即,基于该知识的基础结构来确定。例如,要学习某些狩猎技巧,就必须先学习登山;或者要学习微积分,就必须先学习代数。学习顺序也有可能被管理这个知识体系的人员根据自己的既得利益所操纵。例如,可以规定在学习以鸟儿的飞行轨迹进行占卜之前，必须先学习以动物的内脏进行占卜，或者必须有高中毕业证才可以进入学习尸体防腐技术的学校，或者必须先通过盖尔语考试才有资格在爱尔兰的政府文职机构中谋得一个职位。对于占卜师、防腐师或者爱尔兰文官要扮演自己的角色所实际需要的知识而言，这些规定都不是本质性的。它们在制度中确立，是为了提高这些角色的声望，或者迎合其他意识形态方面的利益。对于掌握尸体防腐学校的课程而言，年级制教育完全足够了，而爱尔兰文官则在常规事务的处理中使用英语。如此操纵学习顺序甚至有可能在实际中使功能失调。例如，可能规定了在进行研究型社会学家的职业训练之前，需要有"总体文化"的大学专业背景，而实际上，如果没有这些"文化"的负担，他们的实际工作可能会开展得更有效率。

没有孩童对其重要的他者充满感情的认同，初级社会化便不会发生，而大部分次级社会化则可以免除此类认同，而只要有人类之间进行交流所需的那点相互认同，就可以有效地进行。简单地说就是，必须爱自己的妈妈，却不一定要爱自己的老师。当在较晚的生命阶段进行的社会化试图急剧地改变个体的主观现实时，通常始于对童年充满感情的回忆。这造成了特殊的问题，我们应该再深入分析一下。

在初级社会化中，孩童并不把其重要的他者看作服务于制度的人，而仅仅只是现实的传递者；孩童将父母的世界内化为*独一的*世界，而非一个和具体制度语境相关的世界。初级社会化之后所发生的一些危机，实际上是由于当个体认识到父母的世界*并非唯一*的世界，而是具有非常具体的社会定位的，也许甚至是含有贬义的社会定位。例如，长大了的孩子突然认识到，他父母所代表的世界，那个他以前理所当然地认为是无可避免的现实的世界，实际上是没受过教育的、社会地位低下的、住在农村的南方人的世界。在次级社会化中，通常需要了解制度语境（institutional context）。不用说，这不需要对制度化语境的全部含义有精深的理解。回到那个南方孩子的例子，然而这个南方孩子的确将他在学校的老师理解为制度的服务者，他从未这样看待过他的父母，而且他明白教师这个角色代表着制度中具体的意义——比如全国而非地区，全国性的中产阶级世界而非他家乡的下层社会的环境，城市而非农村。因此，老师和学习者之间的社会互动就可以形式化了。老师不必在任何意义上成为重要的他者。他们是为制度服务的人，有着传授特定知识的正式分配的任务。次级社会化中的角色有着很高程度的匿名性；即，它们很容易就和扮演这些角色的个体剥离开来。由一个老师教授的知识，同样可以由另一个老师教授。这类制度服务者中的任意一个都可以教授这类知识。当然，制度服务者个体在主观上是可以通过各种方式加以区分的（是不是投缘，是不是好的数学老师，等等），但是基本上，他们是可以互换的。

这种形式性和匿名性当然是与次级社会化中社会关系的情感特点有关的。然而，它们带来的最重要的结果，是较之初级社会化而言，大大降低了在次级社会化中习得内容的主观必然性。因此，在次级社会化中所内化的知识的现实色彩（accent of reality）更容易被悬置（bracketed）（即，认为"这些内化了的内容是真实的"这种主观认识更加容易消失了）。要让在童年早期内化的现实分崩离析，需要经历严重的人生打击；而要摧毁之后内化的现实，则容易得多。此外，要搁置次级社会化的现实相对容易。孩子无可奈何地按照父母的界定生活在这个世界里，但是只要他离开教室，就能开心地将数学的世界抛在脑后。

这让剥离自我的一部分以及与之相连的现实，使其成为只与角色限定的情境相关成为可能。个体于是在完全的自我及其现实，和角色限定的部分自我及其现实之间，确立了距离。这一伟大的壮举只有在初级社会化发生之后才有可能达成。再简略点说，孩子"躲避"老师，要比"躲避"自己的母亲容易得多。反过来，可以说，发展出这种"躲避"的能力，是长大成人的过程中一个重要的方面。

在初级社会化中所内化的知识的现实色彩，是近乎自动地获得的。而在次级社会化中，这种现实色彩则必须通过专门的教育技巧进行加强，由个体"带回家"（brought home）。这个短语是具有暗示性的。童年的原初现实是"家"。它假定自己就是如此，必然，而且可以说，"自然"。与之相较，所有之后的现实都是"人工的"。因此，学校老师通过把他所传授的内容变得生动（让它们看起来和孩子的"家的世界"一样有活力），相关（把它们和现存的"家的世界"的相关性结构联系起来），以及有趣（把孩子的注意力从其"自然的"目标转移到这些更加"人工"的目标上来），试图让孩子们把这些内容"带回家"。这些策略是必要的，因为有一个已经内化了的现实了，一个劲儿地"妨碍"新的内化。这些教育技巧的程度和精确的特性，会随着个体对于获取新知识的动机而变化。

　　当这些技巧使原有的知识成分和新的知识成分之间的一致性在主观上越合理，它们就越容易获得现实色彩。"母语"所具有的理所当然的现实性，是一个人学习第二语言的基础。在很长的一段时间内，他都会持续地将学到的新语言的成分译回母语。只有这样，新语言才能开始具有一些现实性。当这一现实开始凭借自己本身的力量得到确立，就慢慢地变得可能领先于向母语的回译。这个人变得能够用新语言"思考"。不过，只有在极少的情况下，后来学习的语言才能获得童年时学到的第一种语言所具有的必然且不证自明的现实性。当然，新语言中因此萌生了"母语"的情感特质。从"家的"现实中建立，随着学习的进行与其相连，并且只慢慢地削弱这种联系等相同的特点，经过必要的修正后，便适用于次级社会化中其他的学习顺序。

　　次级社会化的过程并不预设很高程度的身份认同，它的内容不具有必然性，这些事实在实际中可以很有用，因为这可以使学习顺序变得理性，并且在情感上得到控制。但是因为和初级社会化的内化内容相比，这类内化的内容具有脆弱而不可靠的主观现实性，所以在某些情况下，必须发展出一些特殊的技巧，以制造出身份认同和必然性所认为必要的东西。从学习和运用内化内容的角度来看，对这些技巧的需要可能是本质性的，或者为了掌管社会化进程的人士们的既得利益，也会如此假设。例如，一个想要成为有成就的音乐家的个体，必须深深地沉浸在自我之中，而这对于一个学习做工程师的个体来说却基本没有这个必要。工程教育可以有效地通过相当理性并且不带感情色彩的正规程序来进行。而音乐教育则通常涉及对一位音乐大师高度的认同，以及更加深刻地沉浸在音乐现实中。这种区别来自于工程和音乐两种知识之间的本质差别，以及实际运用这两种知识体系的生活方式之间存在的内在差异。一个职业革命者，也需要比工程师高得多的认同感和必然性。但是这种需求并非来自于知识本身可能非常简单而又稀疏的本质属性，而是由于为了保障革命运动的既得利益，对一个革命者所要求的个人承诺。有时候，对于强化手段的需求可能来自于内在和外在因素两个方面。宗教人士的社会化便是一例。

　　运用于这些情况的手段，是被设计来强化社会化过程所带有的情感度。通常包括对一个复杂的启蒙过程、一段实习期的制度化，并且在启蒙的过程中，个体变得全身心地投入到被内化的现实中。正如我们稍后要谈到的内容一样，当这个过程要求对个体的"家"现实进行实际改变时，它就开始尽可能接近地复制初级社会化的特性。但是即便没有这样的改变，次级社会化也会变得富有一定程度的感情色彩，在这种情况下，沉浸并投身于新的现实是被制度性地定义为必要的。个体和负责社会化的人员之间的关系相应地变得富有"显著意义"，即，随着个体被社会化，负责社会化的人员承担了重要的他者这一角色。于是，个体便全面投身于新的现实之中了。他"把自己献给了"音乐、革命、信仰，不是自己的一部分，而是他主观认定的生命的全部。时刻准备着牺牲自我，自然是这类社会化的最终结果。

一个重要的环境因素造成了对这种强化的需求，即从属于不同制度的进行现实定义的专门人士之间的竞争。以革命训练为例，本质问题是个体的社会化是在现实的反定义条件下进行的——即反对社会的"官方"合理化者所下的定义。但是在审美价值上和音乐圈形成强烈竞争的社会中，对音乐家的社会化中也必须有强化手段。例如，可以假设在当代美国，一个成长中的音乐家必须带有强烈的情感投身于音乐，而这种情感的强度在十九世纪的维也纳则是没有必要的，这正是因为在美国的情境下，存在着强有力的竞争，这在主观上表现为充满着"激烈竞争"（rat race）[①] 的"物质至上"和"大众文化"的世界。同样，在多元化环境中进行宗教训练也需要强调现实的"人工"手段，而这种手段在宗教垄断占统治地位的情况下则是没有必要的。在罗马，成为一位天主教神甫依然是"自然的"，但在美国却不是。因此，美国的神学院必须应对"现实垮塌"的问题，并且设计出将同一个现实"修补粘牢"的手段。不出意料，他们找到了一个顺理成章的应急办法，就是把他们最有前途的学生送到罗马去一阵子。

在同一个制度框架内，可能会存在相似的变体，这取决于布置给不同类别的专门人士的任务。因此对职业军官所要求的对军队的委身程度，和对应征入伍的士兵的要求就有很大不同，这一点从各自的训练过程中清楚地反映了出来。同样，对不同的人在制度现实的委身程度上有不同的要

[①] rat race 主要指为了物质利益和权力而进行的激烈角逐。——译者注

求，如执行长官和较低梯队的白领，精神分析师和精神治疗社工，等等。执行长官必须在某种程度上保持"政治上明智"，而打字小组的主管却不用，精神分析师必须进行"教科书式的分析"，但对社工而言这只是个建议，等等。所以在复杂的制度中，存在着高度分化的次级社会化体系，并且有时候对不同类别的制度人员的不同要求做出相应的调整。

在初级社会化和次级社会化之间，对任务的制度化分配是随着知识的社会分布的复杂性而变化的。只要相对简单，同一个制度性机构可以从初级社会化前进到次级社会化，并且将后者扩展到相当大的程度。在复杂性相当高的情况下，服务于次级社会化的专门机构会发展起来，并且有经过专门训练以从事教育工作的全职人员。如果缺少这种程度的专业化，可能就会有一系列的社会化机构将这一任务和其他任务结合起来完成。在后一种情况下，例如，可能明确规定了到了某个年纪，男孩就要被从他母亲的住所转移到战士的营房去居住，在那里，他将会受训成为一个骑兵。这不需要全职的教育人员。老骑兵可以教导年轻人。当然，现代教育的发展是次级社会化在专门机构的支持下进行的最好例证。有关家庭的地位由此在次级社会化中的衰落，是众所周知便无须赘述了。

主观现实的维系和转型

既然社会化永远不会完成，而且其内化的内容面临着对其主观现实不断的威胁，那么每个有能力存活下去的社会就都必须发展出维系现实的程序，以保障客观现实和主观现实之间一定程度的对称。我们已经在与合理化相关的部分讨论过这个问题了。我们在这里要关注的是主观现实的防御，而非客观现实的防御；在个体意识中理解的现实，而非制度定义的现实。

初级社会化内化了一个被理解为必然的现实。如果在大部分时间里，至少当个体在日常生活的世界中活跃的时候，都有这种对必然性的感知，那么这种内化就可以被认定为成功的。但是即使当日常生活的世界实际上维持着它庞大的理所当然的现实的时候，它仍然为在日常活动中无法被完全悬置的人类经验的边际状态所威胁。改变的幽灵总是挥之不去，那些确实记住了的和那些只是察觉到了的邪恶的可能性。还有更加直接而富有威胁性的对于现实的竞争性定义，这是可能在社会中遭遇到的。一个行为端正的男人在独处的夜里梦到难以启齿的性乱交是一回事。看到这些梦被隔壁的自由主义者们在现实中表演出来又完全是另一回事。梦可以被当作对之不屑一顾的"荒谬的念头"，或者可以默默为之忏悔的思想上的脱轨，而更加轻易地在意识中被隔离开来；相对于日常生活的现实而言，它们维持着幽灵般的特质。在实际中的表演则更加大张旗鼓地把自己强加于意识之上。在脑海中可以应对它之前，可能就不得不在事实上摧毁它。无论如何，人可以至少试着否认在边际情境下的变化，而它是无法被否认的。

次级社会化更加"人工"的特点使它所内化的主观现实在面对其他现实定义的挑战时甚至更加脆弱，这不是因为它们没有被视作理所当然，或者在日常生活中没有被理解为那么真实，而是因为它们的现实性在意识中扎根得不那么深，也因此更容易受到替代品的影响。例如，对裸体的禁止（和一个人的羞耻感相关，且在初级社会化中被内化）和在不同场合要衣着得体的准则（在次级社会化中所要求的）在日常生活中都是理所当然的。只要它们没遭到社会性的挑战，对于个体来说都不是问题。然而，要对这两种常规的理所当然的现实性构成威胁，对前者的挑战必须大大强于对后者的挑战。在主观现实定义中一个较小的改变，就足够让一个个体理所当然地认为去办公室可以不打领带。而必须有一个剧烈得多的改变才会让他自然地光着身子去办公室。前一种改变可以通过社会促成，只需要换个工作就能实现——比如从一个乡下大学校园到了一个都市里的大学校园。而后一种改变则需要在个体的周遭环境中来一次社会革命；这会在主观上被认为是一种深刻的转变，可能最初还会经历强烈的抵抗。

次级内化的现实性不太受到来自边际情境的威胁，因为它通常和这些情境无关。可能发生的情况是，这种现实性被认为是不太重要的，而这恰恰是因为它和边际情境无关的事实被揭示了出来。因此，可以说死亡迫近的危险深深地威胁到了某人之前作为一个人，一个有道德的存在，或者一个基督徒的自我身份认定的现实性。在同样的情境下，某人作为女袜部助理经理的自我身份认定更多的是变得不重要了，但并未受到太多的威胁。反过来，可以说在面对边际情境的时候，对初级内化的维系是对其主观现实性的合理衡量手段。但用同样的手段对大部分次级社会化进行测试的时候，却非常不恰当。作为一个人死去是说得通的，但作为一个女袜部的助理经理死去却几乎不能说明什么问题。再强调一次，当全社会都期待次级内化在面对边际情境时拥有这种程度的现实持续性，那么与其相伴的社会化程序就必须以之前讨论过的形式得到强化和巩固。可以再次援引宗教和军事的次级社会化进程作为例证。

要分辨两种大致的现实维系类型是比较合宜的——常规维系和危机维系。前者被设计用以维系日常生活中的已内化现实，后者则在危机情境下作用。两者所涉及的在根本上是同样的社会过程，但是其中的有些差异也必须进行强调。

正如我们已经看到的，日常生活的现实通过化身于常规程序中而自我维系，而常规程序则是制度化的本质。然而，在此之外，日常生活的现实是不断地通过个体与他者的互动得到再次确认的。正如现实本来是通过社会过程得到内化的，它也通过社会过程在意识中得到维系。后一种过程和前一种内化中的过程没有特别大的区别。它们也反映了一个基本事实，即主观现实必须处在和由社会界定的客观现实的关系之中。

在维系现实的社会过程之中，是可以区分重要的他者和不那么重要的他者的。个体在日常生活中遭遇的所有，或者至少是大部分他者，都以一种重要的方式服务于对个体主观现实的再确认。这甚至发生在像乘坐通勤列车这样"毫无重大意义"的情况下。个体可能不认识车上的任何人，也不会和任何人说话。一起通勤的人群仍然再次确认了日常生活的基本结构。通过他们的整体行为，一起通勤的人们将个体从清早昏昏沉沉的贫乏现实中抽离出来，以确定无疑的方式向他宣告，世界是由诚恳的上班族、责任和日程表、纽黑文铁路系统以及《纽约时报》组成的。最后这一项，当然了，重申了个体现实最宽广的坐标系。从天气情况到招工广告，它向个体保证他确实身处于可能存在的最真实的世界之中。随之而来的是，它确认了早饭前所经历的那些可怕的恍惚并没有那么真实——在令人不安的梦中那些看似熟悉却形状陌生的物体，无法辨认浴室镜子里的自己面容的震惊，稍后心中认为自己的妻儿是神秘的陌生人那种无法言说的怀疑。大部分容易受到这些玄妙的恐惧所影响的个体，都设法在严格执行的晨间仪式过程中在一定程度上驱逐这些恐惧，这样在他们踏出前门的时候，日常生活的现实至少能被小心翼翼地确立起来。但是只有在通勤列车的无名群体中，现实才开始变得相当可靠。随着列车驶进纽约中央车站，它获得了厚重感。个体现在可以喃喃自语："所以我存在"（*ergo sum*①），然后完全清醒并且充满自信地走向办公室。

因此，以为只有重要的他者可以帮助维持主观现实可能是个错误的想法。但是在维系现实的事业中，重要的他者占据了核心位置。他们在对我们称为身份认同的关键要素所进行的不断确认中尤为重要。为了保持"他确实是自己所认为的那个人"这种信心，个体需要的不仅是甚至随意的日常交往都能提供的隐性的身份确认，而且还有他的重要的他者给予他的、充满了感情的显性确认。在之前的例子中，我们的城郊居民可能在家庭环境（邻里、教会、俱乐部等等）之内向他的家庭成员以及其他私人关系寻求这种肯定，尽管紧密的商业伙伴也可能满足这个功能。如果此外他还和自己的秘书发生了亲密关系，那么他的身份则既得到了肯定，也获得了放大。这建立在个体喜欢这个被肯定的身份的假设之上。同样的过程也适用于肯定个体可能并不喜欢的身份。就算随便什么熟人都能对个体认为自己是个无可救药的失败者这种自我认同加以肯定，但是妻子、孩子和秘书则会带着无可否认的终极性对其进行正式认定。从客观的现实定义到主观的现实维系，这个过程在两种情况下都是相同的。

个体生活中的重要的他者是维系其主观现实的主要人物。不太重要的他者则起到一种合唱的作用。妻子、孩子和秘书每天庄严地重申他是一个重要的人，或者一个无可救药的失败者；未婚的姨妈、厨师和电梯工则对此提供不同程度的支持。当然，很可能在这些人之间有些意见不合。个体因此面临着一致性的问题，通常他可以通过修正自己的现实或维系现实的关系来解决这个问题。他有了两种选择，要么接受自己的身份就是个失败者，要么开除他的秘书或者和妻子离婚。他也可以选择把这些人中的一部分，从重要的他者的位置上降级，转而向其他人寻求重大的现实肯定——比如说他的精神分析师，或者俱乐部里的老朋友。在对这种维系现实的关系所进行的组织安排中，有很多可能的复杂情况，特别是在一个具有高度流动性和角色分化的社会中，更是如此。

在现实的维系中，重要的他者和"合唱队"之间关系是辩证的；即，他们与对方以及他们要加以肯定的主观现实之间存在着互动。在大环境中

---

① 这句话应该是笛卡尔的名言 cogito, ergo sum（我思故我在）的后半部分。——译者注

坐实了的负面身份认同最终可能会影响重要的他者所提供的身份——当甚至连电梯工都不说"先生"了的时候,妻子可能会放弃她对丈夫是个重要的人的身份认定。反过来,重要的他者可能最终也会对大环境产生影响——当个体寻求向他的商业伙伴传达某种身份时,一个"忠贞"的妻子可能会在许多方面产生价值。现实维系和现实肯定因此包括了个体社会处境的全部,尽管重要的他者占据着这些过程中的特权地位。

如果以对主观现实的证伪为例,可以最清楚地看到重要的他者和"合唱队"相对的重要性。妻子做出的否定现实的行为,就其本身来说,比随便一个熟人做出的类似行为具有更大的效力。后者的行为必须取得一定的密度才能和前者的效力相抗衡。报纸所报道的并非表面之下所进行的真正发展这种观点,由一个人最好的朋友反复重申,可能比他的理发师所表达的相同观点更有分量。然而,由十个任意的熟人接连表达的相同观点,就可能开始胜过这个人最好朋友的相反观点。这些不同的现实定义在一个人主观上的结晶,将决定他会如何应对某个早晨在通勤列车上出现的严肃、沉默、带着公文包的中国人方队;即,将决定这个人给予自己的现实定义中的现象多少权重。再说一个例子,如果一个人是虔信的天主教徒,其信仰的现实性未必受到不信的商业伙伴所威胁。然而,它极有可能受到不信的妻子所威胁。因此,在一个多元化的社会中,合乎常理的是,天主教会容许在经济和政治生活领域进行广泛的跨信仰合作,但是仍然对跨信仰婚姻感到不悦。总的来说,在不同的现实定义机构之间存在竞争的情况下,所有次级团体和竞争者之间的关系都会得到宽容,只要存在坚实地确定的初级团体关系,并且其中有一个对抗竞争者的现实不断地被反复肯定。天主教会改变自己以适应美国的多元环境的做法,就是一个绝佳的例证。

维系现实的最重要载体是交谈。个体的日常生活可以被看做一台不停地维持、修正和重构其主观现实的交谈机制在持续运转。当然,交谈主要是意味着人们互相说话。这并没有否认围绕着言谈存在的丰富的非语言交流氛围。不过言谈在整个交谈机制中仍然保持着优势地位。然而,需要着重强调的一点是,交谈中的现实维系有很大一部分是隐形的,而非显性的。大部分交谈并非通过大量的词汇来定义世界的本质。相反,它是以一个被默默地认为理所当然的世界为背景发生的。因此,如下的交流,

"哦，我该去车站了"和"好的，亲爱的，希望你在办公室度过美好的一天"，暗含了整个世界，而在其框架之内，这些看似简单的命题才具有了意义。凭借着这种暗示的力量，交流确认了这个世界的主观现实性。

如果理解了这一点，就很容易看到，日常对话的大部分，如果不是全部的话，都在维持着主观现实。确实，主观现实的厚重感是通过大量前后一致的随意交谈积累获得的——这种交谈之所以*能够成为随意的*，正是因为它指向理所当然的世界的常规。失去这种随意性，标志着常规的破裂，以及，至少是潜在的，对理所当然的现实的威胁。因此，可以想象如下这种对交流中的随意性的影响："哦，我该去车站了"，"好的，亲爱的，别忘了带上你的枪"。

在交谈机制不停地维系现实的同时，它也不停地对其进行着修正。内容加加减减，削弱一些仍被当作理所当然的部分，加强其他部分。因此一些从未被谈论的东西的主观现实性就变得摇晃不稳。进行某种令人尴尬的性行为是一回事。事前或事后谈论它又是完全不同的另一回事。反过来，一些之前只是稍作理解，并不清晰的东西，谈话会予其坚实的轮廓。一个人可能会怀疑自己的宗教信仰；这些怀疑会随着这个人对它们的谈论而以一种完全不同的方式变得真实。然后这个人用这些疑惑"说服自己"；它们便在这个人自己的意识中被客观化为现实。总的来说，交谈机制对现实的维系，是通过"详细讨论"体验中的各个部分，并将它们安置在真实世界中的一个确定位置上实现的。

交谈的这种产生现实的效力已经存在于语言客观化的事实之中了。我们已经看到了语言是如何把世界客观化的，把流变之中（*panta rhei*①）的体验改变成有凝聚力的秩序。在奠定这秩序的过程中，在理解和产生的双重意义上，语言*实现了*（*realizes*）一个世界。在个体存在中的面对面情境下，交谈将语言的这种实现功效实体化了。在交谈中，语言的客观化变成了个体意识的目标。因此，最根本的现实维系的真相是，持续使用同一种语言以客观化展开了的生平经历。在最宽泛的意义上，所有使用同一种语言的人都是维系现实的他者。从"共同语言"所指涉的角度来看，上述

---

① *panta rhei* 语出古希腊哲学家赫拉克里特，意思是 everything flows，一切都处于流变之中，万物皆流。——译者注

的重大意义可以进一步加以区分——从主要人群所特有的语言，到地区性或者阶级性的方言，到以语言定义自身的民族共同体。对个体来说有相应的"回归现实"，回到理解他所说的小团体暗语的那几个个体那里去，回到他的口音所归属的地方去，或者回到通过特殊的语言传统进行自我定义的大集体那里去——例如，以相反的顺序，回到美国去，回到布鲁克林区去，回到上同一所公立学校的人们那里去。

为了有效地维系主观现实，交谈机制必须是持续和连贯的。对持续性和连贯性的打断，本身就对主观现实造成了威胁。我们已经讨论过个体为了应对不连贯性所可能采取的应急措施。也有各种手段可以应对不持续性的威胁。尽管身体分离，但可以使用通信手段继续重要的交谈可以看作一个例证。从交谈产生或维系的现实的密度的角度来看，不同的交谈之间可以进行比较。基本上，交谈的频率强化了其产生现实的效力，但是当交谈发生时，频率的缺乏可以由其强度进行弥补。一个人可能一个月只见他的情人一次，但是见面时两人交谈的强度足以弥补其相对较低的频率。某些交谈也可以被明确地定义和合理化为具有特权地位——例如和进行告解的人、和精神分析师或者类似的"权威"人物之间的交谈。这里的"权威"源于这些交谈所具有的认知上和规则上的优越地位。

主观现实因此总是取决于具体的似然性结构，即，维系主观现实所需要的具体的社会基础和社会进程。一个人只有在确认他是一个重要人物的环境里才能维持这样的自我认同；一个人只有在和天主教社区保持重要关系的时候才能维系自己的天主教信仰；等等。中断和各个似然性结构的传递者之间的重要交谈，便威胁到了具体的主观现实。正如通信的例子所表明的，甚至是在缺乏实际交谈的情况下，个体也可以采取各种维系现实的手段，这些手段意在取代面对面的交谈，但是它们具有的产生现实的效力却大大低于面对面的交谈。这些手段被隔绝于面对面确认的时间越长，它们越不可能保持现实的色彩。多年生活在具有不同信仰的人群之中，并被切断了和相同信仰的群体之间联系的人，可能还会继续认同自己的身份是，比如，一个天主教徒。通过祷告、宗教活动和类似手段，他旧有的天主教现实可能对他而言还是在主观上相关的。最少这些手段可以支撑他继续认为自己是个天主教徒。然而，除非通过和其他天主教徒进行社会接触，使这些手段"获得重生"，它们在主观上将缺乏"活生生的"现实性。诚然,个体总是会记得过去的现实。但是"唤醒"这些记忆的方法,便是和那些分担其相关性的人交谈。

似然性结构也是延缓怀疑的社会基础,如果没有它,现实的定义便无法在意识中维系。这里具体针对此类瓦解现实的怀疑的社会约束措施已经被内化了,并且被不断地重申。嘲弄就是一个这样的措施。只要个体还在似然性结构之内,每当他主观上出现对相关现实的怀疑,他就会觉得自己很可笑。他知道如果他说出这些怀疑,别人就会被他逗笑。他可以默默地笑话自己,在脑海里耸耸肩——然后继续存在于被如此约束的世界中。不用说,如果似然性结构不再作为社会母体存在,这个自我治疗的过程会困难得多。微笑会变成被迫的,而且最终可能会被郁郁不乐的皱眉代替。

在危机情况下,程序基本和常规维护一样,除了对现实的确认必须是明显和强烈的。往往会调动仪式手段。尽管个体可能会在面对危机的时候临时拼凑出一些维系现实的程序,但是社会本身会为被确认为包含现实崩塌风险的情况安排特定的程序。这些预先界定的情况中包括某些边际情境,迄今为止,其中最重要的是死亡。然而,现实中可能发生的危机数量大大超出了边际情境所造成的危机。它们可能是针对集体的也可能针对是个体的,取决于对社会定义的现实发出的挑战的性质。例如,维系现实的集体仪式可能在发生自然灾害的时候被制度化,而个体仪式则在个人不幸来临的时候被制度化。或者,另举一个例子,可能会确立具体的现实维系程序,以应对外国人和它们对"官方"现实的潜在威胁。个体在接触外国人之后,可能必须经过繁复的仪式性净化。净身礼被内化为对外国人所代表的替代性现实在主观上的虚无化。针对外国人、异端或疯子的禁忌、驱鬼和诅咒,也类似地服务于个人"精神卫生"的目的。这些防御性程序的暴力程度和对待威胁的严肃程度成正比。如果和替代性现实及其代表的接触变得频繁,防御性程序当然有可能失去其应对危机的特质,而被常规化。例如,每当遇到一个外国人,就必须吐三次口水——但对事情本身并不做更多的细想。

迄今所说的有关社会化的全部内容,暗含了主观现实可以被转型(transform)的可能性。身处社会之中,已经包括了一个持续修正(modify)主观现实的过程。那么,要谈论转型,就要对不同程度的修正进行讨论。我们这里将集中讨论极端情况,在这种情况下,存在近乎彻底的转型；即，在这种情况下，个体"换了个世界"（switches worlds）。如果极端情况下所涉及的过程能得以厘清，那么理解没这么极端的情况就会更加容易。

通常，转型（transformation）被主观地理解为完全的（total）。这当然是一种误解。既然主观现实从未被完全社会化，它就不会被社会过程完全转变。最少，被改变了的个体将会有着相同的躯体，住在同一个物质的宇宙里。不过，如果和较轻程度的修正相比，是有看起来像完全性转型的例子。我们将把这种转型叫做更迭（alternation）。

更迭需要再社会化的过程。这些过程类似于初级社会化，因为它们必须根本地重新赋予现实的色彩，并且因此必须在很大程度上复制具有童年特征的、对社会化人员带有强烈感情的身份认同。它们不同于初级社会化，因为它们并非从零开始，而且因此必须解决拆卸、分化之前的主观现实的规则结构的问题。这该如何做到呢？

一份进行成功更迭的"配方"必须包括社会和概念两方面的条件，当然，社会条件是作为概念条件的母体存在的。最重要的社会条件是有一个可用的有效的似然性结构，即，作为转型"实验室"的社会基础。这个似然性结构将通过重要的他者传递给个体，而个体和重要的他者之间必须确立起强烈的情感认同。没有这种认同，就没有任何根本性的对主观现实（当然，包括身份）的转型可能发生，这种认同不可避免地复制了对重要的他者具有情感依赖的童年体验。这些重要的他者是进入新现实的向导。他们在所扮演的与个体相关的角色中，代表了似然性结构（就其再社会化的功能而言，这些角色通常是明确地界定的），并且将新世界传达给个体。现在，个体的世界在似然性结构中找到了认知和情感的焦点。在社会中，这意味着高度集中在将似然性结构具体化的群体内部的所有重要互动上，特别是那些被赋予再社会化任务的人员。

更迭的历史原型是宗教皈信。说教会外没有救恩（*extra ecclesiam nulla salus*）[①]，上面的思考便也适用。我们这里说的救恩（salus）（对造出这

[①] extra ecclesiam nulla salus，意为 outside the Church there is no salvation，直译为教会之外没有救赎。1997 年天主教会教义问答手册上将其解释为："所有的救赎都来自于为首的基督，并通过作为他的身体的教会得到"（all salvation comes from Christ the Head and through the Church which is his Body）。这句话原出处为三世纪的主教暨拉丁教父迦太基的居普良的著作。——译者注

句话时，脑中有别的想法的神学家们，我们表示歉意）是实际中成功实现皈信。只有在宗教共同体中，教会（the ecclesia），皈信才能有效地保持似然性。这不是否认皈信可能先于对共同体的归附发生——大数的扫罗在他的"大马士革奇遇"①之后找到了基督徒共同体。但这并非重点。有皈信的经历不算什么。真正的重点是能够持续地严肃对待它；保持对其似然性的理解。这就是宗教共同体起作用的时候。它为新现实提供了不可或缺的似然性结构。换言之，扫罗可能独自在宗教的狂喜中变成了保罗，但是他只有在基督徒共同体的语境中才能*保持*保罗的身份，基督徒共同体承认他的身份，并且肯定了他现在安置这个身份的"新生命"。这种皈信和共同体之间的关系并非基督教独有的现象（尽管基督教教会在历史上具有独特的特点）。在伊斯兰教的稳麦（'umma）之外没人能继续当一个穆斯林，僧伽（sangha）之外无佛教徒，印度之外可能也没有印度教徒。宗教需要一个宗教共同体，居于宗教世界之中就需要依附于那个共同体。宗教皈信的似然性结构已经被更迭的世俗机构所效仿。政治教化和心理治疗领域提供了最佳的例子。

　　这个似然性结构必须成为个体的世界，取代所有其他世界，特别是个体在更迭之前"居住"的世界。这需要将个体和其他世界的"居民们"，特别是他所离开的那个世界里的"同住者们"隔离开来。理想情况是进行肉体上的隔离。如果由于不论何种原因而无法实现，那么就通过定义安排隔离；即，通过对他们进行定义而把他们虚无化。发生更迭的个体从之前的世界以及维系那个世界的似然性结构中脱离出来，如果可能的话就在身体上脱离，如果不行就在思想上脱离。在任意情况下，他都不再"和

---

① 原文是 Saul of Tarsus，用的是使徒保罗的原名，大数的扫罗。根据《圣经》记载，在成为基督教徒之前，保罗起初认为传耶稣福音是违背传统犹太教信仰的异端，极力迫害基督徒。但后来他在往大马士革迫害门徒的途中，忽然有大光从天上四面照着他，他就扑倒在地，听见有声音对他说，扫罗、扫罗，你为什么逼迫我？他说，主啊，你是谁？主说，我就是你所逼迫的耶稣。起来，进城去，你所应当做的事，必有人告诉你。与扫罗同行的人站着说不出话来，听见声音，却看不见人，扫罗从地上起来，睁开眼却不能看见什么。有人拉着他的手，领他进了大马士革，他三日不能看见，也不吃，也不喝。在大马士革，耶稣差遣亚拿尼亚去见扫罗，按手在扫罗身上并说："兄弟扫罗，在你来的路上向你显现的主，就是耶稣，打发我来，叫你能看见，又被圣灵充满。"扫罗的眼睛上，好像有鳞立刻掉下来，他就能看见，恢复了视力，并且受浸。（《使徒行传》第9章）使徒行传第13章第一次提到扫罗又叫保罗。——译者注

不信者同负一轭",也因此免受他们潜在的中断现实的影响。在更迭的早期阶段("见习"阶段),这种隔离尤为重要。一旦新的现实凝固成形,也许能够再次考虑和外人之间建立谨慎的关系,虽然这些曾经在人生中很重要的局外人依旧是危险的。他们是那些会说"别扯了,扫罗"的人,可能有时候被他们唤回的原来的现实会成为一种诱惑。

因此,更迭涉及了对交谈机制的重组。重要交谈的对象变了。在与新的重要的他者的交谈中,主观现实被转变了。通过和他们不断地交谈,或者在他们所代表的共同体内部进行交谈,新的主观现实得以维系。简言之,这意味着他现在必须很留神和谁说话。和新的现实定义有异的人和想法都被系统性地回避了。由于这不太可能完全成功地做到,就算只是因为对过去现实的记忆,所以新的似然性结构通常都会提供各种治疗程序,以对付"倒退"的趋势。正如之前讨论过的,这些程序也遵循治疗的一般模式。

对更迭最重要的概念要求是对转型的整个顺序有一套合理化机制。需要被合理化的不仅是新现实,还有挪动并维系它的各个阶段,以及对所有替代性现实的放弃或拒绝。从必须解决的拆卸问题的角度看,概念机制所具有的清除的一面尤为重要。旧的现实,以及之前向个体传达这个旧现实的集体或重要的他者,必须在新鲜事的合理化机制之*内*进行重新诠释。这种重新诠释造成了个体主观生活经历的断裂,就像"公元前"和"公元后","大马士革之前"和"大马士革之后"一样。在更迭发生之前的一切,现在都被理解为是导向更迭的[如同一部"旧约",可以说,或者如同福音的准备(*praeparatio evangelii*)],更迭之后的一切则都源于新的现实。这就涉及对过去的生活经历全部进行重新诠释,可以套用这样的公式:"我以前以为……现在我知道了。"通常这还包括将当下的诠释方案(这种情况下的公式是:"我以前已经知道了,虽然不是十分清楚……")和过去主观上并不存在但对当下诠释过去发生的事情很有必要的动机(公式是:"我那样做其实是因为……")投射到过去。通过把更迭之前的经历归入一个在新的合理化机制中占据战略地位的负面类别之下,它们通常都被全部消除了:"当我还生活在罪中的时候","当我还陷于资产阶级意识中的时候","当我还被这些无意识的神经质的需求所驱动的时候"。生活经历的断裂因此通过在认知上区分光明与黑暗而得以确认。

第 5 章 现实的内化

除了彻底的重新诠释之外，还必须对过去有着重大意义的事和人进行特别的重新诠释。当然，经历了更迭的个体如果可能彻底忘记它们中的一些，那是最好的。但是要彻底忘记是出名的困难。那么，就必须要对他过去生活经历中的这些事和人的意义进行根本的重新诠释。既然发明从未发生过的事情要比忘掉确实曾经发生过的事情相对容易，那么个体可以编造一些，并在需要的地方插入它们，使记忆和经过重新诠释的过去协调起来。既然对他而言，现在看似合理的主导部分是新现实而非旧现实，他在这种过程中就是完全"诚挚的"——主观上，他并没有为过去撒谎，只是让它符合那个必然包括了现在以及过去的真相。顺便说一下，如果有人想要充分地理解历史上一再出现的对宗教文档进行篡改和作伪背后的动机，那么这个观点非常重要。人，特别是重要的他者，也这样被重新诠释了。后者现在变成了一出戏剧中不情愿的演员，这出戏剧的意义对他们而言必然是模糊的；并且，不出人意料的是，他们通常拒绝这样的安排。这就是为什么先知们通常在本土本乡遭遇挫折，也正是在这种语境中，才能理解耶稣对他的跟随者们所说的话：他们必须离开自己的父母。

尽管从局外人的角度来看不合情理，但现在要为经由更迭进入任何能够想到的现实开出一张具体的"处方"，并不困难。例如，可以开列具体的步骤以说服个体，让他们相信只要他们固定地进食生鱼，就可以和外太空的生物沟通。如果读者愿意，我们可以把为鱼智者（Ichthyosophists）这样一个教派构想出细节的工作留给读者的想象。这个"处方"包括构建一个鱼智者的似然性结构，适当地与外部世界隔离，并配备必要的从事社会化和心理治疗的人员；详细阐述鱼智者的知识体系，要足够精密，以解释为什么以前没有发现生鱼和银河系心灵感应之间显而易见的联系；必要的合理化和虚无化，可以把个体追寻这个伟大真理的历程变得有意义。如果仔细遵循这些步骤，那么一旦个体被诱拐或绑架到鱼智者洗脑研究所，成功的可能性将会很高。

当然，实际上，在刚讨论过的再社会化和继续以初级社会化为基础的次级社会化之间有很多中间类型。这些类型中有对主观现实的部分转型，或者针对其指定部分进行的转型。这种部分转型在当代社会是常见的，与个体的社会流动性和职业训练有关。随着个体被造就为一个获得认可的中上阶层或者物理学家，并且内化了恰当的现实附属物，主观现实的转型可以是很显著的。但是这些转型通常远远比不上再社会化。它们建立在初级社会化的基础之上，而且一般都会避免个体主观生活经历的突然中断。所以，它们面临着维护主观现实中之前和之后的部分之间的连贯性的问题。在再社会化中，这个问题并不这样出现，因为再社会化打断了主观生活经历，重新诠释过去，而不是把过去和现在联系起来；在不变成再社会化的情况下，次级社会化越接近再社会化，这个问题就越尖锐。再社会化斩断了连贯性问题的戈尔迪之结①——彻底放弃追求连贯性，从头重新构建现实。

维护连贯性的步骤也涉及修补过去，但是比较温和——这个进路由一个事实主导：在这些情况下，总是和以前曾经重要的人和团体保持着持续性的交往。他们还在周围，可能会反对过于稀奇古怪的重新诠释，而且他们自己必须确信已经发生的这种转型是合理的。例如，在和社会流动性相关的转型中，有现成的诠释方案来向所有的关切方解释发生了什么，但并不假设作为事件主角的个体发生了彻底的变化。因此，这个向上层社会移动的个体的父母便会接受孩子在举止和态度上的一些改变，把这视为他到达人生新的一站所必需的、也许甚至是可取的伴随物。"当然了"，他们会同意，欧文现在不得不淡化他的犹太人身份，因为他已经在城郊的富人区成了一名成功的医生；"当然"他的穿着和说话方式不同了；"当然"他现在投票给共和党了；"当然"他和贵族学校瓦瑟尔学院的一个姑娘结了婚——也许他只在很少的时候来探望他的父母也会变成一件当然的事情。这些诠释方案，在一个具有高度向上流动性的社会中是现成的，并且在他自己实际进行流动之前就已经把这种方案内化了，它们保证了生活经历的连续性，当不连续的情况发生时，能够加以平息。

当转型比较剧烈但持续时间比较短暂时，类似的步骤也会发生——例如，在为短期服役进行训练期间，或者短期住院的情况。这种情况下，和完全再社会化的区别就特别容易看清——可以和为成为职业军人而进行的训练，或者慢性病人社会化时发生什么进行比较。在前一种情况下，和以

---

① 传说弗里吉亚的国王戈尔迪在自己以前用过的一辆牛车上打了个分辨不出头尾的复杂绳结，把它放在宙斯的神庙里。神谕说能解开此结的人将统治亚洲。无数聪明智慧的人面对戈尔迪之结都无可奈何，直到马其顿国王亚历山大远征波斯时，有人请他看了看这个古老的戈尔迪之结，亚历山大挥剑将其斩断，也就破解了这个难题。——译者注

前的现实以及身份（作为一个平民或者健康的人而存在）保持一致，是包含在他最终会回归到以前的状态这样的假设中的。

　　泛泛而言，可以说所涉及的步骤是具有相反属性的。在再社会化中，重新诠释过去是为了符合当下的现实，它带有把过去在主观上并没有的各种成分掷回过去的倾向。在次级社会化中，对当下进行诠释，是为了和过去保持连续的关系，它带有对实际已经发生了的转型轻描淡写的倾向。换言之，再社会化的现实基础是现在，而次级社会化的现实基础是过去。

第二部分 宗教社会学

第6章　现代性就是异端的普遍化[①]

印度尼西亚国家航空公司自称为迦楼罗（Garuda），《罗摩衍那》中的一种虚构的鸟类。这个名字被纹饰在该公司的飞机上，是个取得很恰当的名字。飞越印度尼西亚群岛无数小岛屿上空的旅人，也许的确会感到自己端坐在真正的迦楼罗的羽翼上。这会让他也成为一个类似神话中人物一般的存在，也许是位神祇，或者至少是个半神，以不可思议的速度划过天际，被拥有不可思议的力量的机器所服侍着。下面只是区区众生，生活在小小的村庄里和田野间。他们抬头仰望，看见众神飞过。这位旅人偶尔也会降临到他们中间，但即便是这种时候，他也极少会混入人群之中。他在大城市里有重要的生意。他也许会在曾被称为神祇之岛的巴厘岛上呆一个周末，其间他能轻易就花掉相当于印度尼西亚人均年收入那么多的钱。

在第三世界国家乘坐喷气式飞机的旅人是对现代性的极好隐喻。他和那些村民都在同一个星球上穿行，却穿行于一个完全不同的世界。他的空间以成千上万英里为测量单位，而村民们的空间却以一辆牛车所能到达的距离来丈量。他的时间以严格控制的航班时刻表的精确度来表达，而村民们的时间却体现在自然和人体的周期之中。他以让人窒息的速度移动，而村民们却依照传统在很久以前就定下的节律行进。他的生命全力奔向一个开放的未来，而村民们的生命则小心翼翼地维系着祖先们的过去。他或多或少可以自由地支配自己所拥有的巨大的物质和社会的力量，而在村民们的手中，这两样都很稀少。而且，即使他并非神祇

[①] 本章及下一章均选自 *The Heretical Imperative: Contemporary Possibilities of Religious Affirmation*. Garden City, N. Y.: Anchor Press, 1979。——译者注

而终将死去,他的寿命很可能也要比村民们的长得多。从这些村民的角度来看,现代性带来的是一个充满神话般能力的新世界。那么,现代化就是把这个新世界叠加在传统人群生活的旧世界之上——这是人类历史上前所未有的灾难性事件。

但是乘坐喷气式飞机的旅人和村民之间还有一个非常重要的区别。不仅在于他享有多得多的特权和力量。而且还在于他有着多得多的选择。当然,那也是神明和半神用以区别自己和众生的一点。旅人以一种象征形式随身携带着这些选择。他能改签自己的航班,飞往新加坡而不是马尼拉。他能把自己的旅行支票兑换成这种或那种货币。他的护照和信用卡开启了许多大门。然而,所有的这些旅行中的选择,只是代表了巨大的选择阵列中的一小片,而这些选择是现代生活那被视为理所当然的基本结构中的一部分。诚然,爪哇村民也要做出选择,而且从人类学角度来说,人类天然具有选择的能力。而且并非所有的现代人都有相同的选择范围;因此,一个中上阶层的纽约人可能会选择在亚洲度假,而他那个工薪阶层的邻居会选择乘坐大巴去波士顿找自己的表亲。和处于前现代社会的人相比,两个人都仍然拥有着在人类历史上的大部分时期都只存在于神话幻想中的选择范围——他们可以选择职业、居住地、婚姻、孩子的数量、休闲的方式以及对物质商品的获取。所有的这些都是对生活外在安排的选择,对大多数人而言它们都是非常重要的选择。但是还有些其他的选择,深深触及个体的内在世界的选择——这些选择现在被普遍称为"生活方式",道德和意识形态的选择,以及最后但同样重要的一点是,宗教选择。

现代情境

现代性是人类生活中向选择开放的领域的一种近乎难以察觉的扩张——这是本书的主题;或者,可以说,中心主题是详细阐述这一情境对于宗教的含义。这一主题,无须多言,是不能通过隐喻来论证的,不管它们有多适合。必须对它进行系统地阐述;在进行此种阐述的过程中,小心谨慎有时是无法避免的。

第6章 现代性就是异端的普遍化

马里恩·列维（Marion Levy）[①] 将现代化的衡量标准非常简洁地定义为"无生命能源与有生命能源之比例"。你可能并不完全满意这个定义（顺便说一句，列维已经在多本著作中极其详尽地对这一观点进行了阐述），但是它的功绩在于清楚地指出了事情的两个方面：第一方面是，现代性（在这个定义给出的语境之中，现代性应该是一个无生命能源相对于有生命能源以高比例占优的情况）并非二者选一的情况（an either/or affair），而是具有不同的程度。还有，第二方面，现代化进程中的基本因素，并且因此产生的现代性的核心（即现代化过程的产物），是技术性的。这两个方面都是非常重要的。例如，历史学家们总是喜欢向社会科学家们指出，在之前的历史阶段中，曾有过类似当代世界中的这种或那种现象。的确，注意到历史上的先例，甚至认识到自己身处的情境所具有的一些特点并非完全前所未闻，这在智识上是有益的。但是同时，你也不能让自己囿于一种观点，认为历史上从未有过任何新鲜的东西——如果这样，最终便看不到任何改变。列维对现代化的定义方法使人们以一种所谓统计的方式来看待这个问题：现代性是许多特性的集合体；这些特性以不同的频率分布在历史上出现。而且，尽管这些特性涵盖了很多人类关注的问题（经济、政治、社会以及心理方面），但使它们聚集起来的首要因果要素是技术原因。换言之，在前面的比喻中并不是无缘无故地把飞机和牛车并列起来。

如果你跟随着一个现象在时间的长河中回溯得够远，你总是会发现许多因果要素。由此可知，在一段历史时期中的首要因果要素，其本身又是其他原因的产物，有些还可能具有非常不同的性质。因此，在最近几个世界中改变了人类生活条件的技术，不是在所谓的现代这一历史阶段的开端时，从天上掉下来的。经常有人问为什么在欧洲"到处闲置"（lying around）了几个世纪的科学知识，几乎是突然地，在某个时刻质变成了技术革命。为什么没在古希腊发生？或者就此而论，为什么没在印度或者中国发生？无须赘言，关于这个问题有着不同的理论。这里无法展开。只需

[①] 马里恩·列维（Marion Levy），或称小马里恩·列维（Marion J. Levy Jr.），美国社会学家，师从结构功能主义的拥护者帕森斯，以其现代化理论闻名。代表作有《现代化与社会结构》（*Modernization and the Structure of Societies*）。——译者注

要说，本文无意假设某种技术决定论。相反，需要明确的一点是，近代历史上发生的技术革命必须被理解为多种异质的原因相交汇带来的结果。因此，今日所知的现代性形态，也是由其他欧洲特有的现象所引起的——例如资本主义市场经济，官僚体制的民族国家，多元化的大城市，以及文艺复兴和宗教改革所缔造的复杂的意识形态构造。尽管如此，自肇始之日起，直至今日依然是最为重要的那个转化力量，便是技术。

人类的生活和思想总是处于历史之中。你可以说今天任何或者并在思考的人都处于现代性的情境之中；根据国家或者社会部分的不同，可以把这句话修改为某人在具有某种现代化程度特色的情境之中生活并思考。这句话起初可能显得平淡无奇，但它的内涵却绝不平庸。需要厘清的是情境（*situation*）这个观念。它首先意味着个体的存在是发生在一定的外在条件之下的——就是说，它发生在一定的技术、一定的经济和政治安排等所创造出的条件之下。但是这也意味着对这些条件中的至少一部分要进行内化——这样的话，这些条件便可以被总结为，一个当代个体发现自己被通常称作现代意识的心理及认知结构的集合所折磨或保佑。换言之，塑造了当代生活和思想情境的，不仅是外部的现代性力量，还有塑造了个体内在世界的现代意识的力量。最重要的分析研究领域之一，正是现代性的外在与内在方面之间的这种关系。

当我们谈及技术，这种关系占有显著的优势。因此，例如，一个生活在当代美国的人所身处的情境就是他经常和其他人通过电话进行沟通。最为明显的一点是，电话是这个人生活中的一个外在事实；而且这是一个表现为无数实物的物质事实，其中几个实物可能还散落在这个人的房子里。同样很明显的是，这个外在事实塑造了他的日常生活中的许多方面。因此，他可以使用他的电话，还有他的电话所连接着的极为复杂又强大的机器（包括大陆之间的海底电缆和绕着地球运转的通信卫星）来和一个正在印度尼西亚度假的朋友进行琐碎的谈话。但这还不是故事的全部。一个使用电话的人必然知道如何使用这部机器。这是一种技巧，过段时间之后技巧会成为一种习惯——一种外在的习惯，一点习得的行为。但是使用电话也意味着学习某种思维方式——可以说是内在习惯。这意味着用数字进行思考，吸收大量的复杂的抽象认知框架（例如覆盖北美的区号网络），对这个机器会出现什么样的问题有点概念（即便必须向专业人士求助进行修理)。任何曾经在第三世界国家中使用过电话的人都知道上述的这些事情并非理所当然的。但是还有。习惯性地使用电话还意味着学习用某种具体的方式和他人打交道——一种以没有人情味,精准,并且(至少在这个国家)带有某种肤浅的客套为标志的方式。关键的问题是:这些内在习惯是否会在生活的其他领域中保持,例如和他人之间并非通过电话保持的关系?答案几乎肯定是会。困难是:这是如何实现的,以及达到了什么程度?

电话的例子可以被复制到当代生活中的所有技术机器上。所以,问题可以极大拓宽:现代技术意识在生活的其他领域中保持着吗?换句话来说:当代人具有一种和塑造了他的外部生活的技术力量相对应的技术性思维吗?同样的,答案几乎肯定是有。有关这种对应的性质和程度的问题远远没有得到解答。稍加修改的话,对现代性的其他外在方面也可以提出类似的问题:是否存在和资本主义市场经济相对应的资本主义思维方式?是否存在和官僚制度相对应的官僚思想?等等。

无须赘言,这个巨大问题的细节不在本书的讨论范围之内。提出上述的这些考虑只是为了引出一个简单但又极为重要的经验事实:*现代意识是当代个体找到自我的情境中的重要组成部分*。换言之,今天的任何人不仅置身于现代世界中,而且置身于现代意识的框架内。因此,现代意识对当代思想而言是既定的,是一个基准点。你也可以说,它在经验上是先验的。

但是现在必须立即追加一些其他内容,以避免对此产生致命的误解:说现代意识是一个人的情境,并不是说他的经历和思想必须始终保持在这个情境的边界之内。换句话说,对人类生活和思想的社会历史境遇的理解未必是种宿命论式的。如果是完全确定的,附带说一句,社会变革也许就不可能发生了。人类是一种被定位的存在,但也是一种永远努力去超越自己处境的存在。当然,个人随着出生这个偶然事件而被置于某种情境之中,而个人在超越这一情境方面的能力则是不同的:每一千个墨守成规的人之中才会出现一位苏格拉底。而且,不同的社会历史情境限定了个人超越自己处境之边界的可能性是不同的:对于苏格拉底而言,住在雅典比住在色雷斯山区中一个饱受饥饿的村子里更有可能超越自我。原则仍然是个人找到自我的情境只是他的生活和思想的起点;这两者的终点都不是被预先决定好且毫无转圜余地的，尽管我们还是可以对这个终点进行一些带有极大可能性的预测。

如果一个人如此理解现代意识，就会带来许多重要的结果。其中最重要的是，即便当代的思想者是在现代意识中找到自我的，而且至少要把它认定为自己的起点，但是现代意识却失去了它被认定为理所当然的优越性。现代意识是在历史上出现过的众多意识的形态之一。它有着具体的特征，而具体的社会历史力量带来了这些特征，并维系着它们。正如历史上所有的人类构建一样，它处于变化之中，而且终将消亡，或者被转化为完全不同的其他东西。简言之，现代意识是个事实，但你却未必要对它望而生畏。当然，现代人倾向于将自己及其思想认作是进化至今的巅峰。在这一点上，现代人和在他之前的其他任何物种都没有区别。但是，并没有什么强有力的原因要给其论调以更多的重视。这些论调本身可以被理解为现实中特定力量的产物（例如最近的技术取得的令人难以置信的成就，其本身就带有某种类似夸大狂的因素）。历史和社会科学学科可以从一个恰当的经验性视角来看待现代意识。这种视角，当然了，还无法为决定现代意识的某个论调最终是正确或错误的提供依据。它所提供的是一种清醒的态度，以对这些论调进行评估。换言之，对现代意识的经验性的理解没有也不能回答现代人论调的真实性这种哲学问题，但它是对于进行这项哲学工作而言非常有用的前奏。

因此，比如说，一直有这样的断言，声称现代人无法进行神话式的思考——即不会认为宇宙中充斥着各种来自神明或其他超越人类的存在的干预。让我们暂且规定，这种断言至少在统计意义上是正确的：一般的美国中产阶级，在看见有关恶魔的异象时，更可能会打电话找心理医师而非驱魔师。这种可能性在现实中是存在的，并且可以用该个体所处情境中的经验性决定因素来解释。在主宰着这个个体的社会化和教育的现实定义中，恶魔对人类生活的干预是一种被剔除了的可能性，而且还被从每天围绕着他的主要制度所设定的现实中剔除了。换言之，他可能做出的反应没什么神秘的。而且，统辖着他所处情境的那些对现实的定义，原则上可以被历史所解释，而他自身的经历在历史之中不过是一个片段而已；例如，技术在历史上的角色就可以充当一个很好的解释性因素。目前为止，一切顺利。但是问题还在：有恶魔吗？如果有，是不是有个恶魔昨晚潜入了克里夫兰？这个身处其时代和位置的人无法相信这种可能性，但是这种经验证据并不是这些问题的答案。毕竟，很可能这个无法相信恶魔的人正犯下一个巨大的错误。由这个观察推及其他，尽管现代意识拓宽了人们对于宇宙某些方面的觉知，但是也让人们忽视了同样真实的其他方面。

现代意识对于所有世界观都有着强大的相对化效果，我们稍后会进一步详述其原因。很大程度上，西方思想在过去几个世纪里的历史一直都在努力应对现代化引发的相对性所带来的眩晕。不同的分析人士可能会选择不同的文本来证明这一切的开端。其中一个很好的是帕斯卡所说的，在比利牛斯山一侧的真理，在它的另一侧就变成了谬误。随着这一见解变得更加普及并且影响更加深远，有关比利牛斯山的两侧之中到底哪边是正确的这个问题就变得尤其紧迫，而这也是近代西方思想最重要的特点之一。对于这种情境的经验性理解无法把任何人从相对性的眩晕中解救出来。它有可能甚至会短暂地加剧这种眩晕感。然而，它也指明了一条出路——把相对化进程相对化。这样一来，现代性便被视作了一口相对化的大锅。但是现代性本身就是一个相对的现象；它只是人类意识的历史性运动中的一个瞬间——既非其顶峰，也非其高潮，更非其终点。

从一开始，对待现代性就有两种相反的态度。一个为现代性而兴高采烈，带着进步的思想或者类似的对待历史的乐观看法。另一个则为现代性而悲痛不已，把它看做一种极大的倒退，一种堕落，甚至是一起去人性化的事件。通过前述的思考所提出的态度则和这二者都不相同。它对于现代性既非欢庆也非痛惜，因而从这个视角看来，现代性既非"进步的"也非"反动的"。现代性是一种历史现象，和其他的历史现象没有什么区别。其本身也因此不可避免地混合了可敬和可鄙的两种特质。而且很有可能它也是一个真理与谬误的混合体。在阅读以下论述时，保持这种态度可能比较好。

从宿命到选择

正如现代性的外在方面一样，现代意识是一个非常复杂的各种成分的集合体。有些和形成了现代性核心的制度如此紧密地相连，以至于即便可能"回避它们"（think them away），也是一件很困难的事情——"回避"

的意思是在没有这些因素的情况下设想现代意识。例如，很难想象在一个现代社会中，缺乏那种让电话交流得以实现的意识。其他一些现代意识的成分则很显然不属于这一类。相反，它们是历史的偶然，可以不费多大工夫就"回避"掉——例如，英语（当然，还有它所携带的语义学的甚至诗歌方面的附加内容）变成了在世界许多地方进行国际交流的主要载体。现在来看看现代意识中确实非常难以"回避"的成分之一，也是我们已经提及过的——选择的倍增。换言之，*现代意识必然伴随着从宿命到选择的变化。*

前现代时期的人，多半栖居在一个被宿命主宰的世界里。当然，对这种情况最明显的体现是，他并不享有现代技术所带来的广泛的选择。例如，在房子周围悠闲工作的生活在前现代时期的人，也许只有一样工具——比如一把仪式般在父子之间传承的石制锤子，这把石制锤子要么就是代代传承的同一把，要么是完全一模一样的另一把，而不是各式各样的电动工具。再举一个例子，处于前现代时期的人并没有许多衣服款式的选择，而只有一种款式，还是由可用的材料、剪裁技术还有传统所预先决定好的。这就又引入了另一个因素，那就是传统；它尽管和技术上的可能性相关，但已经超越了技术领域本身。因此，一个身处前现代社会的人，尽管借由某个历史上的偶然事件而突然在服装款式上有了很多选择，他也不太可能会改变自己的着装风格。这个事实恰恰说明了传统的全部内涵：你使用这一工具，达成一个特定的目的，且别无其他目的。你的穿衣风格就是如此，没有其他风格。一个传统型社会，就是用这种清晰明确的规定管理着人们大部分行为的地方。不论传统型社会有什么其他问题，但犹豫不决肯定不是其中之一。

随着现代性对传统型社会造成冲击，这个被宿命所主宰的世界被动摇了，而且这种动摇常常是迅速且剧烈的。这个过程仍然可以在今天属于第三世界的许多地方观察到。没有什么别的例子比节育（birth control）更加引人注目。因为在现代避孕措施出现之前的历史年代中，性行为和怀孕之间的联系如同宿命一般。诚然，你可以通过避免性行为的方式来避免怀孕，也有许多基本的技巧可以用来防止受孕。但是这些手段之中没有能够在严格意义上被称作控制（control）的。如果不是宿命，那么统治着这个领域的就是运气。对于数百万人而言，现代避孕手段第一次让怀孕或者不怀孕成为一个经过深思熟虑且相当可靠的决定。以一种最为基本的方式（没有几件事情能和对一个人身体造成影响的事情一样基本），以前是宿命的东西现在变成了一种选择。附带说一句，在许多第三世界国家推行计划生育所遭遇的困难，也许在很大程度上可以解释为传统型社会中的人难以理解这一真正意义上的普罗米修斯式的转变。那些试图在传统型村庄里宣传某种避孕手段的节育行为拥护者，不只是在兜售一种有趣的新玩意儿。相反，他在暗示村民们起来反抗自古以来就成其为宿命的东西——并且用他们的身体作为反抗的道具！

从社会学角度来说，前现代社会的标志性事实是，其制度具有很高程度的被视为理所当然的确定性。这不是说这种确定性是完整的；如果它是完整的，那就绝不会有任何社会变革了。但是和现代社会中的确定性相比，前现代社会中的确定性程度的确是非常高的。前文中有关生活中的物质手段（material techniques of life）的叙述，也可以用来描述最广泛的制度安排：事情就是用这种方式完成的，没有其他任何方式。这就是一个人怎么结婚的（以及和什么人结婚）；这就是一个人怎么养育后代、谋生、运用权力以及打仗的——没有其他方式。而且，因为人类从他们的行为中得到自己的身份，所以这也就决定了一个人是谁——他无法成为其他人或其他什么东西。在任何人类社会中，制度网络和所谓的全部可用的身份之间都是有联系的。在一个传统型社会中，这种联系比在现代社会中要紧密得多。而且，传统制度和身份是被当作理所当然的、确定的，几乎和自然界的事实一样客观的。换言之，社会和自我都被当作一种宿命般的体验。

在人类经验中，客观事实就是个人对其无法进行选择的事实，或者稍微更准确点说，决定了个人只有很小的选择余地的事实。重力是客观世界中一条不争的法则，而且这个事实是无法被忽视，被"回避"，或者被选择为不存在的。在一块悬空的岩石下面盖房子，是将其暴露在这种客观的事实性面前。如果，或者当岩石开始掉落，人可以试着跑开，但是这块掉落的岩石本身是宇宙中的一个客观事实，就算他诅咒它，也必须接受它。就体验的方式而言，前现代的制度和身份就具有类似的客观性。它们的客观性也是坚如磐石的，而且作为宿命或者运气的裁决"落到"个体头上。出生在这个村庄，就是要生活在这些制度"之下"，从摇篮到坟墓，它们始终"悬垂"在生活的一切之上。而且，这意味着要作为一个带着高度典型特征的人类或者，而这些特征也是客观指定的，并且当事人自己和他者也都这么认为。

这种客观性的体验是前理论性的（pretheoretical）——即，它先于任何对它所进行的系统性反思。很简单，它是平凡的日常生活的重要组成部分。但人类是会反思的，或者至少一部分人会这么做。毫不意外的是，在前现代社会中，在平凡生活中所经历的宿命同样出现在理论层面上。换言之，*在体验上是必然的东西，也被诠释为必然的*。这些诠释会以极为不同的形式出现。在传统型社会里，大部分的诠释都植根于神话之中：世界之所以如此，是因为神祇们是如此裁定的。但是诠释也可能超越神话的形式，而具有精深的思索的性质。希腊语中宿命这个概念，*moira*，在历经数个世纪的思想成熟过程中的演变，可作为一个绝佳的例子。不论它们的形式为何，这些诠释将社会体验的客观实在性建立在公认的宇宙的客观性之上。这样，它们就为被体验到的必然性提供了终极的合理化：必然如此之物，别无其他可能。

现代性借以瓦解这些宿命的世界的过程，对我们当前的论述至关重要，所以应当做进一步的详细阐述。关于技术增殖本身是否具有这种影响的问题，本文无法进行讨论，然而之前的论述已经足够说明，拥有不同的工具和能够选择不同的行事方法之间是存在着一些联系的。这里必须要考虑的，是制度性选择的增殖。现代性让一个社会的制度性网络变得极为复杂。引起这种现象的基本原因是劳动分工错综复杂，但是其意义却远远超出了最先受到影响的生活中的技术和经济领域。*现代性会引起多元化*。过去只有一两种制度的地方，现在有五十种。然而，对制度的最佳理解，是人类行为的运转程序。因此，所发生的情况是，人类生活的某一领域中以前只有一两种运转程序，现在有五十种。这些新的程序并非都拓宽了个体选择的可能性。一个现代公民现在也许不得不缴纳五种不同的税款，而传统的统治者治下的臣民却只用缴纳一种税款，这个事实不太可能被看做增加了选择。但是这种制度性增殖中的一部分，确实拓宽了个体的选择，理解这一点是非常重要的。

以性关系作为一个相当基本的例子。传统型社会，几乎始终以在人类生活中的这个领域里严格且非常狭隘的制度化为标志：事情就是这么做的，可能的伴侣也要在特定的人群中选择，偏离这个模式是会被严格处罚的（假设这种偏离是能够想象得到且可能发生的）。现代西方社会，特别是美国，已经见证了得到公众认可的替代传统模式的选择范围的稳步扩张——这种扩张体现在不断增长的对于超越固定人群之外的婚姻的宽容，对于婚姻关系中角色的定义，以及不断扩大的对婚前和婚外性行为的容忍度。因此，近来女权主义和同性恋运动是对一个更为古老的多元化趋势的强化：现在一个男人不仅可以和一个与自己从属于不同种族、民族、宗教信仰或者阶级的女人结婚，和他有自己工作的妻子一起承担新型的房屋管理以及养育孩子的安排，而且还可以选择和另一个男人建立一种永久且开放的性关系。这些最近开展的运动，特别是同性恋运动，引入了一个从社会学角度看来非常有启发性的术语——"性的生活方式"（sexual life-style）。因此，现在即使是性生活也可以被当作个人选择的一个舞台来体验。要理解这种选择的增加所带来的剧烈变化，你所要做的只是试着向，比如说，一个印度尼西亚人——甚至是一个受过西方式教育的知识分子——当美国人谈及"性的生活方式"的时候，解释它们到底是什么意思！这种努力可能的结果不是反对或厌恶，而是困惑，如果不是单纯的无法理解的话。对于在生活的这个领域中，可能的并且受到社会认可的行为方式的多元化，是否已经走到了尽头，也完全没有清楚的答案。近来在变性手术方面的发展表明出现甚至更为极端的选择的可能性：一个女人现在不仅不可以选择男性角色，还可以拥有男性的身体。同样，个人行为可能的运转程序方面出现的这种增殖，所带来的冲击可以用同样的公式进行总结：以前是宿命的东西，现在变成了一组选择。或者：宿命转变成了抉择。而且，这种选择的倍增是无数的普通人在前理论层面上体验到的，他们对于系统的反思几乎没有什么兴趣。然而不可避免的是，这一现实中的情境需要加以解释——也因此需要对以往被当作理所当然的宿命的东西提出系统性的质疑。

世界观的多元性

因此，制度的多元化是现代性的标志，它所影响的不仅是人类的行为，还有人类的意识：现代人发现自己所面临的不仅是可能的行为方法的多种选择，还有可能的看待世界的方法的多种选择。在充分现代化的情境下（迄今为止，当代美国也许可以充作一个范本），这意味着个体基本可以像选择自己私人生活中的其他大部分方面一样选择自己的世界观。换言之，在生活的不同领域中所做的消费选择之间，有着很好的一致性——对这种汽车品牌的选择，对这种性的生活方式的选择，以及最终安于某种"宗教取向"（religious preference）的抉择。最后这个词组在普通的美国式话语中很常见，它真正令人难以置信的意义，我们稍后会谈及。现在，指出现代性所带来的制度转变和认知转变之间，存在着一种直接且可以从社会学角度进行分析的关联，就足够了。

这种关联可以用更加准确的术语来表述：*现代性使制度和似然性结构（plausibility structures）都变得多元化了*。似然性结构在理解社会和意识之间关系的时候，是一个中心概念。就本文的目的而言，可以非常简单地说明其重要性。除去直接的个人体验中可能的几个领域之外，人类需要社会确认他们有关现实的信念。因此，一个人也许确实不需要其他人说服他他患了牙痛，但是他的全部道德信念的确需要得到社会支持。换言之，生理上的疼痛不需要任何社会媒介就能强行实现其似然性，但是道德为了变得对个体具有似然性，并保持这种似然性，却需要特定的社会环境。正是这特定的社会环境为所谈及的道德构成了似然性结构。例如，荣誉、勇气和忠诚的道德价值是军事体制所共有的特征。只要一个人置身于这种制度性语境中，很可能这些价值将会对他而言具有一种毋庸置疑且理所当然的似然性。然而，如果这个人发现自己被转移到了一个完全不同的制度性语境中（比如在他所处的社会中不再需要许多士兵了，而他出于经济原因又被迫要在民用岗位上工作），那么很可能他就会开始质疑那些军事体制下的价值。这种似然性的丧失也是社会进程的结果——而且确实就是和之前确立并维系军事价值的似然性一样的社会进程。在前一种情境中，其他人为一套道德价值观念提供了社会支持，在后一种情境中，却给予了不同的道德价值观念以社会支持。从个人经历上来看，该个体可以被看做从一种似然性结构迁移到了另一种似然性结构中。

因此，在制度的凝聚力和主观的信仰、价值观念和世界观的统一性之间是有着直接关系的。如果与某个人有着重要关系的每个人都是士兵，那么就一点也不奇怪在这样的社会情境中，士兵的世界观及其所具有的全部含义会具有大规模的似然性。相反，如果其他人都几乎无法理解军事价值观，那么在这样的社会情境中成为一名士兵是很难的。还可以加上一句，社会环境和意识之间的这种关系并不是绝对的。总是存在着例外——离经叛道的人或者特立独行的人，他们甚至在缺乏社会支持的情况下也能维持对于世界和自己的看法。这些例外情况总是很有意思，但是它们并没有证伪人类的信仰和价值观念是依赖于具体的似然性结构的这一社会学的概括性结论。换句话说，这个结论是有或然性的——但是这种或然性确实非常高。

此外，现代体制多元化所带来的，是每一种所能想象得到的、依赖于社会支撑的信仰和价值观念的碎片化和在事实上的弱化。个体在一个传统型社会中找到自我的典型情境，具有高度可靠的似然性结构。相反，现代社会则是以不稳定的、松散的、不可靠的似然性结构为特征。换言之，在现代情境下，确定性很难得到。这个事实植根于前理论性的体验，这一点怎么强调也不为过——即，它来自于普通的、日常的社会生活。对于街上的平常百姓和编织出关于宇宙的精巧理论的知识分子来说，这种体验都是共通的。其内在的不确定性对二者也都是共通的。这一基本的社会学洞见对于理解不同世界观之间的竞争以及作为其结果出现的信仰危机至关重要，而信仰危机已经成为现代性的标志。

那么，现代人生活在一个充满选择的世界中，和传统的人所居住的宿命的世界形成了鲜明的对比。他必须在日常生活的无数情境中进行选择，但是这种选择的必要性却延伸到了信仰、价值观念和世界观等领域中。然而，抉择意味着反思。前现代的人们可以不假思索便做出自发行动的情况下，现代人却必须停下来犹豫思考。很简单，现代人必须进行更加审慎的思考——不是因为他更加聪明，*也不是因为他处于某种更高的意识层面，而是因为他所处的社会情境迫使他这么做。*他在生活的各个层面都遭遇到了选择的必要性，以及事实上在选择前进行犹豫反思的必要性。普通的日常生活充满了选择，从最琐碎的在有竞争性的消费品之间选择，到影响深远的在有替代性的生活方式中进行选择。人生经历也是一系列的选择，其中许多，如果不是大多数的话，都是现代性带来的新产物——对教育和职业道路的选择，对婚姻伴侣和婚姻"风格"的选择，对养育孩子的不同模式的选择，对种类近乎无限的志愿组织的选择，对社会和政治责任的选择。后面的这些选择通常将个人包含到社会选择之中,其中一些的涉事范围很大——在针对整个社会的不同政治方案之间的选择,在各种"具有可替代性的将来"之间的选择。以一种史无前例的方式,当现代社会为现代人共同的将来做打算的时候,现代人也在为自己和家人的生活做打算。而且,再重复一遍,这种选择的必要性连接了体验的前理论层面和理论层面。

这种情境所带来的更深一层的结果,也是最为不寻常的一个结果,是个人对自我的体验中的一种新的复杂性:现代化所带来的,是对于人类存在中主观一面的着重强调;确实,可以说现代化和主观化是两个同源的进程。只要关乎理论思考,特别是哲学思考,这一点就经常被谈到。因此,自笛卡尔以降的西方哲学一直是以转向主观性为特征的。当然,这在认识论方面表现为一遍又一遍地追问这样一个问题:"我能知道什么?"这个问题不仅哲学家们会问,而且在某些情况下,还变成了大街上的普通人所迫切关注的问题。现代性就造成了这些情况的出现。但是即便处在更加可靠的条件下,人类也必须为这个问题准备好某种答案,就算只是因为每一代孩子们都会以某种方式询问这个问题——而成年人则必然处于一个要做出回应的位置上。在一个有着稳定且连贯的似然性结构的社会中,给出的答案带有很大的把握。就是说,由社会定义的现实具有很高程度的客观性:"这就是世界的模样;它就是如此,而非其他;它不可能有不同的样子;所以,别再问傻问题了。"正是这种客观性遭到了现代化力量的侵蚀。所以,对于人类长久以来所思考的问题"我能知道什么?",答案变成了不确定的,犹豫不决的,令人不安的。然而,个体必须对这个问题有某种答案,因为他必须生存在某种有意义的秩序当中,也必须遵循这种秩序而活。如果他的社会不能客观地提供答案,那么他就被迫要转向*内在*,转向他自己主观的一面,从那里挖掘出他能用来应付问题的确定性。这种对内的转向就是主观化,笛卡尔也好,街上那些对于在日常生活中的某个领域里恰当的行为方法感到困惑的普通人也好,都要经历这个过程。

如果理解了这一要点,就不应该为现代西方文化是以对主观性不断增加的关注为标志而感到奇怪。哲学不过是其中的一小部分。还有现代文学(小说是首要的例证),现代艺术,还有最后但并非不重要的,现代心理学和心理疗法的广泛传播。然而,所有的这些都只是主观化在理论思想层面的表现。它们全都植根于前理论经验之中——从根本上说，是植根于社会定义的宇宙再也不能依靠的经验之中。的确，说到现代哲学，你可以说前面提到的社会情境是其存在所必需的似然性结构。对于现代文学、艺术和心理学（以及现代社会学）都可以这么说。所有的这些都和从宿命到选择的转变大有关联：前现代体制用以安排人类生活的理所当然的方式受到了侵蚀。以前不证自明的事实，现在变成了需要进行选择的情况。宿命不需要反思；被迫做出选择的个人也必须被迫停下来思考。选择越多，反思越多。一个进行反思的人，则不可避免地变得对自我有更清晰的意识。就是说，他把自己的注意力从客观确定的外部世界转向了自己的主观一面。他这样做的时候，有两件事就会同时发生：外部世界变得越发可疑，而他自己的内部世界则变得越发复杂。这两件事都是现代人身上明确无误的特征。

格外紧张的普罗米修斯

当这个现代人经历了粉碎世界性的从宿命到选择的转变，他很容易就给人一种普罗米修斯式的印象。特别是自启蒙运动以来，他也常常给自己留下这样的印象。更重要的一点是看到他是一个非常紧张的普罗米修斯。因为他是在一种极其矛盾的状态下经历了从宿命到选择的转变。一方面，这是伟大的解放；而另一方面，这也意味着不安、疏离，甚至是恐惧。这里，你自然会首先想到一些伟大的现代思想家——克尔凯郭尔（Soren Kierkegaard）[①]，或者尼采，或者陀思妥耶夫斯基。但是无数从未读过一本书（更别说写一本书了）的人也都体验到了解放和疏离这对矛盾。今天第三世界国家的每个城市里都满是这种人。一方面，现代性所承诺的新的自由、新的生活可能以及自我实现，就像威力巨大的磁铁一样吸引着他们。不用说，这些承诺并非总能得到实现，但实际上他们所经历的现代性就是解放——从传统、贫穷、家族和部落的羁绊那狭窄的限制中解放出来。另一方面，这种解放也要求人们付出高昂的代价。个人开始体验到自

---

① 索伦·克尔凯郭尔（Soren Kierkegaard），丹麦哲学家、神学家及作家，一般被认为是存在主义之父。

己孤身一人，而在传统社会中，这是无法想象的——失去了来自集体的坚固的团结，不确定自己的生活由什么规则所主宰，最终对于自己是谁或者是什么都不确定了。一个被扔在，比如说，拉各斯或者内罗毕那混乱世界中的非洲村民，几乎没有听说过现代西方哲学。但是，就算他不用语言，也会用自己生存的鲜活现实为"人被判定为自由"（condemned to freedom）这话所具有的含义作证。哲学家们可能会争论萨特的这种说法是否足以表达人的处境；社会学家则必须说，它令人敬佩地总结了现代人的处境；社会学家可以补充一点，只有在现代社会环境中，这样的哲学命题才获得了普遍的似然性。

解放和疏离之间难解难分，可以说是现代性这枚硬币的两面。想要前者又不要后者，是现代革命想象中一再出现的幻想；只看到后者而忽略前者，则是基本上所有保守派观点的阿基里斯之踵。然而你必须留心，一面夸大大部分现代人所感受到的孤独的绝望感。认为大部分人都生存在一种长时间的恐惧状态下，这种观点是错误的；加缪在这一点上比萨特要正确，回溯历史，你可能会怀疑，明斯特主教（Bishop Mynster）① 也同样比克尔凯郭尔正确，就好像雅各布·布克哈特（Jacob Burckhardt）② 比尼采正确一样。大多数人都设法应付过去了。有些人继续生活在传统结构的残余之中，也遵循着这些残余而活；其他人成功地建构了各种新的安排，提

---

① 明斯特主教（Bishop Jacob Peter Mynster），丹麦神学家，自1934年起任西兰岛教区主教直至去世。他是索伦·克尔凯郭尔的著作《对基督王国的抨击》（Attack Upon Christendom）中主要的讽刺对象。那时的丹麦是一个信义宗基督教国家，但是当时基督教采纳现代主义精神，沉迷在一股追求希腊时代的智慧，却失去基督教应有的内涵。克尔凯郭尔以一个基督徒的身份为文，批评那些挂名的基督徒。克尔凯郭尔除了批判当时教牧人员的心态，与一般的雇员没什么两样以外，他也批评神学有同样的情形。基督教神学原本想从生存状态的矛盾中形成一个有严谨规则的客观化体系。但现在，神学家的处境竟然也表现出不当的性质来。因此克尔凯郭尔检讨教会是否真的需要神学。同时，他认为人们并不能透过客观性获得真理，而真理只能透过主观性呈现，所以他反对传统哲学将真理当成客观知识那样地追求。——译者注

② 雅各布·布克哈特（Jacob Burckhardt），瑞士历史学家，致力于欧洲艺术及文化史研究，在这两个领域的历史编纂学中的一位有影响的人物。尤其以他对意大利文艺复兴时期的研究而闻名。在他所著的《意大利文艺复兴时期的文化》一书中，布克哈特不仅关注了文艺复兴时期的文化成就，还有该时期日常生活中的社会体制。该书被誉为自伏尔泰以来，欧洲学术界第一部关于文艺复兴运动综合研究的专注，它的问世奠定了近代西方历史学关于这个问题的正统理论，具有不可替代的划时代意义。——译者注

供一定程度的确定性；其余的仅仅只是让自己保持非常忙碌的状态。所以，现代人都是自己动手（DIY）的存在主义者，跟跟跄跄地行走在绝望深渊的边缘，这绝对不是要点。相反，要点在于"将自我安置在宇宙之中"（arranging oneself in the universe）［这个说法是恩斯特·布洛赫（Ernst Bloch）①提出来的，我进行了随意的翻译］，这变成了一项比在传统社会中进行要困难得多的事业。当然，对有的人来说，它变得困难到不可能完成的地步，但是他们的例子不应该被普遍化。就算情况比较缓和，非克尔凯郭尔式的对于现代处境的描述应该厘清一点，就是现代处境毕竟是在历史上出现的一种新事物。也没有必要为了理解这一点的影响，而宣称现代情境是完完全全史无前例的。有些方面是可以和其他历史阶段进行类比的，这些阶段也是之前被当作理所当然的秩序遭到动摇，比如希腊时期。然而，似乎之前从未有过这么多人、这么大规模地经历了意义和价值观念的多元化。当然，其中的原因必须在现代技术中寻找：相对性的观念也可以被广泛传播。

现代性疏离的一面，从开始就带来了一种对于原有的充满秩序、意义和团结的世界的怀旧之情。对此的一种表述方式是，现代化和反现代化的过程总是同出一脉。对于从现代性的疏离中解脱出来的渴望，可以具有相当不同的形式。比较直白的一种形式通常被称作"反动"。这在理论上的表达，是向过去寻求意义而把当下视为堕落的意识形态；这些意识形态在社会学实践中的表达是（通常是堂吉诃德式的）试图恢复前现代结构。但是这种救赎的渴望还有一种所谓的"进步"形式。它也把当下视为非人性化且无法容忍的，但是要恢复的世界并不存在于过去，而是被投射到将来。这种反现代的形式表现为典型的现代革命意识形态和运动。马克思主义是一个范本式的例子，对它所具有的强大的吸引力的理解，不能脱离于它和反现代怀旧情结之间的紧密关系。

从宿命到选择的转变是不可逆的吗？原则上，没有任何历史性的东西是不可逆的。但是，考虑到维系众多生命，比如现在居住在地球上的生命

---

① 恩斯特·布洛赫（Ernst Bloch），德国著名马克思主义哲学家。他的哲学以"希望"为本体，用"尚未"范畴把世界描述为一个过程，提倡乌托邦精神，充分发挥想象的创造力去构思未来。——译者注

数量，所必需的科技基础，很难理解这一转变可以被轻易地逆转。这种情境所必需的制度性安排中，有着固有的多元性，以及因此产生的固有的不稳定性。然而，对这一表述，有一个非常重要的例外：现代极权主义国家。其核心目标是重建一个具有稳定意义体系和坚固的集体团结的前现代秩序。而矛盾在于，为了追求这个目标，它采用了最现代的沟通和控制手段——使用这些手段以及这些手段本身，都起到了疏离的效果。现代极权主义是一个很晚才出现的现象；即便采用最宽泛的定义，到现在也只有五十多年。要说这个实验是否已经失败还为时尚早。但是，要说它在现实中的成功将是人类前所未有的大规模悲剧却不算太早。在所有解决对现代性不满的可能"方案"中，肯定不该对这个寄予人性的希望。因此，为了杜绝可能出现一个新的极权主义的宿命的世界，你将不得不设法应对选择的世界。

异端的律令

宗教绝非唯一一个受到从宿命到选择这个转变影响的体验和思维领域，这一点到目前为止是很清楚的。比如，道德就受到了极大的影响，以及所有声称具有道德权威的体制（特别是政治体制）都受到了影响。但是除非理解了宗教所处的现代情境和前面所说的转变之间的关系，否则仍然不足以对它进行解释。

现代性对宗教的冲击通常是从世俗化进程的角度来理解的，世俗化可以被简单地描述为宗教在体制和人类意识两个层面都丧失控制的过程。本文不会对迄今为止出现的有关世俗化的起因、特征以及历史进程的大量文献进行回顾评论。但是应该指出一点：最少，在世俗化和上文所描述的似然性结构的多元化之间是有着紧密联系的。其中的原因不难理解。一种宗教性的世界观，正如任何其他对现实进行诠释的体系，都依赖于社会支持。这种支持越统一、越可靠，这些对现实的诠释就将在意识中确立得越牢固。在典型的前现代社会所创造的环境下，宗教对于个人而言有着客观的确定性；相对地，现代社会则破坏了这种确定性，抢夺了宗教具有的理所当然（taken-for-granted）的地位而使其失去了客观性，也因此使宗教变得主观化了。当然了，这一变化直接与从宿命到选择的转变有关：处于前现代的人被不容更改的命运和他的神明连接在一起,这种命运同时也主宰着这个人其余的大部分生活;现代人则必然面临着在众多神明中进行选择的情况,对他而言,神明的多元性是存在于社会环境中的。如果前现代的人所处的典型情境是具有宗教确定性的,那么现代人的处境则是充满了宗教疑虑的。不用多说,这种区别不是绝对的。身处前现代的人也有在宗教疑虑中挣扎的,正如今天的现代人中也有怀揣坚定的宗教信念的。二者间的区别只是一种所谓的频率分布。然而,在现代情境中,宗教不确定性的频率是如此之高,以至于将它包含在现代情境的典型特征中是很合理的。不论其他造成现代世俗化的原因可能为何,很清楚的一点是,多元化进程过程中会产生世俗化的效果,而且其本身就具有这一效果。

英语中的"heresy"(异端)一词,源自希腊语中的动词 hairein,意思是"选择"(to choose)。hairesis 原本的意思很简单,就是做出选择。延伸出来的意思是选择一种观点。在圣经新约中,正如保罗书信中所示,这个词语已经有了具体的宗教内涵——指较大的宗教共同体中的小派别或聚会;将这种派别或聚会团结起来的原则就是其成员所选择的特定宗教观点。因此,在迦拉太书五章二十节中,使徒保罗将"异端"(party spirit)(hairesis)和其他罪恶,诸如纷争、自私、嫉妒和醉酒等,一起列为"情欲的事"(works of the flesh)。在基督教会体制后来的发展中,当然了,这个术语获得了更多具体的神学和法律意义。但它的词源仍然具有很强的启示性。

如果异端这个概念有任何意义,就是预设了一种宗教传统的权威。只有相对于这样一个权威,你才可能采取一种异端的态度。异端分子否认这一权威,拒绝完全接受该传统。相反,他从传统的内容中进行挑拣和选择,又以这些挑选出来的东西为材料,构建自己离经叛道的观点。你可以料想得到,出现这种异端的可能性总是存在于人类共同体中,正如你可以推测出,总是会有叛逆者和创新者存在一样。而且,那些达标传统权威的人,必然总是被这种可能性所困扰。但是,这种现象的社会环境随着现代性的到来而发生了急剧的改变:*在前现代情境中,存在着一个具有宗教确定性的世界,它偶尔会被离经叛道的异端行为所破坏。与之形成对比的是,现代情境就是一个充满宗教不确定性的世界,偶尔能够通过多多少少并不稳定的宗教确信的构建,暂时抵挡这种不确定性*。实际上,你可以把这种变化说得甚至更尖锐一些：*对前现代的人而言，异端是一种可能性——通常离他们相当遥远；对现代人来说，异端则通常变成了一种必然。* 或者说，现代性创造了一种新的情境，在这种情境之中，挑拣和选择变得势在必行。

现在，异端突然不再在一个清晰的权威性传统的背景之上凸显出来了。这个背景已经变得暗淡或者甚至消失了。只要那个背景仍然存在，个人就有不挑拣和不选择的可能性——他们可以屈从于从四面八方包围着他们的理所当然的共识就好，而那正是大多数人的做法。但是现在这种可能性本身变得模糊或者消失了：一个人如何才能屈从于一个并不存在于社会中的共识呢？任何确信都必须首先创造出这种共识，即使这只能在某种类似宗派的小社区中做到。换言之，个人现在必须挑拣并选择。这么做了之后，就很难再忘记这个事实。审慎地构建一个有着共识的共同体的记忆，还有被整个共同体所确认的，无法摆脱的这个共同体的*构造性*（sense of constructedness）①都留存下来了。这种确信不可避免地会是脆弱的，而这种脆弱性离意识并不是太远。

这里可以用个例子来说明；这也许是现代西方世界中最重要的例子——犹太人的解放。处于犹太隔离区（ghetto）以及二战前东欧犹太村社（shtetl）的状态下，说一个人选择成为犹太人是荒谬的。成为犹太人，是一个人的存在中理所当然的事情，并被他周围的每个人带着斩钉截铁的确定性不断地重申（包括他周围的非犹太人）。理论上犹太人是有可能皈依基督教的，但是反对的社会压力太强了，所以几乎没几个实现的例子。诚然，是有不同版本的犹太人的，甚至有可能成为一个相当穷困的犹太人范例，但是这些里面没有一样真正触及了作为一个犹太人的庞大的客观和主观事实。解放的到来改变了这一切。对越来越多的人而言，踏出犹太人社区成了一件可以做到的事。在其他人中间，做个犹太人突然成了一个选择。尽管内在的民族性和外部的反犹太主义都阻碍了这一发展，但是在十九世纪的中欧和西欧，已经走得相当远了。在二十世纪的美国则得到了最

---

① constructedness 应源于绘画，意思是在图画的平面上，像构造建筑一样构造起三维空间，其间任何元素的分布，都要隶属于且巩固这一预设的空间框架。这里应该是着重使用元素与空间框架预设之间的关系这一层意思。——译者注

充分的发展。今天,在美国社会的多元氛围中,肯定只有极少数人认为身为犹太人具有理所当然的事实性。

然而,那些坚称自己具有正统或者甚至比较正统版本的犹太身份认同的人,还是将这种身份定义为一个理所当然的事实。他们的问题在于,他们必须面对着完全相反的经验证据,去坚持这一点。正统派恰恰把犹太人这一身份认同定义为命运,而个人的社会体验则揭示了它只是一种持续的选择。这种在定义和体验之间的不和谐,对处于现代世界中的每一个正统派都是个核心问题(犹太人的例子只是这个更加普遍得多的现象中的一个特别清晰的实例):正统派定义自己生活在传统之中;传统最本质的东西就是被视为理所当然;然而,这种理所当然的性质不断地被生活在现代社会中的体验所证伪。那么,正统派就必须将他实际上知道是一种选择的东西,当作宿命呈现在自己面前。这是一项艰难的壮举。现在要解释一下比如哈西德主义中的卢巴维彻派(Lubavitcher Hassidism)① 之类的运动所具有的吸引力,这些运动为追随者们构建起了一个人工的犹太人村社(shtetl)。和旧式的犹太人村社的不同之处就是,很简单:一个人要想摆脱自己被判定的犹太人命运,只要走出去搭乘地铁就可以了。在外面等待他的是摆满了生活方式、身份认同和宗教取向的百货中心,这些东西构成了美国式的多元主义。很难相信一个被在美国抚养长大的人能把这一经验现实完全推出自己的意识,即便他最近相当热烈地皈依了一种新传统主义的生活方式。因此,那种生活方式具有一种脆弱性,而这是不存在于真正的传统型社区中的。

---

① 哈西德主义是犹太教中的一个虔修派和神秘运动,认为信仰的根本,在于通过普及和内化犹太教的神秘主义来提升灵命(promote spirituality)。18 世纪时由美名大师(Baal Shem Tov)以色列·本·伊利泽(Yisroel ben Eliezer)拉比在东欧创立,作为对过度强调律法的犹太教的反抗。1772 年,正统派犹太教把他们逐出教会,但哈西德派继续蓬勃发展。到了 19 世纪,哈西德主义已经变成了一种极端保守的运动。在大屠杀中,大批哈西德派信徒罹难,但幸存者在以色列和美国仍然积极活动。卢巴维彻派在 1755 年由利亚迪的施纽尔·扎尔曼拉比(Rabbi Schneur Zalman of Liadi)创立,也被称为恰巴德(Chabad),这一名称截取自希伯来语中智慧、理解和知识三个词汇的开头字母,也代表了该运动的智识基础。卢巴维彻(Lubavitch)是其领导人们最初生活了一百多年的白俄罗斯村庄柳巴维奇(Lyubavichi)的意第绪语名称。自 1940 年起,这个派别开始以纽约布鲁克林为运动中心,信徒人数估计在四万到二十万之间。有报道称有近一百万犹太人每年至少参加一次恰巴德派的光明节活动。该教派 2013 年宣称其组织活动已触及全球八十个国家近八百万犹太人。从组织规模的角度说,恰巴德是世界上最大的犹太宗教组织。——译者注

美国特有的说法"宗教取向"（religious preference）的分量，现在已经变得很明显了。它本身便包含了宗教由于多元主义而陷入的整个危机。它指向了一种内在的认知不和谐的状况——还有作为现代性根源现象的异端的律令。

总结一下迄今为止的论点：现代性增加了选择，与之相伴而来的，是缩小了当作命运来经历的事物的范围。就宗教而言，正如在人类生活和思想的其他领域中一样，这意味着现代人所面对的不仅是机会，还有对自己的信仰做出选择的必然性。这个事实可以看做当代情境中的异端的律令。因此，异端，这种曾经边缘化和离经叛道的活动，变成了一种普遍得多的情况；事实上，异端已经变得普世化了。

这本书余下的部分将讨论这一情境所蕴含的意义，理解这一情境，并把它作为进行有建设性的宗教反思的起点。有一点从开始就应该明确，那就是对于宗教性的头脑而言，面对异端的律令并不容易——我所说的并非普通信徒的头脑，而是最为精妙的神学家的头脑。在各个层次的神学家中，你都可以观察到对此做出的各种反应，从彻底拒绝新情境到对它完全接受。后面的章节将会阐明拒绝和接受两种态度都会遇到的困难。如果说现代西方的基督教神学史就是一场对抗异端的律令的戏剧，可能过分简单化了，但是可能也并没有那么太过分。现代西方世界中的犹太教也经历了同样的对抗，但是形式稍有不同，原因当然是由于犹太人在基督教占统治地位的文化中所处的社会位置和宗教之间有着独特的关系。今天，随着现代化变成了一个世界性的现象，而不再局限于孕育出它的西方，和异端的律令之间的对抗也变成了世界性的。最为高深的讨论也可以在，比如说，佛教修行中心，或者有着数个世纪历史的伊斯兰大学中看到——但是也有几乎无法阅读自己所信仰的神圣经典的宗教工作者们，向不识字的村民们给出最为朴素的建议。就算没有别的什么，这也给了世界上所有的宗教一个处境上的相同点，而这必然对它们的自我认知产生影响——而且也应该会对他们之间的关系产生影响。这一观点之后也会继续讨论。

第7章　宗教:体验、传统和反思

当外在的（即，存在于社会中的）传统所具有的权威衰落时，个人就被迫变得更加具有反思性，追问自己真正知道什么，在传统仍然强大的旧时光里，自己又想象自己知道些什么。这种反思几乎是不可避免地会进一步迫使个人转向自身的体验：人是一种经验性的动物［如果你愿意的话，可以说是天然具有科学性的灵魂（anima naturaliter scientifica）］，他自己的直接经验永远是有关任何事物的实在性的最有说服力的证据。比如说，这个人相信 X。只有他周围的所有人，包括其所处社会中在"实在性方面的专家"，都对同一个 X 不断地加以确定，那么他的信念就会轻易地且自发地被这种社会意识所承载。而当这种共识开始瓦解，当有竞争力的其他"实在性方面的专家"出现在画面中的时候，这就不再可能了。那么，迟早这个人都会不得不问自己："但是我真的相信 X 吗？或者有没有可能 X 一直以来都只是个幻象？"然后就会出现另一个问题："那么对 X，一直以来我自己的体验是什么？"

在认知上的这种变化，原则上是和任何信念都相关的——或者说得更准确些，和任何超越了像牙疼一样通过直觉进行自我证实的信念都相关。前一章曾提到过，它和宗教信仰领域有着尤其尖锐的关系，而且由于这种变化，现代性已经引起了宗教的一个内在危机。在现代情境下，宗教传统在个体意识中的控制已被削弱，因此，这也就必然导致对于宗教体验的特征以及可作为证据的地位进行更为细致的反思。这实际上就是已经发生的情况——首先是在孕育了现代性的西方文化中（新教在所有宗教情结中，和现代性有着最为紧密的联系，因此这种反思便对新教具有特殊的毒性），然后在现代化进程的浪潮中席卷了全球。那么，说传统的削弱必然导致重新关注体验，就不仅仅是一种理论假设。相反，它有助于对实际发生的情况进行解释。

但是，似乎很显然此刻需要对"体验"这个词进行厘清：这里所说的是*谁*的体验？又应该体验*什么*？本章的目的就是要弄清楚这些。

现在必须马上进行一个重要的区分——区别马克斯·韦伯绝妙地称作"宗教大师"（religious virtuosi）的人和其他人。有这样一些人，神秘主义者之类的，宣称对宗教现实有着直接的亲身体验。你可能会说，对这些人而言宗教信仰就是和牙疼的体验一样通过直觉进行自我证实的。他们可能确实反思了自己的体验，而且有些伟大的神秘主义者同时也是伟大的思想家。尽管他们所反思的不太可能是他们的宗教体验的*实在性*，而是这些体验和其他各种事物之间的关系（包括他们在自己所处的社会环境中所发现的传统）。那些不是"宗教大师"的人，在这个方面最多只有短暂且暗示性的体验，而且他们的宗教信念中的大部分都基于一种以社会作为媒介的传统。但是他们也有着某种优势："宗教大师"们的体验导向的是对实在性无可辩驳的确信，而没有这种体验的人，则可以带着一些超然的态度，就那些宣称自己有过这种体验的人所说的，来寻找证据。换句话说，他们的优势就是牙医对着病人时候的那种优势，试图对"牙疼"这个现象实行全面检查。

那么，假设现在的论述是在这样的一个情境下进行的。即，假设作者和读者都没有过那种让人产生绝不会再否认的现实感的体验。（顺便你可以加上，如果作者或者读者任意一方宣称有过此种体验，更别说双方都有过了，那么当下的论述要么是不可能的，要么是毫无必要的！）一个人在这种情境下所进行的反思过程，可以被确切地阐述为："我没见过神明；他们没有对我说过话；我也没有从自我当中体验到神性。我必须开始对宗教进行思考，承认其中排除了任何毫无疑问的、真实得无法否认的或者绝对肯定的确定性。我确实自己曾经对神明有过隐晦的和直觉性的体验，而且我会对它们加以反思，看看它们可能有什么作为证据的价值。我有关宗教的想法，是主宰着我的社会环境的某种传统或者某些传统塑造的；此外，以这种传统或者这些传统为媒介，传递了一些特定的体验。因此，比如说，有些我的有关神明的隐晦体验，是在我参加自己社会的传统，甚至是我在人生中遇到的其他传统所举行的仪式过程中发生的。当我反思宗教的时候，我会把来自传统的确信以及任何有关的体验都当作可能的证据。而且，那些宣称自己看见了神明、受教于神明或者直接体验了神圣感的人，他们的序数和报道我都有。这些叙述和报道也构成了可能的证据。确认了我自己处于不确定的情境中后，我发现自己被迫带着怀疑和有选择性的态度对待证据。如果我保持这种态度，我必须接受我的追寻终结时，我和开始时一样不确定这种可能，我也必须接受，或许很令人惊讶地，我通过追寻找到了确定性这种可能。"

当然了，这种态度绝对不是单单针对历史长河中当前这一刻的；而为什么这种态度又特别适合当下的原因，我们已经说过了。但是还应该再强调另外一点：现代情境中比较独特的一点是，对于前面提过的有关各种形式的人类宗教体验的讲述和报道，有着*完全的可获得性*（*sheer availability*）。在美国肯定是这样的情况。一个愿意花，比如说，两百多美元的人，可以走进这个国家里任何一个比较好的书店，买一堆平装本的书，就包括了世界各大宗教的大部分核心著作的优秀译本和评注。如果这个人身处大城市或者靠近一个有规模的大学，那么他可能除了阅读自己买的书之外，还会找到确实秉持这些宗教信仰的群体，或者多少能够对其进行说明的学术课程。这种情形从未在之前的历史上出现过。它为贯彻上述对待他人的宗教体验和宗教传统的证据的态度，提供了一个绝佳的机会。当然了，它也是之前被称为当代情境中异端的律令的重要组成部分：一个人当然能够忍住不买这些平装书，避免和其身处的社会环境中各式各样的宗教表达相接触——但那也是他要做出的一种选择。

本书所关注的是探索一种可能性：人能够穿过这种情境，对宗教得出正面的、肯定的答案；他对这个世界所作出叙述，能够合理地以"我相信"这几个字为序章。本书认为，对于宗教信仰和对其所进行的反思，异端的律令可以从障碍变为一种辅助。当然，这个项目本身也是一种反思的行为：本书是一种论点，一种宗教思考的练习，*而非一份告解文件或者一本宗教体验指南*。更重要的是要记住，宗教首先并非一件反思性或理论化的事情。宗教现象的核心是前反思性、前理论性的体验。现在必须做的，是对这种体验的特征进行更近距离的观察。

多重现实

如果抱着刚才所描述的实证态度去接近宗教现象，很清楚，至少在一开始，它会显得像是一种人类现象。就是说，如果是要在更宽的人类体验光谱中，定位通常被称为宗教体验的东西，那么，至少在进行这一探索的时候，要将对这一现象所做的全部超越人类的解释搁置起来，放在一边。这种探索绝非意味着超越人类的解释被先验地排除了，或者做这种探索的个人承认自己是个无神论者，而只是此时他尊重这类探索的局限性。所有的这些可以被总结为，这里所采用的方法属于宗教现象学；就当前的目的而言，"现象学"这个术语可以被很简单地理解为一种方法，它从一个现象出现在人类体验中的方式的角度对其进行研究，而并不立即质疑其在现实中的终极地位。

现实在体验中并非统一的整体。相反，人类体验到的现实中，包含着性质上有极大差异的区域或层次。这一根本事实正是阿尔弗雷德·舒茨称为多重现实的体验的东西。例如，一个人在做梦的时候体验到事实的一个区域，醒着的时候体验到的又是一个相当不同的区域。再比如，一个人有着强烈的审美体验时（比方在听一首乐曲时"迷失了"）进入的是一个现实区域，这个区域是迥异于普通日常行为的现实区域的。现在，有一个现实在意识中享有特权地位，它就是完全清醒时的普通日常生活的现实。即，和体验到的别样的现实相比（比如梦境或者在音乐中迷失），这个现实体验起来*更加真实*，而且*在大部分时候都更加真实*。出于这个原因，舒茨把它称作最高现实（paramount reality）。从这个角度看，别样的现实就显得像某种飞地，意识会从日常生活的"真实世界"移向那里，或者从那里移向"真实世界"。舒茨于是把这些别样的现实称作有限意义域（finite provinces of meaning）；他也使用了威廉·詹姆士（William James）所创造的亚宇宙（subuniverses）一词。

那么，最高现实就是当人在完全清醒、并且从事通常和普通日常生活有关的行为时，所体验到的现实。而且，这也是一个人最容易和其他人分享的现实。这个人和许多其他人共居在这个现实中，而其他人也不停地肯定这个现实的存在和它的主要特征。实际上，正是这种持续的社会肯定，成功地解释了这一现实在意识中的至高地位；再用一次前一章用过的一个词组，正是这一现实具有最强的似然性结构（相对于，比方说，梦境的现实或者听音乐的体验而言）。

这些并非深奥的理论思考，而是对极其常见的体验的说明。假设一个人睡着了——也许是工作的时候趴在书桌上睡的——并且做了一个逼真的梦。一旦他回到清醒的状态，梦境的真实性就开始消退，那么这个人就意识到自己暂时地离开了日常生活的凡俗现实。那种凡俗的现实依旧是出发和定向的起点，当你回归这种现实的时候，这种回归通常被描述为"回到现实"——即，准确地说，回到了最高现实。因此，从最高现实的角度看，别样的现实在体验中都是陌生地带，飞地，或者最高现实中的"缺陷"。再说一次，这么说不是要对存在的终极构成进行理论表述。也许，谁知道呢，这种凡俗的现实也许最终只是一种幻象。不过同时，人们大多数时候还是以这种特别的方式体验到最高现实，而且（用另一个詹姆士的术语来说）还带着最强的现实感（the strongest accent of reality）。

最高现实的核心悖论在于它*既*具有大规模的真实性（massively real）(realissimum），又是非常不稳定的。前一个特点是源于起到支撑作用的社会认定（实际上是你遇到的每个共享这一现实的人）具有很大的规模，后一个特点则源于这些起支撑作用的社会过程本质上都是脆弱的，容易被打断——比如睡着这样一个简单的偶然事件就能做到。舒茨对此的论述是非常精当的，他说普通的日常生活的现实感会维持到"接到进一步通知"（until further notice）为止。换言之，最高现实是很容易破碎的。这种情况一发生，它就马上被相对化了，然后个体就会发现自己身处于一个完全不同的世界当中（顺带说一句，这正是他对所发生的事情可能会进行的描述）。

那么，大部分时候，个体是意识得到身处于普通日常生活的大规模真实世界之中的，和他处于同样状态的还有他的大部分熟人（他可能认识的少数几个疯子或者其他古怪的人，不太可能干扰这种意识）。但是个体在这种凡俗的现实中也会体验到破碎；体验到的这些破碎就是最高现实的局限或者边界。它们有着不同的种类：有些显然是基于生理过程的——比如梦境，半梦半醒之间的边界状态，强烈的生理感受（疼痛或者愉悦），幻觉体验（比如那些药物引起的幻觉）。然而，最高现实也可能在似乎缺乏生理基础的体验当中破碎——比如理论抽象的体验（比如当世界在理论物理或纯数学的抽象中"溶解"时），审美体验，或者滑稽的体验。当他经历这种破碎的体验时，这个人突然发现自己站在凡俗世界之外，而凡俗世界现在对他来说，显得充满缺陷、荒谬，或者甚至是一种幻象。它的现实感突然减弱或者消散了。因此，所有这些破碎的体验都具有恍惚出神的特征，就是 *ekstasis* 的字面意思，"置身"普通的世界"之外"。当梦境对亚宇宙开了一个玩笑，它就具有了这种恍惚出神的性质；这种性质也属于所有"迷失在世界中"的体验——无论是在性高潮的时候，或者在聆听莫扎特的音乐的时候，或者沉浸在量子理论令人迷醉的抽象之中的时候。

置身于这些恍惚出神的断裂中的任意一种体验之中，普通的世界不仅被相对化了，而且现在还被视为具有一种之前没有留意过的性质。这可以用德语词 *Doppelbödigkeit* 来描述；这个术语源于剧场，字面意思是"有双层地板"。普通世界，之前被认为是大规模且有凝聚力的，现在被视为脆弱地拼凑在一起的，就像一个纸板搭建的舞台，满目疮痍，轻易就会崩塌成非现实。此外，在这个世界的结构中这些新揭露出来的破洞后面，显露出另一个现实。你现在理解了，这另一个现实一直都在那里——可以说是在"另一层地板"上。换句话说，*Doppelbödigkeit* 的体验不仅揭示了一个不熟悉的新现实，而且为通常体验中所熟悉的现实提供了新的认识。

此类体验可以是不同程度的。有对普通世界的现实造成轻微冲击的，可以相当简单地去除："这不过是个噩梦"；或者，"我会这么觉得只是因为该死的牙痛"；或者，"哦，我知道了，你只是在开玩笑"。但是也有对最高现实造成严重冲击的，即使你回到了普通的日常生活的世界中，其后果也仍然存留在意识当中："我永远不会忘记服用摇头丸以后看到的世界"；或者"自从到了三十五岁左右，我发展出了一种幽默感，它让我以一种非常不同的方式看待生活"；或者，"自从我的母亲去世，我的生活再也不一样了。"此外，一个人可以通过不同的渠道获得现实破碎的体验。有些人试图通过深思熟虑的努力获得——比如服用药物，或者培养某种审美体验，或者甚至进行体能上的冒险（例如攀登珠穆朗玛峰），而这些行为都伴随着改变一个人对生活的理解的明确目的。别样的现实破碎的体验就并非出于自愿了。人很少追求对疾病或死亡的体验，但是人到中年后出现的幽默感也可能会出其不意地让人体验到现实破碎。这些体验的共同点在于，它们开启了真正意义上的"超越此世"的现实——即，超越普通、日常存在状态的世界。原则上，可以对每个这种"别样的现实"都进行描述，尽管任何描述的尝试都要遭受挫折，因为语言就是植根于凡俗的体验之中。这就是为什么所有的"别样的现实"，从牙痛到莫扎特的音乐，都"难以讲述"（而且实际上，当然也不可能和没有过类似经历的人进行谈论）。

作为体验的宗教

前面提到的现实破碎体验中，没有一种是通常所谓的宗教性体验。由于现在论述的目的是在人类体验这个更宽的光谱中定位那些通常所说的宗教体验，所以慎重地对它们进行了忽略。从经验观察的角度来说，通常所说的宗教是一个聚合体，涉及人类在面对两种体验时的态度、信念和行为——超自然体验和神圣体验。现在必须对这两种体验的特征加以厘清。

超自然体验是一种之前描述过的对于"别样的现实"的独特体验。当然，从普通现实的角度来看，它也具有有限意义域的性质，你可以从这里"回到现实"——即，回到普通的日常生活的世界。和其他有限意义域相比较而言，超自然体验关键的一个方面是它的根本性（radical quality）。对超自然世界的体验，是一种根本且压倒性的*别样的现实*。你所遭遇的是一套和世俗体验相对的完整的世界设定。此外，从这种别样的现实的视角来看，普通世界的体验就像是某种*接待室*（antechamber）一样。作为飞地或者有限意义域的地位被剧烈地改变了：超自然现在不再是普通世界中的一块飞地；相反，超自然世界逼近了普通世界，"纠缠着"普通世界，甚至包裹着普通世界。现在一种坚定的信念出现在脑海，这种体验所打开的别样的现实，才是真正的*大规模现实*（realissimum），是终极的现实，与其相比，普通现实黯然失色，无足轻重。

必须着重强调的一点是，超自然的体验打开了对一个协调一致而无所不包的世界的展望。这个其他世界尽管之前没有被感知到，但它被视为一直存在的，它作为一种无可否认的现实、一种邀请人们进入这个其他世界的力量，强加于意识之上。超自然的世界被视作存在于"外部"（out there），具有一种独立于人的意志而存在的无法抗拒的实在性，而正是这种大规模的客观性挑战着普通世界旧有的现实地位。

超自然体验的极端性通过它的内部组织进一步彰显出来。有令人震惊的感受和绝对肯定的深刻见解。在对这种体验的描述中，从黑暗突然进入光明的意象反复出现。在这种体验中，普遍存在中的范畴，特别是空间和时间的范畴，被转换了。超自然世界不断地被设想为处于一个不同的时空维度中。用空间符号来表述，相对于尘世存在的"下面这里"（here below），它可能位于"上面"（up above）。用时间符号来表述，它可能位于一个不同的时间中，正如圣经话语对"这个世代"（this aeon）和"将来的世代"（the aeon that is to come）所做的区分。在该语境中，在空间和时间符号之间做出的选择很可能产生重要的后果（正如圣经学者们常常坚持的那样）。但是就本文的目的而言，这种选择并非决定性的。任一符号性表达的形式都指向同一个潜在的体验——在该体验中，普通现实的范畴被彻底地驳斥、推翻、抵消。

超自然体验也改变了对于自我和他者的认知。在这样的体验中，你在一种崭新且被推定为终极的状态下，在对"真实自我"的揭露中，遭遇了自我。这不可避免地意味着你对其他人和你与他们之间的关系有了一种不同的认知。通常这涉及一种强烈的连接或爱的感觉。最后，这种体验通常（而非总是）会伴随着遭遇到其他存在，而这些存在在普通现实中是无法接触到的。这些可能是其他人或动物的"真实自我"，或者死者的"灵魂"，或者在普通世界中没有实体的超自然存在。换句话说，在超自然体验中揭示的其他世界通常是个*有人居住的*世界，和这些"居民"的偶遇，将会是这些情况下所获得的体验中的一个重要方面。

从前文中可以很清楚地看到，宗教的历史必然是对于超自然体验所进行的描述的首要来源。更重要的是强调，这种体验和宗教现象并非同延，或者就那方面而言，它和通常所谓的神秘主义也并不享有共同的外延。这里有必要下个简短的定义。宗教，就本文的论述目的而言，可以被定义为一种人类的态度，它将宇宙（包括超自然范畴）设想为一种神圣的秩序。当然了，我们可以对这一定义的各个组成部分详加叙述，但这并不适合在此处展开。然而，在这里应该强调的是神圣这个范畴是该定义的核心——以至于宗教实际上也可以被更简单地定义为人类在面对神圣事物时的态度。然而，后一种范畴则不一定和超自然相关。因此，人类对于明确属于俗世但在他们看来是神圣的实体，所采取的态度也可以被恰当地描述为宗教性的（比如在仪式中，情感反应中，以及认知信念中的态度）——比如，从宗族到民族国家的不同社会实体。相反，人类也有可能以一种完全非宗教的态度面对超自然体验，处于一种凡俗而非神圣的状态中——比如面对魔术师的时候，态度一直是非宗教的，今天对于研究通灵现象的人也是如此。超自然和神圣的现象同出一脉，从历史的角度说，可以假设神圣的体验是源于前者的。但是在分析中将二者分开是非常重要的。看待它们之间关系的一种方式，是将超自然和神圣看作两个互有重叠、但并不重合的人类体验范畴。

我们再说一次，神秘主义是超自然体验描述的重要来源——但是并非唯一来源。神秘主义可以被定义为通向超自然的一个渠道，它所采用的方式是沉浸在个体自身意识中并到达某种"深度"。换言之，神秘主义者在自我中遭遇了超自然世界，那是一个和他的自我中最深的隐秘之处相互重合的现实。然而，还有着极为不同的超自然体验——也就是说，在这种体验中，超自然是处于个人的自我或者意识之外，甚至与之敌对的。一个很好的例子是，神秘主义在发源于圣经的宗教传统中，一直都是一种边缘现象。尽管在这些传统中有过神秘主义的爆发，但是犹太教、基督宗教和伊斯兰教从根本上说是非神秘主义的宗教，在这些宗教中，人们是在身外遭遇到神圣的存在，而非在其自身之中。相反，有些神秘主义的形式却完全不含有宗教态度。那么，神秘主义也可以被视为一种和神圣体验相交但并不等于神圣体验的现象。

对于神圣体验最经典的描述来自于鲁道夫·奥托，但在这里无须展开。但是这里应该强调两个核心又有些矛盾的特点：对神圣的体验是完全别样的（totaliter aliter）；同时，它对人类的重要性又无可比拟，且确实是救赎性的。超越人类的别样性和神圣性对于人类的重大意义，都是这种体验所固有的；然而这两个特点又不可避免地和对方之间存在着一定的张力。这种张力可能构成了奥托所说的神圣世界所具有的神秘吸引力（mysterium fascinans）的基础，它导致了在宗教态度中一种奇妙的矛盾情绪——在吸引和逃离之间的摇摆，被神圣所吸引但又想逃离它。从个人的角度看，神圣明显是一种他自身之外的东西，然而同时又对其存在的核心加以肯定，并将其整合到宇宙秩序之中。顺便说一句，神秘主义是对这种矛盾的最根本的解决方法，它在对自我和宇宙的终极统一体加以肯定时，便对逃离进行了否定。但是即使是这种解决方法也非能轻易获得的，正如神秘主义的浩瀚文献所充分表明的那样。

综上所述：超自然和神圣都是特定的人类体验，相对于其他类型的体验而言，它们是可以被形容（在一定的语言局限之内）和描述的。二者尤其可以针对普通日常生活的现实进行描述。实际上对二者来说，其根本是凡俗现实和别样现实之间的破裂，而超自然和神圣的体验似乎为后者提供了一个通路。而且，似乎超自然体验在二者之中是更加根本性的。本来神圣就是超自然现实中的一种表现。但是即使把神圣与其原本的超自然母体分离开来，后者似乎仍然存留了并不微弱的回响。因此，甚至是一个已经被从超自然中"解放"了出来的现代人，也会对被视作神圣的凡俗实体感到敬畏（例如，民族国家、革命运动、甚至科学），普通生活的现实对他而言似乎已经被破坏了。

作为传统的宗教

位于宗教现象核心的是一系列极其独特的体验，对于这一点再怎么强调也不为过。把前文所述有关超自然和神圣的内容归入通常所说的"宗教体验"中，而所有的宗教原本都正是从后者中产生的。然而，宗教体验并非在人类中普世且平均地分布着。而且，即便是有过这种体验的人，明白它所具有的无法抵抗的确定性，也会觉得随着时间流逝，要维持它的主观实在性是很难的。所以宗教体验便通过传统得到具体化，传统向那些没有亲身经历过的人传达宗教体验，并为人们把这种体验制度化，而不论那些人是否曾经亲身经历过宗教体验。

把人类体验在传统和体制中的具体化，当然了，绝非宗教所特有。相反，这是人类存在的一般特征，没有它，就不可能进行社会生活。然而，宗教体验的特殊性制造了很多问题。其中最重要的是一个根本性的事实，即宗教体验撕裂了普通生活的现实，而所有的传统和体制都是在普通生活的现实*范围之内*的结构。把在一个现实中所体验到的内容转译到另一个现实中难免会趋向于扭曲。译者开始结巴，或者进行意译，忽略或增加一些东西。他所处的困境正如诗人置身于官僚之间，或者某人想在一个商务会议上谈论自己的爱情时所遭遇的一样。就算译者除了将自己的体验告诉那些没有经历过的人之外，并无其他隐秘的动机，这个问题也仍然存在。然而，在这种情况下，有一种特定的隐秘动机——即，在把这种转译具体化了的传统中，那些已经在可信度和权威方面获得了既得利益的人，他们所具有的动机。

不论是通过神启宗教中神谕的庄严性，还是神秘主义者所体验到的压倒一切的内在感受，宗教体验树立了自己的权威。随着宗教体验在传统中具体化，其权威也被转移到了后者之中。的确，神圣性从在另一个现实中*那时*所体验到的（上帝、神明或者随便什么其他超自然实体）转移到了在普通生活的凡俗现实中*现在*所体验到的。如此，便出现了神圣的仪式、神圣的书卷、神圣的体制，还有这些体制中神圣的专职人员。无法言喻的东西现在被述说了——而且被常规性地述说着。神圣变成了习惯性体验；超自然，可以说，变得"自然化"（naturalized）了。

一旦宗教体验变成了正常社会生活内的一种制度化事实，其似然性便通过和维持其他体验之似然性的相同过程得到维系。根本上来说，是具有社会共识和社会控制的过程：这种体验是可信的，因为每个人都这么说或者做得好像它可信一样，也因为各种程度的不快会被强加于那些否认其可信度的人身上。这显然造成了该体验的定位在个人意识中的巨大变动。因此，比如说，穆罕默德接受了古兰经的真实性，因为在所谓的高贵之夜（Night of Glory），它通过雷鸣般的声音传达给他，而这声音的实在性是无法否认的："我的确在盖德尔夜降示了《古兰经》。你怎能知道盖德尔夜是什么？盖德尔夜更胜过一千个月。在那夜，众天使和精神（the Spirit）奉他们养主的命令降临，完成各项事情。那夜平安吉祥，直至黎明显著。"本文不谈穆罕默德在天色破晓，声音平息之后，是如何在他自己的脑海中维系这一体验的实在性的。但是生活在约一千三百年后的今天的普通穆斯林又如何呢？或者，生活在一百年或者甚至十年之后的穆斯林又是如何呢？天使的造访即便在当时也是很罕有的，而且与此同时天使的造访之罕见也变得众所周知。然而，这个问题并非什么巨大的谜题：今天的以及生活在迄今为止的数世纪中的普通穆斯林，都接受了古兰经的真实性，因为在他所生活的社会环境中，这种接受是社会生活的一个常规事实。从实证的角度来说，古兰经和整个伊斯兰传统的权威，现在都依赖于这一社会基础。

这些思考很容易被理解为暗含着一种激烈的反制度主义（anti-institutionalism），根据反制度主义，社会生活的全部都被当作欺骗或者虚构加以驳斥。不论是一般而言，还是专指社会中的宗教而言，这都是一种误解。把超越现世的东西插入凡俗现实，不可避免地歪曲了前者，但是只有通过这种歪曲，原本的超自然体验才有可能在日常生活的乏味噪音的包围中存留哪怕一点点微弱的回音。这个问题可以这么问：*天使们在夜间传达的声音，要如何在普通生活那清醒的白昼中被记住呢？* 整个宗教历史给出了一个清晰的答案：通过将记忆融入掌握着社会权威的传统之中来实现。无须赘言，这使记忆变得脆弱，容易受到社会变革影响，尤其会受到削弱传统权威理论的变革影响。但是没有其他办法能够让宗教体验的洞见在经过一段时间后仍能幸存下来——或者，用宗教式的语言来说，在天使们都静默的时间长河中幸存下来。

一种宗教传统，以及围绕着它发展出来的不论什么制度，都作为普通的日常现实中的一个事实存在着。以它作为一种媒介，将对另一个现实的体验传达给了那些从未经历过和曾经经历过却永远处于遗忘的危险之中的人。每种传统都是集体的记忆。那些另一个世界的现实闯入了日常生活的至高现实的瞬间，组成了宗教传统这一集体记忆。但是传统不仅传递宗教体验；它还驯化（*domesticates*）了宗教体验。究其本质，宗教体验对社会秩序是一种长期存在的威胁——这么说并非只是说它会影响某种社会政治现状，而是从更为基础的生存角度而言。宗教体验就算没有让人类生活中通常的关切彻底贬值，也完全把它们相对化了。当天使们开口时，生存便相形失色，变得无足轻重，甚至不再真实。如果天使们时时刻刻都在说话，那么生存也许就会完全停止。如果和超自然的偶遇是一种固定的状态，那么没有社会能够幸存下来。为了让社会能够存活下来（这也意味着让人类继续生存），这种偶遇必须被限制、控制、圈定。这种对宗教体验的驯化，是宗教机构最根本的社会以及心理功能之一。因此，宗教传统也是至高现实的一种防御机制，捍卫着自己的边界，抵御超自然的洪水泛滥侵袭的威胁。

宗教传统牵制了那些荣耀之夜，若非如此，它们便会侵吞生活的全部。不论宗教体验有其他什么属性，它都是危险的。通过制度化的方式，其危险性得到了减弱和常规化。例如，宗教仪式赋予了带有神圣现实的遭遇以特定的时间和场所，并将它们置于通常比较审慎的专职人员控制之下。也因此，宗教仪式把生活的其他部分从不得不经历此类遭遇的重担下解放了出来。感谢宗教仪式，个人现在能够处理他的日常事务了——做爱、开战以及谋生，等等——而不会常常被从另一个世界来的信使打断。如此看待这件事，就使"宗教"（religion）这个词的拉丁词根，relegre，变得可以理解了——"小心谨慎"（to be careful）。宗教传统是对一种极其危险的人类体验进行谨慎的管理。在同一个驯化过程中，此种体验的神圣性可以被转置到非超自然的实体中——起初是转置到宗教机构自身中，接着又转置到其他体制中（例如国家、民族等等）。

任何要与他人进行交流并且要在时间长河中保存下来的人类体验，都必须用符号进行表达。宗教体验也不例外。一旦这种体验的内容用语言进行了交流，它便被包括（或者说，禁锢，如果你更喜欢用这个词的话）到了一个特定的象征符号体系中，而这一体系是有历史、有社会定位的。因此，古兰经所使用的阿拉伯语并非（至少就历史学家或社会科学家可以确定的经验证据而言）从天而降。相反，它具有特定的历史，而这段历史决定性地塑造了它的特点和将体验符号化的能力。穆罕默德，作为一个人类，也被这种语言所塑造，正如他被自己在一个特定社会语境（地域、阶级、宗族等等）中的位置所塑造一样。那么，在对他的体验进行的第一次描述中，他所使用的阿拉伯语所产生的多重效果便对交流的过程产生了至关重要的影响。这并不意味着穆罕默德能够使用的符号工具完全决定了他详细描述自己体验的能力。相反，从所有的证据来看，穆罕默德都是一个语言大师，最大限度地使现有的语言适用于自己交流的需求，所以古兰经本身对阿拉伯语的发展产生了重大影响。然而，可以肯定的是，即便假设穆罕默德的核心体验是超越所有人类时空的，如果采用梵文或者中文而非阿拉伯语来书写古兰经，那么其信息的交流也会是大大不同的。这一假设可以说得更确切些，即宗教体验和用来交流（以及在传统中实体化）这种体验的符号工具之间的关系是辩证的——即，宗教体验和符号工具相互决定了彼此。

一旦抓住了这个从根本上来说很简单的事实，便杜绝了对宗教交流过程所进行的单方面诠释。一方面，它杜绝了这样的观点（比如正统派穆斯林仍然持有的那种观点），即宗教信息可以彻底压倒它借以交流的符号体系。换言之，"文字中的启示"（literal inspiration）是不可能的，没有其他原因，只是因为任何宗教传统所使用的都是人类的语言——它是人类历史的产物，人类记忆的巨大集合的载体，而这两者中的大部分是和宗教无关的。然而另一方面，这个事实同样杜绝了相反的观点，即宗教体验是这一特定历史的反映，*除此之外别无其他*。当然了，这种观点一直通过费尔巴哈的"投射"概念表达出来，这个概念在马克思和弗洛伊德对其所作的发展中变得极其重要。它具有一个非常有用的效度要点：正是因为宗教体验通过人类的象征符号得以实体化，它才可以被视为一种大型的符号化，也因此在事实上对所有在历史上产生了这一符号工具的人类体验（包括权力关系和性的体验）进行了"投射"。但是那只看到了这个现象的一面。随着穆罕默德对天使的谈论，他将带着完整社会历史意义的阿拉伯语"投射"到了苍穹之中。但是他这样做，只是因为最先发生的是他体验到，来自那片苍穹的完全不同的现实，将自己投射到了凡俗的现实之中，而在这个现实中，他和其他人都说阿拉伯语。换言之：*宗教可以被理解为一种人类投射，因为它是通过人类的象征符号进行交流的。但是这种交流却是经由超越人类的现实被注入人类生活中这样一种体验所激发出来的。*

任何宗教传统中都有一个重要的部分，就是理论反思的发展。这一发展可能会采取树立具有庞大视野且极其精密的理论大厦的形式，正如那些所谓的伟大的世界宗教一样；或者这种反思可能会被包含在相对不太精密的神话、传说或格言体系中。人是一种反思性的动物，他明显地受到自己内在天性的驱使而对自己的体验进行反思，但是抛开这一根本性的人类学事实不谈，一种宗教传统是因为合理化的社会需求，而必须发展反思性思想：必须要对每一代人解释为什么在该传统中，事情是如此这般。那么，随着传统在时间中延续，便会发展出一个多少具有权威性的有关原初体验（original experience）（无论它是否被整理编纂成了神圣经文）的叙述和诠释的体系。要想理解宗教，基本的一点是要将这种理论反思的集合体和激发它的原初体验区别开来。任何对宗教研究有一定了解的人都知道，这从来都不是一件简单的事，而且有时候是不可能做到的。这一难题中的一个经典事例便是所谓的寻找历史上的耶稣，揭示那个时候在加利利和耶路撒冷"真正发生了的"事情——即，揭开后来的基督教诠释（这当然已经弥漫在新约圣经叙述的每一页中）的掩饰，显露事实性的内核。尽管如此，宗教体验和宗教反思之间的区别是关键性的。否则，便会出现以下两种错误之一：要么反思所具有的不可避免的扭曲效果会被忽视，要么宗教研究会变成一部理论或者"想法"的历史。

总结一下前面刚刚说过的那些思考，宗教体验在传统中的具体化，以及对原初体验的理论反思的发展，都必须被理解为无可避免，且无可避免地进行了曲解的。这是一个难题；但也是一个机会，因为它开启了回到尽量靠近体验本身的核心部分的可能性。这对于任何使用现代历史和社会科学学科去理解宗教的人而言，都是尤为重要的。这些学科是具有深刻的相对化效果的——一个传统被理解为多种历史因素的产物，一种神学被理解为这样或那样社会经济冲突的后果，等等。在宗教研究过去的二百多年历史中，事实上宗教现象不止一次地似乎消失在了这些相对化的掩盖之下。回忆起宗教体验是人类历史上的一个常存之物，是格外有用的。再次引用古兰经的话语："没有一个国家未曾被使徒警醒过。"（There is no nation that has not been warned by an apostle.）超越历史和凡俗现实的相对性，正是这种以各种形式出现的核心体验，才必须构成任何对宗教现象所进行的探索的最终目标。这一目标永远不能完满地达成，原因在于经验证据的本质和探索者自身在特定社会历史相对性中的定位两个方面。最好的情况下，可以接近这个目标。但这不该成为甚至不去尝试的借口。

再说一次：现代情境

由于那些在前一章中详细讨论过的原因，现代情境对宗教权威的似然性并不有利。现代情境和多元化以及世俗化有着紧密相连的方面，也因此给宗教思想家施加了所谓的认知压力。只要现代性的世俗世界观主宰了他的社会环境，就算不是完全舍弃其传统中的超自然因素，宗教思想家也会降低其重要性。当然了，这么做的绝非他一个；他和所有的现代人共同感受这些压力——知识分子和非知识分子，那些仍然依附于一个宗教传统的人和那些不再依附的人。至于对宗教体验本身而言，这种迹象意味着什么，则并非结论性的——就是说，体验是先于对它进行的反思出现的。有两种可能的假设：一，现代人根本没有这种体验，或者至少比之前的时代中发生的频度低得多。或者，二，现代人的这种体验，和之前的人一样多，但是因为盛行的世界观使这种体验丧失了合理化（delegitimation），他们隐瞒或者否认了这种体验（当然，可能是对自己以及他人都否认）。不论你认为哪种假设可能性更大，很清楚的一点是，宗教体验或者宗教反思在现代情境下，不可能像在更早的历史阶段时那样轻易发生。

有鉴于宗教体验在之前所有的历史时期中所具有的普遍性和中心地位，很清楚这种压抑或者说否认带来了灾难性的影响。尼采的名言"上帝死了"就极富表现力地将这些影响表达了出来，而且正如他所说，一个上帝已经死去了的世界变得更加寒冷。这种寒冷在心理和社会两方面都有所消耗。用尼采的话来说："我们如何能够饮干海洋？谁给了我们海绵，让我们抹去地平线？当我们把地球从它的太阳上解开，我们做了什么？她现在在何处运转？我们又在何处运转？离开所有的恒星吗？我们不是在永远地下落吗？向前，向旁边，向后，向所有的方向？还有上和下之分吗？我们不是在无尽的虚无中游荡吗？我们不是被广阔的空间所困扰吗？还没有变得更加寒冷吗？"无须赘言，大部分现代人没有如此激烈地经历过神明的消失。对每个尼采或者陀思妥耶夫斯基式的人物而言，都存在着一千个多多少少能够很好地适应社会的不可知论者，或多或少充满了焦虑的无神论者。

尽管如此，由于宗教体验的消失/被否认，现代人在世界上变得更加孤单。现代制度和社会也更加"孤单"——这是说，它们被剥夺了从宗教体验中衍生出的神圣符号一直以来所提供的可靠的合理化。所以，世俗化的历史也是这些神圣符号被取代然后又复兴的历史。因为神圣已经被从超自然转置到了凡俗世界，人便发现无论是作为个体还是集体，在宇宙中都很难孤单地存在。因此，比如说，世俗的阿拉伯民族主义中已经被灌注了一种神圣性，而这种神圣性在其原本的伊斯兰语境中似乎已经不再合理了。但是对现代世界中压抑的世俗性，仍然通过对宗教权威进行各种形式的重申，进行着激烈的反抗。因此，在最近二十年左右，伊斯兰世界出现了强有力的复兴运动，重申伊斯兰教的权威以面对所有当前的挑战。在本书中无法对宗教体验在现代世界中被取代或者复兴所带来的社会学和社会心理学影响进行探讨，但是应该至少要记住这些现象。它们也是当代宗教思想家所处的社会环境的一部分。

新教的各种痛苦

不论你是否同意马克斯·韦伯有关新教改革及其后果在现代世界的形成中扮演着关键角色的观点，你几乎肯定不得不同意，除了历史性的因果关系，相比于其他宗教传统而言，新教以更大的规模与现代性对峙了更长的时间。如果韦伯确实是正确的，那么这种特殊关系便是你唯一可以期待的，因为在那样的情况下，新教是现在所知的现代性的首要塑造因素之一。如果韦伯错了或者只是部分正确，那么你可以将这种关系看做一种有趣的历史偶然，新教借此偶然地在西方世界的那些区域发展起来，现代性的力量，比如资本主义和工业革命，最为深刻地侵入了那些区域的社会和文化。就新教和现代性之间具有特殊联系这一点来说，它和世俗化之间也有着这样的联系。因此，贯穿整个十九世纪，大部分新教神学都是与各种形式的世俗思想和世俗意识所进行的持续对峙。这种对峙关系中最为引人注目的一个方面是，正是从新教中诞生了现代的圣经研究，也由此产生了一种历史上前所未有的情形，即被正式认定为一种宗教传统代表的学者，转变成了针对该传统的神圣经卷具有尖锐批判性的认知装置。这其中有着知识英雄主义的性质。但是，就算如此，其他任何宗教传统也都没有在同样的程度上经历过来自现代世俗性的挑战。因此，同样在十九世纪，罗马天主教对现代世俗性的总体立场是（也许是英雄般的）进行反抗。只是到了 20 世纪，特别是第二次梵蒂冈大公会议以来，在罗马天主教群体中才出现了类似的对峙。毫不意外地，这些最近发生的事件中，有些显得像是一种"新教化"（Protestantization），大量的罗马天主教神学家经受了认知上的痛苦，而他们在新教中的同行们对此早就非常熟悉了。

由此可以看出，新教神学的历史是宗教传统与现代性之间对峙关系的一个范式。无须多说，这并不一定是个积极的陈述。其他宗教可以从新教的范式中学习，但是不一定要对其进行模仿或者重复。新教所具有的范式性特征，是本书接下来要把对神学选择的讨论集中在新教例子上的唯一原因。换言之，如果现代性是一种认知状态，那么新教徒们已经和它斗争了很长时间，而这一斗争的状况对于其他进入同样状态的宗教传统来说是具有指导性的。在这个意义上，也只在这个意义上，你甚至可以用保罗·田立克（Paul Tillich）① 的话"新教时代"（the Protestant era）来指称宗教史的现代阶段。

顺带一提，也正出于这个原因，带有极其独特的多元主义的美国的情形，构成了范式之内的一种范式。塔尔科特·帕森斯把美国称作"带头社会"（lead society）。这一描述绝不应该被理解为爱国主义的自吹自擂；它只是指出某些现代化力量在美国比在其他地方走得更远——最重要的是，多元主义也是如此。在美国，存在着多元化、"新教化"（Protestanti-zation）、和世俗化并存的局面，导致"教派"（denomination）这一独特的美国式创新的出现——正如理查德·尼布尔所指出的，教派是一种社会宗教实体，它已经多多少少优雅地接受了在一个多元化情境中与其他教派共存的状态。对于这一美国式的情境是如何在通常以神学上的折磨为特征的过程中"新教化"了天主教徒和犹太人，约翰·默里·卡迪西在最近才对其进行了最具说服力的论证。

就此而言，在美国的东正教是个很有趣的例子。在美国的东正教基督徒数量和犹太教徒大体相当。然而，和犹太教不同的是，在美国，东正教对其他宗教而言，基本保持着隐形的状态，以致威尔·赫伯格在他迄今为止对于美国宗教"三重熔炉"的经典研究中，把它仅仅描绘为"新教徒、天主教徒、犹太教徒"，完全忽视了东正教的存在。当然，其原因不难找到。美国的犹太教徒果断地摆脱了族群"遏制"，而美国的正教徒则直到近年来都仍然居住在许多族群飞地之中（希腊人、斯拉夫人等等）。也正因为如此，他们得以远远地逃开了"新教化"的颠覆性作用。但现在这种情况正在发生变化。1970 年，俄罗斯正教会（the Russian Orthodox Church）曾经的一支分出来，组成了美国正教会（the Orthodox Church in America）。用正教会的术语来说，这完全不是那么了不起的事——不过是

---

① 保罗·田立克（Paul Tillich），出生于德国的美国神学教授，被誉为"本世纪最杰出的神学家和宗教哲学家"，对现代人切身的问题都有讨论，神学立场处于自由主义和新正宗派之间。——译者注

又一个全国性东正教团体宣称自己是"自主教会"（autocephaly）①罢了。事实上，这种变化是具有革命性意义的，因为现在，在美国首次出现了一个不再以族群为基础进行划定的正教会，使用英语作为其礼拜时使用的语言，并且是一个在美国的宗教版图上，有着强烈自我意识的泛正教（pan-Orthodox）组织。你目前只能推测一下，当这些正教徒手捧圣像，身着祭服，前进到美国宗教的舞台中央时，会发生什么。如果你假设他们在那里所遇到的就是他们的前辈，从清教徒到犹太教徒，所遭遇的——多元化以及由此带来的新教范式的存续及认知困境，那么你的想法不会有什么差错。

但是，正如在前一章中所论述过的，当今的多元化是一个世界性的现象，是伴随着更宽泛的现代化进程所出现的现象（尽管二者并不总是同时出现）。因此，每种宗教传统，无论是西方的还是非西方的，迟早都必须与之面对——也因此要面对新教的各种痛苦体验。你现在可以带着些许讽刺，回想一下十九世纪新教向外大规模传教时期，那种抱着必胜信念的普世主义，那时整个世界都是传播福音的天地，[用雷金纳德·希伯（Reginald Heber）②著名的传教赞美诗中的话来说就是]"从格陵兰岛冰雪覆盖的山脉到印度的珊瑚礁"。历史是对无意造成的结果的记录。以一种看似矛盾的方式，这个世界确实变成了"新教的"，尽管那些从欧洲和美国出发远航，双唇间吟唱着这首赞美诗的勇敢的传教士们不太可能这么认为。因此在一次由新教色彩非常浓厚的普世教会协会（World Council of Churches）组织的跨宗教对话会议上，K. 西瓦拉曼（Kottakkal Sivaraman）③得以代表"印度的珊瑚礁"说出这些话："作为其宗教传统的发言人和拥护者的印度教徒……发现自己面临着两项不同的任务：他不得不

---

① Autocephaly，即东正教自主教会，是东正教级别最高的独立教会，所有自主教会都不受其他教会管辖。东正教最早的四个自主教会位于罗马帝国的四个重要的东方城市，即君士坦丁堡、亚历山大、耶路撒冷和安提阿。后来，俄罗斯正教会也取得了与它们同等的地位。比自主教会低一级的是自治教会，它们由某一自主教会的领袖管辖。现在东正教共有 15 个自主教会。——译者注

② 雷金纳德·希伯（Reginald Heber），英国牧师、旅行家、书札和赞美诗作者，后被祝圣为加尔各答主教。——译者注

③ K. 西瓦拉曼（Kottakkal Sivaraman），表演印度西南部喀拉拉邦的古典舞剧卡塔卡利（Kathakali）的大师，革命性地改革了舞剧中女性角色的演绎手法。——译者注

界定并捍卫他所'代表'的信仰模式,在这项任务中,他的'当下'比他所珍爱的过去要多一些;他也不得不参与到一个过程中,以协调其处于另一个进程中的过去,在那个进程中,他的过去无法察觉地让位于无可避免的现在。"真是"新教"的语言!当你观察到印度教以及其他非西方宗教,现在正起劲地回敬新教的向外传教时,就会觉得形势变得甚至更加具有讽刺性了——它们正在向基督徒和犹太教徒传播福音,从加利福尼亚冰雪覆盖的山脉到长岛并非珊瑚礁的海滨。新教式疾病已经变成了覆盖整个地球的流行病。

宗教思想的三种选择

在多元化情境下,宗教思想面临着三种基本选择。它们在本文中将被称为演绎式的(deductive),削减式的(reductive),和归纳式的(inductive)选择,这本书余下的大部分篇幅都将对这三者进行探究。但是需要现在就指出的一点是:前面提到的选择都是类型化的,而且并未假设这些类型就穷尽了所有可能,或者适合现存的每一种神学表达。现在,有充分的理由认为,任何发明了另一种用以纳入各种神学的分类方法的人,都应该被马上从与之有关的像样对话中驱逐出去——特别是如果那种分类方法由三个部分组成,而且还有着朗朗上口的名字的话!令人遗憾的是,没有任何试图搞清现代神学(或者,就此而论,任何其他在智识上为之努力的领域,并且对其有着大量的不同表达)的人未曾尝试进行某种分类;否则单单是现象的多样性和复杂性就会挫败任何进行理解的努力。你一旦开始进行分类,它们很可能也分为三个部分,还有着容易记忆的名字。所有这些,都不过是对马克斯·韦伯就其所说的"理想型"(ideal types)给出的预警中适用于本文的部分所进行的另一种表述:世界上并不存在这样的一种类型;它总归是一种智识上的构建罢了。因此,永远不可能发现它以纯粹形式出现,而且总有无法适用的例子存在。但是这没关系。只要分类法有助于区分现实生活中存在的例子,并从而使理解和解释都变为可能,那么它就是有用的。所以,只有当分类法被实际应用的时候,才能确立它的有用性,因此反对分类法的人此刻就需要控制一下他的恼怒。

演绎式的选择,是在面对现代世俗性的时候,重申宗教传统的权威。

这种传统因而重新获得了基准、先验的地位，那么也就有可能从它推演出对宗教的确信（religious affirmation），至少会多少起到前现代时期的规范那样的作用。在下一章中我们会展开讨论，要重申传统的权威有很不同的方式。不论采取什么方式，采用这一选项的个体所经历的自我，是对一个完全不受其自身社会历史情境的相对化所影响、有着至高独立性的宗教现实做出回应的自我。在基督教语境中（在犹太教或者伊斯兰教语境中也是一样），他再一次面对的是源自"Deus dixit"（神说）这个词组中的庄严权威——通过经文和对其中所含信息的不断宣告，神再一次对人说话，并因此持续地对当代人说话，正如他在宗教传统起始之时，向先知和使者们现身并讲话一样。演绎式选择通过再一次提供带有正确性的客观标准的宗教思考，而具有认知上的优势。主要的劣势则在于，在现代情境下，难以维系这个过程的主观似然性。

削减式选择是从现代世俗性的角度重新诠释宗教传统，现代世俗性则反过来被当作了参与现代意识的一个不可抗拒的必要因素。当然，这种做法也有程度上的区别。因此，比如说，任何人使用现代的历史研究方法，这么做本身就是在对宗教传统进行世俗化，因为这些学术研究工具本身就是现代世俗意识的产物。然而，削减式选择的标志性特征，比起采用这样或那样的现代知识工具而言要更加激进。它可以说是一种权威的交换：现代思想或意识的权威取代了传统的权威，旧时代的 Deus dixit（神说）被同样绝对的 Homo modernus dixit（现代人说）所取代。换言之，现代意识及其所声称的范畴变成了对宗教思考的正确性进行判断的唯一标准。这些标准也被给予了一个客观的地位，在这个范围内，那些做出这个选择的人，对一个现代人什么"允许"说，什么"不允许"说的问题，容易具有非常清楚的认识。选取这个选项，就开启了一个认知程序，通过这个程序，源自传统的确定认知被系统地翻译成在现代世俗性的框架中所"得到许可的"语言。这个选项的主要优势是，它削减了认知不和谐，或者似乎是这样。主要的劣势是传统，及其全部宗教内容，容易在世俗化翻译的过程中消失或者分解。

归纳式选项则转向经验，将之作为所有宗教确信的基础——包括个人自己的经验，无论其可能性所属的范畴为何，以及存在于传统的特定范围之内的经验。这个范畴可能具有不同的广度——最小局限到个人自己的传统，或者最大延展到将人类宗教历史所存的全部记录包含在内。在任何情况下，此处的归纳都意味着宗教传统被理解为有关宗教体验以及从其衍生出来的洞见的证据实体。在这一选项中所蕴含的是一种经过深思熟虑的经验性态度，一种进行权衡和评估的心境——不一定非要是冷淡或不带感情色彩的，而是不愿意通过援引任何权威——不是这样或那样的传统的 *Deux dixit*（神说）的权威，也非现代思想或意识的权威——强行终止对宗教真理所进行的探索。这一选项的优势在于其所具有的开明思想，以及通常源自于对真理的问题采取的非权威性进路所带来的新鲜感。劣势，不用说，就是那种开明的思想容易和没有定论联系在一起，而这却无法满足内心深处对确定性的宗教性渴求。取代宣言的假说和宗教的本性是极不相投的。

除去这一劣势（正如之后要论证的那样，这一点并不一定是致命的），本书基于这样的一个信念，即，第三种选择是唯一保证了面对并克服现代情境所带来的挑战的选项。当然了，也必须要对这一论点进行阐释。但是现在就该说清楚为什么本章中有关宗教体验、传统和反思之间关系的阐释是必要的。如果不弄清其中的区别，归纳式选择甚至不会被纳入考量。如果宗教只被当作一个理论命题的体系，那么现代性所具有的相对化效果是不可抵挡的。如果是那样的话，那么似然性结构的替换就必然带来认知权威的替换。或者，如果你更喜欢这么说的话，世俗教义接手了传统宗教教条不再合理的区域。另一方面，在本章中所弄清的区别，使得一个不同的质疑途径成为可能，使得一种对于潜藏在这样或那样宗教传统、由宗教思考带来的这样或那样的理论命题体系背后或其下的体验的寻求成为可能。归纳式选择意味着在面对这个领域中的人类体验的记述时，采取一种审慎的单纯态度，尽可能地不带有教条式的偏见，去尝试抓住这些体验的核心内容。在这个意义上，归纳式选择是现象学的。它具有的这种单纯，和胡塞尔在他著名的给哲学家们的行军令中所说的一样："*Zurück zu den Sachen*！"——可以粗粗翻译为"回到事物原本的样子！"（Back to things as they are!）

归纳式选择植根于现代情境及其所带来的异端的律令。确实，这是对那律令最充分的接纳。但是将现代性上升到一个新权威的位置上，却并非该选项的一部分，而这正是对它和削减式选择进行区分的最为根本的一点。对现代性的体验也是证据的一部分——不多，也不少。所以，对待现代性的态度就既非谴责，也非欢庆。如果是什么的话，就是一种疏离。这种态度为抵御倒退的恋旧情怀和革命性的热情过头提供了一些保障。这并非极为简单的态度。归纳式选择常常终于削减论，或者另一种情况是，它对宗教渴求无法满足会导致向旧有的确定性投降。然而它提供了一种非常独特的内在解放的体验（其本身可能处于严格意义上的宗教体验的边缘地带中）。

把从权威向体验的转向作为宗教思考的焦点，当然绝不是什么新鲜事。至少自弗里德里希·施莱尔马赫以来，这就已经是新教神学自由主义的标志了。不需要赞成施莱尔马赫的思想的每一个方面才能对他执行这一转向的大胆表示钦佩。也不需要赞同这一派思想漫长历史中的每一个转折才能认同其基本意图。然而，认同归纳式选择的同时，本书也认同新教神学自由主义的基本意图——完全无须任何辩解。不过这里应该再回想一下前文中有关新教范式的内容。现代性已经变成了进行宗教反思的普遍语境，在同样的范畴中，新教为应对现代性所做的努力也是有着普遍利害关系的。尽管归纳式选择一直是新教神学自由主义的一个中心主旨，但它自然不是一个只限于新教徒的选项。正如对于天主教徒、犹太教徒、穆斯林、佛教徒，以及其他任何已经进入现代世界的团体而言（或者更准确点说，对现代世界已经降临到他们身上的人们而言），重置传统权威和世俗化是供其选择的选项一样，对任何关注宗教所处的现代窘境的人来说，新教面对现代性所做的认知练习自会显示出和他们高度相关。套用教皇庇护十一的话来说，"今天我们都是新教徒"。这一表述并非带有团体优越感的自夸。它是一种威胁，一首挽歌，也是对希望的一种迟疑的表达。

第 8 章　世俗化进程[①]

到目前为止，这些思考一直是在进行一种十分宽泛的理论化练习。引用史料只是为了说明具有普遍性的理论观点，而非对后者进行具体的"应用"，更不用说"证实"它们了。当然了，具有如此高普遍性的理论究竟能在何种程度上得到"证实"，并且因此，它们在实证学科的论述范围内到底有没有一席之地，都是在社会科学中尚有讨论余地的问题。这不是对此种方法论问题进行讨论的适当场合，而且就本书的目的而言，前文该被视作社会学家自己著作的绪论，还是其本身就可以被授予社会学理论这个荣誉称号，其实都不重要。当然，很明显我们倾向于更加豁达一些的看法，允许把我们的思考看作社会学理论，而非附赠的序言。不论如何，不管你认为严格意义上的社会学研究是什么，看看这些理论视角是否有助于澄清任何既定的经验—历史情境，或者说，看看这些理论是否能够被"应用"，总是有帮助的。那么，在本章以及之后的两章中，我们将试图立足于我们的理论视角所提供的制高点，对当代的宗教形势加以审视。不用说，我们无意宣称，本书中就该形势所说的全部内容都源于我们自己的理论观点。各种理论和实证的源泉构成了我们这部分陈述的基础。然而，我们坚持认为，前述的理论观点从一种新的角度来观察当代宗教形势的不同侧面，而且可能还向社会学研究揭示了之前曾经被忽略的一些方面，这就已经展现了它的功用。

"世俗化"这个术语曾有一段略带冒险的历史。它本来是在宗教战争开始的时候，用来指领土或者财产脱离教会权威的控制。在罗马教会法

[①] 本章及下一章均选自 *The Sacred Canopy: Elements of a Sociological Theory of Religion*. Garden City, N. Y., Anchor Press, 1990。——译者注

中，同一个术语变成了表示有教会职务的人回归"世界"。在这两种用法中，不论在具体的实例中有什么争议，这个术语都可以被用来进行纯粹的描述而不带价值判断。当然，自更晚近的时代以来，这个词的用法当然就不是这样了。"世俗化"这个术语已经被用作一个意识形态概念，充满了时而正面时而负面的价值判断内涵，其派生词"世俗主义"（secularism）就更是如此了。在反教权和"进步的"圈子里，这个词逐渐代表了现代人从宗教监管中获得解放，而在和传统教会有联系的圈子里，它却被攻击为"去基督教化""异教化"等等。这两种充满了意识形态意味的视角，对同一种经验现象有着相反的价值指标，饶有兴味的是，它们出现在了分别受马克思主义和基督教思想启发的宗教社会学家的著作中。自第二次世界大战以来，许多神学家，其中又以接受了迪特里希·朋霍费尔（Dietrich Bonhoeffer）① 后期一些思想的新教神学家为主，已经扭转了之前基督教对于"世俗化"的评价，并且称颂它实现了基督教本身的关键主旨，但这一事实并未厘清对"世俗化"这一术语的使用。由于这种意识形态上的狂热，这一立场已经得到了进一步发展，认为该术语就算不是彻底毫无意义，也应该因为其令人困惑而被抛弃。

我们不同意这种立场，尽管它所立足的意识形态分析是有合理性的。"世俗化"这个术语指的是在现代西方历史上，可以用经验方法观察到的一些具有重大意义的进程。当然了，不论这些进程将受到谴责或欢迎，都与历史学家或社会学家的话语世界无关。实际上不用耗费太大努力，就可以描述这种经验现象，而不采取一种价值判断的立场。我们也可以探求其历史根源，包括它与基督教的历史联系，而不去断言这究竟代表了后者的完满还是退化。有鉴于神学家们之间当下所进行的讨论，对这一观点应该进行着重强调。坚持认为在基督教和现代世界的某些特征之间存在着历史性的因果关系是一回事。而说现代世界，包括其世俗特征在内，"因此"必须被看做对基督教的某种合乎逻辑的实现，则是完全不同的另一回事。就这二者之间的联系而言，记住这一点是有益的：大多数历史性联系都是具有讽刺意味的，或者换种说法，历史进程和作为其成因的观念的内在逻

---

① 迪特里希·朋霍费尔（Dietrich Bonhoeffer），著名德国基督教神学家，因反对纳粹而被处死，其代表作《狱中书简》对"世俗神学"有着很大的影响。——译者注

辑之间关系不大。

就本文的目的而言，不难对世俗化下一个简单的定义。我们所说的世俗化，指的是社会和文化的一些部分摆脱宗教机构和符号的控制的过程。当我们谈论现代西方历史上的社会和机构的时候，当然了，世俗化就表现为基督教会从之前处于其控制或影响之下的领域中撤离——比如政教分离，或者征用教会地产，或者教育从教会权威之下获得解放。然而，当我们谈到文化和象征符号时，我们认为世俗化不仅是一种社会结构性的过程。它影响着整个文化生活和观念化过程，而且可以从艺术、哲学、文学中宗教内容的衰落，以及最重要的，从科学作为一种自主的、完全世俗的观察世界的角度的兴起中观察到它。此外，这还意味着世俗化进程还有着主观的一面。正如存在着社会和文化的世俗化一样，还存在着意识的世俗化。简单说来，这意味着现代西方造就了一批数目不断增长的个人，他们在看待世界和自己生活时没有来自宗教诠释的帮助。

尽管世俗化可以被视为现代社会的一种全球性现象，但是它在各个社会中的分布并不是均匀的。不同的人群受到了不同的影响。因此人们已经发现，就受到世俗化影响的程度来说，通常男人强于女人，中年人强于小孩和老人，城市强于农村，与现代工业生产直接相关的阶层（特别是工人阶级）强于那些更加传统的职业阶层（比如工匠或者小店主），新教徒和犹太教徒强于天主教徒，等等。至少就欧洲而言，基于这些数据，我们可以比较有把握地说，与教会相关联的宗教性在现代工业社会的边缘地带最强（也因此，至少，社会结构的世俗化也就最弱），这里所说的边缘地带，是就边缘阶层（比如以前的小资产阶级的残余部分）以及边缘化的个人（比如那些被从工作中淘汰的人）两方面而言的。然而美国的形势却不同，那里的教会仍然占据着比较核心的象征性地位，但是也可以争辩说，它们通过将自己变得高度世俗化，才成功地保住了这个位置，因此欧洲和美国的例子分别代表了全球性世俗化这同一个主题的两种变体。此外，世俗化力量现在似乎已经在西方化和现代化的过程中遍布整个世界。诚然，大部分可用的数据都与世俗化在社会结构方面的表现相关，而非意识的世俗化，但是我们已有足够的数据表明后者大量存在于当代西方。我们无法在此深究这样一个有趣的问题，即在何种程度上两个世俗化维度之间会出现（可以说）不对称，以至于不仅可能在传统宗教机构内部存在着意识的世俗化，而且还可能宗教意识的传统主题在其从前所存在的机构语境之外或多或少地得以延续。

如果出于启发的目的，我们对世俗化问题采取了一种流行病学式的观点，那么很自然就会问问它的"载体"是什么。换言之，何种社会文化进程以及群体充当了世俗化的传播媒介或中介物呢？跳出西方文明来看（比如说，在一个对此关切的印度教传统主义者看来），答案显然是正在传播到世界各地的整个西方文明（从那个角度看来，几乎用不着强调，共产主义和现代民族主义与它们的"帝国主义"先驱一样，都是西方化的表现形式）。从西方文明内部来看（比如说，在一个担忧的西班牙乡村教士看来），世俗化最初的"载体"是现代经济过程，即，工业资本主义的运动。诚然，也许是这一运动的"次级"效应构成了最直接的问题（比如现代大众传媒中具有世俗化效果的内容，或者由现代交通工具带来的一大批各色游客所产生的影响）。但是不必花费多少时间，就能把这些"次级"效应的源头追溯到向外扩张的资本主义工业经济。在西方世界中那些工业制度采取了社会主义组织形态的地区，与工业生产过程以及随之而来的生活方式之间的紧密程度，仍然是世俗化的首要决定因素。今天似乎正是工业社会本身在起到世俗化作用，而其互有分歧的意识形态合法化版本，只是对全球世俗化进程所做的修正。因此，马克思主义政权的反宗教宣传和压制性措施自然影响到了世俗化进程（尽管，也许，这并非总是其肇始者的意图），正如许多非马克思主义政权的亲宗教政策一样。然而，似乎这两种政治意识形态上的态度都必须应对那些早于具体政策存在、并且政府对其只能进行有限管制的基本社会力量。当我们看到从社会主义国家和非社会主义国家中得出了非常近似的社会学数据（比如，关于工人阶级的世俗性和农民的宗教性的数据），马克思主义观察家们把它们用作哀叹"科学无神论"的煽动效果有限的证据，而基督教观察家们则用它们来痛惜传播福音的失败，这种时候事态就变得明显得有点可笑了，以致你会想要建议这两个团体也许能聚在一起，相互安慰。

我们认为，一个具有如此规模的历史现象不能用任何单一的原因来解释，这是不证自明的。因此我们无意诋毁任何被认为是世俗化成因的因素（比如现代科学的普遍影响之类）。我们在本书中也无意对其成因进行等级排序。然而，我们有兴趣知道，在多大程度上西方宗教传统其本身可能就带有世俗化的种子。如果这种说法成立，正如我们所料想的，那么从我们的系统性思考出发，应该可以很清楚地看到，宗教因素不能被认为是脱离其他因素而孤立运作的，相反，它和社会生活中的"实践"基础之间有着持续发展的辩证关系。换言之，没什么能比对世俗化提出一种"唯心主义的"解释离我们的思路更远的了。还有一点也很清楚，就是任何对西方宗教传统世俗化结果的论证，都没有告诉我们那些奠定并发扬这一传统的人们的意图。

疑心基督教和现代西方世界的特征之间存在着内在联系，这种想法并不新鲜。至少自黑格尔以来，这种联系就反复地被历史学家们、哲学家们、神学家们所肯定，尽管，当然了，他们对此的评价相差甚远。因此，可以把现代世界诠释为对基督教精神的更高的实现形态（正如黑格尔所做的解释），或者可以把基督教认为是要对现代世界所处的据说是可悲的境地负责的首要病因（正如，比如说，叔本华和尼采所说）。认为新教在奠定现代世界的过程中扮演了一个特殊角色的看法，当然了，在过去的五十多年中一直是社会学家和历史学家们所广为讨论的话题。不过，在这里简要地总结一下这一看法也许还是有帮助的。

如果和天主教宇宙的"圆满"相比，新教似乎是一种彻底的削减，以在宗教内容方面的巨大财富为代价，精减到了只剩"基本"。加尔文宗尤其如此，但是在很大程度上路德宗甚至安立甘宗改革也都是如此。我们的陈述，当然了，只是描述性的——对于天主教的圆满或新教对福音的精减，在神学上有什么样的辩护，我们都不感兴趣。然而，如果我们更加仔细地看看这两种宗教体系，我们就会发现，和天主教对手相比，可以用神圣性的范围在现实中急剧缩减来描述新教。圣礼的使用被降到最低程度，而且不仅如此，还又剥夺了它的神秘性。弥撒的神迹彻底消失殆尽。不那么常规的神迹就算没有被完全否定，也丧失了对于宗教生活的全部真实意义。让此世的天主教徒和圣徒以及实际上所有死者灵魂相连的巨大的代祷网络也就此消失。新教不再为死者祈祷了。虽然冒着一点简单化的风险，但是可以说新教尽可能地让自己脱离了与神圣性相伴生的三种最为古老也最为有力的现象——神秘、奇迹和魔法。"世界的去魅"很恰当地描述了这个过程。新教信徒不再生活在一个被神圣的存在和力量不断渗透的世界中。现实被两极化为极端超验的神性和极端"堕落"的人性，后者因此就是毫无神圣性的。在这两者之间存在着一个完全"自然的"宇宙，它肯定是神的造物，但是其本身并没有超自然存在的属性。换句话说，神的极端超验性面对着一个具有极端内向性、对神圣性处于"封闭状态"的宇宙。从宗教角度来说，世界的确变得非常孤独。

在天主教徒所生活的世界中，神圣性被通过各种渠道传达给他——教会的圣礼、圣徒的代祷、反复通过奇迹喷涌而出的"超自然"力量——在可见和不可见的东西之间存在着无边的连续性。新教废止了这些中间媒介中的大部分。它打破了这种连续性，切断了天堂与人间之间的脐带，也由此以一种前所未有的方式，迫使人依靠自己。不用说，这并非它的本意。它只是剥去了世界的神性，以强调超验的神身上可畏的庄严，它把人扔进完全的"堕落"之中，只是为了让他们打开自我，接受神至高无上的恩典的干预，这种干预也就是新教的宇宙中唯一真实的神迹。然而，这样做的过程中，人和神圣性之间的关系就被限制在一条极窄的渠道内，那就是神的话语［不应该把它和基要主义的圣经概念等同起来，而要和来自神之恩典的独一无二的救赎作为等同起来——路德宗的信仰告白中所说的"唯有恩典"（*sola gratia*）］。只要这一概念的似然性得以维持，当然了，世俗化就能被有效地控制住，尽管其所有成分都已经在新教的宇宙中呈现出来了。但是，只需要切断这一条狭窄的中介渠道，就能打开世俗化的闸门。换句话说，除了这一条渠道之外，在一位极端超验的神和一个具有极端内向性的人类世界"之间"什么都没留下，那么人类世界就会沦入不具有似然性的境地，只留下一个经验现实，在那里，确实"上帝死了"。然后，这一现实在思想和行为两方面都变得容易受到系统而又理性的渗透，我们认为这种渗透是和现代科学技术相关的。没有天使的天空向天文学家以及最终向宇航员的介入敞开了大门。所以，也许可以坚持认为，不论其他因素有多重要，新教才是世俗化那具有历史决定性的序章。

如果对新教和世俗化之间的历史联系所做的这种诠释被接受的话（这大概是今天大多数学术观点所持的立场），那么就不可避免地出现了这个问题：新教的世俗化能力是一个新事物，还是根源于圣经传统中更早的因素。我们认为后一种答案是正确的，世俗化的根源的确可以在古代以色列最早的宗教源泉中找到。换言之，我们坚持认为"世界的去魅"开始于圣经旧约。

要正确评价这一立场，你必须把古代以色列放在这样的一个文化语境中考察：它从这种文化中生长起来，然后把自己界定为是反对这种文化的。尽管低估这些文化之间巨大的差异是错误的（尤其是埃及和美索不达米亚这两个文化中心之间的差异），但是它们之间也有一个被恰当地称作"宇宙论"的共同特点。这意味着将人类世界（即，我们今天称为文化和社会的一切）理解为镶嵌在包罗整个宇宙的一种宇宙秩序之中。这种秩序不仅没有在经验现实的人类和非人类（或者说"自然的"）范畴之间做出鲜明的现代式区分，而且，更重要的是，它假定在经验和超经验之间、人的世界和神的世界之间存在着连续性。这种连续性假定在人类事务和弥漫在整个宇宙的神圣力量之间有种持续的联系，它一次又一次地通过宗教仪式得到实现（不仅仅是再次加以肯定，而是严格意义上的重新确立）。例如，在古代美索不达米亚盛大的新年节日中，创世的场面不仅被再现出来（正如我们今天可以根据某种象征来理解的那样），而且随着人的生命被又一次带回其神性的源头而再度得以实现，成为一种现实。因此在"下界"这个人类层面所发生的一切，都在"上界"的神明层面有其对应，"现在"发生的一切也都和在"太初"所发生的宇宙事件相关联。在人类的小宇宙和神明的大宇宙之间存在的这种连续性，当然了，是可以被打断的，特别是被人类一方的恶行所打断。这些恶行可能是今天会被我们称作"不道德的"或者"罪恶的"那类行为，但也有可能是完全不同的一类行为，比如打破禁忌或者神圣仪式执行得不当。在这些情况下，宇宙秩序被"歪曲"了——必须通过恰当的仪式和符合道德的行为把它再次"纠正"过来。比如，违抗埃及神人一体的君主神王（god‐king）不仅是一种政治或者伦理上的恶行，而且扰乱了事物的宇宙秩序［埃及人称之为玛亚特（ma'at）①］，这有可能会影响尼罗河一年一度的泛滥，正如它会影响社会关系发挥正常作用或者边境的安全一样——那么，对它的

---

① 玛亚特（Ma'at），又译玛阿特、玛特，古埃及真理和正义的女神，是太阳神瑞的女儿、智慧之神托特的妻子。其象征物为鸵鸟羽毛。玛亚特在创世之时就奠定了神的秩序，其名字本身就拥有真理、平衡、秩序、法律、道德和正义等多种含义。玛亚特在阴间"杜阿特"（Duat）审判中有重要地位，古埃及人认为人死以后要受诸神的审判，天平一端放着死者的心脏，另一端放着玛亚特的雕像或她的象征鸵鸟羽毛作为砝码。若心脏比羽毛轻或等重，说明死者无罪；反之则说明有罪，鳄头狮身怪物阿米特就会将死者吞噬。——译者注

"纠正"就不仅是对恶行执行公正处罚的问题，还有在埃及这片土地和它所依赖的宇宙秩序之间重新确立恰当关系的问题。用之前讨论过两个术语来说，人类事务要通过宇宙化（cosmization）的途径不断地法则化①（nomize），就是说，要将人类事务带回其宇宙秩序之中使其法则化，而在此秩序之外就只剩混乱无序。

需要着重强调的一点是，这样的宇宙对于个人来说具有很大的安全性。反过来说，那是一个配备了非常有效的屏障以抵御无序状态的宇宙。这绝不是说可怕的事情就不会发生在个人身上，或者他一定会得到长久的幸福。它只是意味着不论发生了什么，不管多么可怕，它们都因为和事物的终极意义相连，所以它们是个人*可以理解的*。只有抓住了这一点，你才能理解为什么这一世界观的不同版本对于以色列民族有着长久的吸引力，即便是在他们自己的宗教发展已经决定性地与之决裂很久之后依然如此。因此，例如，把神娼制度（亚卫②的代言人们在数个世纪中一直对此予以强烈谴责）长久的吸引力说成是世俗的肉欲问题，这是很容易让人误解的。毕竟，我们可以假设周围有不少没有神圣性的妓女（似乎对此亚卫的反对声是很小的）。神娼制度的吸引力其实是出自一种纯粹的宗教热望，即，对于人与宇宙之间存在的连续性的怀念之情，这种情绪借由神圣的性行为，如圣礼一般被传达出来，具有深远意义的一点是，后来被纳入旧约正典的那些口头传说，把以色列的起源诠释为*两次出走*——以色列的先民们从美索不达米亚出走，以及在摩西的领导下从埃及大规模出走。以色列民族这种可为范本的出走不仅仅是一种地理上或政治上的迁移。相反，它构成了与整个宇宙的一次决裂。古代以色列宗教的核心，在于坚决摒弃埃及和美索不达米亚版本的宇宙秩序，而且这种摒弃的态度，当

---

① 法则化（nomize）一词源于 nomos，即社会和政治行为的临时法则（习惯或风俗），特别是在社会和历史过程中构建出来的。nomos 词源是希腊语 νόμος，指的不光是明确的法律，还有人们在日常行为中习以为常的规则和形式。卡尔·施密特（Carl Schmitt）1934 年最先使用这个术语，其后使用该词并产生广泛影响的学者便是贝格尔。贝格尔认为个人与社会之间存在由三个部分组成的辩证关系：外化、客体化和内化。在这个过程中，世界秩序在社会语境中逐渐被当成理所当然的存在，社会、集体和个人都参与了其中，这种世界和经验的秩序，就是 nomos。详情请参阅《神圣的帷幕》前几章，以及《现实的社会构建》部分内容。——译者注

② 亚卫（Yahweh），即耶和华（Jehovah），基督教的上帝。——译者注

然，也扩展到了前以色列时期的叙利亚—巴勒斯坦本土文化。亚卫引领以色列摆脱"埃及的肉锅"（fleshpots of Egypt）① 进入旷野，但"埃及的肉锅"是埃及文化的源头，代表了宇宙秩序的安全性，凌驾于其他一切之上。以色列认为自己是从古埃及孟菲斯神学（在许多方面，这种神学思想都充当了埃及文化的大宪章）的宇宙整体中分裂出来的，孟菲斯神学认同卜塔（Ptah）② 的神性——"因为万物皆出自于他，食物、给养、献给诸神的祭物，以及一切好东西，都出自于他"。以色列宗教对于这种神学的摒弃，可以从三个具有普遍意义的主题来分析——超验化、历史化和伦理的理性化。

《圣经》旧约假设有一位身处宇宙之外的神，他创造了这个宇宙，但同时也要与之对抗且无法渗入其中。在古代以色列的宗教发展过程中，这个我们今天认为和犹太教—基督教的一神论传统相关的神的概念是在哪一个点上出现的，并不容易确定。我们发现最晚不超过八世纪③，这个概念充分地已经充分发展起来，并和古代近东地区的一般宗教观念大相径庭。这位神极端地超验，不和任何自然或人类现象挂钩。他不仅是世界的造物主，而且是独一真神——如果不是唯一存在的神的话，至少也是唯一一位对以色列民族重要的神。他现身的时候没有伴侣或子嗣，也没有任何众神序列的簇拥。此外，这位神的行动

---

① "埃及的肉锅"（fleshpots of Egypt）出现在《圣经》旧约《出埃及记》16章第3节，说："巴不得我们早死在埃及地耶和华的手下；那时我们坐在肉锅旁边，吃得饱足。你们将我们领出来，到这旷野，是要叫这全会众都饿死啊！"《圣经》中这段话的背景是以色列人在埃及吃饱喝足，而在旷野中却忍饥挨饿，于是向摩西发怨言。此处"肉锅"代表了他们在埃及享受到的一切物质的此世的诱感，也因此后文才会说"肉锅"是古埃及文化的根源，因为古埃及文化更多地强调现世的享受。到大约16世纪的英国，该词开始与肉欲相关，多用来指卖淫场所或奢侈糜烂之地。在本文中，它指涉的是《圣经》原本的含义。——译者注

② 卜塔（Ptah）是古埃及孟斐斯地区所信仰的造物神，而后演变成工匠与艺术家的保护者，形象为一木乃伊，他的妻子是赛克迈特。卜塔放于神庙内殿的基座上。头部被带紧裹，身体被木乃伊包布绑缚。只有双手未被束缚，握持着象征生命（安卡），稳定（节德）与全能的复合权杖。在孟斐斯，自远古时他就受到崇拜，在法老加冕的北方古都，卜塔作为统治神，一直位列至尊，那儿所有的东西都是出自卜塔的"心"和"舌头"。在古埃及的神祇中，他位列第三，仅次阿蒙和拉，但在受自己祭司尊敬方面更甚前两位神祇，祭司们宣称他是宇宙的巨匠造物主，用双手造世界。——译者注

③ 此处应为公元前8世纪。——译者注

是历史性而非宇宙性的①,尤其是在(尽管不是只在)以色列的历史中行动,而且他是一位有着极高伦理要求的神。但是即便我们无法把早期的以色列神的概念和我们在成书于公元前8世纪的《阿摩司书》、《何西阿书》和《以赛亚书》②中所表达的神的概念完全等同起来,但是有一些特征明显是在最早的时候就具有的,也许比以色列部落来到巴勒斯坦还要早。亚卫,不论在被以色列人"收养"之前可能是什么样子(当然了,以色列人认为这是本民族被神所收养的过程),对以色列人而言,他都是来自遥远地方的神。他并非"天然"就和以色列人相联系的本地或本部落神明,而是一位"人为地"与以色列人联系起来的神,也就是经过历史过程才与之相关联的神。这种联系是通过亚卫和以色列人之间立约而奠定的,这种关系势必需要以色列人承担非常具体的义务,而且如果不能履行这些义务,这种关系就会被解除(这,事实上就是八世纪的预言中所包含的可怕信息)。亚卫因此是一位"有流动性的"神,他不受空间或制度的约束——他曾选择巴勒斯坦作为以色列的领地,但又不被束缚其上——他曾选择扫罗和大卫作为统治以色列的君王,但这种君主制又绝非在埃及甚或(经过修正的)美索不达米亚地区那种意义上的神王制。亚卫的这种"流动性"清楚地体现在了约柜的可携带性上,约柜不仅被"偶然地"寄放在这个或那个圣所中,而且甚至当它最后被安放在耶路撒冷的神殿中时,也不能把这座神殿视作亚卫必然居住之所(这造成的极为重要的后果是,以色列人经受住了耶路撒冷两次被毁,第一次是巴比伦人,第二次是罗马人,尽管两次形式不同)。这位神要求献祭,但又并不依赖于它。所以他从根本上是免受魔法操纵的。

神在旧约中的极端超验化,可以准确地从那些纳入了以色列以外的宗教元素的地方看出来。一个很好的例子是《创世纪》第一章中创世的故事,它结合了不少来自美索不达米亚神话中的天体演化元素。不管这在宗教历史学家看来多么有趣,即便和伟大的阿卡德语创世史诗《埃努玛·

---

① 所谓历史性是指以色列的神的行为是有时间性、延续一段历史时期且影响历史进程的,而不同于古代近东地区的其他宗教中的神一样,在时间意义上处于相对静止的状态,在完成自己角色的使命后(如创造天地等)就主要成为一种静止的、对宇宙秩序的象征符号。——译者注

② 此三者均为《圣经》旧约中的篇章名称。——译者注

埃利什》（Enuma Elish）①只进行粗略的比较，也能看出这些天体演化的元素在以色列的改编者手中所发生的变化。在《埃努玛·埃利什》中，我们会发现一个描述诸神及其作为的华丽世界——而这边只有创世神孤独的行动。那边厢，创造的神力从太初的混沌中迸发出来——这边厢，在神之前空无一物，神的创造是一切的开端，混沌（即《创世纪》文本中的tohu vavohu）弱化为单纯地被动等待着神的作为。即便在《创世纪》文本中保留着神话名字——tehom，笼罩着黑暗的"深渊"，美索不达米亚神话中的女神迪亚马特（Tiamat）②的希伯来语同源词，从迪亚马特的水中孕育了诸神——一点毫无疑义的蛛丝马迹的地方，它也被弱化归入了抽象的形而上的类别之中。而且具有重大意义的一点是，《创世纪》的叙述终于人的创造，而人是完全不同于所有其他造物的，就是说，人不仅和神，而且和其他造物之间都有着显著的不连续性。我们发现此处非常清晰地表达出了，在圣经传统中存在于超验的神和人之间根本的两极化，而且他们之间还横亘着一个完全"去神话化"的宇宙。

历史化的主题已经暗含于这一两极分化当中了。被剥去了从神话角度构想出来的神力的世界，一方面成为神伟大作为的舞台［即神施行救赎的神圣历史（Heilsgeschichte）的舞台］，另一方面又是极其个人化的人类

---

① 《埃努玛·埃利什》是巴比伦的创世史诗，名字取于史诗起首句。"埃努玛·埃利什"是阿卡德语，可译作"天之高兮"或"当在最高之处时"。此史诗是由奥斯丁·亨利·莱亚德于1848年至1876年在尼尼微亚述巴尼拔图书馆的遗址（该处在伊拉克摩苏尔）发现。对于了解巴比伦尼亚人的世界观，《埃努玛·埃利什》是一部极为最重要的文献，当中描写了巴比伦主神马尔杜克的伟大事迹，以及众神创造人类以为他们服务的经过。然而，创作这篇史诗的主要目的并不是阐明神学观点及神祇的族谱，而是提高马尔杜克的地位，令他成为凌驾于其他美索不达米亚神祇的主神。阿卡德语（Akkadian）是古代美索不达米亚地区使用的一种亚非语系闪族语言。作为已知最早的闪族语言，阿卡德语使用源于古苏美尔语的楔形文字书写。该语言得名于两河文明名城阿卡德。——译者注

② 迪亚马特是古代巴比伦神话里的女神，也是孕育出所有神明的地母神。"迪亚马特"这个名字有"苦水（盐水）"之意，与之对照的，她的伴侣神阿普斯则意为"甜水（淡水）"。阿普斯和迪亚马特结合，生出了大量的神明。后来阿普斯厌倦了和自己的孩子共同生活，想鼓动迪亚马特把孩子们都杀死，但是迪亚马特反过来把这个计划告诉了自己的孩子，以埃尔为首的众神便反而将阿普斯杀死，尊迪亚马特为太母。后来埃尔对权力的欲望越来越强，便要求迪亚马特让出宝座，激怒了迪亚马特，双方开战。埃尔之子马尔杜克神勇无敌，连迪亚马特都无法抵挡，终于被马尔杜克杀死。马尔杜克一剑把迪亚马特劈为两半，一半为天，一半为地，她的乳房变为高山，旁边生出泉水，双眼化为幼发拉底河和底格里斯河，成为世界的基石。——译者注

行为的舞台（即"凡俗历史"的舞台），这些高度个人化的人在圣经旧约当中所占的篇幅之多，在古代宗教文献中是独一无二的。从最早的原始材料到正典汇编，以色列人的信仰都是具有历史意义的。它首先指涉的是一系列具体的历史事件——出埃及，在西奈山立约，取得神应许的迦南美地。因此古代以色列第一条为人所知的"信经"，现在被包含在《申命记》第26章5至9节中的文本，不过是对历史事件的详细叙述，全部，当然了，都被归于神的作为。可以不过分夸大地说，整个旧约——律法书（摩西五经）（Torah）、先知书（prophets）和典籍（writings）——不过就是对这一信条加以卷帙浩繁的详细展开。现在包含在旧约中的篇章，几乎没有缺乏历史导向的，这种导向要么是直接表现出来的，要么是植根于有历史导向的祭仪之中的（有两个明显的例外，《传道书》和《约伯记》，它们从特征上来看成书都非常晚）。旧约全书中大约一半的篇幅都为严格意义上的"编史类"作品所占据——"六书"①、《列王记》和《历代志》，还有其他一些纯历史性作品，比如《以斯帖记》。先知书则具有压倒性的历史性导向。《诗篇》植根于不断涉及神在历史上的作为的祭仪，这在以色列人每年的节日周期中表现得最为清楚。旧约围绕历史为中心展开的写作方式，是世界上其他伟大的宗教典籍所不具备的（顺便一说，这也不排除新约）。

可以说神的超验化和与其相伴生的"世界的去魅"为历史打开了一片"空间"，成为神和人的作为的共同舞台。前者由完全置身世界之外的神完成。后者则以人的概念中可观的个体化为前提条件。人在神的面前以历史行为者的身份出现（顺便说一下，这和希腊悲剧中，人作为面对命运的行为者是大不相同的）。因此，作为个体的人越来越少地被视为从神话角度构思出来的集体的代表（这是古代思想的典型特征），而是作为不同的独特个体，*作为个体进行重要的活动*。说到这里，你也许只会想到那些被着重描写的人物，比如摩西、大卫、以利亚等等。就算那些可能最初具有半神特征的人物"去神话化"后形成的人物，比如犹太人的始祖或者像参孙（Samson）一样的英雄〔参孙可能是源自于迦南地的神明沙玛

---

① 即《圣经》前六卷。——译者注

什（Shamash）①］，也都是如此。这不是说旧约指的就是现代西方意义上的"个人主义"，甚至不是从希腊哲学中所得到的个人概念，而是说它为个人的概念、他的尊严及行动的自由提供了一个宗教框架。我们不需要强调这一点在世界历史上的重要性，但重要的是，要把它放在与本文所感兴趣的世俗化根源的联系当中来考察。

旧约的先知书中发展出一种宏大的历史神学，这已经广为人知，所以这里不需要再多加展开了。但这种史实性同样体现在古代以色列的祭仪和律法中，看到这一点也是有益的。旧约中两个最主要的祭祀节日，构成了对以前通过神话获得合理性的重大时刻所进行的历史化。逾越节，原本（就是根据其以色列民族之外的起源）是庆祝神圣的繁殖力的节日，后来变成了庆祝出离埃及。新年（包括赎罪日），原本是对宇宙创世神话的再现，后来变成了庆祝亚卫在以色列中称王。同样的史实性也体现在较小的节日中。旧约的律法和伦理也被置于历史的框架内，它们在其中总是关系到以色列民族以及个体的以色列人所要承担的、来自与亚卫所立的约的义务。换言之，和古代近东的其他地区相比，以色列人的律法和伦理的基础*并非*一种不受时间影响的宇宙秩序（比如埃及的玛阿特），而是"永生神"具体的、通过历史传达的诫命。你必须从这个意义去理解反复出现的那句谴责的话语："以色列人中不行这样的事"。当然了，你也可以在其他文化中发现类似的话，但在这里，这话明确引证的是，在历史上，"被赐予摩西的"律法。正是以这些非常古老的前提条件为基础，以色列人的历史观发展起来，从最初笃信自己是亚卫的选民，发展到影响深远的历史神正论和后期先知们的末世论。

旧约中伦理理性化的主题（这是就把理性强加于生活之上这个意义而言）和刚才描述的其他两个主题是紧密相连的。从一开始，理性化成分就存在着，最主要的原因是亚卫信仰具有反魔法的宗旨。祭司团体和先知团体都"承载"了这一成分。祭司的伦理（正如《申命记》中所作丰碑式的表述所讲）是在清除祭祀仪式中一切带有魔法和狂欢性质的成分

---

① 沙玛什（Shamash）是美索不达米亚本地神，阿卡德、亚述和巴比伦神殿中的"太阳神"。沙玛什是巴比伦和亚述神话中对应苏美尔乌图神的正义之神。与参孙（Samson）字形相近。——译者注

时，以及把宗教律法（torah）发展为日常生活的根本规则的过程中，发挥理性化的作用。先知的伦理则通过坚持生命的全部都是对神的侍奉，因此把一种有凝聚力的，也因此在事实上是理性的结构强加于所有范围的日常行为之上，发挥出理性化的作用。也正是这种先知的伦理提供了特殊的历史神正论［特别是在第二位以赛亚（Deutero-Isaiah）① 的著作中］，使得以色列民族得以在巴比伦之囚的灾难中幸存下来，然而在那之后，你可以说它的历史功效已经"耗尽"了。祭司伦理（它自然是受到了先知教导的极大影响）继续了发展祭仪和律法方面的制度，围绕着这些制度，从巴比伦被释放回归的人们可以在以斯拉和尼西米的领导下重建社区。律法制度形成了后来变成了犹太教的特殊结构，最终证明即便在罗马人摧毁第二圣殿之后，祭仪走向了消亡，而律法则得以幸存。从特定的司法意义上来说，大流散时期的犹太教也许可以被认作一种理性的胜利。然而，由于它在西方文化语境中的边缘特征，很难断言大流散时期的犹太教在现代世界根基的理性化过程中扮演了重要角色。更合理的说法是，理性化的主题以基督教为传播途径，在现代西方的形成中发挥了作用。

不用说，我们的目的不在于通过前面几页的叙述，对以色列民族的宗教历史进行简明扼要的概述。我们只是试图说明，为现代西方制造出独特的法则问题的"世界的去魅"，其根源要远远早于被普遍认定为其起点的宗教改革和文艺复兴。同样不用多说的是，我们无法在本文中论述圣经宗教的世俗化功效，以及其他一些因素，是如何在现代西方开花结果的。我们只能对此做一点评述。

不论耶稣及其最早的追随者们具有怎样的宗教形象，最终在欧洲占据统治地位的基督教，在旧约宗教的世俗化主题方面代表的是一种退步，这么说似乎问题不大（这只是一种描述性的陈述，我们当然不应该附着任何评价性的意图）。尽管神的超验性被着重强调，但是道成肉身的概念，

---

① 第二位以赛亚（Deutero-Isaiah）的称呼出自20世纪以来学界对于《以赛亚书》作者的一种观点：在《以赛亚书》中宣称作者是公元前8世纪阿摩司的儿子先知以赛亚，但是大量的证据显示，该篇章中有大量内容完成于公元前6世纪左右的巴比伦之囚时期及其后的阶段。因此，目前对于该书的普遍观点是：原本的以赛亚（Proto-Isaiah）完成了1—39节；第二位以赛亚（Deutero-Isaiah）完成了40—55节，由巴比伦之囚时期的匿名作者写就；第三位以赛亚（Trito-Isaiah）完成了56—66节，写作时间是从巴比伦回归之后。——译者注

以及后来它在三位一体教义中的理论发展，都代表着对以色列人的概念中的极端性进行了重大的修改。就这一点而言，犹太教和伊斯兰教中对基督教持批评态度的人要比基督教自己阵营里的人看得清楚。因此，经典的伊斯兰教观点认为基督教对真正的一神论的"背叛"，其本质就在于 hullul 的教义——"道成肉身"，因为这种教义认为任何东西或任何人都可以与神并立，或者作为神和人之间的媒介存在，这种看法是有一定合理性的（当然了，这也只是一种纯粹的描述）。基督教这种道成肉身的核心思想带来的是许多其他对于超验性的修正，天主教用大量的天使和圣徒填满了宗教现实，其顶峰是把圣母玛利亚当作中保人和共同救赎者来赞颂，这也许并不令人感到意外了。随着神的超验性被修改，世界又"复魅"（re-enchanted）了［或者如果你愿意的话，可以叫做"重新神话化"（re-mythologized）了］。我们实际上坚持认为，天主教在综合了圣经宗教和圣经传统之外的宇宙论观点的巨大体系内，成功地重新奠定了一种新版本的宇宙秩序。如此看来，天主教在神和人、天堂与人间之间有关存在的类比（analogia entis）①的关键教义成了模仿古代的前圣经宗教的一种复制品。不论拉丁语地区和希腊语地区的天主教之间可能有什么其他重要差异，在这个层面上，它们在本质上都是同一种复制品。正是在这个意义上，天主教的宇宙对于它的"居民们"来说是安全的——这也是它到今天仍有强大的吸引力的原因。也是在这个意义上，天主教可以被理解为人类某种最古老的宗教热望在现代世界中的不断呈现。

也正是由于这个原因，天主教遏制住伦理的理性化。诚然，拉丁语地区的天主教吸收了承继于罗马的高度理性的律法主义，但是它无处不在的圣礼体系却为人们提供了无数"逃生舱"，以逃离旧约预言书，或者事实上是强调律法的犹太教，所要求的那种生活的完全理性化。各种预言中的伦理绝对主义，多多少少被安全地隔离在修道院里，因此避免了对整个基督王国的"污染"。以色列宗教概念所具有的严苛性再一次被修改、柔化，只对那些选择过禁欲生活的少数人是例外。在理论层面上，天主教关

---

① analogia entis 即 analogy of being，这个概念是指神所创造的世界的存在（entis），提供了一种类比，通过这种类比我们可以在非常有限的程度上理解神。例如，如果你看到夕阳的时候感叹也许神就是如此美好，那就是在使用一种存在的类比。——译者注

于自然法的观点可以说代表了伦理的"再自然化"（re-naturalization）——在某种意义上，它是指回归到埃及的玛阿特所具有的神与人之间的连续性状态，以色列人抛弃了这种连续性，进入到亚卫的旷野。在实践层面上，天主教的敬虔和道德提供了一种生活方式，让任何对世界的极端理性化都变得不再必要。

但是尽管我们可以合理地主张基督教，尤其是以得胜的天主教形态出现的基督教，逆转了或者至少是遏制了超验化和伦理理性化所具有的世俗化主题，但对于历史化的主题却不能这么说。至少西方拉丁语地区的基督教在其世界观中维持了彻底的历史性。除了那些总是在异端边缘打转的神秘主义运动（它们存在于发端自圣经传统的一神论范围内的各个地方）之外，它保持了特殊的圣经历史神正论，而且摒弃了那些对作为神之救赎的舞台的这个世界感到绝望的宗教构建。因此天主教自身便携带着革命动力的种子，尽管这颗种子通常都在天主教宇宙的"宇宙有序化"（cosmicizing）作用下处于长期休眠状态。尽管这颗种子要以一种世界历史维度上的力量形式释放出来，还必须得等到作为对西方人来说有实际意义的似然性结构的基督王国崩溃的时候，但它还是在各种信徒运动中一次又一次地爆发出来。

基督教还有另一个核心特征，可以以最不自觉的方式最终服务于世俗化过程，那就是基督教会的社会结构。从比较宗教社会学的角度来看，基督教会代表了宗教机构专门化的一种相当不寻常的情况，这是一个和社会其他所有机构都处于对立之中、专门关注宗教的机构。尽管基督教的情形并非独一无二的（比如，虽然方式不同，但是佛教的僧伽制度代表了这种机构专门化的另一中状况），但是这种发展在宗教历史上相对比较少见，更常见的情况是宗教行为和符号渗透于整个机构体系中。然而，宗教行为和符号都集中在单一的机构领域内，事实上把社会的其他部分都定义为了"世界"，成为至少是相对脱离了神圣管辖权的凡俗领域。只要基督王国，还有它在神圣与世俗之间维持着的微妙平衡，仍作为一种社会现实存在，那么这个概念的世俗化潜力就可以被"遏制"。然而，如果这种现实分崩离析了，"世界"就会加速地世俗化，因为它已经被在严格意义上定义为处于神圣管辖权之外的领域了。这个观点的逻辑发展可以从路德宗关于两个王国的教义中看到，在该教义中，世俗"世界"的自治实际上是被赋予了*神学上的*合法性的。

因而，如果我们看看源自旧约的那些伟大的宗教体系，我们会发现它们和旧约的世俗化力量之间的关系各不相同。犹太教是这些力量的一个缩影，它的结构高度理性化，但在历史上却作用不大，这种无效性可归因于两个因素：外部因素是犹太人在基督王国中是异邦人的命运，内部因素是犹太律法主义的保守影响。在后一方面，伊斯兰教和犹太教非常近似，两者之间一个显著的区别是，伊斯兰教成功地把自己的保守结构强加于一个有着广袤领土的帝国之上，而非局限于一个被隔离的亚文化内部。不论是拉丁语地区还是希腊语地区的天主教，尽管只是凭借对旧约正典的保存（这是在反对马西昂派异端①的过程中一劳永逸地定下来的），其内部保存了世俗化的潜力（至少在西部拉丁语地区），但都可以被看做世俗化这出戏剧的发展中遏制和倒退的一步。然而，新教改革就可以被理解为，正是那些被天主教所"遏制"的世俗化力量的一次有力重现，它不仅在这方面仿效了旧约，而且决定性地超越了旧约。在何种程度上，新教所造成的影响、文艺复兴的影响以及与之大不相同的古典时代的世俗化力量的复兴，这三者之间的历史巧合只是单纯的偶然还是一种相互依存的现象，本文无法对此进行深究。本文也无法对过去四百年来的世俗化过程中，新教的相关影响和其他一些"观念"及"物质"因素进行衡量比较。我们所想要指出的是，要回答世俗化现象"为什么会发生在现代西方"这个问题，必须至少要部分地参考这一现象在现代西方宗教传统中的根源。

根据本书第一部分中所讨论过的一般性社会—宗教过程来看，世俗化为现代人安排了一个全新的环境。也许在历史上是首次，具有宗教性质的世界合理化丧失了其似然性，这不仅对少数知识分子和其他边缘化的个人来说是如此，而且对整个社会的广大民众而言也是如此。这对大型社会机构和个人生活经历的法则化都构成了尖锐的危机。换言之，这对国家或者经济这样的大型机构以及日常生活的普通常规惯例而言，都产生了一个"意义性"的难题。当然，这个问题一直是各种理论家（哲学家、神学家、心理学家等等）所强烈关注的，但是有充分的理由认为，这个问题

---

① 马西昂派（Marcionism）兴起于公元2至3世纪的一支基督教异端，拒绝承认旧约，并否定神道成肉身成为耶稣。——译者注

在普通人的脑海中也占据着突出的位置，而后者通常并不喜好理论思考，只对解决自己生活中的危机感兴趣。最重要的一点是，基督教中特有的关于受难的神正论失去了其似然性，因此也就为各种世俗化的救世神学广开了门路，然而，这些救世神学中的大多数却证明自己根本无力对个人生活中的苦难进行合理化，即便当它们在对历史的合理化中获得了一点似然性的时候，也是如此。最后，基督教世界观那被异化的结构的崩溃，开启了批判性思维运动的大门，这些运动要使社会现实彻底消除异化，并让它"人性化"（humanize）（社会学观点是这些运动中的一员），但这种成就的获得却常常以严重的无序性和生存焦虑为代价。所有这些对于当代社会意味着什么，是以经验证据为基础的知识社会学需要研究的首要问题。在当下的考虑范围内，我们无法应对这所有的问题，否则就会离题千里。不过，我们下一章将要转入的问题是，世俗化进程对于传统的宗教内容和体现这些内容的机构来说意味着什么。

第9章　社会学和神学的视角

　　本书的论证一直严格地在以社会学理论为坐标的框架内进行。在整个论证中，没有任何神学或者反神学的意思——如果任何人认为本书暗含着这样的意思，我只能向他保证，他弄错了。这里所理解的社会学理论也没有任何与神学进行一场"对话"的内在必要。在某些神学家中仍很盛行的一种观念是，社会学家只是提出问题，而这些问题需要由与之进行"对话"的神学一方进行回答；基于很简单的方法论上的理由，我们必须抛弃这种观念。在一个经验性学科的坐标框架内所提出的问题（我坚决认为社会学理论是在这一坐标框架之内的）是不能接受来自这一框架之外的非经验性的规范性学科所给出的答案的，如果这个程序反过来，同样也是不能接受的。社会学理论所提出的问题，必须在社会学理论的话语体系中加以回答。然而，这种方法论上的老生常谈不能排除这样的一种情况，即某些社会学的视角可能对神学家而言也具有相关性，不过在这种情况下，对他最好的忠告是，当他试图在*他的*话语体系中阐明这种相关性时，一定要牢记前面所说的差异性。总之，本书的论点不论成立与否，都是社会学理论化的一种努力，因此不接受来自于神学的支持或批评。

　　但是说完了这些以后，我还是想就本书的视角和神学思考之间的相关性做一点评论。我这样做有两个理由。第一，我单纯地不想被误解，特别是被关注神学的读者误解（我承认，我对他们怀有特别温暖的感情）。第二，我在以前的著述中就社会学和神学视角之间的关系提出过一些观点，我现在认为它们不再站得住脚［特别是我在1961年出版的《可疑的景象》(*The Precarious Vision*)］，而我怀有一种也许有点老式的观念，就是如果你不再坚持以前的出版物中的观点，那么你也应该在出版物中对它进行修正。

就本书中的观点而言，有几处我觉得有必要声明：那些观点是严格地悬置了宗教对现实定义的终极地位的。尤其是在我察觉到这种理论化所具有的"方法论上的无神论"会被误读为简单的无神论的地方，我做了这种声明。我在这里想要尽可能有力地再次强调这一点。本文中提出的社会学理论的基本观点是，要把宗教作为一种人类的投射来理解，其根基在于具体的人类历史的基础结构。不难看出，从某种宗教或伦理价值的角度来看，这一观点有其"好的"和"坏的"两方面的含义。因此，你可能会觉得宗教保护人类抵御无序的混乱，这是好的；但是宗教使人们疏远了自己的行动所创造的世界，这又是坏的。对作为法则以及虚假意识的宗教所进行的理论分析，必须严格地和这种价值判断分离开来，对于这两方面的理论分析，必须在其坐标框架内保持价值中立。

换言之，社会学理论（以及任何在经验性学科的框架内提出的理论）总是从时间的角度来看待宗教，因此是否可以及如何从永恒的角度来看待宗教的问题，就必然是可以讨论的。因此，根据社会学理论自身的逻辑，就必须将宗教看做一种人类的投射，也正因为这一逻辑，对于这种投射可能指向其投射者之外的存在的可能性，社会学无话可说。换言之，说宗教是一种人类投射，在逻辑上并不排除这样一种可能性：被投射的意义可能具有独立于人类之外的终极地位。确实，如果一种宗教的世界观得以确立，那么这些投射的人类学基础也许就是一种对包含世界和人在内的现实的反映，所以人将意义投射到宇宙中，最终指向的是一种他自己所立足的包罗万象的意义。就这一点来说，观察到黑格尔早期对辩证观念的发展正是基于这种概念之上，是很有意思的。作为社会学家，你可能会为了经验性地理解人类事务而感激马克思颠倒了黑格尔的辩证法，这并不排除作为神学家，你可能会再次把马克思的辩证法又颠倒过来——只要你很清楚这两种辩证的构建过程是在两种截然不同的坐标框架内发生的。简单来说，这可能意味着，人类将终极意义投射到现实中，是因为现实确实具有终极意义，也因为人类自身的存在（这种投射的经验性基础）包含且意指这些终极意义。这样的神学过程如果可行，将是对费尔巴哈玩的一个有趣花招——将神学降级为人类学将会导致用神学模式重构人类学①。很遗憾,我不打算在这里上演一场思想上的人咬狗大戏,但是我想至少向神学家提醒一下这种可能性。

就此而论,数学的例子是非常有教育意义的。无疑数学是人类意识的某种结构在现实中的投射。然而现代科学最令人惊异的一点,就是这些结构结果是符合(用好样的罗宾逊主教②的话来说)"外面"("out there")的某些东西的。数学家、物理学家和科学哲学家们仍在努力试图理解这怎么可能。此外,从社会学的角度还可以证明,这些投射在近代思想史上的发展源于非常具体的基础结构,如果缺少这种基础结构,这些发展就基本不可能发生。迄今为止,还没有人认为现代科学*因此*就会被看作一个巨大的幻象。当然,把这和宗教的情况进行类比并不完美,但是值得进行反思。

这就导向了在宗教社会学著作的开篇几页经常会读到的老生常谈,即对于社会学家关于宗教要说的内容,神学家作为神学家不应该过分忧虑。同时,如果坚持认为对于来自社会学方面的伤害,*所有的*神学立场都有一样的免疫力,那也是愚蠢的。逻辑上讲,当神学家的立场中含有可能被经验证据所质疑的命题时,他*都将*不得不忧虑。例如,认为宗教本身就是构成良好的心理状态的一个因素这种命题,如果交由社会学和社会心理学进行仔细审查,就有不少需要担忧的地方。这里的逻辑类似于历史学家进行宗教研究的逻辑。可以肯定地说,历史学的主张和神学的主张是在不同的且互不影响的坐标框架内产生的。但是如果神学家所坚称的某种事物被证明从未在历史上发生过,或者是以一种和他所说的完全不同的方式发生的,如果这种断言对他的立场又具有根本性,那么他就不再能够保证历史学家的研究中没有他所担心的了。对于圣经的历史研究对此提供了大量

---

① 费尔巴哈在 1841 年发表的《基督教的实质》中曾经提到,人是自己思考的对象,而宗教是人类对无限的一种认知;在对无限的认识中,有意识的主体以其自身本能的无限性作为认识的对象。也就是说上帝不过是人的内在本性的向外投射。这本书的第一部分即谈到"宗教之真正的或人类学的本质",论及上帝存在的各个方面,都是为了适应人类本性的各种不同的需要。——译者注

② 这里的罗宾逊主教(Bishop Robinson)应该指的是约翰·罗宾逊(John Arthur Thomas Robinson),英国的新约学者,伍尔维奇地区主教(Bishop of Woolwich)。他在 1963 年所著的《坦诚面对上帝》(Honest to God)中谈到基督徒们应该把上帝看作"存在之基础"(Ground of Being),而非"外面"(out there)的什么超自然存在。——译者注

例证。

因此，在神学家的立场取决于某些社会历史前提的时候，社会学向神学家们提出了质疑。无论好坏，这些前提尤其是犹太教—基督教体系的神学思想的特征，原因众所周知，而且与圣经传统强烈的历史取向有关。所以，如果基督教神学家单单把社会学视作一种辅助性学科，来帮助他（或者更有可能的是，帮助做实际工作的教会人士）理解其教会所处的社会环境中的某些"外部"问题，那他就太不明智了。当然，有些类别的社会学（比如最近几年在教会组织方面非常流行的准社会学研究方法）在这个意义上是非常"无害的"（harmless），并且可以很容易地用于教会的实用性目的。从帮他们做宗教市场研究的社会学家那里，教会人士可能得到的最坏结果是去教堂的人比他想象的要少，这种不受欢迎的消息。但是他如果小心不要让社会学分析走得太远，那么他仍然是明智的。他得到的可能要比他预期的多。具体说来，他可能会得到一个更宽广的社会学视野，引导他把所有行为置于一个完全不同的角度进行观察。

重复一遍：在严格的方法论基础上，神学家认为这种新的视角无关他自己的工作而予以拒绝，这是可能的。然而，一旦他想起他毕竟并非生来就是一个神学家，他开始研究神学之前已经作为一个人生活在特定的社会历史情境之中了——总之，他自己，如果不包括他的神学，是被社会学家的照明设备光照着的，那么排斥社会学视角就会变得困难得多。这时，他会突然发现自己被驱逐出了神学方法论的庇护所，发现自己重复着，尽管在非常不同的意义上，奥古斯丁的抱怨："我对于我成了一个大问题。"（Factum eram ipse mihi magna quaestio）① 他可能还会发现，除非他能从自己的头脑中消除这个令人烦恼的视角，不然它还是会和他的神学工作有关。简言之，*在方法论上*，鉴于神学是一种脱离实体的话语体系，可以把社会学看作非常"无害的"；而在实际中，鉴于神学家是一个有社会定位和社会经历的活人，那么社会学确实可能是非常危险的。

社会学的大问题和历史学的大问题在形式上非常相似：在具有社会历史相对性的世界里，你怎么可能找到一个"阿基米德支点"，根据它就宗

---

① 这是奥古斯丁的《忏悔录》中的一句，原文如此，但应为 Factus eram ipse mihi magna quaestio。——译者注

教问题提出在认知上正确的观点呢？就社会学理论而言，这个问题有些变体：如果所有的宗教命题，至少，*也*是基于具体的基础结构所做的投射，你如何区分哪些基础结构中诞生了真理，哪些里面又诞生了谬误？如果所有的宗教似然性都容易受到"社会工程"影响，那么你如何确定那些对自己看来合理的宗教命题（或者，可以说，"宗教体验"）不过是"社会工程"的产物，而别无其他呢？我们很乐意承认，早在社会学出现之前，就有类似这样的问题了。在耶利米有关如何辨别真假预言的问题中，在自己对上帝存在进行证明的信念是否不过是一种"习惯"这个使托马斯·阿奎那饱受折磨的可怕怀疑中，在如何找到真正的教会这一使无数基督徒（特别是自从新教分立以来）痛苦的问题中，都可以看到这样的疑问。然而，从社会学的视角看来，这种问题获得了一种新的毒性，正是因为社会学在它自己的分析层面上，对这类问题作出某种解答。历史研究给神学思想带来的相对性的晕眩，可能在社会学的视角下更为加深。此刻，所谓神学毕竟发生于不同的坐标框架内这种方法论上的保证，给不了你多少帮助。如果你已经有了一种正在起作用的神学，如果你牢牢地站稳在这个坐标框架内，那么这种保证才能给你安慰。然而，存在的问题正是你最初进行神学思考的原因。

正统神学立场通常忽略这个问题——"无辜地"（innocently）或者带着恶意，视具体情况而定。确实，对任何今天能够"无辜地"持有这样一个立场的人而言（即，不论出于什么原因，还没有被相对性的眩晕碰触到的人）这个问题根本不存在。现在自称为"激进神学"的那种极端的神学自由主义，可以说对找到问题的答案已经绝望了，并且已经放弃了这种尝试（参见第七章中对此的讨论）。在这两种极端之间，存在一种非常有趣的尝试，主要来自新正统主义，想要实现鱼与熊掌兼得——即，吸收了相对化视角的全部影响，但是在一个对相对化免疫的领域里设置一个"阿基米德支点"。这就是教会的福音传道中所宣告，又凭信心所领会的"上帝之道"（the Word）的领域。这种尝试中尤为有趣的一点在于"宗教"和"基督教"，或者"宗教"和"信仰"之间的区分。"基督教"（Christianity）和"基督信仰"（Christian faith）被诠释为某种和"宗教"截然不同的东西。宗教可以被开心地扔给相对化分析的刻耳柏洛斯（历史的、社会学的、心理学的，或者随便什么别的），而只关注不是"宗教"的"基督教"的神学家，则可以带着了不起的"客观性"，继续进行自己的工作。卡尔·巴特（Karl Barth）① 在完成这项任务方面取得了辉煌的成果［最为重要的是《教会教义学》（Kirchliche Dogmatik）的第一和第二卷，他关于费尔巴哈的《基督教的本质》（Essence of Christianity）的论文也极富教育意义］。使用同一种方法让很多新正统主义神学家们和鲁道夫·布尔特曼（Rudolf Bultmann）② 的"《新约》非神话化"（demythologization）纲领达成妥协。迪特里希·潘霍华（Dietrich Bonhoeffer）③ 有关"非宗教的基督教"的零星想法，可能也倾向于同一个方向。

顺便一提，有趣的是，当基督教被以完全神秘主义的方式进行理解时，也存在着非常类似的可能性。埃克哈特大师（Meister Eckhart）④ 已经可以区别"上帝"（God）和"神性"（Godhead），然后进而设想"上帝"的形成与消亡（becoming and disbecoming of "God"）。当你能够坚持这样的观点，用埃克哈特的话来说，"你能想到的有关上帝的一切，都是上帝所不是的"，那么事实上就形成了一个有免疫力的领域。相对性就只能碰触到"你能想到的有关上帝的"部分——一个已经被定义为和神秘主义的真相没有终极相关性的领域。西蒙娜·韦伊（Simone Weil）⑤ 在最近的基督教思想中非常清晰地再现了这种可能性。

"宗教"和"基督信仰"之间的区分是《可疑的景象》的论证中的一个重要成分，至少在这一点上，那本书的写作采取的是新正统主义的进路（顺便说一下，关于这一点，当时有些批评家比我自己要看得清楚）。这种区分，以及由此产生的后果，如今对我似乎相当难以接受。*相同的分*

---

① 卡尔·巴特（Karl Barth），瑞士改革宗神学家，通常被认为是二十世纪基督新教最伟大的神学家，其影响力超越了学术壁垒，直达主流文化。——译者注

② 鲁道夫·布尔特曼（Rudolf Bultmann）德国信义宗神学家，《新约》学家。倡导对《新约》的非神话化，倡导海德格尔的哲学。——译者注

③ 迪特里希·潘霍华（Dietrich Bonhoeffer），德国信义宗牧师，神学家，认信教会（the Confessing Church）的创始人之一，曾参加在德国反对纳粹主义的抵抗运动，并计划刺杀希特勒。后被捕，并于二次大战结束前被绞死。——译者注

④ 埃克哈特大师（Meister Eckhart），13—14世纪德国的神学家、哲学家和神秘主义者。讲道方式独特，对于德国哲学术语的创制也颇有贡献，最著名的是他在平信徒团体如上帝之友（Friends of God）中的工作。——译者注

⑤ 西蒙娜·韦伊（Simone Weil）犹太人，神秘主义者，宗教思想家和社会活动家，深刻地影响了战后的欧洲思想。——译者注

析工具（例如历史研究、社会学，等等）既可以被应用于"宗教"，也可以被应用于"信仰"。确实，在任何经验性学科中，"基督信仰"只不过是"宗教"现象的另一个例子。在实际中，这种区分没有意义。它只能被假定为一种神学上的先验（theological a priori）。如果你能办到这一点，那么难题也就消失了。那么你就可以用巴特的方式应对费尔巴哈（顺便说一下，这种程序在任何基督教与马克思主义的"对话"中都非常好使——只要马克思主义者接受这种理论花招就行）。但是至少我没办法让自己处于可以接受神学先验的立场。我因此被迫要抛弃这种从后验（a posteriori）的角度来看没有意义的区分。

如果你也觉得无力将自己托举到一个在认识论上安全的平台上，那么在相对化的分析中，就不能给予基督教或任何历史上的宗教表现形式以任何特权地位。基督教的内容，和其他任何宗教传统的内容一样，都必须作为人类的投射进行分析，基督教神学家则不得不忍受由此带来的明显的不适。基督教及其各种历史形态将被理解为和其他宗教投射类似的投射，源于具体的基础结构，并借由产生似然性的具体过程维系其在主观上的真实性。在我看来，一旦这点真的被神学家所接受，在回答"这些投射还可能是*其他*什么东西"这个问题时，新正统主义和"激进"或者新自由主义的捷径就都会被排除。神学家因此便会被剥夺借由激进的执守或激进的否定，而在心理上获得解放的可能性。我觉得，给他留下的是，必须以他自己的认知标准（这不一定要是那些公认的"现代意识"），一步步地重新评估传统留下的确证。传统中的这个或那个是真实的吗？还是虚假的？我不认为可以通过捷径回答这些问题，不论是"信心的跳跃"或者任何世俗范畴的方法都不行。

这进一步使我觉得，对神学状况的这种定义把你带回了，如果忽略细节的话，古典新教自由主义的精神。诚然，这种自由主义所提供的的答案中，凭良心说，极少能够照搬到今天。宗教进化、基督教和其他世界性宗教之间的关系、宗教的道德维度、特别是"耶稣的伦理"这些自由观念——所有的这些都可以被证明是建立在靠不住的经验性假设的基础之上，而今天没多少人还会想要去挽救这些假设。文化乐观主义的自由主义情绪，在我们自己的情境中也不太可能复兴。然而，这种神学的精神超越了其具体曲解的总和。这种精神首先是一种思想上的勇气，而正统主义在认知上的收缩，以及今日所谓的新自由主义在认知上的怯懦，都是因为缺乏这种勇气。你可以加上一句，这种精神还应该是有勇气面对自己处于认知少数派的情形——不仅在教会内是少数派（今天这基本不是什么太痛苦的事），而且还在世俗知识分子的圈子里也是少数派，而世俗知识分子的圈子是大多数神学家首要的参照人群。

具体而言，自由主义神学意味着以最为严肃的态度对待宗教的历史性，而不要在理论上耍花招，比如区分客观历史（Historie）和主观历史（Geschichte），从而严肃地对待宗教作为一种人类产物的特点。在我看来，这必须是起点。只有当神学家们直面宗教的历史相对性之后，他才能真正地追问，在历史中，何处可能谈及发现——即超越其基础结构的相对性质的发现。只有在他真正理解了宗教是一种人类产物或者投射这种说法意味着什么，他才能在这一系列的投射之中，开始寻找超验的踪迹。我强烈怀疑这种探询会逐渐从投射转向投射者，就是说它会变成一种人类学的活动。当然，"经验性神学"在方法论上是不可能出现的。但是在前进时每一步都与对人的经验性描述相关，这样的神学值得很认真地进行尝试。

在这样的事业中，社会学与神学之间的对话最有可能结出知识的果实。从上文可以清楚地看到，这项事业需要来自两方面的伙伴，并具有高度的开放性。由于缺少这样的伙伴，所以迄今为止沉默是更好的选择。

第 10 章　宗教的美国，世俗的欧洲？[①]

"美国是个宗教社会，而欧洲是个世俗社会"的说法已经变成了老生常谈。最近在大西洋两岸发生的事件又强化了这种说法，比如宗教在 2000 年和 2004 年两届美国总统大选中的角色，或者关于欧盟宪法提案中宗教内容的辩论。越仔细深究一种老生常谈，它所指涉的现实看上去就越复杂。但很清楚，它的确反映了现实。

几年前，我（彼得·贝格尔）在得克萨斯州奥斯丁市的一个旅馆里吃早饭。邻桌坐着两个西服革履的中年男子，都在看报纸。一个抬头说道："中东局势真是越来越火爆了。"他顿了顿，接着说："就像圣经里说的一样。"另一个说："嗯"然后接着看他的报纸。那句关于中东的话说得就像一个住在波士顿的人说"正如托马斯·弗里德曼（Thomas Friedman）[②] 预期的一样"那么毋庸置疑。之后不久的一个礼拜天早上，我住在伦敦的一家旅馆里。我想去参加一个圣公会的晨祷应该挺不错的。我走向门童。那是个年轻人，胸卡上写着"华伦"（Warren），有着纯正的英国工薪阶层口音——很明显不是巴基斯坦来的实习生。我问他最近的圣公会教堂在哪儿，不知道为什么，我还加了句"英国国教会的教区"。他一脸茫然地看着我，然后说："这是，那个，像天主教那种？"我说："呃，不全是。"他说他不知道，但是可以查查。他后来给我的信息证实是错的。当他在电脑上查找的时候，我感到难忘的不是这个年轻的英国人显然不去教会——那在当今的英国社会是种普遍现象——而是他确实不知道英

[①]　本章选自 Peter Berger, Grace Davie and Effie Fokas, *Religious America, Secular Europe?: A Theme and Variations.* Burlington, Vt.: Ashgate, 2008。——译者注

[②]　托马斯·弗里德曼（Thomas Friedman），美国《纽约时报》专栏作家，著名记者、作家。——译者注

国国教会是什么东西。

如果更仔细地观察这种差别，摒弃两种普遍持有的观念是很有用的。第一个观念是宗教是"美国卓异主义"（American Exceptionalism）的一部分。美国确实挺"卓异"的，但是在宗教问题上，它和世界其他地方基本差不多——就是说，非常宗教化。例外的是欧洲。（准确点说，是西欧和中欧；信奉东正教的东欧是另一种情况。这里的"America"① 专指美国；加拿大的英语区，正如预期，在宗教信仰程度上大概处于美国和英国之间，而迅速世俗化的魁北克看上去像是欧洲奇妙的延伸。）当今世界的大部分地区都具有一个共同特征：爆发了狂热的宗教运动。就此特征而言，欧洲是一个地理学意义上的特例。格蕾丝·戴维（Grace Davie）② 在她最近出版的《欧洲：一个特例》中有力地证明了这个论点。另一个特例是社会学意义上的——跨国界的知识分子群体，他们确实是非常世俗化的。

另一个应当摒弃的观念是现代性带来了宗教的衰落。这个观念曾被术语"世俗化理论"大加宣扬。大多数宗教社会学家如今都同意这个理论已经被经验证据所证伪。（我自己一直坚持世俗化理论，直到从1970年代开始，各种数据使这种坚持难以为继。）世俗化理论根本无法解释美国和欧洲之间的差异。例如它很难证明比利时比美国更具现代性。确实，人们可以说世俗化理论是一种基于欧洲的情况对世界其他地区进行的推断——可以理解但最终错误的概化。理论是知识分子的产品，这一事实助长了这个错误，因为知识分子们基本只进行圈子内部的交流，而且和其他人一样，他们倾向于从自己的角度来观察这个世界。

前阵子一位我认识的得国教授在得克萨斯大学做了几场演讲。他一直在教师餐厅吃饭，所以幸免于和我在旅馆早餐厅里一样的遭遇。他觉得简直和在家里一样——直到周日早上，他租了辆车去得克萨斯州的农村探险。他觉得很奇怪，居然在奥斯丁市中心遭遇交通大堵塞，后来他意识到那是去参加教堂礼拜的人流引起的。然后他打开车里的收音机，发现大部

---

① America 既可指美国，也可指美洲，故作者在此专门澄清概念。——译者注
② 格蕾丝·戴维（Grace Davie），英国著名宗教社会学家，以对英国的宗教发展研究而闻名。——译者注

分电台都在播放福音派的礼拜。他终于醒悟到，教师餐厅并未确切地反映美国社会（不过，我觉得，他回德国后会跟所有人谈论美国是多么古怪）。同样的，如果一个人认为德里大学的教师餐厅反映了宗教在印度社会中的地位，也犯了类似那位教授一开始所犯的错误。

特例总是能激起人们追求知识的好奇心。解释欧洲的世俗性，特别是它与美国的对比，是当代宗教研究中最有趣的课题之一。但是在我尝试完成这个艰巨的任务之前，多了解一些宗教在这两块大陆上的地位有何异同的细节总是有用的。

有何相异？

调查数据表明在机构行为和意见表达的程度上都有区别。天主教会和基督新教教会在欧洲都举步维艰。参加礼拜的教众数量多年来持续大幅下降，未及时补充招募导致教会缺乏神职人员，财政状况糟糕，教会丧失了他们以前在公共生活中的重要性。当人们被问及他们的信仰——比如是否信仰上帝、死后的生命、耶稣基督是救世主——得分与过去和世界其他地区相比都很低。当人们被问及宗教在他们的生活中是否重要时，结果是一样的。

在欧洲内部也非铁板一块。基本上，虽然二者都呈下降趋势，但宗教指标在天主教占主导的国家要比基督新教占主导的国家高。爱尔兰和波兰宗教指标最高。奥地利社会学家保罗·祖勒纳（Paul Zulehner）认为只有在捷克共和国和前共产主义的民主德国，无神论成为一种广泛接受的信仰。然而，西欧和中欧是世界上世俗化程度最高的地区的说法仍然成立（澳大利亚是此类中仅有的另一块广大地域）。这已经成为欧洲文化的一部分，以至于"欧式世俗性"（Eurosecularity）这个术语似乎是很恰当的。世俗文化本是一个以北欧地区为中心的现象，其后迅速蔓延至欧洲大陆的其他地区。南欧国家是如此，意大利在第二次世界大战后经历了世俗化，西班牙在弗朗哥政权灭亡后也急剧世俗化。我大胆预测：这些国家被整合进欧洲的程度越高，世俗化程度也越高。这在爱尔兰和波兰已经很明显。我怀疑东正教是否能够提供抵御这种文化渗透的免疫力。希腊的例子似乎证实了这个观点；罗马尼亚和保加利亚被吸收进欧洲以后，情势如何发展还有待观察。(俄罗斯情况不同,但此处无法详述。)

正如经常提到的,欧洲政治中回避带有宗教色彩的用语,而在美国却非常普遍。更重要的是,欧洲没有那么多基督新教福音派,而福音派在美国至关重要。除复兴的伊斯兰教之外,当今世界上最具活力的宗教运动就是五旬节运动。英国社会学家大卫·马丁(David Martin)估计全球现在至少有 2 亿 5 千万五旬节派信徒。五旬节运动在 20 世纪早期起源于美国,即便已经全球开花,也一直具有很强的美国特色。欧洲几乎没被五旬节运动的势头波及(除了一个值得注意的例外,即大量的东欧吉普赛人皈依了五旬节派)。

美国的情况大大不同于欧洲。行为和意见指标明显都更偏宗教性。有关宗教的调查数据一直都有点可疑。鉴于各自的文化背景,美国人在回答调查问题的时候可能夸大他们的宗教性,而欧洲人可能夸大他们的世俗性。即便就此打点折扣,二者差别依然很明显。美国内部也有差异。美国中部和南部比东西海岸的宗教性强。并且,至少自 20 世纪中叶开始(之前情况有所不同,正如我们即将看到的那样),美国出现了一个比其他人群要世俗化得多的知识分子阶层。这些知识分子构成了美国的文化精英,在教育、媒体和法律界握有极大的权力。谈到宗教,印度和瑞典代表了宗教性和世俗性的两极。美国的情形可以被描述为一大群"印度人"被小部分文化精英"瑞典人"骑在头上。

最近出现在美国历史上的两个里程碑分别是:最高法院裁决禁止在公立学校中祈祷,以及将堕胎合法化为一项被宪法保护的权利。这激怒了"印度人"们,他们已经以一种前所未有的方式组织起来,并且在政治上敢于表达自己的诉求。我认为,如果把自 1963 年(最高法院做出第一个裁决)以来的美国政治在某种程度上看作这两个群体的积极分子之间的斗争,会更容易理解。大多数美国人在这些积极分子们争斗不休的文化问题上基本持中间态度,正如美国社会学家南希·阿摩曼(Nancy Ammerman)[①] 描述的"黄金法则基督教",即一种有些模糊且大体上宽容的宗教形式。然而,这两个阵营的积极分子由于分别成为两大政党的拥趸而变

[①] 南希·阿摩曼(Nancy Ammerman)美国宗教社会学家,波士顿大学教授,主要研究方向为教会机制及活动。——译者注

成重要角色。由此导致的结果是，美国政治变成以宗教和世俗两个阵营的积极分子之间的斗争为标志，而其实他们相对于大多数美国人的信仰状态来说只占很小比例。

有何相似？

现代性不一定会带来世俗化。在各种可能性下，它实际上带来的是多元主义。纵观历史，大多数人都生活在信仰和价值观的同质性很高的社区里。现代性打破了这种同质性：移民和城市化使得有不同信仰和价值观的人们之间发生摩擦；普及教育和识字率打开了人们的认知视野，使对于前现代社会中的大部分人而言的未知变成可知；还有，现代传媒和大众通讯带来了最巨大的变化。现代性的这种影响长期存在着，但是它现在正通过全球化迅速弥散和增强。在当今世界，人们找不到几个尚未被这种多元主义的驱动力触及的地方。宗教和其他所有事物一样受到影响。多元主义在机构和个人意识两方面改变着宗教。许多宗教机构原本已惯于拥有垄断地位，现在不得不应对竞争。实际上，一个宗教市场已经出现，人们可以并且必须做出自己的选择。在意识层面，这意味着宗教不再是理所当然的，而变成了反思和抉择的对象。

如果许多宗教团体能在同一个社会空间中并存，且它们的运转被法律所保障，这个宗教市场很明显会得到加强。美国在这两点上和欧洲相比拥有明显的历史优势。然而，多元主义的驱动力甚至开始在另一类国家中起作用。在这些国家中，一个宗教团体仍在名义上得到大部分国民的拥护，或者一个宗教团体仍被承认为国家官方宗教。法国属于前一种情况，英国属于后者。虽然相对而言，没有多少法国人依附于天主教会之外的其他宗教团体，天主教无疑已经不再被理所当然地认定为社会中的标准宗教信仰，作为个人至少能选择不与之产生交集或只发生一点点关系。在英国，圣公会仍然作为法定国教存在，但这对于大多数英国人的生活所产生的影响越来越小。在这两个国家中，实际上存在一个提供许多选择的宗教市场。在美国，"宗教取向"这个词已成为公共话语中的一部分，很明显这个词源于消费经济学的话语体系。这个词也同样适用于欧洲的情况。

所以，相似的是多元主义的强大影响。在机构组织层面，这意味着即便与天主教会和基督新教教会（当然，还有其他各种少数信仰）在神学上的自我认知相左，它们必须作为自愿结社运转。马克斯·韦伯（Max Weber）和恩斯特·特洛伊奇（Ernst Troeltsch）① 把教会做了经典划分：原生教会和自愿加入的教派（sect）。理查德·尼布尔（Richard Niebuhr）② 提出美国发明了第三种机构——宗派（denomination）。这种宗教机构具有很多教会的特点，但是宗派（即便没有明文规定也在事实上）承认其他与之竞争的宗教机构存在的权利，并且它的存续有赖于其成员的自愿依附。多元主义的现状迫使所有的教会都行如宗派。因此天主教会在法国和欧洲的其他地方，实际上是一个宗派。其官方教会学③难以接受这个事实，但天主教会自第二次梵蒂冈大公会议以来，已经借由承认宗教自由为一项人权，而给予了社会现状以一定程度的神学合法性。因此，虽然英国国教会没么不情愿，它也只是诸多宗派之一，而且是少数派。

在个人意识层面上，宗教丧失其"理所当然"的地位意味着人们被迫做出选择——即，使他们的"取向"发挥作用。选择可以是世俗的，也可以是宗教的。正如我们所看到的，欧洲人做出了更加世俗性的选择，而美国人的选择更富宗教性。但是请记住这样一个事实：即便一个声称自己依附于这种或那种宗教传统的一个非常保守派别的个人，依然会至少下意识地注意到将来某一时刻自己会推翻之前所做决定的可能性。换句话说，在被当作理所当然的传统和供人选择的新传统主义之间是有巨大差别的。出于显而易见的心理原因，前者更可能放松和宽容。宗教方面的决定可能是狂热的信仰［用克尔凯郭尔（Kierkegaard）的话来说就是"信心的跳跃"］也可能是没有多少情绪波动的小事一桩。原则上这两种类型的决定都是可逆的。

因此，在欧洲和美国都有很多人从市场供给的宗教传统中挑拣和选择。两块大陆上的社会学家们都已经注意到这一现象并加以研究。主要致

---

① 恩斯特·特洛伊奇（Ernst Troeltsch），德国基督新教神学家、宗教史学家和宗教社会学家，并在宗教哲学和历史哲学方面颇有著述。对1914年前的德国思想有很大影响。——译者注

② 理查德·尼布尔（Richard Niebuhr），20世纪美国最重要的神学伦理学家，与其兄雷茵霍尔德·尼布尔（Reinhold Niebuhr）同为美国新正统神学的代表人物。——译者注

③ 教会学通常指基督教神学中研究教会相关事务的分支，关注教会的起源、教会与耶稣之间的关系、教会在救赎过程中的地位、教会的纪律等方面的问题。——译者注

力于研究法国数据的丹妮尔·赫威—里格尔（Daniele Hervieu – Leger）使用了"*bricolage*"①这个词——勉强可以翻译成"拼装"，跟一个孩子把乐高玩具一片片组装和重组的感觉一样。罗伯特·伍思诺（Robert Wuthnow）②分析了大量美国的数据，把同样的现象称为"拼布宗教"③。然而欧洲和美国的情况是有区别的。欧洲人的拼装通常毫无章法。而文化中具有深深结社倾向的美国人，则更偏好在某种宗教组织内部进行拼装，包括再搞个宗派出来。一位论派是个很好的缩影。他们将自己定义为一个"求索者的社群"，而非凭借任何信仰或仪式对自己加以区分。所以有这么个笑话：一位论派版本的主祷文怎么开头？——"致有关人员"。④

近年来，所谓"灵性"在两块大陆上扩散。人们会说："我不信宗教，但是我是属灵的。"这种说法的含义是不确定的。通常它表示一种新世纪的信仰或仪式——相信个人和宇宙实体的连续性，通过沉思冥想触及那个实体，通过发现"个人内心的孩童"找到真正的自我。但是很多时候这句话有更简单的含义："我有宗教信仰，但是我不归属于任何既存的教会或宗教传统。"

格蕾丝·戴维把这种态度描述为"信仰而不归属"——即不归属于任何既存宗教机构。这个描述对两块大陆的人们都适用。但是也有一种情况是"归属而不相信"，这在欧洲更为普遍。另一位社会学家，何塞·卡萨诺瓦（Jose Casanova）⑤认为即便在世俗化程度较高的国家中，宗教仍然在公共领域起作用。例如德国，现已没有国教会，公民具有完全的宗

---

① "Bricolage"源于法语，大致可以翻译成使用手头现成工具摆弄修理利用手头东西制成的物品。作者使用"tinkering"作为英语中的对应词。——译者注

② 罗伯特·伍思诺（Robert Wuthnow），美国著名宗教社会学家，普林斯顿宗教学教授。——译者注

③ 此处使用"patchwork"一词，原意为补丁，但在美国文化中主要指使用不同花色的碎布，经过设计拼缝成一块有图案的缝纫制品。一般会做成被子或者挂毯装饰品等。——译者注

④ 英文为"To Whom It may Concern"，通常用于收信人不确切的信件开头。主祷文首句应为呼求"我们在天上的父"。此处讽刺一位论派定义自己还是一群"求索者"，可见其信仰模糊，连自己信的是什么都不知道。——译者注

⑤ 何塞·卡萨诺瓦（Jose Casanova），美国社会学家，New School of Social Science 社会学教授。——译者注

教自由。但是所有注册为"公法法人"的宗教机构（包括除了最小的那些之外其他所有的宗教机构）都具有一定的法律特权。其中一项特权即政府提供的征收（名字取得不太对）"教会税"的服务。这项税收数目占个人收入的百分之八——就收入比例而言，是一笔可观的数目。如果有人不愿意交这笔税，只要宣称自己不属于任何教会（konfessionslos），即可马上省下一大笔钱。毫不意外地，许多人选择这么做。令人吃惊的是很多人，至少是联邦德国地区的大部分人，没有这么做。当被问到为什么的时候，他们给出的答案不尽相同——因为他们可能在生命中的某个时候会需要教会，因为他们希望教会能给予他们的孩子道德上的指引，因为他们把教会看作社会道德的重要组成部分。戴维创造了另一个恰当的词形容这种现象——"间接宗教"。这是指一个人不愿意自己参与到教会中来，但是希望教会为他人或社会全体而存在。这种态度在美国比较少见。

为什么是欧式世俗性？

我们可以说，任何重要的历史现象都有不止一个诱因。对于宗教在美国和欧洲有不同地位的现象已经有很多单一诱因的解释——例如，那些基于政教关系或多元竞争之上得到的解释。尽管后两者是看似合理的诱因，可是单单这两者是无法解释欧美宗教地位差异的。以下将要提到的因素，我认为都应被列为具有解释性的诱因。当然可能还有其他的。但是我认为这些因素，如果放到一起考虑，特别是与美国的情形相比的条件下，将能够很好地解释欧式世俗性。比较是重要的，不仅因为它有助于彻底推翻上述的世俗化理论，而且因为美国和欧洲是西方现代性的两个最重要的实例——用塔尔科特·帕森斯（Talcott Parsons）的话来说，是现代性的"先锋社会"。它们之间的不同清楚表明现代性没有一个单一范式——在现代化道路问题上，这一事实对非西方社会有极大意义。以色列社会学家撒母耳·埃森斯塔德（Shmuel Eisenstadt）写了大量关于他称之为"可替换现代性"的文章。延续埃森斯塔德的想法，如果能证实现代性在世俗和宗教两种条件下皆能实现，将对伊斯兰世界和印度具有重大意义。

政教分离

自从亚历克西斯·德·托克维尔（Alexis de Tocqueville）[①] 以来，政教分离一直被用以解释美国宗教的生命力。这在任何解释中无疑都是一个重要因素。当宗教和国家紧密相连的时候，对国家的憎恶不可避免地会连累宗教。在信奉天主教和基督新教的欧洲国家，即便总是存在着与主流相左的宗教运动，主要教会都是由国家官方认定的。进入二十世纪以来，罗马天主教会试图在所有地方与各种形式的政府通过条约（或"宗教事务协约"[②]）形式维系或重建这种关系。直到第二次梵蒂冈大公会议[③]大幅度改变了这种态度。路德宗在德国和斯堪的纳维亚半岛国家被确立为国教。加尔文宗在荷兰、苏格兰和瑞士的几个州被确立为国教。与此形成鲜明对比的是，在殖民地时期的美国，政教分离已经出现，开始是从实际出发（不同的教会太多了，以至于没有一个能成功地独占鳌头），之后成为一项原则（如托马斯·杰斐逊通过在殖民地时期的弗吉尼亚立法机构推动关于宗教自由的立法）。当然，通过美国宪法第一修正案，政教分离原则被确立为美国共和制的一项基本原则。

多元竞争

在同一个市场中竞争的机构比占有垄断地位的机构更有效。宗教市场也不例外。在欧洲，即便在法国大革命之后，教会与国家之间的联系被削弱，人们仍然把教会看作一项公共事业。这种习惯消亡得很慢。相较而言，美国的教会，无论开始是否愿意，都必须作为自愿结社运转。正如本章之前论证的，自愿结社是宗教最容易成功适应多元条件的社会形式。今天的基督新教福音派展现了最生机勃勃的宗教企业精神（包括广遭诟病

[①] 亚历克西斯·德·托克维尔（Alexis de Tocqueville）法国政治思想家、历史学家，代表作有《论美国的民主》和《旧制度与大革命》，在《论美国的民主》中着重写到政教分离与美国宗教信仰状况的关系问题。——译者注

[②] 原文使用concordat，特指罗马教皇与各君主或政府间的宗教事务协约。——译者注

[③] 即 The Second Vatican Council 或简称 Vatican II，是天主教会第21次大公会议，也是距今最近召开的一次大公会议，于1962年10月11日由教宗若望二十三世召开，1965年9月14日由次任教宗保罗六世结束。主要议题是罗马教廷与现代世界的关系。——译者注

的"电讯传教"),而这与它的成功息息相关。

近来很多社会学家,特别是罗德尼·斯达克(Rodney Stark)①,试图将多元竞争作为解释不同社会中宗教状况差异的最重要的且唯一的因素。他们借用了一套经济学的概念,即所谓的"理性选择理论"。同样的,这个因素在解释美国和欧洲的差异上和政教分离一样有一定的解释力。但是这不能解释全部。且不说要用一种经济学理论解释宗教基本上是很困难的,这种理论一定是有选择性地挑选事实证据。例如法国自从1905年以来执行了严格的政教分离——一段并不算很短的时间。至少在原则上,这使得天主教会要面对多元竞争的变迁。然而这并未使宗教在法国活泛起来,法国在世俗化的所有指标上一直得分都很高。有趣的是:正如由欧洲的情况推演出了世俗化理论,理性选择理论适用于宗教是由美国的例子推演得出的。但这是另一回事了。

启蒙运动的两种版本

我不是历史学家,但是我怀疑我们讨论的这种分野在十九世纪和二十世纪早期变得尖锐起来。然而根源可以追溯到至少十八世纪,当时启蒙运动在欧洲和美国发展出了两种差异很大的版本。历史学家格特鲁德·希梅尔法布(Gertrude Himmelfarb)② 在她最近的著作《通往现代性之路》(2004)中指出启蒙运动实际上有三种版本,并加以区分——英国版(包括英格兰和苏格兰),法国版,和美国版。最大的反差体现在后两者之间。法国版的启蒙运动尖锐地反对教权,部分公开反基督教。这集中体现在伏尔泰那句著名的疾呼中:"消灭败类"——这个败类指的就是天主教会。法国大革命为之做出了卓绝的努力。虽然没有成功,但随之而来的是法国两种愿景之间长达一个多世纪的缠斗——一种是保守和天主教的,另一种是进步和反教权的。后者在1905年的政教分离中取得了决定性的胜利。这里的分离和美国宪法中的分离意思大相径庭——共和国是非

---

① 罗德尼·斯达克(Rodney Stark)美国宗教社会学家,极力主张用经济模式解释宗教市场的活跃性,即"理性选择理论"。这种解释方法也被称为宗教社会学新范式,自认为打破了自韦伯以降的对宗教的解释范式。——译者注

② 格特鲁德·希梅尔法布(Gertrude Himmelfarb)美国著名女历史学家,著作中特别关注英国和维多利亚时代思想史,以及当代社会和文化。——译者注

教权的①，彻底清除所有的宗教象征符号。这种法国式政教完全分离的理想影响了整个欧洲大陆和拉丁美洲的民主思想和实践。共和国现在宣告从教会手中夺取了对意识形态的垄断。

美国版的启蒙运动则完全不同。用希梅尔法布的话说，它表达了与法国的"理性的意识形态"相对的"自由的政治"。美国启蒙运动中的作家和政治家们并不反对教权——反正也没有什么教权让他们去反对——他们也并不反对基督教。最差的情况（从保守的基督教观点看），他们差不多算是有神论者。因此美国启蒙运动无法使国家或社会的世俗性正当化。具有讽刺意味的是，直到 20 世纪中叶开始，植根于新近发展起来的"瑞典"知识分子的联邦法院才在判决中明显地表现出倾向于法国式的"理性的意识形态"。如果接受希梅尔法布的论断（我觉得没有理由不接受），即英国启蒙运动更接近于美国版的而非法国版的，那么得出的结论会是英国具有更近似美国的宗教历史。事实并非如此。今天的英国几乎和法国一样世俗化。有其他因素干预了历史进程，其中最有可能的是政教关系。

两种知识分子

知识分子（这个词可追溯到 19 世纪早期）是启蒙运动的实行者。由于之前提到的差异，知识分子在两块大陆上有不同的表现形式，在欧洲世俗化，在美国则不是。谈到知识分子的影响，也有一个重要的不同点——他们在欧洲比在美国要更具影响力。雷蒙德·阿隆（Raymond Aron）②曾把法国称作知识分子的天堂，美国是他们的地狱。这当然是一种夸张。但是美国从立国之初就是一个商业化，因而也非常实用主义的社会。它不会给"清谈阶级"太多的尊重，更不用说权力了。因此有这样一个生动的美式讽刺："如果你这么聪明，你怎么没钱？"这种情况也在改变，也许始于罗斯福新政时期的智囊团。有人也许会说，美国的知识分子在对宗教

---

① 原文为"the republic as laique"，其中 laique 为法语，意思是 layman, layperson，即与神职人员相对的平信徒、普通人，所以勉强翻译为"非教权的共和国"强调去除教权的意思。与之相关的词汇即法国的 laicite 政策，即政教完全分离，政权完全去宗教化，宗教完全去政权化。——译者注

② 雷蒙德·阿隆（Raymond Aron），法国哲学家、社会学家、记者、政治学家，代表作为《知识分子的鸦片》。——译者注

的态度等方面正在"欧化"。但是和欧洲的知识分子不同,这个新的美国知识分子群体(最近也被形容为一个"新阶级")必须和强大的普通民众对手竞争。(当然,用卡尔·马克思的话来说,一小部分美国知识分子背叛了他们的阶级,加入了敌对阵营。)

两种"高雅文化"

什么属于"高雅文化",什么不属于,是由知识分子们定义的。鉴于已经说明的差异,欧洲知识分子创造了一种极其世俗的"高雅文化"。由于越来越多的普通民众在文化上仿效知识分子,这已经成为一种自我实现的预言。因此在欧洲,要想摩登,要想与时俱进而非落后潮流,就意味着要世俗。而在美国并非这样——更准确点说,不久以前还不是这样。美国知识分子的"欧化"大概起源于20世纪50年代,在60年代晚期和70年代早期达到顶峰。今天在美国确实有一批知识分子,对于他们来说宗教即使有意义,也非常微弱。这才导致了一个很世俗的欧洲知识分子会在得克萨斯州一所大学的教师餐厅有种宾至如归的感觉。

启蒙力量的体制媒介

启蒙思想和被启蒙的个体在美国和法国革命中都扮演着重要角色。但是随着十九世纪向前推进——我认为在那段时间,世俗化在欧洲开始全面发展——知识分子作为一个阶级在两块大陆上扮演的角色大相径庭。正如已经提到的,知识分子们具有不同的政治影响力,因而对法律也有不同的影响。但是在欧洲有两种不同的发挥影响力的体制媒介,通过它们,启蒙思想被从知识分子阶层扩散到普罗大众。而这两者在美国都没有。

一个是教育系统。在欧洲大部分地区,这曾经是,而且现在依然是,处于国家集中控制之下的。法国是最明显的例子——课程安排由在巴黎的教育部控制,教师们(被别有深意地称为"教师军团" corps of teachers)在国有机构中受训,然后分散到全国各地。当初级和中级教育变成义务教育以后,这些教师们具有前所未有的权力,向孩子们反复灌输启蒙运动的世俗化思想。除非附近有天主教或新教学校,否则家长们对这种灌输式教育毫无办法。直到不久之前,美国的教育系统还是处于地方政府的管辖之下。如果未受启蒙思想影响的家长不喜欢老师教给他们孩子的东西,他们可以轻易地炒掉老师。由于联邦政府和教师联盟的作用日益增强，这种情况有所改变，但是地方政府仍然控制着美国的大部分初级和中级教育。19和20世纪，欧洲政府在教育体系的组织上有所差别，但是基本上比起美国模式来，他们都更接近法国模式。

第二，知识分子在受各种左翼思潮驱动的政党和工会的增长中扮演了重要角色，而这些思潮大部分有着强烈的世俗性倾向。美国没有类似的情况。奥地利是这个欧洲现象的鲜明代表：社会民主党左翼建立了一整个亚文化，政党成员从幼儿园到老人院终其一生都生活在这个亚文化笼罩下。这个亚文化自觉地抵制教权，确切点说是反天主教。世俗左翼和宗教右翼之间的冲突在欧洲的天主教国家中最为激烈，虽然新教国家中也有类似冲突，但不那么尖锐。直到第二次世界大战结束，右翼和左翼才都经历了一个平行的"世俗化"进程——教会的衰落映射着由意识形态定义的左派的衰落。但是在那之前，可以说在某种程度上已经造成了损害。

作为阶级标识的教会

最后，有两个美国特有的解释性因素：第一，教会是阶级标识。美国宗派多元化和美国人高度的地域流动性相结合产生了一种独特的阶级符号象征体系。因此，在各个美国社区都发展出了一个标志着社会地位的新教教会排名。虽然有一些地区和地方差异，但是仍然有一个普及的排名顺序——通常圣公会信徒排在顶端，接下来是长老会和循道宗的信徒，最后是浸信会和其他福音派信徒。美国新教在地位识别方面创造了一个非常有效的方法——所谓的转会信。比如说，从新英格兰地区搬迁到中西部的人从他们的教会拿到一封证明他们优良表现的信。到达新社区的时候，他们会向该宗派在当地的教会分支出示这封信。这不仅证明了此人是一个循道宗、浸信会或其他什么宗派的良好信徒，也表明此人遵循"新教伦理"规定的资产阶级品德。我们可以说转会信是一种最初形式的信用卡。

马克斯·韦伯很清楚这一点。在关于美国新教的文章中，他详述了一个移民到美国的德国牙医讲述的故事。一个新病人来了，坐在椅子上，告诉牙医他属于哪个教会。这个德国牙医没明白教会成员资格和这个人的牙齿有什么关系。病人告诉牙医的信息其实非常清楚："好好治我的牙。别担心账单。我会付钱的。"我的第一份教职是在美国南部。一个同事告诉我他从小是个浸信会教徒，但是现在因为自己已经成为教授了，他加入了一个循道宗教会。我已经了解了一些有关宗派地位系统的知识，于是我问他："为什么不是圣公会？"他回答道："不，那样压力太大了。"在欧洲，特别是英格兰，有一些稍稍类似的例子，但绝对没有如同美国这样把宗教和阶级完全融合在一起的情况。

作为吸纳移民机构的教会

因为大量移民涌入美国，宗教机构和其运营的慈善服务网络在帮助移民融入新国家的生活上起到了非常重要的作用。天主教会一开始如此帮助爱尔兰移民，然后是从南欧和中欧国家来的移民。路德宗的教会（最初都是以民族为标准组织起来的）帮助了来自德国和斯堪的纳维亚半岛的移民。东正教会（到今天仍然以民族为组织标准）和犹太会堂为来自东欧的具有相同宗教信仰的移民提供了一样的帮助。随着他们被同化，这些群体中的民族和宗教认同逐渐削弱，但是他们对某一特定宗派的忠诚持续到今天。不用说，在欧洲类似的现象即便有也非常少。

将来会怎样？理论上，宗教状况在欧洲和美国两块大陆中的一者或者两者都发生巨大变化的可能性是有的。历史上充满了料想不到的宗教剧变。例如，一个穿越时间的现代社会科学家，带着他所有的研究方法和技巧，去到十六世纪早期，也几乎不可能预见到几年后宗教改革带来的宗教大地震。我们所能说的只是，目前没有经验证据显示欧洲的宗教性正变得更强，或者美国的宗教性变得更弱。在欧洲有一点变化，至少是发生变化的暗示，即大量的穆斯林不愿意遵守去宗教化的游戏规则。可以想见，这会导致广大民众对被大大吹嘘的"欧洲价值"的基督教根基进行重新估量。但是仍有很多种不同的可能情况。因此，就宗教在各自文化中所占地位的巨大差别，欧洲人和美国人最好暂且安于现状。

第三部分　文化与经济发展

第11章 现代意识:包裹和载体[①]

在前面的几章里,我们已经试图阐明一些通常被认为是典型的现代制度进程和一系列意识之间的关系。我们尽可能地关注那些在我们看来是现代制度进程所特有的,甚至是必需的意识——我们已经试图厘清现代制度和现代意识之间的某些*内在关系*(intrinsic relations),或者,换言之,我们已经试图清楚指出作为某些现代体制*内在特征*(intrinsic properties) 的一组意识。然而,即使是在之前的讨论中,我们也已经很清楚地看到,二者之间的实际关系是非常复杂的,在制度层面和意识层面都是如此。在现代制度的内在意识之外,还有很多我们只能称为外在的意识,各种各样的历史进程导致它们和这些制度也有着实际上的联系。实际上,表现为现代意识的东西,是一个高度复杂的、由这些"必然"和"偶然"因素结合而成的复合体。

任何试图对现代性特征的描述,如果仅仅建立在对其内在意识集合的现象学描述之上,在方法论上都是不可接受的。那将会是一种历史决定论("唯心主义的"或者"唯物主义的",取决于你赋予这两个分析层次中的哪个以首要因果关系的地位),它只会造成对经验现实的严重扭曲。所以为了公平对待我们的课题,我们必须越过现象学描述的层面,进行体制分析,或者说我们必须寻求在这两者之间搭建起桥梁。这给我们带来了非常困难而且又在智识层面具有风险的问题。

为了帮助我们进行此项任务,让我们在此处引入两个概念。第一个是*包裹*(package) 的概念。我们用这个词表示在体制过程和意识群之间一种

[①] 本章选自 *The Homeless Mind*:*Modernization and Consciousness*. New York:Vintage Books,1974。——译者注

实际存在的联系，它可能是由内在或外在相互连接的因素组成。第二个是*载体*（*carrier*）的概念。我们用这个词表示产生或传送了某种特定意识成分的体制过程或者群体。再强调一次，这种关系有可能是内在的或者外在的，"必然的"或者"偶然的"。

例如，我们已经指出在技术生产和我们称为成分性（componentiality）的认知风格的因素之间存在着内在联系。我们这里所面对的是有内在联系的因素组成的一个包裹。换言之，一旦确定有技术生产，就很难"遗忘"成分性中的因素。然而，在美国，技术生产的体制所承载的包裹也包含了来自资本主义经济思潮的因素——例如，为积累私人财产而调整个体竞争和创造利润的动机。理论上，后面这些因素可以在技术生产的过程中被"遗忘"，而且实际上在某些现实存在的社会主义经济体中，它们实际上已经被削弱了。它们因而是这个包裹的外在属性。

再举一个例子，我们已经指出在官僚体制和我们所说的分类学风格（taxonomic style）之间存在着内在联系。在美国，官僚体制所承载的包裹中也包含了源于政治民主思潮的价值观，比如官僚机构对以民主方式组建的政治结构负责，或者官僚们捍卫个体所具有的民主合法公民自由的义务。这些价值观可以被看做官僚体制本身之外的，并且在通过各种历史"偶然"所产生出的包裹中与之相连。

类似的思考也适用于载体本身。例如，作为一种制度的官僚体制和作为一个群体的官僚们，明显作为载体服务于一系列相关的意识。我们可以假设它们是出于自己内在的属性而这样做的。另外，很可能同样的这些意识也被其他的制度和群体所承载。这里可以引用教育体系或者军方作为例子。在这些例子中，很有可能"遗忘"目标意识群，而且现实中也存在着不具备这些官僚特征的教育和军方的例子。换言之，我们这里所面对的，是和这些包裹有着外在联系的制度和群体。这当然使得探索产生这些联系的历史进程变得更加必要。

在我们论述的这个阶段，有必要谈论一下和前文中描述的意识结构相关的各种制度性向量（*variant institutional vectors*）。如果此时我们能够提出一个有关现代制度的全面理论，那将是非常令人满意的结果。可惜我们还没那么无畏。另外，我们所面对的也并非一个无法完成的任务。有大量的社会学理论和发现可供我们援引。

毕竟，自19世纪社会学思想发端之日起，现代制度的特殊性就一直是它的一个中心议题。它因循着两个主要的传统：马克思主义以及古典（用马克思主义的术语来说，"资产阶级"）社会学。马克思主义几乎完全根据现代资本主义的特殊性对现代制度进行解释。它把资本主义的"所有制关系"作为当代社会的唯一决定性变量。然后社会的其他所有特征都成了因变量，尽管，当然了，不同的马克思主义派别在这种依附关系的具体特征的问题上，观点是有所区别的。马克思主义将主要类型的现代意识的根源都追溯到现代资本主义（基于马克思主义的哲学人类学命题，这个程序终结于对"错误意识"的诊断）。

我们已经说明过，在意识层面上来看，我们认为这个视角是非常片面的，因此也是被歪曲了的。我们认为它在制度分析层面上也是如此。诚然，资本主义是现代性的诞生中极为重要的一股力量，但是并不是唯一的力量。我们认为在对现代社会的制度活力的理解问题上，我们属于另一个传统，即古典社会学的传统。在这一传统的理论阐释上尽管有着许多不同，但是仍有如此多的趋同，确实引人注目。和我们目前讨论的内容最为相关的，是埃米尔·涂尔干对于从机械团结到有机团结的转变的观点，费迪南·滕尼斯（Ferdinand Toennies）① 对礼俗社会（Gemeinschaft）和法理社会（Gesellschaft）的概念化，马克斯·韦伯的理性化理论，塔尔科特·帕森斯有关模式变量（pattern variable）转换的观点，以及马里恩·列维（Marion Levy）有关社会结构特征在现代化过程中发生转换的观点。我们自己觉得对于这些问题，韦伯的研究路径是最令人满意的。

韦伯的研究路径中的基本点是体制进程和意识层面上的进程之间具有因果关系的相互作用。这种相互作用就是韦伯所说的"选择性亲和"（elective affinity）。他的基本理论意图在于正确对待体制进程对人们的想法、价值观和信念造成的影响，并同时避免他（正确地或错误地）认为马克思所持有的单一的决定论。因此，韦伯认为，某些意识的历史性转变可以被看做现代社会的前提条件。在韦伯自己的著作中，当然了，最主要的重

---

① 费迪南·滕尼斯（Ferdinand Toennies），德国社会学家、哲学家，在社会学理论及田野工作两方面都做出了卓越贡献。最为人所称道的就是他对于 Gemeinschaft 和 Gesellschaft 两种组织形式做出的区分。Gemeinschaft 或译作传统社会，Gesellschaft 或译作现代社会。——译者注

点被放在了"新教伦理"的出现上,他认为那是对于现代资本主义的崛起至关重要的一系列价值观和态度。然而,这些意识的变化(包括现代资本主义的变化)所导致的体制,并非继续依赖于它们最初诞生于其中的那些意识。韦伯充分认识到,在他所生活的年代,对于资本主义经济体系中的人们的动机和行为,新教伦理是无法解释的。相反地,体制一经建立,就发展出一种自身的活力,并且反过来在意识层面上发挥自己的影响。这些影响能够自主地发展。因此,体制进程和意识层面的进程有时候在很长的一段时间内,都能自主发展,而在其他情况下,根据选择性亲和的概念,它们可以被看做"互相找到了对方"(seeking each other out)。回到我们不久之前引入的概念,体制载体可以"丢弃"意识包裹这件它们从前的"行李"。反过来,这件行李也可以"自己消失"(go off on their own),而将它们原本关联的制度语境抛在脑后。

追随着韦伯,我们看到衡量经济和政治领域中的现代性的决定性制度向量。历史上最好的现代化制度就是*现代工业资本主义和现代官僚体制国家*。在很大程度上,它们仍然非常卓越,尽管现在必须将一些重要的发展纳入考量。其中最重要的发展是,自工业革命以来,技术生产已经获得了自身的自主活力(以及理性化的力量),而这不再必然与资本主义特有的经济安排相关。(我们在对技术生产和现代意识之间关系的讨论中曾提过这一点。)因此,不可能将我们所讨论的众多意识仅仅和那些具有资本主义组织形式的技术经济体联系起来;不论社会主义经济组织形式会带来其他什么不同,它将面对的状态就算和我们所讨论的情况不完全相同,也非常类似。

就当代世界中的现代意识而言,我们必须对*首要载体*(primary carriers)和*次要载体*(secondary carriers)进行区分。首要载体是:首先,技术生产(不论其具体的经济和社会组织为何);其次,以官僚体制组织的国家(不论其他政治或意识形态特征为何)。我们认为这二者不仅是现代意识的首要载体,而且根据相同的逻辑,也是现代化的首要中介。需要强调的一点是,这两种制度力量虽然在现实中经常同时起作用,它们也可以分开起作用。确实,这两种载体之间的差异和我们之前对于意识结构差异的讨论相一致,我们预计,在具体情境下,这两种载体中的哪一个是主导力量,将在意识层面上造成巨大的差异。

次要载体包括各种社会和文化进程，它们中的大部分从*历史的*角度看都植根于首要载体之中，但是现在具有自主的效力。在它们之中，我们要着重强调以下几个：城镇化（urbanization）；"流动的"（mobilized）社会分层体系；作为个体生活的关键语境的"私人领域"（private sphere）；科学技术创新的独特机制；大众教育以及作为其延伸的大众传媒。

其中的大部分，我们在对社会生活世界的多元化的讨论中已经涉及，但是这里再多说一些可能也是恰当的。城镇化，字面上的意思是城镇数量增长，还有一层意思是城市生活方式的扩散，它肯定可以被认为是当今现代意识的一个独立载体。虽然现代世界中的大部分城市发展都与经济在贸易和制造两方面的发展密切相关，今天的都市主义，不管具体的经济境况如何，都是一种必须从其自身的角度来理解的现象。和这种广泛意义上的城镇化紧密相连的，是现代社会中不同社会阶层之间大大增加了的社会流动性。尽管现代化基本上意味着人们从一个社会阶层移动到另一个社会阶层的能力有了实质性的增长，然而在许多情况下（当然包括美国）对社会流动性的预期要大大超出大多数个体在实际生活中所获得的机会。然而，这些预期恰恰对在意识层面上所发生的状况极为重要。不论个体大幅度提高自己在社会阶层中的位置的可能性实际上到底有多少，凭借着"预期社会化"（anticipatory socialization），他的想象力会在远离其人生的社会原点的社会领域里四处遨游。这种想象力的"流动化"（mobilization）（意思是让想象力变得更加具有流动性）可以被看做是和经济结构相分离的，而经济结构则基本上决定了在多大程度上社会流动性的渴望能够得到满足。

我们已经相当详尽地讨论了"私人领域"的重要性，以及作用于社会生活和意识并使之遭遇危机的二分法。有关现代世界中被设计来保障科学和技术能够持续进步的那些制度，我们之前并未讨论，这里也无法展开。我们脑中所想的是弗里茨·马克卢普（Fritz Machlup）[①] 称作"知识

[①] 弗里茨·马克卢普（Fritz Machlup），奥地利裔美籍经济学家，自20世纪50年代开始了对知识和知识产业的研究。1962年出版《美国的知识生产和分配》（*The Production and Distribution of Knowledge in the United States*），在书中正式提出了知识产业（knowledge industry）这个概念，给出知识产业的一般范畴和最早的分类模式，并在此基础上建立起对美国知识生产与分配的最早的测度体系，即马克卢普信息经济测度范式。——译者注

产业"的巨大网络。在这个致力于思考、研究和传播科学技术创新的制度网络中，一个精英阶层不断地对意识进行着修改，而这个精英阶层的社会使命被根据上述的几个方面进行了清晰的定义。虽然很显然人口中只有一小部分属于这个精英阶层，但是这个阶层的行为直接地影响了其他人的实际生活和意识两个方面。正如我们在对技术生产的讨论中所看到的，例如，尽管产业工人并不直接共享现代科学和技术的专门知识，但这门知识仍然是他们意识中的一个重要范围，在许多时候还直接对意识产生冲击。

大众教育和大众传媒对于现代意识的重要性在本文中无须再做详述。重要的是再次强调这些次要载体可以作为相当独立的因素起作用。例如，一家现代通讯媒体可以"深入"一种还未被其他任何首要或次要的现代化力量碰触过的情境（正如在许多第三世界国家中那样）。同样地，虽然肯定不能把大众教育视为历史上现代世界的创造中的一项重要因素，但是它现在的确是一股具有极大重要性的现代化力量。

在缺少全面和明确的现代体制理论的情况下，任何关于衡量现代意识的制度性向量的表述都必然是假设性的。因此，我们想要特别着重强调，以下的讨论都是绝对假设性的，这意味着我们不仅不会声称确定以下内容，而且它们都是服从于经验调查的。对我们在这些方面的保留意见进行说明之后，我们认为以下所列就是对现代意识具有重要意义的各种制度性向量。

（1）*首要载体的发展程度*。现代意识的一个重要变量是首要载体是否更加"先进"。对第一个首要载体而言，这自然意味着经济和技术"发展"的程度；对第二个首要载体而言，是就现代政治体制而言的"发展"程度。在这两种情况下，对这些因素最具意义的看法是将它们都当作连续统一体来考虑。

（2）*首要载体的文化定位*。一个重要的变量是首要载体在文化上是本土的还是引进的。不用说，当把今天所谓的第三世界国家的发展和西方工业社会的历史进行比较时，这个变量尤为重要。

（3）*获取现代性带来的经济利益*。现代技术生产极大地提高了某些社会的富裕程度。然而，在这些社会之内以及它们与其他社会的关系中，就获得这些经济利益而言，仍然存在着巨大的差别。有些团体直接参与获益，而其他团体则以边缘得多的方式，或者甚至是以被剥削的方式与现代生产进程发生联系。简言之，有些团体凭借他们与现代技术生产的关系变得富有，而其他团体则仍旧贫穷或者由于这种关系而变得贫穷。换句话说，这一变量的分析性意义在于质疑被戳死的是谁的公牛。

（4）*经济的社会组织*。尽管技术生产在我们看来是首要的社会力量，但是这种力量可以以不同方式进行组织。就当代世界而言，最重要的分化在于资本主义形态和社会主义形态。正如我们之前所说，我们认为，这一变量并不影响技术生产所携带的本质性的包裹。然而，在制度和意识两方面的重要的外在修正也必须纳入考量。

（5）*官僚自治的程度*。官僚组织，正如我们已经试图展现的，在社会行动和意识两个层次上都形成了自己的动力。然而，官僚制度是在非常不同的社会及政治环境中运作的。最重要的变量是官僚组织是在有外部约束还是没有外部约束的情况下运作的，或者更确切点说，需要考虑的变量是和这种外部约束的*程度*有关。简单说来，有的官僚制度只需要考虑自己；而其他的则不得不忍受与其本质不相关的麻烦，比如法律制约或者民意。

重复一下，我们并不宣称这个清单是公理性质的或完整的，我们只是假设前述变量涵盖了对现代意识而言最重要的制度向量。我们在后面一章将对它们进行更加详细的讨论。

我们在这些考虑中包含的基本问题是：哪些包裹可以被拆分，而哪些不行？之前的种种考虑都通过两个主要假设和基本问题联系在一起：

（1）*在与首要载体相关的情况下，要比在和其他载体相关的情况下，有更多的内在联系存在于制度进程和意识群之间*。换言之，和首要载体相关的包裹要更为紧密地"绑在一起"，也就更难拆开。在这个假设成立的情况下，我们可以为任何涉及重组意识的项目提出指导准则，开玩笑地说，这类项目成功的可能性反过来是和它们与首要载体的密切程度成正比的。

（2）*在首要载体之间，技术生产的制度过程和意识群之间的内在联系要比官僚制度的多*。换句话说，在意识层面上，经济力量比政治力量更加"不可抗拒"。在对这两种载体和现代意识之间关系的讨论中，我们已经解释了我们这样认为的原因。

在本书的语境下我们不能妄自证明这些假设是正确或错误的。要完成这样的任务必然需要巨大的工作量，即便能够做到这一点，我们也对现有数据是否足以让任何人得出结论性的陈述有所疑虑。然而，在解释了我们的假设背后的逻辑之后，我们现在可以继续阐明用这种方式提出有关现代性的问题有着怎样的含义：我们从制度向量转向意识和现代性的*象征符号宇宙*（symbolic universe）的层面。我们用这个术语表达的意思其实很简单：一个对现实的认知和规范性定义组成的网络渗透了社会生活的方方面面。他们在意识中的定位有所差别，并且和体制秩序的不同部分以不同方式相联系。然而，对于充作个体生活和行为的共同情境的社会而言，必须要有一个无所不包的参照系，这个参照系至少要包括大部分的现实定义，并且至少要被大部分社会成员共同接受。一个社会的象征符号宇宙是一个传统的集合体，它整合了很多对于现实的定义，并把体制秩序作为一个象征性符号的整体呈现在个体面前。换言之，我们的问题现在所关注的是通常被称为现代世界观（Weltanschauung of modernity）的东西。

基于前述内容，很显然不能认为这是一个完全清晰或者逻辑上很连贯的现实定义的体系。而且，不论现代性的象征符号宇宙具体的细节为何，都不太可能将其成因追溯到几个不变的制度性因素（更别说一个因素了）。我们可以假设，现代社会的象征符号宇宙是一个松散地结合在一起且远非稳定的现实定义的集合。它经常会严重地缺乏逻辑一致性。它也通常和许多本身就在不断变化的制度载体联系在一起。这种现代世界观和制度载体之间的关系将会再次表明意识的内在因素和外在因素在实际中是共存的，这也就是"必然性"和"偶然性"的共存。

用以描述此时我们脑海中所想的最佳词语应该是法语的 briccolage，指的是孩子搭建积木又拆散的行为。这样思考现代世界观是非常有益的，特别是有鉴于许多文化批评家（以及文化预言家！）形成了一股持续性的潮流，他们带着明白无误的确定，告诉我们"现代人"是什么，他的世界观中又有什么据说是必然的。有关"现代人"及其世界观的各种理论在过去的一百年来不断地被炮制出来，其本身对于知识社会学而言是个有趣的话题，但不幸地，我们无法在本书中深究这个话题。我们建议对这些理论中的大部分都抱持一种尖锐的怀疑态度。它们总的来说都倾向于简化情境，并且常常使情况变得混乱。然而，相对于这种简化的另一种态度并非以某种寂静的敬畏来面对据说无法简化的人类精神的多样性（更别说面对现代人的某些所谓神秘事物了,不论它是救赎性的或是邪恶的)。这些现象是会随着理论澄清和实际调查而变化的。我们不想再增加有关现代人及其公认的意识的宣言,相反,我们想提出一个严谨但必然是尝试性的分析过程。

如果我们假设技术生产和官僚制度构成了现代意识的首要载体,并且如果我们认为附着在这些载体上的包裹和来自他处的意识成分以多种方式相结合,那么下面这个问题就是具有相关性的:现代性的象征符号宇宙中的哪些具体的主题本质上是源于首要载体的?换句话说:技术生产和官僚制度在本质上为一个包罗万象的世界观贡献了什么主题?

让我们首先考虑技术生产。技术工作在现代性的象征符号宇宙中位置很矛盾。一方面,它直接地塑造了后者。另一方面,它也对后者产生了强大的反作用力。我们发现有一种经常性的矛盾存在于成分性和对"完整性"(wholeness)的不断追求之间。我们也应该指出,现代性象征符号宇宙中的某些方面(这里我们可以再次援引韦伯对于新教伦理的讨论)要早于现代技术生产出现,并且实际上是实现技术生产的一个前提条件。同时,在现代工业生产创造的情境下,这些方面获得了极大的增强。

总的来说,"工作世界"(the world of work)在任何社会的社会生活中都占据了支配性的地位。可能一直以来情况都是如此,但是由于现代技术生产对社会生活的方方面面都造成了巨大的影响,所以比起以往的任何时候,现在就更是如此。源于这种生产形式中的主题支配了社会生活的现实。而社会经验的其他形式都被定义为"工作世界"中的飞地或逃离"工作世界"的庇护所。可以说,个体的"私人空间"都被巨大的经济制度或官僚体制所包围,而个体则通过职业和后者相连。为了真正地离开"工作世界",他必须要么真正地要么象征性地"去度假"。这种"假期"里总是包含着深思熟虑而又通常极其困难的努力,试图摆脱的正是个体职业生活(work life)中最首要的现实。不论对于从职业生命这一首要载体衍生出的包裹有怎样的抵制或反应,职业生活对于当今社会中的大多数人而言都是最为重要的。

前面所讨论过的那些与技术生产相关的主题,并非都能完整地"转移"到象征符号宇宙中。有些,特别是下文中的这些,可以。

第一:*理性*(Rationality)。这是个核心主题,这一点韦伯是看得最清楚的。这不是指科学家或者哲学家所进行的反思理性，而是马上就可用的功能性理性，可以在个体的日常生活中被主题化（thematizable）的理性。

第二：成分性（*Componentiality*）。正如我们已经看到的，现实被理解为是由明确可分的成分所组成的，这些成分则是在因果关系、时间以及空间的结构中彼此相连的。这一主题被引入他者和自我的体验当中，并且变成了符号象征宇宙的支配性主题。

第三：多重关系（*Multi-relationality*）。正如我们已经知道的，这和庞大繁杂的各类关系有关——和其他人的关系，和物质对象的关系，以及和抽象实体的关系——当涉及技术生产过程的时候，个体必须在意识中保持这些关系的存现状态。对多重关系进行不间断的"练习"便就这种多样化的关系在意识中构成了一个区域。这变成了象征符号宇宙的一个组成成分，即，它被从技术生产领域"转移"到了社会生活和意识的其他范畴。

第四："可塑性"（*Makeability*）。这里所涉及的是被理解为"可塑的"（makeable）现实的问题解决方法。生活（包括社会体验和身份）被视作一项从不间断的解决问题的事业。

第五：多元性（*Plurality*）。正如阿尔弗雷德·舒茨所指出的，"多重现实"（multiple realities）是人类意识的一个持久并且也许是必要的特征。从舒茨所说的日常生活的"至高现实"（paramount reality）移动到其他意义范畴的能力，也许从人类学的角度来看可以被认为是一定的。然而在现代条件下所发生的情况是这种一定的能力被极大地强化了。多元性成为生活的一个基本主题。因为多元化，创造任何包含一切的象征符号宇宙都日益变得越加困难。不同的现实被以各异的方式进行定义和合理化，建构一个能够将其全部容纳的包含一切的世界观变得疑问重重。在现代条件下建构象征符号宇宙的一个重要特征，是在这种构建中所必需包括的项目的绝对数目。

第六：进步性（*Progressivity*）。存在着一种将任何行为的结果或益处都最大化的倾向，这种倾向可以回溯到技术生产的工程思维。这种倾向带来了一种根本的不稳定性，并在"事情总能变得更好"这种理念中表达出来。结合"可塑性"的概念，这便导致了一种"向前并向上"的世界观。对于不断重复发生的改变不仅有着期待，而且对这种改变持有一种积极的态度。对于这种态度是否和人类与生俱来的一些特征相冲突这样一个有趣的问题,很遗憾我们在这里无法展开讨论。

转到和官僚体制相关的主题,对于包罗万象的现代象征符号宇宙来说最重要的主题似乎是以下这些:

第一:"社会"本身的主题化(*the thematization of "society" itself*)。在官僚体制下,社会被感知为一团乱七八糟的现实,必须对其进行整理。它变成了既有问题但又可以进行管理的东西——而且它被认为可以用不同的方式进行管理。因此,"社会"这个现象首先是作为一个体系,其次是一个要进行修补的体系出现的。其中有一个内在的变革和可变性的原则,和刚刚讨论过的"可塑性"的主题非常相似。然而,这个原则与我们称为官僚意识的分类作风所带来的有序倾向之间总是存在着张力。这种对于社会的看法既能让人安心也会使人烦恼,特别是因为它与大部分的人类历史对社会体验的定义方式相抵触。因此,这一主题经常会引起对于各种非官僚体制生活方式的幻想和反向设计(counterdesign)。

第二:将官僚体制及其分类行为作为缓和多元性所带来的威胁的一种方式进行主题化(*the thematization of bureaucracy and its taxonomic actions as a way of mitigating the threats of plurality*)。社会生活的多元化意味着个体必须时刻面对令人困扰的各类体验和意识成分,并对其做出反应。官僚体制的分类学是让这种多样化变得有序的一种方法。官僚体制中的司法权(jurisdiction)这个概念被吹嘘为一种宇宙原则。现实整个变成了服从于官僚体制的分类法,并且在可能的限度内,服从于官僚制的管理。同时,源于官僚体制的司法权理念既合理化了多元的社会存在,也合理化了角色距离(role distance)。

"角色距离"意思是虚情假意地扮演一个人的社会角色,并对自己和他人都保持一种真实身份(real identity)不被社会角色所吸纳的状态。这是对官僚体制的根本原则的一种具有压倒性的延伸,据此,一位官僚作为官僚而且只作为官僚表演"在任"(in office)。这同时也是对多元性以及身份多元化的一种防御。

第三:将一定的管辖空间"分配"给私人领域(*the "allocation" of articular jurisdictional space to the private sphere*)。正如我们在对社会生活的世界中发生的多元化的讨论中所看到的,现代性的这个方面并非仅仅源自首要载体,尽管它与后者紧密相关。但是不论私人领域与不同的体制载体之间以何种方式相关，私人领域与公共领域之间在制度层面和意识层面上的分裂是现代性的一个基本原则。反现代的意识形态通常反对这种分裂，我们之后会对此进行详尽的展开。

第四：另一个主题是*人权的观念被和在官僚体制下可辨识的权利关联起来*（*the notion of human rights being related to bureaucratically identifiable rights*），尽管和官僚体制之间的这种关联是内在的还是外在的尚不明确。*有的官僚制总是被期望着对具体的人权负责*。并且假设总是肯定可以向什么人（而且这是个可以被在官僚体制中定义的人，也因此能够通过官僚体制"被找到"）抱怨。与此相关的是一个泛泛地强调合理程序的主题，它和社会具有可以通过官僚体制进行管理的主题紧密相关。因此，便有了从普世人权的观念向必然普世的官僚体制的观念的发展。联合国也许可以被视为对这种普世官僚体制愿景的带点讽刺意味的预期。正如我们之前所观察到的，这种潜在的普世延伸似乎是官僚制意识所固有的。塔尔科特·帕森斯曾描述了普遍模式变量和特殊模式变量（universalistic and particularistic pattern variables）之间的差异，并且强调现代化通常包括了从特殊主义（particularism）到普遍主义（universalism）的进步。我们同意这一观点，但是要加上一句，在现代化条件下，特殊主义*预先假定*（*presupposes*）了一个普遍主义的语境。

第12章　一种资本主义理论:形态与用途①

社会理论家们经常使用建筑学的语言,他们谈及理论"大厦"或者"架构",他们还把他们的活动描述为"理论构建"。这种语言非常有用。它指出这样一个事业需要付出的艰辛和做出一步步的努力。这本书并非自诩出售一幢完工的房子给所有感兴趣的人。但是,随着前文中论证的进行,首先在作者的脑海中,然后(希望)在读者的脑海中,为这所房子特制的设计图已经逐渐浮现出来。有一些缺失的部分。有些东西必须去除,有些其他的又要纳入草图。有一点是可以保证的:这些问题对任何一种全面的资本主义理论都很重要,即便这种理论最终需要经过大幅修改才能成立。简言之,房子还没建好,但是模样正在逐步成型。

具体说来,这本书的论证过程中产生了一组假设性的命题,为经验研究和进一步的理论思考提供了许多方案。这最后一章有两方面的目的:把这些命题当作一个整体来看待,然后探询随之浮现的理论会有怎样的实际用途。为了达成这两个目的,需要重叙散落在前文各处的那些命题。它们是:

命题主体:

关于资本主义和物质生活
1. 工业资本主义催生了人类历史上最高生产力。
2. 迄今为止,没有任何其他社会经济体系能够催生与之相媲美的生产力。

---

① 本章选自 *The Capitalist Revolution*: *Fifty Propositions About Prosperity, Equality, and Liberty*. New York: Basic Books, 1986。——译者注

3. 资本主义经济体制下的生产以市场交换为导向，这样为建立在现代技术基础之上的生产能力的长效发展和无限增长提供了理想的条件。

4. 在英格兰（工业资本主义起源的地方）也许还有其他西方国家，早期工业资本主义消耗了大量的人力成本，即便没有引起物质生活水准的实际下降，也造成了社会和文化层面的混乱。

5. 先进的工业资本主义已经并将继续为大规模人群带来人类历史上最高的物质生活水平。

6. 在西方社会和其他地区的大多数社会中，技术现代化和经济增长如果能持续下去，首先引起了收入和财富不平等的急剧增长，接着是这些不平等的急剧下降，然后是一个相对稳定的平台期。

7. 这些在收入和财富不平等方面的变化是由技术和人口两种力量相互作用引起的，相对独立于社会经济组织的各种形态（比如，最重要的、组织的资本主义和社会主义形态）。

8. 这个过程中的拉锯阶段能够通过政治干预得到加强和加快（特别是再分配政策），但是如果这些干预超过了一定程度（在此不明确详述），将对经济增长产生负面影响，最终影响生活水平。

关于资本主义和阶级

9. 工业资本主义的条件下，所有其他形式的社会阶层都逐渐被阶级所取代。

10. 无论社会经济组织性质（不管是资本主义或社会主义），正在进行的工业化是决定社会流动性的基本因素。

11. 在所有先进的工业社会，向社会上层的流动总的来说都有缓慢温和的增长，但没有巨大的变化。

12. 在所有先进的工业社会，教育已经成为向社会上层流动的最重要的载体。

13. 工业资本主义，特别是和政治上的民主结合起来看，是最可能在一个社会中维持阶层体系开放性的。

14. 当代西方社会以两个阶级间的长期斗争为标志，即老中产阶级（从事物质商品和服务的生产和分配）和新中产阶级（从事象征性知识的生产和分配）。

15. 西方社会中的新兴知识阶级是对抗资本主义的主要力量。

关于资本主义和民主

16. 在现代条件下，资本主义是民主的必要非充分条件。

17. 如果某一资本主义经济屈从于政府不断增强的调控程度，那么调控到达某一点时（在此不明确详述），民主政体即变为不可能。

18. 如果某一社会主义经济对于不断增强的市场力量保持开放，到达某一点时（在此不明确详述），民主政体即成为一种可能。

19. 如果资本主义发展成功催生了经济增长，使得很大一部分人从中获益，就可能开始对民主政体施加压力。

关于资本主义和个人自治的文化

20. 个人自治在西方文化中的起源远早于现代资本主义，正是西方文化中的这种前现代"个人主义"危及与资本主义伴生的那种"个人主义"。

21. 在西方的资产阶级文化，特别是在有新教传统的社会中，诞生了一类人，有着极强的个人自治的价值观和心理现实。

22. 如果其他地方不是这样，至少在西方社会中，资本主义是个人自治能持续下去的必要非充分条件。

23. 西方资本主义文化的一些成分（尤其是与行动主义、理性创新和自律相关的）是资本主义在任何地方得以成功发展的前提。

24. 资本主义需要社会机构（尤其是家庭和宗教）以社群团结来平衡个人自治中的某些方面。

关于资本主义和第三世界发展

25. 将一个第三世界国家纳入国际资本主义体系有利于其经济发展。

26. 如同在西方发达工业社会中彰显的那样，资本主义在全球资本主义体系所侵占的其他任何地方持续证明其更高的生产力。

27. 在现今包括最贫困国家在内的第三世界，相较社会主义而言，资本主义发展道路更能提高人民的物质生活水平。

28. 在第三世界国家，资本主义发展带来了高速的劳动密集型经济增长，这相对于深思熟虑的政策性收入再分配能更有效地实现收入平等。

关于东亚地区的资本主义（一个"辅例"）

29. 东亚的情况证实了工业资本主义优异的生产力。

30. 东亚的情况证实了资本主义在提升大量人口的物质生活水平方面能力卓绝。

31. 东亚的情况证实了工业资本主义和一个具有相对开放的社会流动性的阶级体系的出现有正面作用。

32. 东亚的情况不能证实现代资本主义条件下的早期经济增长必然会增加收入不平等，然而它证明了随着经济持续增长收入分配会趋于稳定。

33. 来自东亚的证据否定了"在依赖国际资本主义体系的条件下，不会有成功的发展"的命题。

34. 来自东亚的证据否定了"国家对经济实行较高程度干预和成功的资本主义发展不相容"的命题。

35. 来自东亚的证据为"成功的资本主义发展会对民主产生压力"的命题提供了较弱的支持。

36. 来自东亚的证据支持了"西方资产阶级文化的某些因素（特别是行动主义、理性创新和自律）对成功的资本主义发展是必要的"的命题。

37. 在东亚社会的"伟大的传统"或民间文化中的某些要素促进了有助于成功发展的价值观的形成，并进而为这些社会在现代化过程中创造了一个相对优势。

38. 很长的一段时间以来，东亚社会未经历西方传统的个体化过程便成功在资本主义条件下进行现代化。

39. 个人自治的价值观正在破坏东亚社会的集体主义并非常可能持续下去。

40. 东亚社会对以西方为中心的国际资本主义体系的依附大大强化了这些社会中的民主和个体化运动。

关于工业社会主义（一个"对照案例"）

41. 在社会主义和经济的大规模官僚化之间有一种内在联系。

42. 在社会主义和经济低效之间有一种内在联系。

43. 在社会主义和威权统治之间有一种内在联系。

44. 社会主义和在现代社会中实现极权统治之间有密切关系。

45. 工业社会主义以两种不同的社会分层形式——阶级和政治世袭制——之间不断的互动为特征。

46. 通过引进市场机制对工业社会主义的改良会遭遇政治限制，即由于世袭精英维护其既得利益而引起的抵制。

47. 通过引进市场机制对工业社会主义的改良会遭遇经济限制，因为人为制造的市场无法复制资本主义市场的效率。

48. 没有生产资料私有制就不会有有效的市场经济。

关于资本主义的合法化

49. 社会主义是当今时代最大的神话之一；只要社会主义保持这种神话性质，在其拥趸的脑海中是无法以经验证据否定它的。

50. 资本主义不具备天然合法性，尤其又被剥夺了神话魅力；因而，它依赖于其纯粹真实性或与其他具有合法性的符号发生关联带来合法化效果。

从这些命题中诞生的理论是"亲资本主义的"吗？它又有什么实际用处呢？

简单地当作一个经验性假设的总体来看，由此得出的理论既不是亲资本主义的也不是反资本主义的。它到底是如何的，并非由迟早会出现的经验证据是支持或证伪决定，而是由与之相关的价值观念决定的。此外，单纯地当作一次社会科学练习，由此得出的理论除了能够减少理论家脑海里的混乱之外，完全没用。一旦某人对其在社会实践中的作用感兴趣，同上，此人希望借以决定理论导向的价值观念将是决定性的。

理论与实践总是脱节的。就算理论洞见来源于物理学，这个论断也是正确的。因此一个人也许能得出一个理论上令人满意的关于某种疾病的病因学理论，但是（取决于不同的价值观，例如医生和生物战争贩子），这个理论对于治病救人或散播疾病都同样有用。同样，资本主义是民主的必要条件这个命题，当有人推崇民主时才是"亲资本主义的"（而且事实上对资本主义的鼓吹者们很有用）；或者，资本主义不太可能带来大大超越西方社会现有的收入平等水平这个命题,有人追求更大程度的平等时才是"反资本主义的"(因此对社会主义者很有用)。不存在超脱价值判断的实践。在个人生活的实践中是如此;在被通常称为"政策"的社会和政治实践中也是如此。(这在不经意间指出了"政策科学"这个词组中所包含的自相矛盾之处。)

和最近几年大行其道的假说相反,社会科学家不能以社会科学家的身份做道德判断。(当然,他也许能做判断,但是当他顶着不同的头衔的时候——作为热心的公民,虔诚的教徒,热爱人类的人,或者其他什么你热衷的——只要他这么做了,他就不能宣称他做的判断有源于社会科学的权威性。)下这样的定论基于非常根本的方法论上的理由,是涉及这项科学的事业本质的一些理由。不过顺便也说明了理论和实践脱节这个论断在道德和政治上的含义。宣称知道应该如何运用他的洞见的理论家,妄取了别人按照他们自己的价值观生活的权利(当然,他们中的大多数既不是理论家也不是任何意义上的知识分子)。这种狂妄是不道德的。也许更重要的是,这种理论洞见提供了道德判断和实践方针的依据的想法和民主是天然敌对的。这种观点意味着在智力和道德上有一个精英阶层,他们因为具备优越的理论洞见而有权实施统治。当代知识分子有一个关键的道德和政治问题,就是他们不断地视自己为这样一个精英阶层,一个由教育祝圣的新型宣教团。民主,如同新教,恰恰植根于普通的男女信众对这样的宗教特权进行的反抗。

然而,在社会科学理论化的框架内实际上还可能有更进一步的分析。这是一个厘清理论洞见(取决于实证检验,故而永远没有最终结论)和建立在此或彼价值观之上的实践之间关系的尝试。换句话说,社会科学家可以用"如果……那么……"这样的句式作陈述:"如果你持有的价值观是 X,那么相对于 Z 情况来说,Y 情况更符合你的价值观。"或者:"如果你持有 A 价值观,我有充分理由相信,鉴于这个世界的实际情况,B 选项比 C 选项在实践中对你更有用。"这不是神话赖以创造或英雄们从中获得启示的东西。但正是凭借这些枯燥的、迂腐的、充满不变或然性的句子,社会科学家能够为公众话语做出特殊的贡献。

一个人当然能够把任何价值观引入到任何经验数据中。比如说,如果一个人的首要政治价值观是在君权神授原则的基础上恢复绝对君主制,那么这本书提出的大部分命题就没有道德意义，而且非常可能在实践中也是无用的。如今的时代，极少有人会认为在绝对君主制和其他形式的政体中做选择是最重要的道德和实践选择，所以引入前面提到的这种价值观对任何现实中的实际情况意义不大。实际上，对大多数人来说，在资本主义和社会主义（或者这两者公认的不同版本）之间做出的选择才具有最重大的意义，而且与这个选择相关的价值观念屈指可数（并且显然不包括君权神授在内）。因此，在社会科学框架内，最适当的"厘清练习"就是这组有限的价值观和资本主义/社会主义如何取舍。说得更明确点，这里要做的，尽管简短，是研究前文提过的命题中普遍持有的七种价值观念的重要性：

人们，特别是穷人们，有良好的物质生活（*The material well-being of people, especially of the poor*）。这个价值取向可以用肯定句式表述为：基于在现代技术条件下可能达到的生活标准，人们应该过上很不错的物质生活。很显然，这里的"很不错"这个概念具有很大的相对性和不可否认的主观性。昨天做梦都没想过的奢侈品今天可能就变成了基本需求和理所应当的权益。如果用否定句式来表达，这个价值观念的实际应用就清晰得多：某些物质生活上的悲惨状况（这很容易解释清楚），即便不能立即消除也应该逐步减少。这里涉及的是在前现代时期对大多数人，以及在今天对于第三世界国家数以百万计的人民来说都很普遍的状况——婴幼儿的高死亡率，饥饿，疾病，简陋的住房，无力抵抗自然灾害，平均寿命较短——（因为它们严重影响良好的物质生活）可以在此基础上增加一些社会文化的情况，例如文盲率和人群的低流动性。既然在每个甚至是最先进的人类社会里，从这些使社会衰弱的情况下解放的程度都不是统一的或完全的，集中精力关注人口中最穷困的阶层就更有道理了（在实践和理论上都是如此）：穷人被从如此的状况下解放出来，并且得以进入一种很不错的（或者用词谨慎些，比较不错的）物质生活状态，是在多大程度上实现的，是否始终如一？当然，这是"穷人的优先选项"原则，由最近的天主教社会思潮推介到关于发展的讨论中。如果前文提到的命题成立，相对于任何现实中存在的其他选项而言，资本主义毫无疑问是预料中的选择。

平等（*Equality*）。这无须赘言是一个模糊的观念，因为有理性的人不

会期待一个社会在所有事情上对所有人提供完美的平等，不管在什么体制下。如果用更谨慎一些的说法形容这个价值取向，可以使用"公平"这样的词或复数的"各种平等"（在语义上对各种平等加以区分是有必要的，比如法律面前的平等和那些没有任何社会能予以保障的，比如对异性吸引力的平等）。目前这个争论中，平等主要指那些能够依靠经验证据证实的，也就是最富有和最贫穷阶层的收入和财富之间的差距相对较小并且最好正在逐渐消失。在现有的对这些问题的讨论中，财富上的不平度更难衡量，但是有关世界上大多数地区的收入不平等的数据（东亚地区的特例比较令人费解，有待充分地解释）指向一个不确定的结论：收入分配是现代经济增长的一项功能，只在有限的程度上受到一个社会的体制安排和政策的影响。因而，资本主义在这个方面并没有什么优势。但是社会主义，或其他现有的或能够想象得到的社会组织形式也没有什么优势。对那些把平等看做最高价值的人来说，最好的建议是，停止为了现状而谴责或捍卫两大现有政体中的任意一方。他们的顾虑自然会导向对现代性的全面批判，以及如何逆转现代化或至少对其进行修正这样的实际问题。尽管这是个有趣的问题，但它并不在资本主义理论或对该理论进行道德伦理反思的讨论范围之内。

政治自由和民主制度（*Political liberties and democracy*）。这二者能够在理论上加以区分；在当代世界的实际中，这二者则趋于紧密相连。这里所说的，和平素所说的"自由"含义相同。如果这里提出的理论假设站得住脚，那么这项价值取向绝对是利于资本主义的。

对人权的保障（*Protection of human rights*）。即便不包括政治权利这一类（大体等同于政治自由），任何研究过当代人权相关文献的人，都知道在这一领域中进行定义和描述的复杂性（例如由讨论不同"世代"的权利所带来的复杂情形，在旧"世代"的公民权和政治权利之外，有些人增添了经济和文化权利）。在平常的语境中，大多数人谈到人权时有什么含义是很清楚的。最重要的是，它们意味着捍卫个体和团体反抗最普遍的暴政行为——大规模恐怖，草菅人命，折磨，大规模流放，强迫家庭离散。在这之上，可以再增加一些权利，比如对经济上遭遇不幸的人进行保护（当然，这种保护是现代福利国家的首要目标）以及文化权利，例如对语言或民族生活方式的其他方面进行保护。按照通常所定义的，宗教权

利作为一个重要的领域横跨了公民权和文化权。现在很难论证，相较于其他社会经济组织制度而言，资本主义在本质上有利于保护人权。然而，有一个简单但极其显著的事实，即，实际上来说，迄今为止，在保护人权理论家们规定的各类人权（包括经济权利在内）方面，民主政权保持着最好的记录。而资本主义和民主制度之间，如同前述，有着事实上的联系。因此，这一价值取向指向有利于资本主义的选择。

个人自治(*Individual autonomy*)。这自然就是通常所说的（不论赞同或反对）"个人主义"。正如它的批评者和拥护者都同意的，经验证据有力地显示，资本主义为这一价值取向的实现提供了最可能的环境。

保留传统(*Preservation of tradition*)。这个价值取向虽然在各地的不同人群中都有表现，但如今在许多第三世界国家中尤其重要。这是所有新传统主义运动的核心驱动力，特别是在当代伊斯兰复兴大潮中表达得最为强烈（但绝不是只存在于这一运动中）。从传统主义者的角度看，资本主义是大敌，因为它内在引起改变的因素［正是约瑟夫·熊彼特所说的"创造性破坏"（creative destruction）］削弱了传统的体制和生活方式。然而，从同一个视角看，社会主义（至少是其在现实中存在的形态，特别是西方马克思主义的形态）也被视作一种威胁。通常，传统主义者会寻求"第三条道路"（third ways），设法与西式的资本主义或者社会主义保持等距。"第三世界"这个概念在1955年的万隆会议上首倡，就隐含这种意味。伊朗革命包含的意识形态非常强烈地表述了同一种理念。迄今，尚无"第三条道路"得以有效地制度化，可以说，不论其意识形态为何，每个现代的或正在现代化的社会最终都将不得不在资本主义和社会主义两种社会经济组织形式间做出选择。如果真是这样，那么可以比较有把握地说：不论采取资本主义或社会主义的形态，现代化本身便会对传统构成威胁。只要伴随着现代化，社会主义也会释放出"创造性破坏"的力量。有节操的传统主义者必须（而且通常）坚持一种对现代性更为根本性的批判。如果假设现代化是不可避免的（即便不一定是受欢迎的），那么资本主义或其他任何实际存在的替代形态，都不利于传统的保留。尽管如此，传统体制和生活方式在民主政体下的遭遇较好，原因是显而易见的。所以，这个价值取向，由于前述的资本主义与民主制度之间的关系，也会（至少稍微地）倾向于选择资本主义。

社区（Community）。当然，在某种程度上，这个价值取向与保留传统有所重叠。然而，世界上出现了新的社区形式，被精心创造出来的实际存在的和理想中的社区，还有从头开始，并非植根于传统生活方式的社区。社会主义运动无疑是产生这种社区的沃土，而资本主义则无法提供建立这些社区所需的神话。另外，社会主义政体一经建立，在保存或创建新型社区方面却没有什么良好的记录，即这里所谈的价值取向所含的内容。对那些将社区价值附属于现有的（通常是传统的）体制的人来说，关于资本主义的问题必须联系对传统的保留来回答。然而，对那些渴望新的、无所不包的社区，并且把当今世界中发生的任何事情都超验化的人来说，社会主义很可能仍将是他们的优先选择。

回顾前述以价值为导向的思考，结果是毋庸置疑的：就当今世界上的大多数人所持有的价值观念而言，依据现有的经验证据，看起来更有可能做出倾向于资本主义的选择。

通常所说的"混合体制"（mixed systems）和"第三条道路"（third ways）的问题，扰乱了实际中可供选择的选项。当然存在着各种"混合体制"，也能想象其他的"混合配料"；每个现存的体制确实在某种程度上都是"混合的"；尽管如此，最后问题还是归结到某个经济体首要的组织原则究竟是资本主义的还是社会主义的——而这恰恰是最关键的选择。只要现代化进程从根本上注定无法逆转，那么对于任何假定存在的"第三条道路"结论也是一样（包括新伊斯兰意识形态的方案）。当然还可以说（正如许多人所做的）未来总是开放式的，今天没有想到的体制安排也许明天就会成真，一个人不能让今天的现实为他的社会想象力设限。这些观点是所有乌托邦理想的核心。效仿卡尔·曼海姆的先例，需要着重强调，这里谈及乌托邦理想没有隐含任何贬义的价值判断：人类想象力中的乌托邦成分极有可能是历史的推动力之一，如果这一部分消失了，那人性将遭到不可估量的削弱。谁愿意想象这样一个世界，没有拿着长矛冲向风车的堂吉诃德，而唯一获得认同的是桑丘·潘沙的逻辑？

然而必须要再进一步提问：乌托邦的想象究竟是超越了还是仅仅是忽视了人类存续的实际状况。如果没有超越实际状态的界限，那么也就不是乌托邦（就这个词最准确的含义而言）；但它也会冒着巨大的风险忽略经验事实。这并非失败的风险。失败也可以是伟大的（正如堂吉诃德的伟大)。更确切地说,这风险是人们为了进行乌托邦的实验而付出的巨大代价,而通常,这些代价是由那些既未设想也不渴望乌托邦的人所付出的。由这些考虑得出一条道德准则:乌托邦的理想要为实现它而付出的代价负责任。那么也许只有那些非常谨慎的乌托邦理想,才能够在道德上获得认同。

本书作为一篇社会科学理论的习作,提出了一系列假设。社会科学也无法做得更多了。究其本质,这是一项实验性的工作,需要不断进行修正,甚至论证得最为充分的发现也有可能需要修正。如果不带任何偏见地看待有关资本主义和社会之间关系的经验证据(以及归入经济文化这一类别之下的所有现象),会发现仍有大片尚待开发的未知的领域。科学家,作为科学家,将无惧于此。每一个未知的领域都是对深入研究的挑战。科学在本质上便具有无限的耐心和开放的结局。具体行动的人却无法承受如此的耐心和开放的结局。每一种(政治的或其他种类的)行为,都是闭合的。当形势催逼时,特别是人在感受到痛苦和激情的时候,耐心极少成为政治选项。因此,人在行动时,必须总以无知作为出发点——即使在他行动的情境中,仍有很多他不清楚也无法了解的情况,他也必须行动。简言之,行动意味着赌博。社会科学能为行动者积累的全部经验证据,最终不过是表明如何下注更安全。社会科学无法做到更多——但也不会更少。这是社会科学内在的局限,也是其做出有用贡献的程度。

是否选择将资本主义作为一种社会经济组织形式,本书中讨论的经验证据,在且仅在这个意义上,是有用的。也许最终,这个抉择将基于偏经验的根据而做出。存在争议的是由历史和人类本性决定的状态。从历史和人类本性来看,当代的社会主义神话植根于一种救赎的期待——历史朝向末世的来临前进,而人类的本性在这个过程中得到蜕变。对那些认为这种神话般的愿景难以置信的人来说,对人类全体的未来抱有更加折衷的期待,也因此他们对人类处境倾向于接受更少的限制。这种折衷的态度可能有其宗教的或世俗的根源。宗教信徒(Homo religiosus)并不期待历史中的救赎,因为他已经在别处找到了救赎。信奉犹太教—基督教体系宗教的信徒,确实找到了末世来临时的庇护,但那取决于上帝,而非人类为实现其所做的政治行为。然而前述的折衷态度,也可能以一种世俗的形式出现。对此的经典表述是斯多葛主义的准则,即最根本的智慧是知晓一个人能做到什么和无法做到什么之间的区别。现代的社会科学家，可能最终只能稍微修正一下这条准则：智慧是知晓一个人也许能够做到什么和也许不能够做到什么之间的区别。斯多葛式的世俗之人学着接受这种不确定性；当上帝对人类的旨意最终显现的时候，抱有宗教信仰的人则有赖于自己的决心。

第13章　一种东亚发展模式？[①]

很长时间以来，我工作的重心都在关注现代化与发展问题。一个艺术品藏家很自然就会被吸引到佛罗伦萨，登山爱好者会去喜马拉雅山。对社会科学工作者而言，如果他的研究兴趣在于现代化，那么也会很自然地将注意力集中在东亚，因为他很自然就会认为那里是当今世界上最有意思的地区。无须赘言，这么说并非意在否定这个地区吸引人的其他原因——它在政治和战略上的重要性，它悠久灿烂的文明，它美丽的自然风光，或者单单是它的人民无限的活力。我就是一个例子，我欣赏它所有的这些方面，而且我也对亚洲的宗教和哲学传统有着浓厚的兴趣。但是我在这些方面都没有什么特别突出的优势。那么，请允许我讲述一个我有些优势的问题，这个问题就是：东亚整体，特别是中国台湾，是否能够提供一种对世界其他地区有借鉴意义的模式，并且，更重要的是，其中是否有文化因素在起作用。

社会科学，无论好坏，都是西方的产物。社会科学发端并得到发展的阶段，正是西方在世界上绝大部分地区占主导地位的时期。当社会科学家们试图解释现代性这个复杂现象的时候——一个包含了技术、经济、社会政治以及文化过程的综合体——意料之中地，他们望向了欧洲和北美的社会，以界定这个现象。后来，第二次世界大战结束之后，欧洲王朝的解体导致了新独立国家快速发展为我们现在所说的第三世界，那时，对社会科学家们来说，以西方的眼光来看待这一事件似乎也是非常自然的；即，他们把它看做西方先例在全球范围的扩展，当时西方世界对于理解现代性仍

[①] 本章选自 *In Search of an East Asian Development Model*. Transaction Publishers, 1988。——译者注

然是范式性的例子。我们不该因此过多地苛责他们（我想到了二十世纪五十年代和六十年代早期，现代化理论的发展）；大多数情况下，谴责他们是种族中心主义也不公平。毕竟，现代性是西方的创造物，而且它确实从西方基地扩展到了世界其他地方。我的观点是，很简单，这种以西方为中心的视角已经不能再满足现在的需要了。

这里用一个自然科学的例子来进行类比，也许比较清楚。一个试图了解特定化学反应的化学家，总会进行某种对比实验。当然了，社会科学家没法自己做实验，但是有时，历史会提供给他相同的实验逻辑。因此，任何想要理解当今的现代性的人，可以想象一个巨大的实验室场景，那里有三个冒着泡的试管，每个里面都装着相似的化学反应（"现代化"），但是每个里面的成分却大相径庭。西方式的先进工业资本主义仍将继续存在。现在又有了以苏联及其欧洲盟友们为代表的先进工业社会主义。这两种形态间的比较是非常重要的，但并非本文所关切的内容。还有另一种形态，就是东亚地区的先进工业资本主义。我的论点是，这一形态对于理解现代性至关重要；如果愿意，可以称其为不可或缺的"对照实验组"。照此逻辑，这不仅是一个理解东亚地区的问题，而更是一个借助东亚经验，进而理解世界其他地区（包括西方）的问题。

我这里要谈的，当然，是该地区成功的资本主义国家日本，以及所谓的"四小龙"——韩国、中国台湾和香港及新加坡——以及日益发展中的，至少是部分除新加坡之外的东盟国家。他们在经济上的成功，给世界人民留下了难以磨灭的印象（虽然并不总是令人愉快的，比如美国的汽车制造业和钢铁工业就受到了冲击）。这种经济上的成功使得世界其他地区的社会科学家和政治家们都在谈论"东亚发展模式"。我最近会见了一群塞内加尔的知识分子，探讨非洲发展的问题；当他们听说我刚刚从东亚回来，话题便全都集中到了东亚上。数月以前，我在牙买加过了一段时间，而且不出所料，一个不断被提及的问题就是牙买加需要什么才能变成"另一个台湾"［顺便说一句，这种想法也突出地体现在《加勒比海盆地创新方案》（Caribbean Basin Initiative）① 中］。在本文末尾，我会再次简

---

① 《加勒比海盆地创新方案》是美国于1983年提出，旨在帮助加勒比海地区国家摆脱经济疲软，振兴经济的举措。——译者注

短地谈一谈东亚模式在实际中的这些影响。但是现在先回到核心的理论问题。

我的观点是，这些国家和西方相比，显然有很大差异，所以可以把它们视作资本主义现代性的"第二种形态"来谈。这里我无法对这个观点进行详细的论证，但是我可以列举几个有区别性的特点。当然，有突出的经济特点：持续多年的高增长率；在其中的一些国家和地区（中国台湾可能是最重要的一例），高增长率至少是一段时间内伴随着收入不平等的缩减，这一点非同寻常①；全民物质生活水平获得了令人震惊的提高；在对发展进程的设计方面，政府的角色相当活跃［尽管东亚地区确实存在资本主义，也许中国香港是个例外，但在这个地区并不存在自由资本主义（laissez－faire capitalism）］；不成熟的福利制度（即使日本也是如此）；低税率、高储蓄率（这可能是两个有相互联系的因素）；以及出口型经济。

然而很明显，即便对最"顽固不化"的经济学家来说，这些经济上的特点也不是存在于真空之中的。相反，它们是与独特的社会和文化特征相关的。其中包括：强烈的成就导向型（achievement－oriented）工作伦理；在家庭内部和家庭之外结成的群体中，都体现出高度发达的集体团结意识；在教育方面有极高的声望，因此便有为子女提供最良好教育的动机；以及严苛的（有人可能会说令人难以忍受的严苛）知识精英规范及制度，这是一种平等主义的设计，并且可以在较早的年龄段就选拔出精英。现在，对于这些社会和文化特征在某种程度上也是"东亚模式"的一部分这个观点，应该没人会再有疑问了（经济学家们，经常会有点尴尬地指出这些特征，但通常是在脚注里，放在"人力资本"这一模糊的类别中）。问题是，经济和社会文化特征有多大程度的因果关系。我认为，公平地说，目前我们还不知道这个问题的答案，努力地更加接近答案是非常重要的。

让我回到前文中在实验室里进行的对照实验。不少历史学家和社会科学家们都认为个人主义的兴起是"现代性反应"（让我们还是使用化学实验室里

---

① 经济学家们这里所说的是"反库兹涅茨效应"，指的是西蒙·库兹涅茨所提出的命题，即高经济增长会扩大社会不平等，直至后期出现一个对这种不平等的矫正过程。

的用语）的重要部分。只要把注意力限制在西方的形态上，这就不是武断或愚蠢的假设。西方个人主义的根源可能要追溯到西方文明非常早期的形成阶段。可以说，这种西方个人主义为现代性的许多重要因素的出现提供了肥沃的土壤，一个很重要的例子就是资本主义企业家的出现。反过来，现代性成型之后，它消除了旧式的、更加以集体为导向的社区和机构，把个体抛向更加依靠自身的境地，也因此发展了个人主义的价值观念和社会心理现实。古典社会学中有很大一部分思想都在关注这种转变，正如费迪南·滕尼斯（Ferdinand Toennies）所指出的从礼俗社会（Gemeinschaft）到法理社会（Gesellschaft）的变化，以及埃米尔·涂尔干所说的从机械团结到有机团结的转变。换言之，现代性在西方的发展中展现了与个人主义之间的一种相互关系：西方文明孕育了一种独特的个人主义，它与现代性特别合拍；反过来，现代化的过程极大地强化了这种个人主义，并且，可以加上一句，成功地将个人主义输出到了世界其他地区。并不意外地，有不少现代化理论家（比如塔尔科特·帕森斯）都认为个人主义［或者，用他的话来说，"自我导向"（ego-orientation）］不可避免地且天然地与现代性相关。

　　东亚经验，至少，使这种假设不那么显而易见了。确切点说，西方式的个人主义也曾被成功地输出到这个地区（这常常让思想传统的亚洲人很恼火）。然而，可以说东亚，即便是在其最现代化的地区，仍然遵循着集体团结的价值观和行为准则，这通常让西方的观察者们感到与自己习惯的价值观和行为模式相当不同。最近有关日本商业和企业管理风格的讨论，使这一特点变得相当引人注目。会不会在东亚地区成功地诞生了一种资本主义现代性的非个人主义形式？如果是这样的话，那么在现代性、资本主义以及个人主义之间的链条就不是必然的或固有的；而且，必须将其作为偶然的历史环境下的产物，来进行重新诠释。如果你得出了这样的结论，这远不仅仅是对过去进行重新诠释。更重要的是，这也意味着这一链条在未来发生变化的可能性（根据你对西方个人主义价值观认同程度的不同，你可能会对这种变化表示欢迎或者愤慨）。在我所提到的泛泛进行比较的逻辑框架内，你可以得出这样的结论，即，这个包含了经济和社会文化特征的特定集合体，也就是我们所说的西方工业资本主义，是可以被分解的，也许还是可以用不同方式重组的（同样，不论好坏）。我并不认为目前掌握的证据可以让我们得出这样的一个结论。例如，个人主义对东亚社会的年轻人的侵袭,在我所熟悉的范围内,是不平均和不确定的。但是东亚经验对此提出质疑,这个现象本身就向我们指出,进行一个大型的"对照实验",使我们关于现代性的假设都要接受考验,具有重大的意义。

这就以一种令人震惊的崭新方式,重新开启了有关现代资本主义和文化关系的问题,这也就是 20 世纪早期,马克斯·韦伯所致力于研究的问题。对于任何想要研究这个问题的人而言,即便是对那些强烈反对韦伯有关西方资本主义和现代性的宗教根源这一命题的人而言,韦伯的杰作《新教伦理与资本主义精神》仍然是核心的参考资料。现在,正如广为人知的那样,韦伯(你可以说,也运用了大型想象实验室的模式)写了大量有关亚洲的文章,特别是中国和印度,并总结亚洲的文化和宗教传统与现代化极不相容。我认为今天可以简单地说,韦伯是错误的。我想象过多次,这位优秀的德国教授能活转过来,站在比如台北市中心高耸的办公大楼顶上,看一眼窗外的风景,说:"好吧,我错了!"但是要说韦伯错了——或者,用更科学的语言说,他有关亚洲文化的理论被经验证据证伪了——并不是特别有趣,除了可能会让韦伯的信徒们失望之外。更有趣的问题是他为什么错了?他忽略了什么?更准确地说,现代亚洲资本主义有其文化,尤其是宗教伦理的根源吗?如果有,那是什么?就算不得不舍弃韦伯的有些答案,他所提出的问题依然特别重要。

让我再次坦率地说,我不认为我们此时已经有这些问题的答案,或者能够得出这些答案。在我们接近有经验证据支撑的答案之前,需要进行大量的研究和反思。但是至少让我提示一些可能的探索领域。

最近几年,所谓的后儒家假说(post-Confucian hypothesis)比较流行。其本质很简单:日本和东亚的新兴工业化国家都属于中华文化的影响范围,所以儒家思想对它们的影响无疑是巨大的。这个假说是:要解释这些国家的经济发展,儒家伦理是一个关键因素——或者说后儒家伦理,意思是它所说的道德价值观念相对来说已经脱离了正式的儒家传统,而变得更加弥散化。儒家教育和意识形态传播的历史证据和这个假说紧密相关,但同样重要的,是对源于儒家思想的价值观念在普通人生活中的影响进行经验性研究,许多普通人从未读过儒家经典,也只接受过很少的儒家思想或其他类型的教育。罗伯特·贝拉创造了一个令人愉快的短语"资产阶级儒学",以将其与传统中国的士大夫精英们的"高等"儒学进行区分。

目前香港大学的 S. G. 雷丁（S. G. Redding）和他的同事们所做的有关中国企业家行为规范的研究便是受到这个观点的启发。

我强烈倾向于相信这个假说会得到不断涌现的证据的支持。我难以想象这个假说中提到的，至少是有些源于儒家思想的价值观念——对世事保持积极的态度，长期保持自制和修身的生活方式，尊重权威，节约，对稳定的家庭生活具有压倒一切的关切——和这个地区的工作伦理以及整体的社会态度无关。同时，我强烈怀疑儒家思想是在这之中起作用的唯一一种文化和宗教因素。其他因素也应该加以探索。

我相信，东亚地区的佛教是一个非常重要的探索方向。可以说，随着佛教穿越西藏高原以及雄伟的喜马拉雅山脉，便经历了一场深刻的转型，从人类历史上对现世否认得可能最为彻底的宗教，转变成为坚决肯定现世的宗教。如果是这样，这种转型必然是中国思想造成的；在面对现实的根本立场这一问题上，中国思想基本是印度思想的对立面。诚然，这种肯定现世的思想中，有的内容已经在印度的大乘佛教中有所体现，但是在中国以及东亚其他信仰大乘佛教的国家中，才确立了救赎存在于现世，这种思想也许是在常常被反复重申的命题——涅槃与轮回实为一体——之中达到顶峰［或者说，佛的真身，法身（dharmakaya），就是我们所能感知的这个世界］。其他的东亚宗教传统也必须加以研究，以确定它们在人们对待自然界、对待俗世中的工作以及对待人生的正确目标的态度上造成了何种影响，不论这种影响是有意施加或是无意为之。这里我想特别提到道教和神道教。

然而，在对亚洲现代性之"精神"的追寻中，还有另一个重要的研究领域，即民间宗教。请允许我用一个小故事来解释这种联系。我上次去中国台湾的时候是 1982 年，我和台湾"中央研究院"的李亦园（Yih-yuan Li）教授讨论了"后儒家假说"。他对这种假说表示怀疑，并且表示对于当前的研究课题而言，中国的民间信仰至少应该和儒家同等重要。我那时感到有些困惑（毫无疑问，这种困惑部分是因为我对于这个领域几近一无所知）。几个星期之后，我通过一次被我以前的老师，阿尔弗雷德·舒茨（Alfred Schutz），称作"啊哈体验"（aha experience）[①] 的经历中，

[①] aha experience 源于人们心中的某种疑惑突然得到解答，会情不自禁地说"aha"，也就是表达一种恍然大悟的感觉。——译者注

明白了李教授的意思。我当时在新加坡，在一位新加坡人类学家的陪同下参观城市的一部分，然后我们来到了一座神庙。我们进去和灵媒攀谈。我记得那是位年轻的男士，职业是电工。他在自己家的客厅举行降神仪式，并且很高兴为我们做一些解释。房间的中心位置放着一个有很多层的书架，上面摆放着不同神明和超自然存在的小石膏像。最上面一层中间的小塑像是观音，中国的慈悲女神。所有其他塑像都按照与她之间的等级关系进行排放。让我印象深刻的是那位灵媒谈论这些神明的方式。他会说这种话："这边这个家伙表现很不好。他什么都做不好，所以刚刚给他降了级，把他从第三层放到第四层架子上了。如果他再不提高，就会被彻底扔出去。但是这个对社区一直很有帮助，所以我们把他放到离女神很近的位置上。"等等。让我有所触动的是这个人谈论超自然存在的时候，说话的方式和语调都像一个公司的行政管理人员在谈论自己的职员。那么，我们可以把客厅里的这个小小万神殿看做一种形而上的组织结构表。

当然，这些都指向一个截然不同的假说（我不想替李教授就这个问题发表什么看法，但是在我心里，我把这称作"李假说"）："伟大的传统"，包括儒家思想和大乘佛教，毕竟都存在于一个并不精密但有深厚根基的对待俗世的态度基础之上（包括认知和情感两方面的态度）。在中华文化的例子中，有没有可能是这种下层结构而非"伟大的传统"才是我们要寻找的此世性、能动性、实用主义等类似属性的根源所在呢？①

其他国家，比如第三世界国家或者西方国家，从东亚经验中学习？我认为没人会否认可以从不同于自己的社会中学习到一些东西，但是我们的问题重心在于，东亚也许能向其他地区提供一种连贯而独特的社会发展战略"模式"。对这个答案的问题很大程度上将取决于你最终将这个地区的经济发展在多大程度上归因于其文化因素。泛泛而谈，有两种可能的假说，一个是"文化主义"，另一个是"制度主义"。第一种假说大意是，比如就中国台湾的经济成功而言，其关键性的决定因素是台湾居民是中国人，中国的文化和社会制度塑造了他们对于世界的态度。提出这个假说之后，就要探索中国文化的哪些模式及主题对于塑造现代中国资本主义

---

① 这种方法也适用于其他文明。尤其是人类学家将会同意这样的看法，即"高端文化"（high culture）最终不过是对特定社会中人人共有的文化模式和命题在不同平面上的一种展现。

"精神"比较重要。第二种替代性假说则会假设台湾的经济成功不仅只受到文化因素的微弱影响,而且更应该用特定的经济政策和实践来解释,无关执行这些政策和实践的是不是中国人。不用说,每种假说都对台湾经验可能的"可输出性"——"模式"性——有着不同的影响。如果"制度主义者"是正确的,那么便确实有模式可供输出;如果"文化主义者"说对了,那么就必须怀疑这种可输出性。建议阿拉伯国家或者拉丁美洲国家采纳中国台湾的财政或贸易政策,是有道理的;但是如果建议他们采纳儒家伦理,就说不通了。

让我在此做个说明:我不但不确定该赌哪个假说,而且当我作为一个社会科学家的直觉(特别是作为一个受到韦伯的研究方法极大影响的社会学家)倾向于"文化主义"一方时,我在道德和政治方面的偏见又把我拉向了"制度主义"假说。那毕竟是更加乐观的一方。当我花费了数年对这些问题进行思考之后,我的直觉,不论其有何价值,是正确答案介于这两种极端的假说之间。我之后会说说这个观点。

让我在这里点明,经济发展和文化传统之间的关系问题并非仅仅与那些想从东亚经验中学习的人有关——比如那些想把牙买加变成"另一个中国台湾"的发展规划者,或者那些相信日本人掌握了持久生产力的美国经理们。对于东亚本身而言,特别是当该地区有思想的人们想到未来的时候,这个问题同样重要。没人能够反驳这些社会在经济(以及,就这个问题而言,社会)方面取得的成就。但是这些成就在未来还会持续下去吗?

很显然这取决于许多与前述两种假说无关的政治经济发展:该地区仍将免于战火吗?中国和苏联对该地区会采取何种动作呢?国际经济体系还会继续有利于这些国家采取的发展战略吗?西方政府的贸易政策又会是什么呢?等等。但是还有这个:如果文化因素确实重要,正如"文化主义"假说所假设的,那么这些国家就必须高度关注延续这种文化传统。我认为这是一个极大地困扰着新加坡总理李光耀的问题,最近新加坡想把儒家伦理引入学校课程安排的努力,恰恰反映了这种忧虑。关于这一点,也有重要的研究需要进行,例如有关该地区不同教育体制的充分性,以及有关个体在人生不同阶段态度的转变。目前日本正在进行有关教育体制的讨论:其精英教育的规则是否太过严苛?这些考试机制真的能够挑选出日本未来会需要的精英吗——富有创造力且思想独立——或者只是不停地生产一代又一代服从权威、努力工作又墨守成规的人？有证据显示，东亚有些国家（特别是日本）的年轻人比长辈更加个人主义，也不太趋向于"集体导向"。但这是一次在态度上的彻底转变，还是仅仅是年轻人成长中（在个体开始"严肃的"生活之前）的短暂现象？我觉得目前还不清楚；但是显然这是个非常有意思的问题。

让我回过头谈谈我对这个问题的直觉，就是说答案可能处于文化主义和制度主义两种假说之间。经济学家们使用"比较优势"这样的术语：在国际贸易中，当一个国家生产某种商品的成本低于其他商品，那么就说这个商品具有比较优势。两个国家各有一种具有比较优势的商品，就可以进行互利交换。也许文化因素也可以这么运作。中华文化所具有的独特的文化模式，在第二次世界大战之后可能相当的实用，从而产生了东亚"经济奇迹"。不能保证这种比较优势在未来仍将继续有效。另外，文化特性也会改变的（虽然有些人类学家并不这么认为）；它们通常自主地发生改变，以回应新的环境，但是有时也会由于政府的有意干预而改变（特别是在教育政策方面的干预）。因此，我确信，认为文化是静止不变的现实是种错误的想法。

我现在必须结束本文了，但并非得出了什么结论。我意识到自己提出而非回答了很多问题。恐怕这就是我们称作社会科学的野兽所具有的本性。和很多人的想法相反，科学永远不会给我们确定性，而只有可能性。但是我希望我所说的，足以证明我最初提出的命题，即，东亚是当今世界最有趣的地区之一。在这个地区正进行着一项具有巨大意义的经济和社会实验。在这些国家和地区中所发生的一切，不仅对它们自身而言非常重要，而且对整个世界都有着重大意义。

第14章 全球化的文化动力[①]

这篇导论的目的不在于总结这本书丰富而多样的内容，而是要呈现出一幅目前在我看来合理的全球化的文化动力的图景。使得这幅图景成为可能的大部分数据都来自于作为本书基础的研究项目；然而，鉴于该项目中对于各个不同国家的研究都被收入了本书，我将忍住不再繁复地交叉引用这些章节了。

一位有些愤世嫉俗的同事曾经说，每项学术研究工作的目标都是要让有些人的理论彻底完蛋。这一次，那个"有些人"就是我。虽然说我曾有个关于文化全球化的理论始终过分地夸张，但是我确实曾有过一个构想，而且我或多或少成功地说服了塞缪尔·亨廷顿（Samuel Huntington），项目的共同负责人，以及这个国际研究小组接受了我的构想，并将它作为调查的起点（如果你想使用恰当的科学术语，或者可以说是作为一组假说）。不出意外，通过两年多的研究，我大部分构想都受到了大幅度的修改，时至今日，我不得不同意大部分的批评。在我心里，无论如何，最初构想的基本特征还是不变的，但仍然变得比原先复杂得多。正如我经常对我的学术所说，作为社会科学家的快乐之一（和，比如，哲学家或者神学家不同），就是当你被证明是错了的时候，也可以和你被证明是对了的时候一样玩得高兴。

这个项目最初的构想是一个汤因比式的挑战和回应。挑战应该来自于正在崛起的全球性文化，其大部分源于西方，确切地说美国，并在精英和大众文化两个层面都渗透至世界其他地区。那么，来自于目标社会的回应

[①] 本章选自 Peter Berger and Samuel Huntington, eds., *Many Globalizations: Cultural Diversity in the Contemporary World.* New York: Oxford University Press, 2003。——译者注

就可以被看做处于接受和拒绝之间的程度,其位置也处于共存与综合之间。我认为这一构想仍然成立;然而,目标社会的反应更加复杂多样,其中一些还是由政府发起的。

在我开始描述这个更加复杂的构想之前,我会先讲述一些初步的观察。"全球化"这个术语在公共话语中已经变得充满了情绪。对一些人而言,它意味着出现一个国际市民社会的希望,有助于实现一个和平和民主化的新时代。对另一些人而言,它意味着美国经济和政治霸权的威胁,其在文化上的后果就是一个好像扩散了的迪士尼乐园一样的同质世界(被一位法国政府官员精彩地称作"文化上的切尔诺贝利")。

对我来说,承诺和威胁都显然被大大夸张了;我获得这种洞见应该归功于我们的研究所得出的复杂构想。此外,毫无疑问,驱动全球化现象的经济和技术转型制造了大量的社会和政治问题,比如在社会内部和社会之间,产生了胜者与败者之间的分化,以及对传统观念和国家主权形成了挑战。这些问题无法在这里解答,尽管它们作为持续存在的背景,必须加以考虑。当前的题目是这个现象的文化维度,而且"文化"在这里是从其传统的社会科学意义上加以理解的:普通民众在日常生活体验中的信仰、价值观念和生活方式。

每个人都以为的事情并非总是错的。确实有着一个正在崛起的全球性文化,其根源和内容也确实有着浓重的美国色彩。我应该试着把话说明白些,这确实并非城里唯一的游戏,但却是正在进行的最大的游戏,而且在可预见的将来仍将如此。智利历史学家克劳迪奥·韦里兹(Claudio Veliz)[①]将它称作"盎格鲁—美利坚文明的希腊阶段",这个短语意在使它脱离帝国主义式的解释。当时的世界希腊化的时候,希腊实际上并没有帝国的强力;今天,尽管美国确实拥有很多权力,其文化也并不是通过强制手段加诸他国的。

当时和现在一样,语言是这种文化扩散中的关键因素。希腊文明的重要传播媒介是柯因内语(Koine),一种基础而又粗野的希腊语,然而并非那么偶然的是,圣经中的新约就是用这种语言写成的。今天,美式英语,

---

① 克劳迪奥·韦里兹(Claudio Veliz),智利的经济历史学家、社会学家和作家。——译者注

而非英式英语，成为正在崛起的全球性文化的柯因内语。无论美利坚帝国权力的未来如何，美式英语都尚未遇到对手。全世界有数百万人越来越多地使用英语作为自己的混合语（lingua franca），而他们这么做主要是出于实用考虑。中国的年轻人拉着游客练习英语，是因为他们想上网，想提升工作前景，而非阅读莎士比亚或者福克纳。

但是人们对语言的使用并不单纯。每种语言都携带着由认知的、规范的甚至是情感的内涵所构成的文化货物。美国的语言也是如此，甚至脱离了美国大众传媒所宣传的信仰和价值观念之后，也仍然如此。想想那些似乎无害的话语，"宗教偏好"或者"性取向"，或者比如"我没法在这份工作里展现自己"，"我需要在这段关系里有更大的空间"，或者"你有权坚持自己的看法"这样的话。

这种崛起中的全球性文化通过精英和大众媒介得到扩散。可以说最重要的精英媒介就是塞缪尔·亨廷顿所贴切描述的"达沃斯文化"（Davos culture）（名字源于每年在那个瑞士山区的度假胜地举办的世界经济高峰论坛），商业和政治领袖的国际文化。其基本动力是国际商业，这也是驱动着经济和技术全球化的动力。但是如果仅仅从可能被邀请参加达沃斯论坛的那几个人的角度来理解这种文化，那是误导性的；有上百万的人都想被邀请，他们都是社会学家们准确描述的"预期社会化"（anticipatory socialization）的一分子。

例如，许多在商业和专业领域充满抱负的年轻人组成了一个全球性的人际网络，在我们所研究的每个国家都不断出现：某种雅皮国际主义（yuppie internationale），其成员说着流利的英语，在工作和娱乐时的衣着和行为都很相似，某种程度上，思想也很相似——希望有朝一日攀上精英的顶峰。然而，你必须小心，不要假定这种明显的同质性涵盖了他们的全部存在。对他们中的某些人来说确实如此；不论好坏，他们是彻底的世界主义者。但是其他人设法运用创造性区分的艺术，力求将参与全球商业文化和被完全不同的文化主题所主宰的个人生活结合起来。归属于这两种选择中的哪一种，都将一直是个经验性的问题。

民主德国和印度之间进行一个比较将会是有趣的例子。德国统一后，一大群商业顾问涌向以前的德意志民主共和国，教会并指导他们如何在新的经济体制下运作——基本上就是怎么成为联邦德国人。他们对此一直都有很大的不满抵触情绪（包括所谓的民主德国思乡病），但是他们却没有足够的文化资源用以维系或者构建一种可以替代的个人生活方式。与之形成对比的是，尽管有很多商学院和训练课程教导印度人如何参与到世界经济体系之中，班加罗尔的许多计算机专业人士成功地把它和由传统印度教观念所主宰的个人生活方式结合了起来。

正在崛起的全球性文化中还有另一个精英部分，有时候和商业文化相融合，有时候和它之间又存在着张力。那就是西方知识分子的全球化；我把它不太恰当地称作"教师俱乐部文化"（faculty club culture）。它通过多种方式进行传播：学术网络、基金会、非政府组织（NGOs）、一些政府的和政府间的机构。它也在全球寻找并积极地创造市场，但是它宣传促销的不是跨国企业的产品，而是西方（大部分是美国的）知识分子创造的想法和行为，比如人权、女权主义、环境保护主义和多元文化主义等意识形态，以及将这些意识形态具体化的政治和生活方式。

正如那些想要成为精英商业文化一分子的民主德国人和印度人必须学会适合这种文化的行为和观点，那些想要在精英知识分子文化中成功的人也要学会类似的东西。此外，由于后一种文化本质上比务实的商业世界具有更多的意识形态色彩，想进入教师俱乐部文化要付出更高的代价，因为它对于个人生活的影响更大。简言之，一个成功的东欧商人可能在董事会会议室里表现得和美国人一样，但是回家之后，便会以最地道的传统方式打老婆、摆布孩子。而想和福特基金会搞好关系的东欧知识分子，如果还想保持公私生活的相对分开，就必须更加小心。这两种文化常常是相通的。企业会雇佣长头发的学者向员工们讲授跨文化或跨性别的"敏感性"（这是出于一种有可能错误的观念，即这样会提高生产率）；另外，人权和环境保护主义积极分子们会攻击企业做出了这样或那样涉嫌不端的行为。然后这两种文化就会发现相互陷入了冲突的境地。

有一种可以被泛泛称作"健康意识形态"的思想，发端于美国知识分子阶层，但超越了这个阶层，在广泛的大众之中得到传播，影响了他们的价值观念和行为，并且导致了全球性的政治行动。商业文化吸收了这种思想的很大部分，并展现为着手进行"健康生活"项目以及鼓励"匀称体态"。然而也时有冲突，比如发动禁烟运动攻击烟草工业。南非禁烟法案的故事就是一个很好的例证。随着种族隔离政权的垮台，在新上台的政府中，与西方 NGO 有着长期良好关系的人占据了主导地位。禁烟法案（他们骄傲地宣称这是世界上最严格的禁烟法案）是其直接后果——对于一个处于艾滋病灾难边缘的国家来说，这种结果真是相当古怪。这一行动显然不是出于对国家最为紧迫的健康需求的实际考量，而是由于受西方思想控制的教师俱乐部文化的影响。

从古老的新马克思主义的依附理论（dependency theory）来看这两种精英文化就非常有趣。达沃斯文化和教师俱乐部文化都各有其"都市"（metropolitan）中心，也有依附于它们的"边缘地带"（periphery）。但是达沃斯文化的中心已经不再只位于西方。强有力的中心也存在于东京、中国香港和新加坡，上海和孟买也是潜在的中心。而全球化的知识分子们的"都市"基本上还是在西方，特别是美国。因此，当使用"文化帝国主义"这个词的时候，比起位于华尔街和麦迪逊大道的企业堡垒而言，可能用来指东 43 街福特基金会总部的地址会更加合适。我要加上一句，这只是一种描述，而不一定是价值判断。对这些来自曼哈顿岛任何一个地址的影响，你都可以表示谴责或者欢迎。

可以这么说，美国在两种精英文化中的主导地位是不容置疑的。因此，最重要的"全球化者"（globalizers）是美国人。詹姆斯·亨特（James Hunter）① 描绘了这群他称作"狭隘的世界主义者"（parochial cosmopolitans）的人：这些人很容易就从一个国家搬到另一个国家，但是他们的外面总是包裹着一层保护"泡"（bubble），避免真正接触到那些会和他们发生冲突的本地文化。这层泡泡也防止他们受到有关他们行为的严肃质疑。亨特在企业和 NGO 中都发现了此类人，可能除了那些致力于福音派宣教事业的人之外。

亨特对这些"全球化者"的描述遭到了批评；因为它可能遗漏了两种精英文化中更为成熟的成员。然而，它合理地描述了一部分从事全球性

---

① 詹姆斯·亨特（James Davison Hunter）是美国社会学家，任教于弗吉尼亚大学，是该校宗教、文化与社会理论的 LaBrosse - Levinson 杰出教授，在宗教社会学和文化社会学领域卓有建树，主要研究方向是福音运动和文化变迁，他也因为普及"文化战争"（cultural war）一词而变得广为人知。——译者注

活动的美国商界人士和知识分子。他们让人联想到亚瑟·米勒（Arthur Miller）①笔下的著名推销员，"面带微笑，皮鞋锃亮"——典型的美国人形象。和早先的"开化传教团"（civilizing missions）相比（比如英国或者法国的那些，更不用说无人哀悼的苏联的传教团了），美国的"文化帝国主义"带有一种无辜的（但不一定是讨人喜欢的）特质。当这些人感受到他们的努力所得到的是带有敌意的反应，他们真的很意外，这时，这种无辜的特质就清晰地表现出来。

迄今为止，崛起中的全球性文化最显眼的表现是在大众文化的传播中。各种商业渠道（比如阿迪达斯、麦当劳、迪士尼、MTV 等）都在进行宣传。虽然精英们控制着这些渠道的运作，但大众文化渗透到了全世界广大人群之中。你对大众文化传播的巨大规模怎么估计都不过分。就单说一项统计指标：1970 年的时候，有 10.3% 的智利家庭拥有电视机；到了 1999 年，这个数字增加到了 91.4%。尽管智利电视台播放的节目中有些产自本土，但有很大的一部分是来自于海外，基本上都是美国的媒体。

大众文化的消费中很多都是肤浅的，对于人们的信仰、价值观念或行为没有什么深刻的影响。原则上，一个个体可以身穿牛仔裤，脚蹬跑鞋，吃着汉堡，甚至看迪士尼卡通，同时也完全融入这样或那样的传统文化之中。然而，一个住在智利棚户区，穿着一件写着"做爱不作战"（Make Love Not War）的 T 恤的人，却可能表达了一种更为深刻的变化。智利的年轻人随着摇滚乐疯狂舞蹈的时候，他们所消费的进口文化在他们的视野和行为上造成的后果也不可谓不重大（正如传统价值观念的官方守护者们所正确地注意到的那样）。

我建议在"圣礼式的"（sacramental）消费和"非圣礼式的"（non-sacramental）消费之间进行区分。圣公会神学将圣礼定义为不可见的恩典的可见标志；稍作适当修改，这个定义也可以适用于此。一些对于全球化的大众文化的消费是非常"非圣礼式的"。转用一下弗洛伊德的话就是，消费一个汉堡包，特别是在麦当劳餐厅的金字招牌下消费的时候，就是真正的或者想象中参与全球现代性的一个可见标志。哈佛大学的人类学家詹

---

① 亚瑟·米勒（Arthur Miller），美国著名的剧作家、散文家，代表作有《推销员之死》《熔炉》，曾获肯尼迪中心荣誉奖。——译者注

姆斯·沃森（James Watson）① 和他的团队（其中包括阎云翔②）对于东亚地区的麦当劳餐厅的研究说明，当这类快餐店日渐变得随处可见之后，在这些地方的消费也从"圣礼式的"变成了"非圣礼式的"。在北京，和其他地方一样，麦当劳还是个新生事物的时候，人们去那里消费不仅是为了吃汉堡，而且间接地参与了美式的现代性。在东京或台北，麦当劳已经出现了一阵子，那么去那里消费就不过是消费者选择中的一个而已：汉堡包就只是个汉堡包。不用说，无法事先判断哪种消费占了上风。这总是一个经验性研究的课题。

最后，新兴的全球性文化由某种群众运动所承载。有些和教师俱乐部文化相连，比如女权运动和环境保护运动，或者法国社会学家丹妮尔·赫威－里格尔（Daniele Hervieu-Leger）所说的"人权的普世宗教"（ecumenism of human rights）。有时候，他们的西方赞助者们的努力无法带来真正的群众运动，这种情况下，使用依附理论来说，本土的积极分子构成了一个"买办阶级"（comprador class），服务于"都市中心的"机构。然而在其他时候，传教式的拓展活动最终带来了成功而受欢迎的运动，具有广泛的吸引力。同样，只有仔细的经验性研究才能决定这两种可能性中哪一种胜出。

很长时间以来我一直认为（而且仍然坚持这种看法）新教福音派，特别是五旬节运动，是文化全球化最重要的群众运动载体（基本上是无心插柳）。其影响范围之大令人瞠目——在东亚和东南亚的很多地方，在太平洋小岛上，在撒哈拉以南非洲，以及最活跃的拉丁美洲。英国社会学家大卫·马丁（David Martin）③，多年来致力于研究这一现象，估计这一运动已经席卷了全球至少两亿五千万人。正如马丁所说，它带来了一场激

---

① 詹姆斯·沃森（James Watson）是哈佛大学的人类学荣休教授，研究兴趣包括祖先崇拜与中国民间宗教，家庭生活和乡村结构，东亚食品和食品体系。最广为人知的是他所主编的《东方的金色拱门：麦当劳在东亚》（*Golden Arches East: McDonald's in East Asia*），即本文中所指的研究项目。——译者注

② 阎云翔，加州大学洛杉矶分校中国研究中心主任，文化人类学教授。其所著《私人生活的变革：一个中国村庄里的爱情、家庭与亲密关系：1949～1999》获得2005年列文森中国研究书籍奖，代表作还有《礼物的流动——一个中国村庄中的互惠原则与社会网络》。——译者注

③ 大卫·马丁（David Martin），英国社会学家，伦敦经济学院教授，主要研究领域是宗教社会学，尤其是五旬节运动。——译者注

烈的文化革命。例如，智利和南非的数据显示皈信这类宗教改变了人们对于家庭、性行为、养育孩子以及最重要的工作和经济问题方面的态度。

坦率地说，现在就像早期的英国和北美，这就是在促进马克斯·韦伯所说的"新教伦理"的宗教——这种道德观念特别适合在现代资本主义初级阶段寻求发展的人。尽管这种形式的新教很显然源于盎格鲁-撒克逊传统（现代五旬节运动一百多年前发源于美国），但它在所到之处都成功地实现了本地化。它通常不使用英语，礼拜仪式（特别是音乐崇拜）采用了许多本土化的形式。然而，它所要传达的"精神"（spirit）确然无误地具有盎格鲁-撒克逊特点，这种特点尤其明显地表现在它和个人化的自我表达强有力的结合、平等主义（特别是男女平等），以及创建自愿结社的能力中。因此，它不仅在发展中的市场经济体中促进了社会流动性（这当然是韦伯理论的主旨），而且促进了对新的全球经济的实际和预期参与。此外，必须加上一点，随着这一运动的领袖们之间越来越多地进行跨国界的联系和与美国的福音派中心之间保持联系，他们具有一种作为全球性运动一部分的意识。

正如之前所观察到的，文化全球化的不同部分之间既有张力也有融合，在精英和大众层面上都是如此。如果有一个共同的主题，那就是个性化：新兴的全球性文化的所有部分都强化了个体面对传统和集体时的独立性。个性化必须被看做一种社会和心理的过程，不论人们对它看法如何，它都会通过人们的行为和意识实际彰显出来。换言之，个性化作为一种经验性的现象，必须与"个人主义"这种意识形态进行区分（虽然这两者是常常联系在一起的）。

这种洞见是有用的，因为它有助于解释为什么新的全球性文化具有如此广泛的吸引力。长期以来，我们都认为现代化破坏了传统和集体所具有的理所当然的权威，并且因此必然导致个体更加依赖自我。这是一种"解放"，但是也有可能带来极大的负担。"个人主义"作为一种意识形态，使"个性化"得以合理化，并且如有必要，会帮助减轻那种负担。无论哪种情况，新兴的全球性文化都与现代化进程有着天然的紧密联系；在当今世界的许多地方，这二者是完全相同的。

对于身处现代化进程早期阶段的人们来说，首先获得了一种全新的感受：开放的可能性和对更大自由的渴望——负担的感觉通常在那之后。因此新兴的全球性文化对于已经体验过个性化并珍惜这种感受，而且渴望在更大程度上实现个性化的人来说很有吸引力。值得注意的是，在这一点上，全球性文化和希腊文化近似，希腊文化也崇尚个人以及对"卓越"的追求，因此将个人从传统的束缚当中解放出来（韦里兹的比喻是站得住脚的）。

我们现在所有的是一幅影响着世界每个角落的文化地震的图景。当地震来临，不同的人有不同的回应。有平躺接受的——之前提到的雅皮国际主义就是一例。还有试图进行武装反抗的，不论举着宗教的旗帜（塔利班）还是民族主义的旗帜（朝鲜）。既然想要完全孤立于全球文化之外就必然需要完全孤立于全球经济体系，这种姿态的代价确实相当高。但是还有不那么极权主义的抵抗形式，通常是由那些试图在参与全球经济和抵抗全球文化之间找平衡的政府运作的——中国就是最重要的一例。想要找平衡是很难的。处在接受和拒绝之间的例子更加有趣。

詹姆斯·沃森称作"地方化"（localization）的现象几乎随处可见：人们接受了全球性文化，但是进行了大幅度的修改以适应地方特点。正如沃森指出的，美国的麦当劳和顾客之间有着隐形的契约：麦当劳提供干净、廉价的食物；顾客吃完，迅速走人。毕竟那是快餐的意义。在东亚，这个契约必须进行修改，因为顾客们会逗留。有两种人特别爱这样：购物结束后或办完事在餐厅放松的家庭主妇们，或者放学后回家之前的学生们。吸引他们的有干净的环境，方便的洗手间，以及（对家庭主妇们来说）防止不合适的支出。这种本地化特别有趣，因为这显然在经济上带来了麦当劳的管理中所必须适应的后果。

但是地方化也会有影响更加深远的方面。例如，中国台湾的佛教运动采用了很多美国新教的组织形式，来宣传一种完全非美国、非西方的宗教信息。再例如，一个特殊的德国机构，爱的游行（the Love Parade），借用了美国同性恋自豪大游行（gay pride march）的形式，但是把它变成了一个泛泛的性爱主题节，但是带有鲜明的德国式的有序和严肃（因此，也许，证明了它所谓"德国性爱狂欢"的主题是自相矛盾的）。

具有冲击力的全球性影响也会导致本土文化形式的相对化。因此以西方为据点的快餐连锁店进驻印度和日本，导致了他们的传统食物快餐店的发展；西方时尚入侵日本，导致了以鲜明日本审美为特色的本土时尚产业的发展。

地方化逐渐演变成了另一种回应,最好的描述方式是"杂交"(hybridization)。这是将外国文化特点与本土文化特点相结合的经过深思熟虑的努力。日本,自明治维新以后就成为这一回应方式的成功先驱,但是还有其他很多例子。海外中国商业文化的发展,结合了现代商业技术和传统中国的人格至上,再考虑到散布在全世界的中国人在经济上的巨大成功,这形成了一个非常重要的例证。然而,随着中国内地融入世界经济体系,可以观察到和最近很流行的"儒商"的概念非常类似的杂交情形。班加罗尔的软件工程师们在印度教仪式中向自己的电脑敬献花环,就是一个特别富有戏剧色彩的例子。在没那么复杂的层面上,基督教和所谓的非洲本地教会(AICs)的融合是另一个很棒的例子。所有这些事例充分说明,认为全球正在盲目地同质化的想法大大低估了人类在面对文化挑战时所展现出的创造性和创新性。

然而在富有创造性的适应能力方面,不同文化之间是有差异的。塞缪尔·亨廷顿提出的"强势"文化和"弱势"文化之间的区别在说明这种联系时非常有用(需要着重强调的一点是,这只是描述性的类型,而非价值判断)。东亚和南亚的文化——特别是日本、中国和印度——都很"强势",而非洲文化和有些欧洲文化则表现得相对"弱势"。

德国的例子尤为有趣。你可能直觉自己应对的是一个"强势"文化,但事实上并非如此。原因很明显。人们对于在第三帝国崛起时复兴的民族主义非常敏感,这削弱了他们维护德国文化自尊的意愿,并且在面对来自外国的冲击性影响时,摆出了一副相对消极的姿态。当德国和其他欧洲社会(特别是法国)进行比较时,这一点变得很清楚,而且进一步解释了为什么德国(更准确点说,是以前的铁幕以西的德国)看上去是欧洲最"美国化"的国家。

20世纪70年代由布丽吉特·贝格尔(Brigitte Berger)[①]、汉斯弗雷德·柯勒(Hansfried Kellner)[②]和我在现代化的理论框架内发展的一些概

[①] 布丽吉特·贝格尔(Brigitte Berger)是美国社会学家,也是彼得·贝格尔的妻子。——译者注

[②] 汉斯弗雷德·柯勒(Hansfried Kellner)是德国社会学家,也是彼得·贝格尔的妻弟。——译者注

念，很令人吃惊地适用于当前的现象。我们认为现代性是装在含有行为和意识模式的"包裹"（packages）里到来的。有些包裹可以拆分开来，并且在不阻挠现代化进程的情况下重新组装，比如西方传教士带来的基督教和现代医学这个包裹。我们将这种联系称为"外在的"（extrinsic）。其他包裹如果拆开了，就会中断现代化进程，比如现代医学和因果关系的科学概念之间的联系。当包裹从一个社会部分散布到另一个部分，我们说这是"转移"（carryover）——就像当经济学中的成本/收益的思考方式被转移到家庭生活中那样（婚姻是个契约，孩子们是投资，等等）。当试图限制这种散布的时候，我们将其称作"中止"（stoppage）——比如人们在工作的时候是一种行为方式，当他们回到家里以后又是完全不同的另一个样子（日本商人脱下海军蓝西服，换上浴衣（yukata），练习书法）。我认为当你试图理解对于新兴全球文化的不同回应时，这些概念仍然很有用。

　　上述这些对于新兴全球文化的挑战所做的回应并非构成了整幅图画。还有一种日益重要的现象叫做替代性全球化（*alternative globalizations*）；即，发端于西方世界之外的地方，并对西方世界产生了影响，且扩展到全球的文化运动［图拉斯·斯利尼瓦斯（Tulasi Srinivas）① 在她对印度所希望的全新的"与命运之约"的讨论中，使用了"释放"（emissions）这个词形容同一种现象］。这很重要，不仅因为它修正了一种观点，即非西方和非美国的文化只能单纯地对文化全球化的力量做出反应，而且因为它暗示了通向现代性有不止一条路。这也不是一个全新的想法。最近几年这种思想在哈佛的汉学家杜维明②、以色列社会学家舍穆尔·埃森施塔特（Shmuel Eisenstadt）③ 等人的著作中获得了新生。换言之，替代性全球化提供了替代性现代性的可能性。

　　这些运动在精英和大众层面上都可以看到。在精英阶层，已经出现了替代性全球化的世俗和宗教运动。尽管最近几年有所减弱（准确来说是

---

　　① 图拉斯·斯利尼瓦斯（Tulasi Srinivas），艾默生学院（Emerson College）社会学副教授，研究专长是全球化、文化与宗教。——译者注

　　② 杜维明（Tu Weiming），新儒家学派代表人物，当代研究和传播儒家文化的重要思想家。——译者注

　　③ 舍穆尔·埃森施塔特（Shmuel Eisenstadt），新功能主义和现代化理论的代表人物之一，主要著作有《帝国的政治体制》《现代化：抗拒与变迁》等。——译者注

自从最近的亚洲金融风暴以来），西方商业和策略圈一段时间以来努力地效仿日本的企业策略和管理技巧。一个不错的宗教例子是主业会（Opus Dei），它应该是当今世界上最具影响力的天主教组织。

主业会肇始于西班牙，但是现在在拉丁美洲（其中特别是智利）、菲律宾群岛和其他天主教人群中非常有影响力。它在神学和道德方面极端地保守，但是在对待现代全球资本主义方面态度很积极。在弗朗哥政权走向衰落的年代，主业会在政治上非常活跃，而且在向市场经济转型的过程中起到了积极作用（后来，至少是间接地，帮助了西班牙向民主的转型）。西班牙最有声望的两个商学院都是主业会在运作。这里所涉及的不仅是对社会变迁在知识上进行和解。这是深思熟虑地构建一种替代性现代性的尝试——资本主义、民主，但是同时坚决地忠诚于天主教的宗教和道德传统。［顺便说一下，这一点解释了为什么教宗约翰·保罗二世对待主业会态度亲切，相反却批评耶稣会（Jesuits），因为耶稣会以前曾是激进天主教中的精英阶层，但是最近几年他们传统的忠诚变得有些动摇。］拉丁美洲也有意识地努力安排出一种"完整的"天主教文化，来对抗新教福音派的"美国化"力量。

在大众层面上，但是有时候会触及更高的社会阶层，印度已经"释放"出了许多非常有影响力的宗教运动。赛巴巴（Sai Baba）运动①就是一个很好的例子，据称在 137 个国家拥有超过两千个信仰中心；这种说法可能有些夸张，但是无疑在欧洲和北美有很多这样的中心。这一运动是绝对超自然的，明显和现代科学世界观不同。哈瑞·奎师那（Hare Krishna）②运动是另一个更为明显的印度文化"释放"的例子。在西方同样获得了成功的还有许多佛教运动，比如日本的创价学会。中国台湾的"佛教复兴"也意在影响全球；慈济协会在全球四十多个国家都有分支。

土耳其乃至整个伊斯兰世界的伊斯兰教运动也很清楚地想要提供一种替代性现代性：不像阿富汗的塔利班或者伊朗政府的激进派那样拒绝现代

---

① 赛巴巴（Sai Baba），有两个著名的赛巴巴，一个是舍地的赛巴巴，一个是萨提亚·赛巴巴，都是印度著名的上师，此处所指应为萨提亚·赛巴巴。——译者注

② 哈瑞·奎师那（Hare Krishna）也叫奎师那意识国际协会（International Society for Krishna Consciousness），1966 年成立于纽约，主要信仰建立于印度教的部分经典之上，尤其是《薄伽梵歌》（Bhagavad-Gita）和《薄伽梵往世书》（Bhagavata Purana）。——译者注

性，而是寻求构建一个参与全球经济、政治体系，但又自觉地受到伊斯兰文化驱动的现代社会。印度尼西亚也有类似的伊斯兰运动——亲资本主义、亲民主、对宗教多元化保持宽容，但是坚决地忠于伊斯兰信仰——它也是苏哈托政权垮台，他们自己的领袖阿卜杜勒拉赫曼·瓦希德（Abdurrahman Wahid）总统在选举中胜出的重要因素。当今的整个伊斯兰世界，甚至在伊朗，这种对于替代性的伊斯兰现代性的展望正在占据上风。

可以说亚洲对于西方最大的文化影响力，不是通过有组织的宗教运动进行传播的，而是以一种所谓新世纪（New Age）文化的形式到来。它在信仰（转世、因果、个体和自然之间的神秘联系）和行为（冥想、瑜伽、指压以及其他形式的治疗性按摩；太极和武术；使用源于印度和中国的传统医学）两个层面上，影响了数以百万计的欧洲和美国人。鉴于其非组织性、大体处于弥散状态的特征，新世纪运动比上述的宗教运动更难描述，但是越来越多研究宗教的学者开始关注这一现象。在何种程度上新世纪运动能够永久地影响崛起中的全球性文化的"都市中心"，并改变其形态，还有待观察。英国社会学家科林·坎贝尔（Colin Campbell）[①] 生动地将新世纪现象描述为"东方化"（easternization）。

在大众文化方面，日本是最为成功的"释放者"。日本的汽车和电子产品凭借其可靠性赢得了声誉，结果导致日本在质量控制方面的观念和技术极大影响了欧洲和美国的企业以及消费行为。资生堂化妆品的例子很有趣。正如日本的时尚和设计产业一样，资生堂把现代产品和传统日本审美观念相结合，发现这样的组合所产生的吸引力超越了日本国界。顺便说一下，在所有这些例子中，希腊文化的类比仍有启发性。在罗马时代晚期，在不满希腊—罗马文明的圈子中，转向了东方式的行为和思想——东方之光（*ex oriente lux*）。最终，西亚的基督教运动成了这种文化发展中最大的受益者。

还有一种复杂的情况必须纳入我们的考虑，因为也存在着可以被称为*亚全球化*（*subglobalizations*）的现象——这些运动所产生的只是地区性影响而非全球性的，但仍然有助于把抵触新兴全球文化的社会联系起来。

[①] 科林·坎贝尔（Colin Campbell），约克大学社会学系荣休教授，主要研究方向是文化变迁、行动理论和宗教社会学。——译者注

"欧洲化"（Europeanization）可能是其中最重要的例子，特别是在从属于苏联集团的国家中。德国和奥地利在匈牙利和其他前共产主义国家中的影响，斯堪的纳维亚国家对巴尔干国家的影响，土耳其在中亚的影响都服务于"欧洲化"和全球化。还有建立一种现代资本主义独特的欧洲版本的意识形态计划，与盎格鲁－撒克逊版本相对。欧洲化和世俗化是其中最为有趣的方面。当国家被吸收加入"欧洲计划"，独特的"欧式世俗性"似乎成了协议的一部分——最富戏剧性的情况发生在今天的波兰和爱尔兰。

还有其他例子：香港和台湾的媒体在中国内地和东南亚的传播，日本大众文化在中国台湾的传播；墨西哥和委内瑞拉的媒体渗透了其他拉丁美洲国家和美国的拉美裔族群。还有非裔美国人对南非的影响，有时候还带有些讽刺效果：dashikis，带有非洲图案的彩色男式衬衫，发端于西非，绝迹于种族隔离时期的南非。这种衬衫后来变成了新的黑人自我意识的一部分，而在非裔美国人中流行起来，然后经由美国传入南非，现在在约翰内斯堡和开普敦的时髦精品店里被当作"曼德拉衬衫"出售。这些文化物品中没有一个是新兴全球文化的一部分，但是它们在全球文化和受全球化冲击的地方文化之间起到了调和作用(mediate)。

在某些政治条件下，很明显，全球文化和本土文化之间的张力会加强塞缪尔·亨廷顿所说的"文明的冲突"。但是社会内部也存在着激烈的文化冲突（你也可以说它是一种内化了的"文明的冲突"）。世俗化的精英和宗教复兴运动之间的冲突就是一个重要例证——在土耳其、其他伊斯兰国家、以色列和印度都非常明显。在德国统一初期，联邦德国人和民主德国人之间的文化张力之前已经说过了。还有，西方的"文化战争"（cultural wars）也作为全球化进程的一个重要部分被输出了。因此，比如一个匈牙利人，向西寻求文化启迪的时候，便遭遇了自由市场意识形态对阵环境保护主义，言论自由对阵"政治正确"的言论规则，好莱坞的大男子主义对阵女权主义，美国的垃圾食品对阵美国的健康食品，等等。换言之，"西方"几乎算不上一个同质的文化实体，全球化同样承载了它充满冲突的异质性。

文化全球化是个混乱的事件，非常难控制。有些政府，当然，做出了尝试。中国政府的"受调控的全球化"（managed globalization）（正如阎云翔所说）是最重要的例子，但是类似的努力也可以在威权主义政权和民主政权中看到。法国、作为一体的魁北克和加拿大是民主政权的例子。南非的姆贝基政府谈到"非洲文艺复兴",其内容目前还比较模糊,但是其意图也是通过国家行为"调控"全球化进程。这个案例很有意思,因为它试图从比较"弱势"的文化资源中开辟一条替代性现代性道路——这里所取得的任何成功都会是非常有趣(且值得为之欢呼)的。

这里,文化全球化的问题和经济以及社会全球化相连——特别是如何"应对"(manage)全球体系中的输家的问题。社会不满会注入文化抵制,产生文化术语中所说的"西雅图综合征"(Seattle syndrome)[①]。在法国抵制麦当劳的运动就是一个很好的例子:法国农民们在经济上的担心升级为法国文明免遭美国野蛮暴行的保卫战。随着马克思主义(也许是暂时的)消亡,在欧洲和其他地方都出现了新兴左翼分子生长的肥沃土壤。老式的"左派"理论,反对资本主义和反对美国主义,又获得了新生。要判断这种新的思潮能有多大的影响,还为时尚早。

我在这里所展现的这幅图景,如我之前所说的,非常复杂。它拒绝简单的总结,我只能说一个并非无足轻重的结论,就是文化全球化既不是一个单纯的伟大承诺,也不是一个单纯的巨大威胁。这幅图景也告诉我们,全球化基本上是现代化的持久挑战的延续,尽管是一种强化了且加速了的形式。在文化层面上,这种巨大的挑战来自多元主义(*pluralism*):理所当然的传统崩塌了,为信仰、价值观念和生活方式开放了多种选择。说这种放大了的自由对于个体和集体构成了挑战,并不为过。如果你重视自由,那么无论这种发展需要什么代价,你都不会愿意表示反对。你最有兴趣的将会是在无尽的相对化和应激的盲目狂热之间寻找一个中间立场。面对新兴的全球性文化,这意味着中间立场是在接受和激烈反对之间,在全球同质性和地方孤立之间。这种寻求自然有其困难,但是我们的项目数据有力地表明,这并非不可能。

[①] "西雅图综合征"(Seattle syndrome)是指从小在美国太平洋沿岸西北部长大的西雅图市居民永远躲避在自己幼稚的白种人中心的自由主义乌托邦中,对美国其他地区和城市一无所知,幻想出很多不真实的有关西雅图的事情。——译者注

第四部分　社会学的应用

第15章　技术专家体制与意识形态之间的社会学[①]

正如我们在前面的章节中所看到的，社会学不仅是"学者共和国"境内的一项事业，还有着更加广阔的有关人类存在的、社会的以及政治方面的应用。其中，当前最普遍的是技术专家型应用和在意识形态方面的应用。本章的目的就是要在我们对于社会学的理解以及这门学科在这两方面的应用之间划定界限。需要在文章开始就特别强调的一点是，本文的目的在于厘清，而非论争。我们的意图也并非要否定社会学在技术上和意识形态上的任何应用的合理性。相反，我们所关注的是那些将社会学与其在技术或意识形态方面的应用完全等同起来的观点，在这些观点看来，社会学已经完全变成了技术性知识或者意识形态教条，这些转变在社会科学及其进行实践的社会中所引起的后果，使我们非常忧虑。

我们所说的技术专家型使用（technocratic use）是指社会学被理解为一种技术性的知识体系，并且被用来服务于"社会工程"（social engineering）。后一个词组是经过深思熟虑而加以使用的。因为它指向了一个重要事实，即这种社会学具有宽泛得多的社会语境。它是那种"工程思维"（engineering mentality）的重要组成部分，而工程思维又是近几个世纪以来，被发端于欧洲进而席卷全球的技术革命塑造而成的现代意识的至关重要的组成部分。这种思维方式，当然了，起源于严格意义上的技术领域，也完全适用于这个领域。工程师们不可能没有这种思维方式，而且假设你不想拆毁现代世界的技术基础结构，那么抱怨这种思维方式就没有意义。

[①] 本章选自 Peter L. Berger and Hansfried Kellner. eds., *Sociology Reinterpreted an Essay on Method and Vocation*. Garden City, N.Y.: Anchor Press, 1981。——译者注

当这种思维方式从严格意义上的技术领域转移到人类生活的其他领域时，问题就来了。不用太费劲就能描述这种工程思维的主要特征：对现实采取一种原子论（atomistic）的或者"部件式的"（componential）方法——世界被看做是由可以拆开又组装起来的部件组成的。手段和目的可以轻易分开。具有倒向抽象思维的强烈倾向，如果是量化思维就更好。有种解决问题或者"修补"（tinkering）的态度；在原则上，只要找到正确的技术程序，任何遇到的问题都会被看做是可以解决的。由此带来了一种创新的态度和对创新的积极评价。情感或情绪的介入程度很低——工程师们都是很"酷"的。对于所谓的"最大化"（maximalization）也有着很高的评价——以较少的消耗换取较多的产品。还有同时应对很多事情的能力——应对"多重关系"（multirelationality）的能力。

这个特征清单还可以扩展，并且进行更详细的描述。这里不需要这么做。再次指出以下观点就够了：没有意识被如此塑造的个人，至少当他们在现代社会中有一份技术性工作且正在上班的时候，现代技术便难以想象。问题在于，这些特征不再局限于这些技术性职业领域，而且溢出到了许多其他领域。这里我们所感兴趣的溢出，是技术或者工程"帝国主义"扩张的整体过程的一部分。

当社会学处于服务于技术专家体制的位置时，它几乎是自动地就被翻译成后者独特的思维方式的分类当中。首先，对社会学可以被应用于处理实际问题有种期待，认为它会像，比如，航空学知识体系一样起作用。这种期待高度重视在这种情况下最容易被取代的那种社会学——具体说来就是有强烈实证主义倾向的社会学。而且，会有要求产生马上就能应用的"结果"的压力。这样的压力不仅存在于某些人的脑海中，而且是通过某种"服务费"（fee for service）的安排进行社会强化：技术性雇主或客户需要解决某个实际问题，社会学家是被雇来解决问题的。不出所料，根据普通社会心理学中的相互作用来看，这种压力会被处于这种位置的社会学家内化。即，社会学家本身现在会把自己想成解决实际问题的人，或者"社会工程师"。而且，现在出现了一个普遍认同的界定社会学探究"成功"的标准，即，根据这一探究的成果是否适用于"资金来源"（funding source）感兴趣的不论什么东西。在这个位置上，社会学不仅变成了技术专家体制的一种工具，而且把自身局限在了只能沿着技术专家体制的路线组织自己的情形中。大概是自第二次世界大战起，首先是在美国，然后是在其他国家，社会学家变得习惯于在大型的，有时候是巨大的研究组织中工作，这些组织和严格意义上应付工程问题的组织非常相似。说得有画面感些，和现代技术的"硬件"工程师相比，社会学变成了"软件"工程师的一个亚种。这两个群体应对的是不同的材料，因此不得不使用至少是略有差别的方法，但是他们在思维的属性和外在行为特征上都和彼此很相似。

对社会学的技术性使用经常受到基于道德原因的批评，因为某个具体技术研究机构的目标或行为被认为在道德上令人反感。众所周知的一个例子就是围绕所谓的卡米洛特工程（Project Camelot）展开的辩论，美国军方暗地里雇用了社会学家参与有关在拉丁美洲反叛乱的研究。本文不关注这个特别的例子所具有的伦理问题。很清楚的一点是：如果你假设，正如我们做的那样，社会学家要对他的发现被如何使用负责任，那么就会出现道德批判被合理化的情况。但是重要的一点是看到，对社会学的技术性应用*即使*其外在目的不受到谴责，也容易使社会学研究产生变形。这主要是由于方法论上的原因，而非伦理上的原因：社会学观察方法的整体性在这种情况下是从属于非社会学目的的。最好的情况下，服从于技术目的的社会学变成了一种非常狭隘的行为，局限于具体情况，而且实用主义。随着社会学家和他的技术专家体制的雇主或客户的思想越来越相似，他就容易失去对相对性和社会中相关性结构的多样性的理解。最差的情况下，这个学科所有的独特的知识特征会为了手头的实际目的而全部牺牲。

这并不意味着社会学不能或不应该被用于更具社会性的、非科学性的目的——甚至是技术性组织的目的，如果它们在伦理上站得住脚的话。但是这种应用总是有问题，从事这些活动的社会学家应该始终注意这一点。这里用一个类比应该会有帮助——艺术家和资助人之间的关系。比如说，一个文艺复兴时期的君主，委托一名画家创作一幅画像。让我们先别管由于这个君主本身的道德特点可能带来的伦理问题；我们假设，换言之，这个君主不是恺撒·博尔吉亚（Cesare Borgia）①，而只是一个比较能接受的

---

① 恺撒·博尔吉亚（Cesare Borgia），教皇亚历山大六世的私生子，瓦伦蒂诺公爵，罗马尼阿的主人，征服无数属地。曾担任过瓦伦西亚大主教和枢机主教，却以其邪恶、残忍和征战的天才，将一个教皇国的梦想献给他的家族。恶名昭彰又极富魅力，马基雅维利以他为原型写下了《君主论》。——译者注

人，画家不会耻于为他作画。这个假设也意味着这幅画像，就画家的所知而言，从本质上讲没有不道德的目的——比如把这个君主画得年轻又英俊，而他实际上又老又驼背，只是为了保证能和收到画像的那位公主结为连理。到目前为止，一切都很顺利。艺术家决定带着高尚的良知为这位君主作画。但是在艺术家和资助人的相关性结构上存在着内在的差异。这个艺术家，如果他是位好艺术家，就会致力于用他的画笔以一种特殊的形式展现他对于这个世界的特殊看法。*他的相关性结构就是对他的艺术的这种概念，别无其他*。这不可能是他的资助人的相关性结构，除非是极为罕见的情况。这不仅是这位资助人想要在画像里"看起来不错"（尽管这对有良心的画家来说确实会造成问题）。在更宽泛的意义上说，事实是资助人和艺术家的审美品位不相同，也不可能相同。比如说资助人想要一幅"漂亮的"画像；艺术家想画一幅"真实的"画像。现在，这不是说在画家的艺术完整性和资助人的愿望之间无法达成合理的妥协。根本的问题是艺术家要意识到他所处情境下的这种内在的差异。除非他意识到这一点，否则他只会变为达成资助人的审美或者审美以外的目的的工具——并在这个过程中丧失自己作为一个艺术家的整体性。

回到社会学的问题：最为粗鄙的变形是当社会学家，现在他已经或多或少是一个技术专家体制的组织中的一员了，蓄意或（更可能的情况是）无意识地修改自己的发现，以迎合那个组织的愿望。之前提过的一个类比可以用来说明这一观点：一个好的间谍所提供的情报并不一定是他的雇主想要听到的。如果他的雇主们还有点理性，那就会坚持，在这个间谍的汇报中，不论他知道或者以为自己知道这些雇主们当时希望知道什么，他都不需要在意。这在有的间谍机构中可能会运作得很好。曾有知识渊博的批评家说，中央情报局最主要的结构缺陷之一，就是在同一个组织中，情报收集后，根据这个情报会采取不同的行动。换言之，"情报"和"行动"在同一个组织中结合得不好——因为一个简单的原因：现在产生了一种压力，让间谍汇报他"行动主义的"雇主想要听的情报。类似的，变得适应了技术专家体制组织的社会学家，也有压力要生产出不那么可靠的信息和相应的诠释——因此，矛盾的是，他对他的"资助人"就变得不那么有用了。从这个例子概括一下，可以说，如果允许社会学在自己的基础上（就是说在自己的相关性结构内）做自己的事，它会*更有用*，甚至对于不同的"资助人"而言都更有用。要使这一点成为可能,社会学家必须避免被吸收进技术专家体制的思维。并且,由于思维和社会环境是紧密相连的(这毕竟是知识社会学的根本洞见),也许让社会学家处于一个本身不是技术专家体制的机构环境中会比较明智。

对社会学的技术性使用还会带来另外一个后果:让社会学变得尽可能地像服务于技术性目的的自然科学的压力。这意味着近似于实证主义社会学。这涉及信奉量化的邪教(cult of quantification)——在极端情况下,这种立场认为任何不能用数学语言表达的社会学命题都是"软的"、不科学的和无用的。注意:正如前述,我们在社会学方法上的立场绝对不是反对量化研究方法。有些社会学问题的确用量化方法进行研究是最好的,特别是那些与某种社会现象的频数分布相关,因此需要采用相关统计方法的问题。这里的问题不是量化本身,而是排斥其他研究方法,只信奉量化的*邪教*。而且,还有使用晦涩的技术语言的倾向,不是因为有些事情用普通的英语说不清楚,而是因为这种语言上的秘术是自然科学的特征之一,社会学家必须努力仿效才能在技术专家体制的世界里被认真对待。最后,是专家的神秘感,这些专家在知识的社会分配中标示出了一个垄断的领域。其结果是,专家团体发展了自己的既得利益——维护、扩张和出售他们的垄断性(或者说,但愿是垄断性的)主张。其中的细节这里就不多做讨论了。自从弗里茨·马克卢普关于这个问题的著述问世以来,就有了被称为"知识产业"(knowledge industry)的东西——西方社会经济中一个快速扩张且非常有竞争力的领域,而社会学就是这个产业的一部分。社会学家,根据这个经济学定位,则是"知识阶级"(knowledge class)(也被有的人称作新阶级)的一部分——在社会文化和政治方面具有重要性的阶层。这些发展中的有一部分可能看起来并不令人反感,我们的目的也不是要以准修道院式的"纯科学"理想的名义,参加批判他们所有人的论争。我们只是想指出,就前面讨论过的方法以及社会学职业而言,这些发展引起了一定程度的张力。

但是除去对社会学进行技术性使用所带来的比较粗鄙的变形之外,无论怎样使用(或者根本不使用)实证主义的社会学,都有问题。实证主义在社会科学中的每种形式都具有的基本缺陷在于,它们相信能够回避诠释。这种缺陷,当然,不一定和技术专家体制的想法及其实践有关。它也可以同样很好地以"纯科学"的形式出现。正如我们已经试图表明的，这种缺陷在于没有理解人类现实的独特性质，以及任何试图描述和解释这一现实的努力的特殊性质。实证主义寻求用一阶概念（first-order concepts）而非二阶概念（second-order concepts）来理解人类现实。应该承认，通过这种步骤可以得到某些正确的知识。但是最终，这些程序并不令人满意，因为他们无法穿透至人类现实中真正体现人性的部分——对于一个公开承认把人类现实当作其目标的学科来说，真是个严重的缺陷！有关社会的结论因此会变得非常抽象，远离活生生的人类的社会现实——也*因此既没有启发性，也没有什么用处*。同样，结果是矛盾的：正是由技术专家体制的思想所扶植起来的实证主义社会学，容易得出技术专家们并不觉得非常有趣的结论，这反过来又使社会学研究在其服务的组织中的名声受到破坏。我们相信这种结果与这个学科目前萎靡不振的状态，以及在更大的社会中缺乏地位有关。

可以说，如果社会学大众没有"被骗"（conned），这就是结果。从某种程度上说，如果大众是被骗了，那么结果更糟糕。那时，社会学家不仅会成为这个或那个"社会工程"领域中的专家，而且会成为在社会中生存所遇到的各种问题的专家——这就是当奥古斯特·孔德（Auguste Comte）把社会学家设想为他的新实证主义教会里的神职人员时，他脑海中所构思的内容的现代化版本。之后实证主义的变形迁移到了普通人的日常意识中。社会学，作为"唯社会学论"（sociologism），现在已成为所谓日常生活、语言和意义"科学化"的一部分，而且是重要的一部分。

在北美和西欧，可以轻易地观察到社会学的这种广泛的粗鄙化。教育体系和大众传媒是这种实用智慧的主要承包商。这里的变形是深刻的，因为它现在不仅扭曲了对生活的科学理解，而且还扭曲了生活本身。换言之，"社会工程"不仅只是一群科学家（总是部分时间的专业）的行为，而且变成了很多普通人的生存实践。可以说在这种日常生活的"科学化"中，社会学仍然处在次于心理学的第二位〔或者更准确点说，"唯心理学论"（psychologism）〕。可能依赖心理学的粗鄙化类型经营自己生活的人要比依赖社会学的人多。这一点可能正在发生变化。不论如何，这两种粗鄙化的效果没有太大的差异。

现在在日常生活中，个体相对于他人采取了一种工程师的立场，其中包括而且特别是那些和他最亲近的人，这种立场最终将会付诸他自身。例如，通过学校教育和大众传媒学习了这种社会学的孩子们，会开始运用诸如"身份探究"、"代际冲突"或者"性生活方式"等类别思考自身问题。其中不可避免地存在着一个自我实现的预言。之前没有觉得有"身份危机"的个体现在有了这种感受——通常会带来令人深感困扰的结果。父母和孩子之间的冲突，被假设为一种规范性的现实，便会真的发生。性方面的实验，可能本来对它没有多大欲望，变成被灌输了这些理念的同龄人之间社交所必要的礼节。这之所以成其为问题，并不一定是因为它所导致的思维和行为的模式本身在道德上应该受到谴责或者会对道德造成损害。更加深刻的问题反而在于，这种对*生活的态度*（相对于*对科学的态度*）拉开了个体和社会体验、与他人的关系，以及最终和他自身之间的距离。

日常生活的科学化暗含着一个自我客观化和与世界、他人以及自我疏离的过程。你现在会体验到自己就像在社会力量的网络中的一个木偶，这也是你试图用工程学态度来面对的情况。性是一个清晰的例证。你自己的性欲和性关系是可以通过实验室实验控制的思维方式进行影响的。（这不一定是不道德的，但肯定是违背情爱的!）抚养孩子是另一个明证。通过观察有些家长如何应对他们的孩子，你能轻易想象自己正在看的是一项技术设计的展开过程。但是同样的思维能够延伸到人际关系的各个领域。"角色"和"生活方式"现在变成了主导性的分类，但是并非作为诠释的恰当的科学分类（如果是这样，它们当然是非常正确的），而是作为生存指南。在极端情况下，生活的全部可以被看做一个实验室，里面的个体，带着冷漠的疏离态度，试穿、表达、修补，然后抛弃"角色"——以及扮演这些"角色"时所处的人际关系。我们可以认为这种极端情况是很难达到的。真实的生活对于这种程度的自我疏离而言太过强大。但是有朝向这个方向的强烈倾向，就算不考虑其结果所预示的极端可能性，结果本身也很棘手。

这种对日常生活"科学化"的过程就是它本身的制度化——通过教育体制、媒体、法律和（最后，但并非最不重要的）庞大的心理治疗机制。因此，孩子们被教导说，他们正在扮演着"青春期的角色"——他们也乐意效劳。夫妇们不断上演着电视里呈现的"婚姻互动"的社会学范本。罪犯们指出自己背景中有这样或那样的社会决定性因素，而拒绝为自己的行为负责——而法律，说也奇怪，通常会接受这种立场。那些向社会工作者、咨询师和其他"帮助性职业"寻求帮助，以解决人类生命中永恒的问题的人，会发现这些问题被翻译成了行业黑话，和最初困扰他们的问题几乎没有相似之处，但的确在这些"帮助性职业"所宣称的专业范围内，具有建议一些修补步骤的优势。有的行业术语无疑是很可笑的——完全是《人间喜剧》独有的现代变体。但是有的行业术语的有些方面，毫不夸张地说，在效果上去人性化的。

重复一下：人类生活包含了丰富而强大的现实，而它拒绝被吸收进"工程学思维"中。性生活、亲子关系、婚姻，还有人类生存中所有的喜悦、悲伤和恐惧，时不时地就会打破"社会工程师们"所构建的、试图用以限制它们并把它们理性化的脆弱结构。但是只要这些工程上的努力是成功的，那么日常意识本身现在就变成了技术专家体制的意识。在思想和社会实践中，这种技术专家体制的"帝国主义"都是现代性的严重矛盾之一。自然而然地，也就存在对它的抵抗。这些抵抗的最终意图反对的不仅是技术专家体制还有现代化，它们自现代肇始之时便已存在。它们在正经历着现代化的社会中是非常强有力的现实存在（不考虑反现代化的因素就不可能理解第三世界）。有理由认为，反现代化的抵抗近来在西方先进工业社会中增长势头更为强劲。无论如何，如果把社会学和这种抵制所对抗的一切混为一谈，都将是不幸的。撇开职业既得利益和社会学在更广阔社会中的未来命运不谈，对所有的这些变形还有一种基本的方法论上的矫正方法：*留意社会学离散的相关性结构——并且因此理解在科学中适当的，在生活中并不适当。*

所谓以意识形态的方式使用社会学，意思是任何将社会学变成服务于政治目的的意义赋予工具的企图（这里的"政治"含义非常广泛，任何公共领域中的集体事业都属于这个范畴）。我们在第四章已经讨论过这种使用方法会带来的一些问题，有关服务于这样或那样的"解放"的社会学，但是在此处的论证中适合再增加些更加宽泛的观点。

原则上，这种对社会学的意识形态使用要么是保守的，要么是革命性的，要么致力于保持现状，要么致力于不同程度的激进变革。由于各种历史原因，社会学现在不太被用作维持现状的政治意识形态了（除了在社会主义国家中,某种"社会学"还在作为马克思主义教条的分支,为政权合法化运转)。在北美和西欧,这一变化发生在自二十世纪六十年代中期以来的历史阶段。显然这种转变并不限于社会学,而是整个知识分子圈发生了向"左派"的转变(相比于美国,欧洲更是如此)。在社会学学科中,这种转变始于 C.·赖特·米尔斯对结构功能主义进行严厉的批判,称其为维持现状的意识形态。回想起来,米尔斯的分析可能是正确的,尽管事实上作为该学派领袖人物的那些美国社会学家们在个人政治观点上一点也不保守。说结构功能主义进路,和社会变迁的问题上基本保守的立场之间有着紧密联系,虽然这种联系并不是有意为之,但这种说法也许是公平的。"系统维系"的概念正说明了这一影响。现在,正如结构功能主义理论家们所指出的那样,说社会力量倾向于维持现有体系不是说这正是他们应该做的。因此,把结构功能主义的理论作为一种保守的意识形态,就会产生从描述到指示的不正当转译。很合理。但是正是这种通常来说无意识的转译,常常都在发生。在这种情况下,说社会的某个方面是"有功能的"这种描述性语句,会被当作规范性陈述,即社会*因此*可以照原样接受。实际上,可以说在 20 世纪 50 年代(这是社会学在学术界及其之外的领域中大肆扩张的年代),大多数北美和西欧的社会学家没有参与任何激进的社会变革,而且就盛行的政治光谱而言,他们中的大多数显然并不保守,而大致算自由派,所以他们对变革的态度主要是温和的改革派,逐渐增强或者渐进式的。而且,当然了,他们在这个问题上代表了更大范围的知识分子的态度。

泛泛而谈,今天社会学在*政治*上的(和单纯的*技术型*应用相区分)应用是"左派的"。这当然并不一定意味着对马克思主义甚至社会主义的支持。它确实意味着对西方社会的现行制度安排持有尖锐的批判态度,并倾向于激进的社会变革。特别是在美国,以女权问题和种族问题形式表现出来的批判激进主义,使这种总体来说激进的倾向复杂化,并在意识形态上发生了改变。在所有这些情况下,社会学被期待着去揭示社会中急剧的不平等,并在政治活动中矫正因此带来的不满。在这些激进的社会学形式中,激进主义都以对资本主义及其机制的普遍敌对态度为中心,而这种敌意不只局限于自称马克思主义者或者社会主义者的人。

通常,这种意识形态社会学以一种反叛前文所说的技术专家社会学的形式出现。从服务于现有的技术专家集团（在国家层面、企业层面以及各种与之结盟的官僚结构中）的状态，社会学现在应该转身和它们作战。在对技术性使用社会学的批判中，持有这种态度的人们基本上都会同意大部分我们在这方面的批判意见，并认为他们自己是卓越的技术专家的反对者。这种自我认识无疑具有一定的经验效力。即便这些人中的大部分不论自己是否愿意，都得从他们所攻击的技术专家体制结构中讨生活（包括技术化了的大学），但这并不构成正当的理由，以非难他们对于自己所起到的批判作用的自我认识，或者他们"颠覆"这些结构所付出的努力的真诚。实际上，你可以说，他们总的来说干得不错。西方国家中的技术专家们（包括企业中的专家）普遍士气低落，至少部分可以追溯到知识分子们，包括社会学家，成功地使现存的技术专家体制"去合理化"。

更重要的一点是看到这两种倾向——即对社会学进行技术专家型和意识形态型使用——具有一个非常重要的相似之处：*在两种情况下，都有一种外在的相关性结构被强加于社会学研究上*。而且在两种情况下，这一外在的相关性结构都是实用主义的——它并非把一个不同的理论参照框架强加在社会学之上（例如，当心理学家或哲学家"吞并了"社会学时会发生的情况），而是为了实际的目的调动社会学。那么，不出所料，加以适当的修正，两者就会产生相似的结果。换言之，安坐在技术专家组织深处的社会学家，和他在革命团体中进行大声批判的同行之间，有着比他们所希望看到的更多的共同点。

在两种情况下，社会学的"观察方法"都被归入了获取"可用结果"的实际必需品一类。在两种情况下，这些结果（通常是无意识地）都被改变以适应趁手的实用主义目的；正如之前我们看到的那样，这通常并不涉及任何处心积虑的欺骗，而只是对该情境下的社会和认知压力做出的回应。而且在两种情况下，社会学"精神"的特异性都被别的东西所吸收或进行了极大的改造——分别是前面所说的"工程学思维"和各类"革命思维"。奇妙的是，这些过程的结果都对诠释行为有着类似的回避。两者出于不同的原因都极难供给诠释行为所需要的学养。所以两者在面对社会世界中经验现实的变形时都非常脆弱。说来奇怪，技术专家体制和意识形态进一步又会带来相似的认知精英主义——在一种情况下的精英是"专家"，在另一种情况下则是自定义为追求革命性转型的"先锋"的团体。最后，就部分大众受到蒙骗这一事实而言，对日常意识的意识形态化和前述的科学化在结构上极为相似，口号、老生常谈的理论、现成的零散的意识形态设计，都被强加于社会日常生活之上。要想生动地理解这一点，你只要置身于某种激进的学生亚文化中，听听人们是如何谈论自己的私生活、性关系、孩子、工作中问题等等就行。在这种对日常意识的意识形态化中，尤为有趣的一个方面就是所谓的"制度化愤怒"：由于本文所讨论的大部分意识形态都对社会怀有深刻又难以忍受的不满，所以全身心投入到这种意识形态中的个体就会被社会化为一种愤怒的状态，这种状态变成了习惯性的，持续存在的，因此无论何时出现被定义为适合这种情绪表达的情形，这种愤怒状态就会被相当机械化地激活。

有鉴于此，在（欧洲和美国的）有些地方，学科内保守的"可靠的"实证主义者和革命意识形态主义者之间出现了一种亲密的关系，有时甚至结成了联盟，这样的情况就并不意外了。双方都可以从这种联盟关系中获得确实的利益。缺乏诠释力的实证主义者们，从意识形态主义者们那里得到了令人振奋的意义；你可以说他们从由于自己的抽象而带来的认知上的萎靡不振当中得到了解脱。反过来，意识形态主义者们可以借助实证主义方法，以合理化他们作为"科学家"的地位。这种并不那么陌生的亲密关系的范式就是"科学社会主义"这个老旧的理想，但是今天仍然可以看到它的其他版本。无须多言，这种友好关系也有坚实的现实动机，比如学术圈中的政治；然而即便如此，认为这是经过深思熟虑的政治合谋的想法也是具有误导性的；这种紧密联系通常是以更加自发性、不加考虑的方式出现的。一旦达成，这种联盟便会具有极大的力量，因为它实现了乌托邦式的希望和貌似科学的严谨态度之间的联姻。这出戏剧中的高潮角色是用数学方法"*证明*"某个马克思主义（或者女权主义，或者黑人民族主义，或者随便什么）的命题的社会学家。前文关于实证主义的"证据"的本质已经说了很多，足以对这些成就的科学性提出质疑。

社会学的技术专家型应用和意识形态应用中所共有的一个问题是理论与实践的关系。在我们看来，二者之间当然会有关系，但并非直接的"一对一"关系。相反，那是一种"损坏了的"（broken）关系。从事任何实用主义研究的社会学家，不论其项目是技术性的或政治性的，如果他不想陷入最终会威胁到科学态度存续的实用主义思维，他都必须留意这种

"损坏"。而且他必须对自己的"双重公民身份"保持清醒的意识。相比于服务于技术专家体制的社会学家们而言,深信革命性社会变革愿景的社会学家们无疑在这一点上需要尤为努力,因为前者更容易在社会和心理两方面都保持冷静的疏离感。但是即使对热情的革命者而言,这种科学也仍然不是为实践者所准备的——而且正因为如此,这种科学在保持认知完整性的情况下,才是在实践中最有用的。在最近的论争中出现了这样一种似非而是的观点,即,如果革命者想要使用社会学,那么在保持社会学的自主性、客观性和价值中立的特点方面,他比其他人都有更强的利益驱动。换言之,一个人越深信一个政治理想,就越应该避免意识形态化任何他认为对这一理想有用的社会科学。

这些思考适用于任何形式的意识形态社会学,"解放论者"或者"非解放论者","左派"或者"右派"。如果未来西方知识分子中的政治气氛发生任何变化,而又有人想构建一个,比如说,"自由企业社会学"(free-enterprise sociology),那么这些想法也都适用。但是,在理论范式和实践中,最重要的将社会科学意识形态化的例子当然是马克思主义,它融合了乌托邦式的愿景和"科学",还有所谓的理论与实践相结合。因此,应当具体评论一下马克思主义。

本文所关注的,*既不是此种乌托邦愿景的价值,也不是某个马克思主义命题在实践中的合理性*。因此,你可以既保留我们将社会学看作一种科学的观点,又热烈地相信唯社会学论的正义性和可取性,或者马克思主义对于当代世界所做诠释的正确性——比如,现代资本主义必然具有帝国主义特征,或者公司在美国政治中占据着支配地位,或者阶级斗争是西方社会的基本政治现实。和本文的观点不相容的是,马克思本人及其之后的大多数追随者们所持有的关于理论与实践关系的概念。这一概念天然具有意识形态特征,而在我们看来,这和科学是相抵触的。这不是要否认马克思和之后的马克思主义者做出了从科学角度看正确的发现和诠释。换言之,理顺马克思主义中的科学和意识形态成分是非常有可能的(而且我们认为是必需的)。当你这么做了,便显明了一个非常重要的贡献。你只需要提到社会科学理论、历史和哲学人类学之间的联系(特别是在马克思早期的著作之中的);对经济力量、阶级和权力之间关系的论述——以及,当然了,所谓的对阶级这一首要的社会历史现象的发现;有关阶级利益的理论和对上下层建筑的设计,并成为任何知识社会学(即使是那些后来背离了马克思主义的分支)的基础;以社会学方法研究历史的独创(包括一些诸如马克思关于雾月十八日的经典论著那样的具体诠释)。其中很多都成为社会学传统整体中的共有特征,连韦伯一脉也包括在内。这一贡献对于持有不同观点的社会学家们都仍有价值,特别是如果他们对马克思主义中比较粗糙的形式(比如列宁主义中的"历史唯物主义")以及新马克思主义中比较成熟的形式加以区分,它们中的有些已经宣称和本文中所提出的社会学诠释之间有着紧密的联系。

在对现代社会所做的具体诠释方面,我们区别于任何形式的马克思主义或者新马克思主义之处,并不在本书的讨论范畴之内。我们必须强调的一点是,我们对于社会学方法的理解和任何目前仍有影响力的马克思主义形式之间的清晰分界。这条界线基本上并非本质性的。*任何马克思主义的本质性命题*原则上都可以套用本文中所指出的框架进行处理。因此,例如,马克思主义在资本主义与帝国主义之间相关性方面的命题,是可以用我们完全赞同的社会科学方法进行研究的;运用这些方法,有关这一问题的具体的马克思主义假说要么会获得支持,要么便会被证伪。相反,我们之间的界线是在方法论方面的。马克思主义,由于它深深植根于乌托邦和科学相关性间的联系之上,所以它带有一种不断干扰社会学"观察方法"的意识形态主导精神。这种主导精神往往会蒙蔽并扭曲马克思主义社会学家,使他们无视并曲解关键性的社会现实因素。例如,马克思主义社会学家在西方国家中对实际上并不存在的"无产阶级"进行了一场古怪的寻找:因为在意识形态上需要这个阶级存在,他们便设计了一个最为天才的方法去"发现"(粗暴点说,发明)这个阶级。或者,举另一个例子,马克思主义社会学在解释现有社会注意国家的社会现实时非常无力——当然,这种现实是很难和意识形态相协调的。在最严重的情况下(而且并非只有在苏联和容忍所谓"社会学"这种东西的其他社会主义国家中,对意识形态主义者进行合理化的时候),这种态度导致了封闭的、教条的思维体系,这是科学的直接对立面。

在这些情况下,"社会学"变成了从意识形态中指定的先验原则中演绎出来的,对已知"真相"的揭晓。那么你从一开始就"知道"你将会发现什么;毫无意外地,你接着就会发现它。再强调一次,这些都是极端情形（尽管并非出自这个原因，但这些情形也很稀少）。但是即使这种或那种的变体还没有成为这种意义上的教条主义，它们也总有极权主义的倾向。原因很简单，马克思主义的理论理想，是成为一种无所不包的体系——这一理想和实证主义的极权理想有着古怪的相似之处。与此相对的，非常重要的一点是坚持社会学诠释具有无法避免的有限性、"方面性"（aspectual）和"角度性"（perspective）的特征——其实这是所有科学都具有的特征。马克思主义的极权主义的或者说系统性的抱负，抑制了它对现实中存在的意义的诠释，因为它们总是被置于（尽管有些武断地）一个先验的相关性结构中，而这一相关性结构整个都来自其理论体系。因为这一先验性的特点，所以每次证伪都是对整个体系的潜在威胁。这就是为什么马克思主义者们（在这一点上和其他封闭式教条主义的拥趸们很像）会受到可以被称作慢性认知焦虑的折磨。当社会中具体的意义无法用理论体系进行解释时，"错误的意识"这个分类就会被用来处理这种矛盾。因此，例如，当根据马克思主义理论"应该"属于无产阶级的具体个体，在实际生活中把自己定义为中产阶级，那么就可以把他们归入处于"错误的意识"的状态。这种理论策略已经暗含在马克思主义的上层结构概念之中，使得某些意义被诠释为偶发现象。通过这种策略，系统整体和其中具体的下层理论便可免于被证伪。

这里的界线尤为尖锐，因为马克思主义不仅是个理论体系，而且根据它对自己的定义，它还是一个政治行为的实践规范和方案的统一体。这使得马克思主义社会科学家和非马克思主义社会科学家之间的共存问题尤为棘手。这里可以用作类比的并非其他社会科学流派（甚至是实证主义者和韦伯一脉）之间的共存，而是不同的神学或宗教立场的拥护者之间的共存。我们此处无法展开对此的讨论（这个问题明显在不同的国家中是有所区别的）。我们这里所必须坚持的是前述的方法论上的界线，这在我们对社会学研究的理解中是根本性的。而且，把马克思主义当作社会学的意识形态化的典范进行分析之后，我们将把运用这一范式对其他现有的意识形态化的社会学形式进行分析的工作留给读者自己去完成。这个任务不会太困难。

所有的社会学被意识形态化的类型，以及所有的意识形态体系，都天然具有诱惑性。粗略说来，这是因为它们使知识追求变得更加容易——这并不只有贬义。人类智力的基本驱动力之一就是寻求有意义的秩序——而意识形态体系便正好提供了这样一种秩序。手头有现成可用的诠释方案,使得试图理解流变不已而且常常处于混乱中的人类世界现实这一任务稍减繁重。但还有更深层次的诱惑。意识形态体系提供了马克斯·舍勒(Max Scheler)[①]所说的*救赎性知识*(redemptive knowledge)(Heilswissen)——即,这种知识不单提供智识性的理解,还提供存在的希望和道德的指引。这在一个世俗化和相对性的时代中尤其具有诱惑性,因为在这样的一个时代中,传统的宗教性"救赎性知识"体系对很多人(特别是知识分子)已经变得不合情理,道德也变成了极其缺乏确定性的事情。马克斯·韦伯已经引起了对人们普遍需求神正论这一现象的注意——即对世上的痛苦和不公寻求解释和"答案"的需求。厄内斯特·贝克尔(Ernest Becker)[②]指出,现代社会学的整个历史可以被理解为,至少是部分地,对神正论的探寻——或者,用他的话来说,对"邪恶结构"(structure of evil)的解释。然而我们所理解的社会学却永远无法完成这个任务。它必须永远在即将做出任何被认为具有神正论性质的陈述之前就停下。此外,以经验为导向的社会学将不得不再次得出结论:对社会中的各种问题,没有轻易就能找到的解决方法。正如韦伯非常清晰地知道的那样,这是社会学视角中的悲剧成分。

因此,个体(或许特别是年轻的个体)应该会被声称提供全面"答案"的理论体系所吸引,这在社会学和心理学两方面来看都是可以理解的。理解并非赞同。不论这可能有多沉重或者多让人沮丧,智识上的诚实迫使一个人坚持认为社会学是无法提供神正论的,当谈及有关人类个体和集体的存在这一终极问题时,社会学必须保持不可知论的态度。社会学家作为个人可以通过不同的方式接受这一事实——无论是坚持信仰和从学科之外得到的价值观念,还是(正如韦伯所做的)培养起一种淡泊的态度。在任何情况下,社会学视角所结出的矛

[①] 马克斯·舍勒(Max Scheler),德国哲学家,哲学人类学的主要代表。在其三十年的学术生涯中,广泛涉猎了现象学、伦理学、宗教哲学、知识社会学、哲学人类学、形而上学、社会批判和政治思想等现代精神科学的各个领域。——译者注

[②] 厄内斯特·贝克尔(Ernest Becker),美国犹太人类学家,作家。1974年凭借《反抗死亡》(The Denial of Death)一书获得普利策奖。——译者注

盾果实之一，便是获得了另一种视角来看待人生的悲剧情怀（sentimiento trágico de la vida）——这种情怀不仅使人烦恼，也给人安慰，而其中一种安慰就是对狂热盲信的排斥。

第16章　给人民以权力：从国家到市民社会[①]

一　原文

I　中介结构和福利国家的困境

美国当前对于公共政策的思考明显有两种似乎相互矛盾的倾向。第一种，对于现代福利国家提供的服务有着持续的渴求。除开党派论调之外，极少有人认真地设想过搞垮福利国家。严肃的争论是有关应该如何以及在何种程度上扩张福利国家。第二种倾向带有强烈的意向，反对政府、官僚体制和大型机构等等。这种恶意不仅指向华盛顿，还有各级政府。尽管这篇论文是就美国的情况而言的，但是应该注意到在其他民主社会中，特别是西欧，类似的双重性也存在。

也许这只是人们既想吃掉他们的蛋糕又想拥有这块蛋糕的另一个例子。这种人们想要得利又不想付出必要代价的事情，不是历史上第一次发生。政客们既承诺增加服务又削减开支，他们也没有超脱于这种为自己谋利的双重矛盾之上。有关现代国家夸大其词的论调，及其税收制度那超现实的庞大体系，激励了魔术般期待的产生，让矛盾的方法看起来似乎可行。只要有些人能够被愚弄一时，有些政客就会利用这种魔术继续掌权。

但这并非事情的全部。在希望更多的政府服务和更少的管制之间的矛盾可能只是明显的那部分。更准确地说，我们认为现代福利国家止步于

[①] 本章节选自 Michael Novak, ed., *To Empower People: From State to Civil Society*. Washington, D. C.: American Enterprise Institute, 1996. 原文第一部分本是作者在二十年以后原著再版时，针对二十年来的发展所做的一些回应。但此处为方便读者理解阅读背景，故将顺序调整为原文在前，回应文字在后。——译者注

此，并不是说它应该扩大自己所提供的利益——而是*有替代机制可能提供福利国家的服务*。

当下那种反政府、反大型机构的情绪不是非理性的。对于非人格性、无反馈状态和过多干涉的抱怨，以及对上涨的成本和恶化的服务的感受——这些的基础都是实际而普遍的经验。纽约市的危机，被视为不仅是一场财政危机是正确的，它象征着对于最近几十年来所奉行的政策有着一种全国性的不安。同时，对有关我们的社会在救济贫困、教育、保健、住房和其他人们需要方面的主要问题的公开演讲，有着广泛的公众支持。一开始显得矛盾的东西，其实是些同样合理的渴望的集合。公共政策的目标是处理人的需求，而不让造成对福利国家的仇恨的原因恶化。

当然万灵丹是不存在的。我们相信本文中所提出来的替代方法可以解决一些问题。如果被严肃对待，它们可以变成在公共政策中进行影响深远的革新的基础，也许成为至少在现代福利国家的范围内中提出新范式的基础。

基本概念是我们所说的中介结构。这个概念以不同形式存在了很长时间了。新颖之处在于将其转译为具体的公共政策的系统性努力。出于本研究的目的，中介结构被定义为*处在身处私人生活中的个人和处于公共生活中的大型机构之间的那些机构*。

现代化前所未有地把公共生活和私人生活分成两个部分。在现代社会的秩序中最重要的大型机构就是现代国家本身。此外，还有大型的资本主义企业经济集团，大型工会，和管理社会众多方面（比如教育和有组织的行业）的日益壮大的官僚机构。所有的这些机构，我们都称作超大型结构（megastructures）。

还有就是被称为私人生活的现代现象。这是被大型机构遗留下的一块奇妙的保留地，在这一领域里，个人进行着令人眼花缭乱的各种活动，只有薄弱的机构支持。

对于生活在现代社会中的个体而言，生活是在公共和私人这两个领域之间进行的不断迁徙。超大型结构通常是令人产生疏离感的，就是说，它们在为个体存在提供意义和身份认同方面没有什么帮助。意义、满足感和个人身份认同要在私人领域中实现。尽管这两个领域以多种形式相互影响，但在私人生活中，个体基本上是和外界无涉的，因此也是不确定和焦虑的。现代社会"坚硬"的地方，比如在超大型结构中，个人无法被满足；"柔软"的地方，比如在私人生活中，又靠不住。例如，可以比较一下雇佣关系和婚姻的社会现实。

这种两分法引起了双重的危机。对个人来说，这意味着必须在两个领域的要求之间采取平衡的做法。这同时也是一种政治危机，因为超大型结构（特别是国家）变得缺乏个人意义，并因此被视作不真实甚或是恶意的。不是每个人都同样地经历这一危机。很多处理得比大多数更好的人，有机会接触在这两个领域之间充当中介（mediate）的机构。这些结构有着私人的一面，给予私人生活一定程度的稳定性，他们也有着公共的一面，把意义和价值观念传输给超大型结构。因此，中介结构使现代社会中双重危机的每个方面都获得了缓解。它们的战略位置源自它们降低了个人孤立于社会之外存在的无序的不安定状态，以及疏离感对于公共秩序的威胁。

我们的焦点集中在四个这样的中介结构上——邻里、家庭、教会和志愿结社。这绝非一个详尽无遗的清单，但是这些机构是基于两个原因被挑选出来的：第一，它们在大多数美国人的生活中扮演着突出的角色，还有第二，它们和我们所关注的福利国家的问题最为关切。我们的想法是，如果这些机构能够在公共政策中更有识别度，那么个体在社会中就会更有"在家"的感觉，政治秩序也会更"有意义"。

由于缺乏在机构上可信赖的中介程序，政治秩序变得脱离于个人生活的价值观念和现实。由于被剥夺了它的道德基础，政治秩序"丧失了合法化"（delegitimated）。当那种情况发生时，政治秩序必须通过强制手段而非一致的意见来加以保障。那时，民主也就消失了。

极权主义的吸引力——无论那是打着左派还是右派的旗号组织起来的——就在于它通过把一个全面的意义体系强加于生活，从而克服了私人和公共存在之间的分离。尽管实际建立起来的极权主义制度会让其设计者和臣民都感到令人痛苦的失望，但是从历史记录来看，它们几乎不可能垮台。这种制度非常有效地持续着，即便大多数人——包括那些掌权者——都带着讥笑看待这一切。

民主是"残疾的"，因为其机构制度中所蕴含的意义更易被腐蚀。愤世嫉俗威胁着它；大规模的愤世嫉俗可以摧毁它。那就是为什么中介功能对于民主来说如此关键。这种中介功能不能是时断时续或者偶一为之的；

它必须在结构上是机构化的。我们选择进行研究的结构，在变化的条件下展现出了极大的适应和创新能力。最重要的是，它们存在于人们所在之处，而那正是良好的公共政策应该永远最先着眼之处。

对于中介结构的这种理解应和了埃德蒙·伯克的著名断言："与分支机构相系，热爱我们在社会中所从属的小连队，是公共情感的第一原则（可以说是其萌芽）。"这一理解也应和了亚历克西斯·德·托克维尔（Alexis de Tocqueville）根据他有关美国人的观察得出的结论："在民主国家中，结社的学问是学问之母；其余一切学问的进展，都取决于这门学问的进展。"马克思也关注社区的解体，在他留给后世的有关后革命时代社会的大致展望中，让人很容易就联想到伯克所说的"小连队"。在社会思潮的工团主义传统中，对这一点有着更为鲜明的强调。

埃米尔·涂尔干在其对自杀的经典研究中描述了现代化的"暴风骤雨"横扫人们之前从中找到自己所属的共同体的"小群体"（little aggregations），只留下一边是国家，另一边是大量"就像许多液体分子"一样的个人。尽管使用了不同的术语，但是社会学传统中的其他人——斐迪南·滕尼斯（Ferdinand Toennies），马克斯·韦伯（Max Weber），格奥尔格·西美尔（Georg Simmel），查尔斯·库利（Charles Cooley），索尔斯坦·凡勃伦（Thorstein Veblen）——都对同一个困境的各方面进行了分析。今天，罗伯特·尼斯比特（Robert Nisbet）对此进行了最有说服力的论述，认为失去社区便威胁到了美国民主的未来。

而且，在实际的政治层面上，看起来中介结构似乎拥有广泛的支持。比如反对家庭或者反对教会在政治上就捞不到什么好处。但是现实并非如此简单。自由主义——它构成了广义上的美国政治的中心，不管它是否自称这个名字——倾向于无视中介结构在政治上的（以区别于私人领域的）作用。在我们用这个术语所指涉的意义上，自由主义的主要特征是在现有体制内，对政府行为是朝向更大的社会正义的一种信念。（当然了，对革命者而言，这是"纯粹的改良主义"，但是革命迄今为止在美国的背景下并不特别适用。）自由主义对于中介结构的无视可以上溯到启蒙运动。启蒙运动的思想是抽象、普遍化的，沉醉于伯克所谓的社会政策的"几何学"中。中介结构那实在的个别性在自由主义的花园中找到的只是不利于生长的土壤。在那里，最大的关切着眼于个人（"人的权利"）和公平的公共秩序,但是"处于二者之间"的任何东西,都被视为对社会的理性秩序来说无关紧要的,或者甚至是一种障碍。在可能的范围内,二者之间的东西都被当作迷信、偏执或者(近来说的)文化滞后,而加以驱逐。

美国的自由主义在捍卫个人的私人权利方面一直很活跃,而且倾向于拒绝所谓私人行为会带来公共后果的言论。而对私人权利的捍卫常常是在*抵御*中介结构——捍卫孩子们的权利抵抗家庭,捍卫有偏差性行为者的权利抵抗邻里或者小城镇的土气情绪,等等。类似的情况是,美国的自由主义者在对待个人宗教自由方面的信念几乎毫无瑕疵。但是得到捍卫的总是私人化宗教的自由。支持自由主义者们的是对于政教分离问题非常狭隘的理解,所以他们通常都对制度性宗教可能有公共权利和公共功能的论调怀有敌意。这种"几何学式"的见解带来的后果是,自由主义难以应对自罗斯福新政以来大量增生的抽象结构产生的异化效果。这可能就是今天的自由主义国家的阿基里斯之踵。

"左派",可以被理解为社会主义愿景的某种版本,在中介的问题上没那么盲目。确实异化这个词是来自马克思主义。然而,左派的弱点在于它排他性地或者近乎排他性地专注于把资本主义经济当作其罪恶的源头,而实际上在社会主义国家中的异化情况,只要社会主义国家还存在,比在资本主义国家中要严重得多。尽管一些新左派的理论家们已经采用工团主义传统中的要素对这一问题进行了论述,但是大多数社会主义者还是将中介结构看作和后革命的未来相关的东西,但现在它只是分散了人们对建设社会主义的斗争的注意力。因此,在寻找解决我们当前问题的实际方案的过程中,左派并不是很有帮助。

在广义上的政治中心的右翼,我们也没发现多少有帮助的东西。诚然,经典的欧洲保守主义对于中介结构看得很高,但是自十八世纪以来,在废止现代性的浪漫主义主张之下,这一传统已经受到了破坏——我们认为,那是一种既不可能实现也不可取的前景。另一方面,现在在美国被称为保守主义的思想,实际上是老式的自由主义。它就是罗斯福新政之前那种强调自由放任(laissez-faire)的意识形态,而罗斯福新政基本上就是自由主义把信念从市场转向政府的时期。以前对于市场的信念和后来对于政府的信念都具有启蒙运动的那种抽象思维模式。另外,今天的保守主义典型地呈现出与左派相反的弱点:它对于大政府的异化性高度敏感,但是对于大贸易所具有的类似影响却视而不见。这种片面性，无论来自左派还是右派，都没有帮助。

正如现在所广泛认可的那样，我们需要摆脱过去意识形态包袱的新的解决之道。中介结构的范式则对当下的意识形态和政治两个领域都产生了影响。这个提案在我们与之分享的人当中获得了大多数人的满意，尽管有些人谴责它是右翼的，其他人说它是左翼的，但这样的结果确实鼓舞人心。虽然这个范式可能会对彻底打乱传统的政治标签，但是希望，在经历了某些社会科学家们所说的"认知冲击"（cognitive shock）这种最初的困惑之后，对这个提案所具有的每种含义都能立足于其本身的价值来进行考量。

本论文的论点——以及本文将要介绍的研究项目的焦点——可以归入三个命题。第一个命题是分析性的：*中介结构对于一个充满活力的民主社会而言是基本的*。另外两个命题则是纲领性的建议：*公共政策应该保护并培养中介结构*，以及*只要在可能的领域，公共政策都应该利用中介结构去实现社会目的*。希望本研究项目将判定这些命题是否能够经受住周密的检验，如果能，那它们又如何能被转化成具体的建议。

分析性的命题假定中介结构是社会中产生并维系价值观念的机构。没有它们，价值观念就会变成超大型结构，特别是国家的另一个功能，而这是极权主义的一个标志。在极权主义情形下，个人变成了社会价值传递过程的对象而非主体。

这两个纲领性的命题则分别是最低限度和最大限度的。最低限度，公共政策应该中止损害中介结构。过去已经在无意中造成了许多损害。我们应当比以前更加谨慎。正如我们已经学会了询问政府在少数族裔或环境问题方面的行为将带来什么影响，我们也应该学会询问公共政策对中介结构造成了什么样的影响。

最大限度的命题（"利用中介机构"）风险更大。我们强调，是"在可能的领域"。中介结构的范式并不适用于政策的所有领域。而且，真正的危险在于这种结构可能会太过急于接纳政府而被政府所"吸收"，反而破坏了它们的功能的独特性。例如，政府对于家庭的控制就明显与我们的意图恰恰相反。利用中介结构的目的在于扩展政府服务，而不带来政府的压迫。确实可以说达到这个目标是对民主最棘手的考验。

应该注意的是，这几个命题和那些表面上看起来相似的提案是不同的，后者旨在分散政府的功能。权力分散局限于在政府结构框架之内可以做成的事；我们所关注的是出于政府和个人之间的结构。而且，我们所要求的也并非移交政府责任，那就相当于搞垮福利国家。我们的目标在于重新思考政府履行其责任的机构手段。不是要废除罗斯福新政，而是要追求一个使它能和民主政体更加兼容的愿景。

最后，有一种基于"小就是美"的命题发展起来的意识形态。我们在某些方面是同情那种情绪的，但是我们并不认同它总体上对现代社会的基本特征所怀有的敌意。我们的重点不在攻击超大型结构，而在于找到更好的方法来把它们和我们普通生活中的"小连队"联系起来。

我们的主题是*授权*（*empowerment*）。现代化带来的最具削弱性的结果之一，是在面对那些由我们不认识、通常价值观也不同的人控制的机构时产生的无力感。为了避免有任何疑虑，要明确一点，我们相信人类，不论是谁，都比别人更加理解自身的需求——可以说在百分之九十九的情况下都是如此。这里所讨论的中介结构，是对生活在我们的社会中的人们的真实价值观念和真实需求最重要的表达。它们多半是中小型机构（people-sized institutions）①。公共政策应该承认、尊重并且在可能的领域中授权给这些机构。

这里要说句和穷人相关的话。高收入阶层的人已经有了抵御超大型结构入侵的方法。受到所谓的儿童专家摆布的不是他们的孩子，受到五花八门的既得利益危害的不是他们的健康，变成满脑子空想的规划者手中的玩物的不是他们所住的居民区。高收入阶层的人也许会允许自己变成所有这些的受害者，但是他们如果选择拒绝，他们是有办法可以拒绝的。穷人的这种力量则少得多。中介结构的范式就是为了授权给穷人，去做那些更有钱的人已经能做的事，就是为了更多一点地传递力量——要想做到这些，最重要的就在于人们能够掌控自己的生活。有些人可能会把这称作平民主义。但那个词已经被乌托邦主义和仇恨的政治玷污了。我们选择将它描述

---

① 这个 people-sized 是相对前面所说的超大型结构 megastructure 而言，超大型结构由于其规模、行为方式或者价值观等，而缺乏人性的感觉，所以 people-sized 大致意思是尚有人性的规模，粗略翻译为中小型。——译者注

为给人民以权力。

II 邻里

"要确定邻里的位置，最明智的方法"米尔顿·科特勒（Milton Kotler）在《邻里政府》（*Neighborhood Government*）（Bobbs – Merrill 出版社 1969 年出版）中写道："是问人们它在哪儿，因为人们花了很多时间去固定它的范围。黑帮划分地盘。老人密切注意着新面孔。孩子们找出家和学校之间的安全路线。人们遛狗的时候会穿过自己所住的居民区，但很少越过其边界。"

乍一看，保卫自己所住的街区是妈妈们该操心的问题。邻里是一个相对完整又安全的存在，保护着我们抵御"外面"那个杂乱无章又充满威胁的巨大世界。围绕着邻里这个概念的，是怀旧的温暖感觉和社区的希望。它给我们的可能并非彻底回家的感觉，但在那里我们最不会感到无家可归。

尽管无疑受到了这种情绪的影响，但今天对于邻里产生的新的兴趣远远超出了单纯的多愁善感。在对全国生活进行的重整中，邻里应该被视为一种关键性的中介结构。正如族群纯化或者邻里完整这样的说法周围很明显总是环绕着害怕和困惑，把焦点放在邻里上碰触了社会政策中一些最为紧迫和敏感的问题。确实，很多人指责对邻里的"重新发现"（rediscovery）不过是另一种稍加掩饰的种族主义的表现。

针对这种指责，我们主张——还有其他很多人，有黑人也有白人，他们都在致力于追求种族公正方面成绩斐然——强大的邻里是实现对所有美国人来说更大公正的有效手段。例如，说全是黑人的邻里自然就是弱势的，这并不正确。正如我们将看到的，如果提出与之相反的论点，就是要把美国的黑人族群贬黜到永久的沮丧之中，或者提出一个最为不可能的社会革命方案。简言之，真正的社区发展必须从人民的周遭开始。如果我们对于发展的希望，需要假定一个清除了族群骄傲以及与其相伴随的偏执的理想化的社会，那么它们注定要失败。

尽管能够在道德上获得认可的社会政策必须和穷人的需求相协调——在美国这特指黑人中的穷人——但是不是穷人的人，也居住于邻里之中，并且珍视这种价值观念。我们所讨论的邻里，可以是围绕着大城市的许多只供人睡觉的社区（bedroom communities）那样断断续续又脆弱的；可以是族群和经济混乱交织的纽约东村；可以是宁静同质的得克萨斯州的锡斯科（Cisco）东部。再强调一次，所谓邻里是由居住在那里的人们所界定的。

就公共政策的目的而言，对于什么样的邻里是好的，并没有一个有效的定义，尽管我们可以就什么构成了坏的邻里达成一致。没有几个人会选择住在犯罪猖獗、房屋破旧、垃圾成堆的地方。把这些现象描述为坏的，并非是把中产阶级布尔乔亚式的价值观强加于穷人。没有人，至少所有的穷人中都不会有人反对安全、清洁、伴随着优越的生活而来的选择的自由这些"中产阶级"价值观念。谈到所谓坏的邻里，我们基本上有三种公共政策选择：我们可以忽视它们，我们可以试图拆毁它们并且更加均匀地分摊它们的问题，或者我们可以尝试向着好的方向努力，把坏的社区变得好起来。第一个选项，虽然很常见，但应该是让人难以接受的。第二个对于非贫困人口会造成大规模的威胁，因此在不进行革命的情况下是不可行的。第三个更有希望让公共政策赢得美国人民的支持。而且，如果我们更加关心结果而非对抗，第三个在长远效果上来看是最为彻底的。

因为社会科学家和规划者们对于涵盖所有偶然性的单一定义有着特殊的偏好，所以对于什么构成了好的邻里仍有很大的讨论空间。我们的进路则建议这种偏好应当谨慎地加以限制。例如，一个生机勃勃的邻里，就是一个能够提供很强的社会凝聚力或者强化个人对群体认同感的邻里，这种说法并不一定正确。事实上，许多人希望邻里是一个重视在结社中有自由选择甚至匿名的权利的所在。那种邻里，通常是在城市中，并不因为缺乏社会凝聚力就会减少它的邻里色彩。获得凝聚力的代价是失去个人自由；自由则能够用疏离感和孤独为代价换取。你为你所选择的邻里付出相应的代价。使得那个选择成为可能，则是从许多实际的邻里中体现出来的邻里这个理念（idea）的功能。在每个邻里中都实现每种邻里所具有的好处是不可能的。你无法在新英格兰小镇的凝聚力和东村的匿名性之间实现妥协而不把两种选择都破坏掉。

从具有凝聚力的邻里转变成有选择权的邻里就标志着进步，这种说法也不一定正确。文化精英阶层的成员们对于制定公共政策所依据的隐喻（metaphor）有着很强的影响力，他们通常认为自己逃离了前一种邻里狭隘的地方观念。这种逃离是大城市持续的生命力的源泉之一，但是这种获得了解放的观念却不应该成为规范。比如说，纽约市的上西区，是聚集了许多文人、学者和从政者的邻里，也有着一套狭隘的地方观念、禁忌和限制、得到认可的信念和行为模式。城市里那些见多识广的人在个人自我实现和宽容这些价值观念上达成的一致，也可能和在密歇根州哈姆特莱米克市围绕着美军圣斯坦尼斯劳斯军团建立起来的社区中所培养起来的信念以及行为一样令人难以忍受，因为哈姆特莱米克的居民们不能忍受上西区那种所谓的解放。

卡尔·马克思曾生动地描写过"村庄生活的愚昧"。然而，对我们的研究来说重要的是，承认看起来愚昧的东西实际上可能是一种我们无法应对或者不想为之烦恼的复杂。即，从有凝聚力的社区到世界性大都市，从村庄到城市中的邻里，这种变化不一定是从简单到复杂的转变。事实上，那些搬到世界性都会的人，可能想通过摆脱纠缠在一起的社会组织，从而简化自己的生活——家庭、教会、俱乐部等等——它们主宰着村庄里的生活。对于一个局外人来说，在纽约可能要比在大多数小城镇上更容易成为一个具有政治和社会影响的人。从定义上看，几乎大城市里的每个人都是局外人。换言之，在城市移民的世界里，有足够多的小世界，以至于每个人都可以在某处成为一个局内人。不同于诸多社会思潮中对城市和普遍性的偏向，中介结构的范式要求我们严肃对待结构、价值观念和习惯，人们通过这些东西来安排自己在邻里中的生活，无论那些邻里可能位于什么地方，也不管它们是具有凝聚力的还是个人主义的，可选择的还是世代传承的。围绕着自由派民主党俱乐部建立起来邻里并非天然就比围绕着教区教堂或者工会大厅建立起来的邻里优越，邻里也并非必然朝向前者的形态转变。公共政策的目标应该是维持邻里的多样性，这样人们就可以根据他们的自我理解以及对于自己最关心的人的希望，待在或者搬到"符合要求"的邻里。

授权给居住在邻里中的人们，几乎算不上对我们所有的社会问题做出的回答。获得了权力的邻里要把自己的价值观强加于个人的行为和表达，手段也可能是带有强制性且残酷的。超越邻里的政府就必须进行干预，保护基本的人权。然而要注意，公共和私人领域之间的区分是极为重要的。近年来，对于个人权利的过分强调已经严重损害了社区在公共领域维系自己通过民主方式决定的价值观念的力量。比如，具有讽刺意味的是发现，人们一方面支持地标性建筑委员会实行美观审查——比如说，禁止地标性建筑的所有人在没有法律批准的情况下，改动建筑的阶梯或者凸窗，而同时他们又反对对色情、卖淫、赌博以及其他"无受害人犯罪"（victimless crimes）进行公共管制，而相比于单纯的审美，后者所侵犯的是更具有根本性的邻里价值。在这种明显的矛盾中其实涉及了很强的阶级因素。邻里中那些被认为是我们的建筑遗产一部分的房屋，通常都归那些对建筑遗产之类的观念很重视的人所有。这些人通常不会住在受到色情、卖淫和贩毒攻击的邻里。简言之，那些有权力的人可以打电话叫警察来强化自己的价值观念，而手中权力较少的人却无法这么做。

这种个人主义且破坏邻里的偏向，被法庭判决强化了，因为法庭判决倾向于一视同仁地对待所有的邻里。就是说，法律的倾向是假定有一个单一的全国性共同体存在，而非由上千个社区组成的全国性共同体。因此，印第安纳州科科莫（Kokomo）的居民，必须接受，比如说，对色情的公开提倡，因为这是受到在加利福尼亚州伯克利或者时代广场确定的案例所保护的。不太能肯定的是，想在科科莫市中心看真人性爱秀的人，他的宪法权利会因为这种秀在当地是被禁止的而遭到否认。而清楚得多的情况则是，科科莫的人民通过民主方式决定自己所居住的社区的性质的权利被否定了。如果我们要继续冲向市民自由被视作社区价值的敌人、法律本身和人民塑造自己生活的权力相抵触的境地，那就必须要进行更加审慎的区分。这样的区分必须反映出对公共和私人行为之间的差异有着更多的理解。

造成当前对个体和社区权利混淆的一个原因，是源自美国的种族困境的政策草率地延伸到了既无法推行它们也不恰当的领域当中。即，作为一个国家，在经过了漫长、曲折而且持续的痛苦之后，我们庄严地立誓，不容许任何以种族为依据的歧视性公共规则。这个全国性的决定无论如何都不能违背。同时，需要对美国种族历史的奇特之处进行强调。公共政策应当对歧视行为进行差别对待。歧视是特殊主义的本质，而特殊主义是多元主义的本质。草率地推广反歧视规定以安抚所有愤愤不平的少数派或个人，将会带来两个确定的结果：第一，它将会进一步地损害基层社区权威；第二，它会贬低美国少数种族在历史上遭受的屈辱和他们对正义的要求。

谈及社区标准和制裁,偏离常规总是有相应代价的。确实,没有这些标准,就没有偏离常规这种事。在,例如,肯塔基州的帕杜卡做出公共性的且偏离常规的行为的人,可以为偏离常规付出社会代价,可以说服其他公民接受自己的行为,或者可以搬到纽约市去。但打电话叫警察来防止帕杜卡的人们坚持自己的价值观而反对他的行为的能力,他不应该有。(显然,我们指的不是表达不受欢迎的政治或者宗教观点,这一点和禁止种族歧视一样,是坚决地受到全国性的法律和舆论保护的。)城市——被不同的人视作邪恶的粪坑或者解放的地带——在历史上一直都是顽固的离经叛道者的避难所。"他可以搬去城里"听起来就像过去二十年里那些抵制反战示威者的人们所说的"不爱它就离开它"那种论调,这么说可能会遭到反对。但是,重点在于,国家和邻里之间存在着巨大的差异。你是一个国家的公民,就声称享有构成了那个国家的权利。在那个国家里,有无数邻里那样的组织,多多少少可以自由选择——而且在这些组织中的成员资格通常和组织对成员的吸引力有关。这个国家是作为多元主义的实践、作为其中维系着无数的众(plures)的一(unum)组成的。让科科莫或者盐湖城的公共价值观和旧金山或者新奥尔良的公共价值观之间毫无差别,如果这变成了全国性的政策,那么我们所拥有的,就是一个抛弃了以"合众为一"(E Pluribus Unum)这句话为象征的社会实验的国家。

从这个角度看,全国性的目的并没有破坏特殊性,而是以强化特殊性为目标,包括邻里的特殊性。然而,否认有时候一和众是相冲突的,是幼稚的。例如,很明白,在塑造邻里,特别是在城市地区的邻里时,首要的决定性因素之一就是作为美国生活特征的种族主义。当然了,问题在于种族歧视通常和基于态度、行为模式和经济悬殊的其他歧视不可分割。有些人努力想要克服种族不公但却遭受极大的挫折,以至于转而拥护旨在清除所有来自过去的种族歧视的残余和后果的政策,你可能会支持这些人的做法。然而,事实上,这种矫正式的政策却遭到了几乎所有美国人的狠狠抵制,包括那些认为自己的利益依附于大体上和"自由企业"(free enterprise)相关联的报酬制度的黑人和穷人,不论这种观点正确与否。更加可行而且,终于,更加公正的方针得到了那些拥护对由邻里的居民们定义的邻里的发展给予大规模公共政策支持的人的推动。随着住在贫穷邻里的人们更多地实现那些他们无疑渴望的"中产阶级"目标，种族歧视将会减少，或者至少会比现在更容易受到孤立，并因此更易受到法律禁止。穷人的成就不一定意味着成功者就要搬离穷的邻里，因此抛下更加"受到隔离"（ghettoized）的居民核心分子。经常被忽视的一点是，比如说，许多中产阶级和富裕的黑人选择住在哈勒姆区，在一个常常被斥为没有希望的地区创造"好的邻里"。这种维护社区的动力值得进行更仔细的研究和并获得更广泛的欣赏。

在白人当中种族主义偏见的蔓延意味着黑人不能只靠经济流动性来获取对居住地及生活方式的选择自由。传媒、教会、学校、政府以及其他具有一定道德权威的机构，必须继续进行并加强在反对种族偏见方面的教育。在种族歧视可以合理地与其他因素相孤立的情况下，必须对它们进行严厉的控诉并加以惩处。然而，与中产阶级地位相配套的经济状况和价值观念仍然是克服种族主义的关键。公共政策因此必须着眼于发展人们生活的社区。有反对的声音认为这种说法意味着将黑人和穷人封闭在现有的隔离状态内，对于这种理解，做出的回答必然是：只要我们在美国的种族态度或经济制度方面进行革命并由此带来进步，就没有什么东西能一定把数百万美国黑人都禁锢在绝望之中。可以替代邻里发展的要么是忽视要么是革命，这么说并不为过。忽视在道德上不可接受，而且，就算在道德上接受了这一方案，长期来看也可能会让全社会为之付出高昂代价，所以并不可行。革命则完全不可能，要是鼓动穷人去指望革命，那简直过分残忍了。

目前对于现有的住房及分区规定模式的攻击，我们相信，在几个方面的判断是错误的。除非这些规定几乎完全废除了，否则就几乎不值得对其发起进攻；如果它们被废除了，结果多半会是对本该从改变中受益的穷人和那些肯定会抵制这些变化的非贫困人口造成极大的不公。那些提议通过更加均匀地分布贫困人口的人，不太考虑会不会因为穷人到时候被迫和富人住在一起而造成贫穷与富裕之间赤裸裸的对比，从而加重贫穷的负担。即使在逻辑上和政治上有可能把南芝加哥地区依赖社会福利的家庭分散到整个都市地区，也难以预料他们的命运是否会因为住在更加富裕的郊区那些价值八万美元的房子旁边而变好。住在那些郊区的人们现在对这种做法所持的态度更加审慎了，那是为了远离和贫穷伴随而来的社会问题——以及，以一种带有种族主义色彩的方式，远离那些最常和这些问题有关的少数人群。让美国白人对种族主义感到内疚是一回事；让他们对自己的中场阶级价值观——这也是被穷人所热情赞同的价值观——感到内疚则是完全另一回事（而且这既是错误的也是徒劳的）。除了这些考虑之外，在通过分散穷人以克服贫困的提案中最大的错误是，这样会剥夺穷人，无论是黑人还是白人，他们自己的社区。再说一次，许多有着良好意图的社会主张中都包含了这个命题——全是黑人的邻里或者学校必然是劣等的——可以被恰当地描述为反向种族主义（reverse racism）。如果这个命题被黑人穷人所内化，那它往往也会变成一个自我实现的预言。

总而言之，就邻里和种族之间的联系而言，我们可以区分为*禁止型社会*（society of *proscription*）和*规定型社会*（society of *prescription*）。我们是一个立誓在公共领域中禁止种族歧视的社会。无论实施这种禁止的努力遭遇多少挫折，都必须不懈地贯彻到底。但是对规定性政策的追求就是另一回事，通过这些政策，政府机构对人口和财富的再分配规定指标和平衡。如果推行得足够深入，第二种方针会招致革命性的反应，而且几乎肯定是来自右翼的革命。如果推行程度和现在的状况一样，那么它就是正在腐蚀社区权力，扰乱邻里发展的任务，使许多美国人远离国内公共政策的大方向。

如果真要做个区分，那么邻里发展应该和分权计划区分开来。从檀香山岛马萨诸塞州的牛顿，都在过去的十年中见证了邻里委员会的爆发式增长，"小市政厅"分布在城市和诸如此类的地方。再强调一次，超大型结构的分权运动和创造重要的中介结构不是一码事——实际上，可能正好相反。分权可以给生活在邻里中的人们一种被倾听甚至参与其中的感受，但是它和发展以及治理关系不大，除非它涉及现实以及权力感。当——在诸如教育、健康服务、执法以及住房管理等领域中——人们民主地决定什么对他们自己所选择的生活方式和价值观念有益的时候，邻里治理才存在。

许多不同的溪流汇集成了如今对于邻里政府的热情。有时候邻里政府运动被称作"新杰弗逊主义"。在两个世纪的大规模移民和城市化之后，我们无法像杰弗逊一样，对一个以乡村和小镇为主体的美国怀有田园牧歌式的愿景，正如我们不会沉溺于在某些地区对小（smallness）极尽赞扬，要重回中古时代的幻想之中。我们相信设计公共政策的前提，是把现代、工业化、科技化的社会设定为可见的将来的参数。我们的论点不是要反对现代性,而是要探索可以把现代性变得更加人道的途径。例如,说到邻里政府的问题,五十多年前普遍认为现代性需要城市政体的"理性化"。这是促进区别于党派政治的管理型城市统治形式的"改革"和"好政府"运动的前提。今天更多的人认识到了那种方法的局限性。

比如,现在已经认识到,那种管理型的模式,尽管在诸多情况下意图都是好的,但都是服务于既得利益的。黑人作家和政治家都已注意到,而且他们的观察是带有一定公正性的,在摆脱一些人所认为的基层控制的非理性(irrationalities of local control)的运动中,有着明显的种族成分。随着城市人口中黑人越来越多,有些改革派更多地强调区域规划和控制,从而剥夺了黑人支配城市权力的机会。1976年,在纽约市的财政危机中,当越来越多的权力被转移到州政府、银行和华盛顿,一种普遍而悲观的论调认为权力捐客们已经在准备选出第一任黑人或者波多黎各裔的市长,而且他将被授予完全的权威可以进行剪彩①。

此外,今天有成千上万的公务员、政治家、规划师和理论家们在既得利益的驱使下维护"国家组织"(national organization)的堤防,对抗社区控制(community control),他们宣称那是一种有威胁性的混乱。对这许多依赖着权力集中制的人来说,邻里政府的前景必须被弄得看上去少点威胁性。如果邻里政府要从一种抗议性运动成熟为对公共政策具有指导性的隐喻,那么就必须容纳这些人的合法利益。比如,应该在被纳入工会的专业人士和专业的工会会员之间做出区分。就我们提出的邻里以及其他中介结构在公共政策中扮演的角色而言,前者并不会受到威胁。事实上,在回应人们的切身需求方面,真正的专业想象力有了更多的用武之地。因为在公共领域中有了更多的机构参与,专业人士可以有更多的选择和更大的自由进行创新。通过工会和其他组织对专业人士的利益进行保护,并不需要依赖于调整社会的巨大管理型模式能够永远存在。

有一个因素点燃了人们对于社区控制和邻里政府热情,那就是人们越

---

① 剪彩仪式通常由明星或者当地的政治领袖完成,特别是公共建筑或场所的落成典礼,因此,此处用剪彩仪式来指代黑人或者波多黎各裔的市长将会拥有成为当地政治领袖的实权。——译者注

来越认识到，在税金的问题上，基层没能得到合理的休养生息。就是说，有些研究显示，即便是贫困的邻里，在算上所有东西之后，上交的税金还是要远远多于返还到基层的。我们不是说，比如所得税，应该由基层进行管理。然而，如果联邦和州政府的开支职能被改为允许将税金不加分类地返还给征税地，其税收职能是否就无法维系下去，对这个问题进行研究是合理的。不用说，这个建议远远超出了目前所谓的税收共享（revenue sharing）。它也没有忽略超出任何邻里权限的功能，比如交通或者国防，需要大量资金这一事实。但是——着重关注一下卫生、教育和福利部（HEW）所做的事情——确实显示出社区中的人们最清楚什么是那些社区的维护和发展所需要的。

如果邻里是公共政策的关键，那么政府行为则是资助改善邻里所必需的。正如已为人熟知的，用红线标记（redlining）① 状况恶化的邻里这类行为如今很常见。也许确实没有有效的方式强迫私人金融机构拿出钱来改善"隔离区"邻里的住房以及进行其他投资。缺乏对自由企业制度的直接攻击的情况下，通过逃避和耍花招来把钱投资到最安全和最有利润的地方的可能性几乎是无限的。为了加强邻里的中介角色，我们需要指望新版本的联邦住宅管理局（Federal Housing Administration）扶助项目，它在第二次世界大战后郊区的迅速发展中扮演了非常重要的角色。这样的项目，我们相信，可以发展来维持和修复旧的社区，就像它们已经被用以建造新社区一样。比如说，都市不动产授予计划（urban homesteading）② 这个理念，尽管近年来饱受腐败和困惑的折磨，但仍是朝着正确方向迈出的一步。在最基本的层面上，应该把不动产税的规定改为鼓励而非阻碍住房改善。特别是在大都会地区，如果给予最为宽松的税收"休养"政策，那么不用太久便会产生比现行制度下多的税收，特别是由于在很多地方，抛

---

① 在美国，redlining 意味着以种族或族群构成为判断依据，通过直接或间接的手段拒绝对某些地区提供服务，包括银行或保险类的金融服务、卫生保健甚至开设超市在内。这个术语最初是 20 世纪 60 年代晚期由美国社会学家、社区活动家约翰·麦克奈特（John McKnight）提出，指在地图上用一条红线标记出银行不会投资的地区；后来这个术语被用作描述对某一特定群体（通常基于种族或性别划分）的歧视，但与地理位置无关。——译者注

② Urban homesteading 有很多方面的意思，此处应指各级政府帮助穷人获得在政府公地上建造的、可以负担得起的城市住房。——译者注

弃建筑物就意味着现在的税收水准不会带来多少税收。总之，税收结构应该尽可能地改变，鼓励租户变成房主，让房东提高自己不动产的价值。

当居住在邻里的人们认为执法部门应该承担越来越多的责任，特别是在遏止犯罪恐怖主义浪潮方面，那么邻里也会获得加强。在这个领域，我们也变得相当着迷于专业化，而非常惧怕治安维持会的做法，以至于我们忘记了只有居住在社区里的人按照社区价值观念行动，它们才起作用。我们不应该把自己限制在思考社区如何能够控制传统的警察行动和人事。相反，我们应该研究存在于每个社区中的非正式"执法人员"——经营本地糖果商店的妇女，遛狗的人，或者坐在公园长椅上或从自家窗户向外观察着街道的老人。这意味着在住宅、学校等类似的地方设计"可防御空间"（defensible space）的新路径。这自然表示有研究通过公共资金，让父母和其他会监管学校等公共空间治安状况的人担任兼职工作的需要。在和熟悉执法的人们交谈的过程中，有一个观点给我们越来越深刻的印象，那就是：需要大都会式全面而专业的警察部队进行执法的领域其实不多，这种警察部队已经被理所当然地认为是城市中所必需的。事实是，绝大多数居民不希望看到法律得到执行的邻里恐怕没有。然而如果在防止犯罪方面居民们感到无力，那么邻里常常也就是无力的。必须对公共政策如何培养出了那种无力感加以研究，并找出替代的政策。

最后，在对邻里的讨论中，不能忽视大众传媒在创造一种共同文化时起到的同质化作用。我们怀疑，而且坦诚地希望，大众媒体在摧毁美国社会的特殊主义方面所发挥的影响常常是被高估的。在就时事甚或是价值观念创造出全国性话语之类的东西方面，电视肯定是一种巨大的力量。我们并不赞同瓦解全国电视网络。然而我们建议制定公共政策，开放许多没有使用而在技术上可用的频道，供地区性的、族群性的和各种可选择的团体使用。类似地，应该从维持邻里报纸和其他发行物的角度，重新审视税收政策、邮寄规定还有其他因素。

所有这些都是要说，把生活变得人性化并保持下去，维持一个富有人情味的社会，实现这个目标有赖于我们再次明白地方主义（parochialism）不是一个恶心的词汇。正如 parish（教区）这个词一样，它来源于希腊语，*para* 加上 *oikos*，意思是隔壁的地方。因为我们都想要一些选择，都和我们居住的地方有着切身的利害关系，所以授权给我们自己的地方以及隔壁的地方，让它们变得有力，是我们共同的利益所在。

Ⅲ 家庭

有这样一些地方，特别是在城市地区，那里的生活方式很大程度上是脱离了家庭关系的。人们希望这对选择这种生活方式的人而言是好的。这种生活方式当然加强了城市的多样性、创造性，甚至是魔力。但是因为只有相对较少的人居住在这些地方，所以如果把这种生活方式当作整个国家的方针，那就会是愚蠢且不民主的做法。对大多数美国人来说，邻里和社区紧密地和家庭联系在一起，成为一体的机制。

在某种意义上，家庭可能正处于危急之中，因为它的定义正在发生重要的变化，但是并没有太多的证据表明家庭正在衰落。例如，高离婚率显示的可能并非家庭的衰落，而是人们对于在婚姻和家庭中要寻找的东西有了更高的期待。这个观点通过高再婚率得到了强化。值得注意的是，对于所谓的资产阶级家庭而言非常重要的反主流文化（counterculture），使用了家庭这个术语来指称其新的社会构造，正如激进的女权主义者向"姐妹关系"（sisterhood）立誓一样。对大多数美国人来说，证据显示这种情况将会持续存在于资产阶级家庭中，尽管可能会有些修改。

当然，现代化对家庭已经产生了重大的影响。它基本上剥夺了家庭以前在教育和经济领域的功能，比如说。但是在其他方面，现代化让家庭变得比以往任何时候都更加重要。它是私人领域中最主要的机制，也因此成为许多人生活中最为宝贵的东西。他们在这里许下道德的承诺，投入他们的感情，规划他们的未来，也许甚至在这里希望自己能够不朽。

这里存在着一个悖论。一方面，政府、商业、大众传媒等等这些超大型结构已经为家庭留下了空间，成为个人抱负和自我实现的自治领域。这个空间迄今为止都在法律对于家庭的定义中得到很好的确保。同时，超大型结构不断地对家庭造成侵害。我们无法也不应该完全地清除这些侵害。毕竟，家庭存在于一个共同的社会之中。不过，我们可以采取积极措施来保护并扶植家庭机制，这样它在面对现代性的力量时就不至于毫无还手之力。

这意味着公众需要承认家庭作为一个机构的地位。只有与作为机构的家庭多少有点偶然地发生联系的个人关注这个问题是不够的。公众对于家庭作为一种机构的地位予以承认是势在必行的，因为在孩子如何养育、价值观如何传递给下一代的问题上，每个社会都有着无法逃避的切身利益。极权主义政权尝试过——迄今还没有成功——取代家庭执行这一功能。民主社会如果还想保持民主的话，是不敢尝试的。他们实际上必须阻止替代或者削弱家庭机构的每一步，不管其用意有多好。

公众对家庭的关切和对个人权利的关切并不抵触。相反，如果个人想要成长并保持扎根于清晰的身份认同和价值观念中的状态，那么他们是需要强大的家庭的。弱势的家庭中成长出无根漂泊的个人，不清楚自己的方向，也因此需要寻求某种权威。对民主社会有害的威权运动来说，他们是理想的征召对象。

尽管并非毫无困难，但对家庭机构的忠诚可以和捍卫成人的私人生活免受任何公共干预的自由主义观点相结合。在家庭中，公共利益集中在孩子身上，而非成人；在成人照顾孩子的情况下，公共利益才会触及成人。公共利益的特征是机构性的（Institutional）。即，国家把孩子视为一个家庭的成员。家庭对于孩子的主权是有限的——正如现代世界中的任何主权一样——而且这些在虐待、刑事疏忽等方面的限度已经在法律中进行了界定。然而证明的责任则落实在警察或者助长国家干预的法律上，而非那些保护家庭自治的法律。我们这么说，是对这个国家主要法律传统的肯定。

反过来，我们反对在没有家庭的中介作用的情况下，就将孩子直接暴露在国家干预下的政策。我们对很多现在有关儿童权利的讨论都持一种怀疑的态度——特别是声称这些权利是对抗家庭的时候。儿童确实享有权利，其中也有拥有一个功能强大的家庭的权利。当有关儿童权利的论调意味着把儿童从家庭的监管下转移到专家集团的监管下时（"我们知道对孩子们来说什么才是最好的"），必须怀疑那种论调遮掩着既得利益——意识形态利益是肯定的，还有更加低级的在工作、钱和权力方面的利益。

我们更加偏爱父母而非专家的原因不止是出于一种民主信念——也并没有忽略相关且有益的专业知识。我们这种偏好只是基于一种简单但常常被忽略的考虑，那就是几乎所有的父母都爱他们的孩子。没几个专家爱，或者能够爱，在他们照顾之下的大多数孩子。那不仅在情感上很难，而且专业素养总的来说要求在一定程度上抽离情感。此外，和专家们不同，父母对待作为个体的孩子有一种长期且没有固定期限的奉献精神。因此，在有关孩子的性格、历史和需求方面，父母几乎肯定比专家有着更多的直观认识。在泛泛而抽象的简要纲领性范畴内，专家也肯定是和孩子有关系的。有时候这些纲领适用，但是通常它们并不适用。

我们无意美化资产阶级家庭。养父母、女同性恋和男同性恋、开放式家庭，或者随便什么——只要他们为孩子们提供传统家庭通常提供的那种充满爱而永久的结构，那就都可以胜任这项工作。实际上，几乎任何结构给予孩子们的都要胜过专家或者国家能够提供的。

大多数现代社会大部分都剥夺了家庭在教育这个关键领域的权利。家庭至多变成了国家的一个辅助机构，国家在孩子五岁或者六岁的时候强制性地（义务教育法）并且垄断性地（在大多数地方）接管了儿童的教育。当然也有私立学校，但是在那里，班级变成了一个强有力的因素。受到剥夺教育权最沉重打击的是较低收入的父母，他们对孩子们在学校里发生了什么事基本没有发言权。这种歧视侵犯了基本人权，也许是最基本的人权——为自己的孩子打造一个世界的权利。

我们的目的不是要剥夺高收入家庭拥有的选择。目前在英国对私立学校的攻击（在那里被称作公学）不是愉快的例子。我们的目的是要给那些现在没有决策权的人以选择。当有人忍受着严寒，而有人却正享受着明亮的火光，解决方案不是平等地熄灭所有火焰，而是把火给那些没有的人。

在教育中还存在着一种更深层次的阶层歧视。由于出身或者社会流动的原因，教育界的人员都属于中上阶层，这在教育界的规则、程序及其文化氛围中都得到了反映。这意味着并非出身中上阶层家庭的孩子从第一天上学开始就要面对一个格格不入的环境。某种程度上说，这可能是无法避免的。现代世界是资产阶级性质的，而要在一个资产阶级的世界里成功就意味着要掌握资产阶级的技能和行为模式。我们并不像有些人那样，认为向较低阶层的孩子教授正确的英语就是在文化上强奸他们。但是教育界用很多其他方式，有时候是无意识地，系统地轻视中上阶层之外的生活方式。然而这些受到轻视的生活方式，正是上百万美国儿童的父母们的生活方式。因此，学校教孩子们轻视自己的父母，而最终他们将会轻视自己。

在少数大都会地区，教育界已经对这些问题做出回应，有时候他们的回应很有创造性。但是被赋予了强制力的垄断是不会轻易改变的。引起改变的最佳途径是着手打破垄断——授权给人民到别的地方消费(*shop elsewhere*)。我们信任收入低的父母们的能力，相信比起现在控制着他们的孩子的教育的专业人士们，他们能做出更明智的教育决策。否定这种能力就是最恶劣的阶级偏见，而且在很多情况下，这也是种族主义的表现。

要坚持授权抵制教育托管，而不考虑经济或者社会地位，其实不是什么疯狂的激进立场。在有些人看来，那可能是一种美国社会的官僚化和专业化所带来的精英主义而且根本上是一种反民主的影响。

和仇恨的政治不同，授权不是一种零和游戏。就是说，可以给予较低收入的人们权力，而不用剥夺生活较好的人的权力或者使后者变得贫困。但是这个过程的确假设了一个更低的贫困线，超出这个范围，授权的努力就是徒劳无功的。任何人道而有效的社会政策都必须在全社会的所有人脚下设置一块体面生活的地板。收入保障方案——确保收入、负所得税（最低收入补贴）等等——的相对价值，超出了本文的讨论范围，但是总的来说，我们的观点假定必须确立一块体面生活的地板。抛开道德必要性之外，这样的一块地板可以强化中介结构，这里尤其是指贫困家庭，帮助它们打破现在对既混乱又令人困惑的福利体系的依赖模式。

要厘清我们的政策观念中所具有的含义，可以简要地审视一下目前正在讨论的三个议题——教育券、幼儿日托以及对残疾人的照顾。教育券的想法已经活跃了一段时间了，也经历过起起伏伏，但仍然是在教育领域中进行彻底改革的最有吸引力的可能手段之一。在这个提议中，公立教育的资金从支付给学校转而支付给个人。父母（或者到达一定年龄后，他们的孩子）选择好学校，学校把教育券变现，然后学校就获得了国家的补贴。这个提案基本上就是把士兵福利法案（G. I. Bill）① 的范式套用到了处于早教阶段的年轻学生身上。这个方案会打破现有教育体制的强制性垄断，并通过向较低收入人群输送特殊利益，给予那些和官僚制以及专业人员相关的个体以权力。此外，它还通过培养具有独特价值观的社区——不

---

① G. I. Bill，又叫 Servicemen's Readjustment Act（士兵安置法案），于 1944 年颁布执行，为第二次世界大战的老兵提供一系列的保障，比如说给予低息房贷和低息创业贷款，支付就读大专院校、高中和职业学校的学费及生活费，还有一年的失业补助。此法案后来历经修改，但核心精神没有改变。最新一版颁布于 2008 年，对 911 事件后的退伍军人给予教育补助。——译者注

论它们具有的是特殊的生活方式、意识形态、宗教还是族群，增强了美国人生活的多样性。所有这些都不会增加，也许反而会减少，纳税人的支出，至少在基础教育层面是这样，因为证据显示规模经济的法则在这里并不起作用。

从政治角度看，教育券在右翼和左翼都有支持者，尤其是右翼的米尔顿·弗莱德曼（Milton Friedman）和左翼的克里斯托弗·詹克斯（Christopher Jencks）。主要的区别在于教育券应该支付的是基本还是全部费用——即，较高收入的父母是不是应该有权用自己的钱补足教育券。弗莱德曼说应该，因为他们有享受自己纳税所带来的好处，但同时又不用交出自由使用自己收入的权利。而詹克斯则出于平等主义的理由，认为不应该。在这一点上，我们基于两点理由倾向于弗莱德曼的立场：第一，学校的目的在于教育孩子，而不是拉平收入；第二，正如之前说过的，较低收入的人可以获得权力而不必妨害他人。不用说，第二种考虑和教育券以及其他政策领域的中介结构范式在政界被接纳的程度有关。

在现有的公立学校体系内，对教育券这个想法所进行的实验是很有限的［西雅图；加利福尼亚州的奥卢姆洛克（Alum Rock）；还有印第安纳州的加里（Gary）］。结果还正在进行分析，但是已经出现了一些应该警惕的情况。一种紧迫的情况是不论在任何情况下，教育券都不应该被用来补助实行种族排斥的学校。另一种情况是除非实验中包括了公立体系之外的学校，否则对教育券的判断就是不公正的。（当然这引起了一些政教关系的思考，我们将在下一个部分对其进行讨论。）

在众多还没得到回答的问题中，有这么几个：教育券应该是统一的还是根据收入划分等级的？国家是否应该坚持核心课程，如果是的话，是否应该通过检查或者考试来确保执行？现在的教师资格证的考核是否应该推广到现在被认为是私立的学校？如果把所有的学校都变成事实上的公立学校，会有什么样的影响？还有，当然了，教育券体制会对教师工会造成什么影响？尽管至今工会都倾向于持反对态度，但是我们相信，在教育券的框架内，教师们谋生和职业规划两方面的利益都能得到确保，而且在某种程度上还能比现在保障得更好。

显然我们无法在这里谈及所有这些问题。不过让我们目瞪口呆的一点是，几乎全部反对教育券概念的声音，其出发点都是教育以外的因素。毕竟教育才是学校理应关注的核心。

现在轮到我们的第二个例子，我们注意到随着越来越多的幼儿母亲进入职场，还有许多人受到女权运动的鼓舞，开始宣称上班的母亲也有权享受为了满足她们的特殊需求而制定的公共服务，幼儿日托已经变成了一个公共议题。由于这两种因素似乎都会继续发展下去，所以在可预见的将来幼儿日托问题也将是一个公共议题。

有关全国幼儿日托政策，目前可以区分出三种立场。其一，很简单，政府应该置身事外。从财务的角度看，据说任何方案都会耗资巨大，而且从意识形态方面看，政府应该克制自己，不要如此大规模地介入有关幼儿的事务。另一种立场则赞同由联邦资助的综合托儿制度，附属于公立学校。这是美国教师联合会的意见。第三种立场和第二种差不多，不过认为全国方案和公立学校体系的联系不要那么紧密。〔蒙代尔—布拉德马斯法案（Mondale – Brademas Bill）就体现了这种立场，它在 1976 年被福特总统否决了。〕就像在启智方案（Head Start program）①里一样，这个计划可以通过主要资助人得以实现。这些资助人可以是私人或官方的志愿结社、邻里团体，或者只是父母们聚在一起开办一个托儿所——成为资助人的唯一条件就是具有非营利性质。

我们偏好第三种立场应该并不奇怪。因为存在着实际需求。而且应该以一种尽可能便宜又不受政府介入的方式去满足这种需求。中介结构的概念理想地满足了后一个目的，而且可能也促进了前一个。至于上述第二种立场，对于教师工会在一个削减教育的年代里需要新的工作机会的愿望，我们表示理解。但是，同样的，提供工作机会不该是教育和儿童福利的目的。

教育券的办法可以更方便地运用在幼儿日托上，因为这个领域中还没有像在初等和中等教育中存在的那种根深蒂固而又强大的既得利益。教育

---

① "启智方案"是美国卫生和公共服务部的一项方案，为低收入家庭的儿童极其家人提供全面的早期儿童教育、卫生、营养以及有家长参与的服务。这一方案所提供的服务和资源旨在培养稳定的家庭关系，加强儿童的生理和情绪健康，营造出一个发展坚实的认知技能的环境。该方案最初在 1965 年启动，一开始只为低收入家庭的儿童提供为期八周的夏令学习机会，为进入小学做准备。后来几经修改和扩充，截至 2005 年末，已经有超过 2200 万儿童参与了该方案。——译者注

券可以帮助那些小规模、没有专业化、家长可控并因此相当多样化的托儿所。国家的干预应该被严格限制在财务责任和安全及健康标准（也许并非偶然，但荒谬的是这一点在许多州都竟然是难以实现的）。通过这个方法，可以节省下很多资金，因为基本上可以确定规模经济不适用于托儿所。应该开发富有想象力的提案，比如使用代理祖父母——顺便一提，这可以给我们社会日益增长的老年人提供有意义的工作机会。（我们注意到，上面我们说过就业不该是教育的目的，但是教师们大概*能够*做一些除了在学校教书之外的工作，但是代理祖父母们也许就只能被限制在祖父母的角色里了。）

我们提到的第三个议题是关怀残疾人。这个领域中的一个重要实例是所谓的特殊儿童——特殊儿童是那些由于各种非生理原因而在教育发展方面有缺失的孩子。特殊教育这个领域近年来增长很快，其中的许多问题（医疗、教育以及法律方面的）都超出了本文的讨论范畴。在本文范畴之内的一个问题是，在把有严重残疾的儿童收容到机构中和在家庭环境中应对他们的问题这二者之间进行的反复选择。

除了普通家庭无力处理一些严重的残障之外，很多考虑都推动了朝向机构化的趋势，比如父母的便利，专业人士的既得利益，以及在机构环境下治疗的优越性。因为这些机构所宣称的治疗优势已经让人深表怀疑，而且机构的照料花费巨大，所以今天的创新思维转向尽*可能多地利用家庭作为治疗环境*。这意味着把专业人士看作对家庭资源的*补充*，而非代替品。这可能意味着要向家庭支付照料残疾儿童的钱，使双亲中的一个能够少工作或者完全不工作，或者雇佣其他人。这种方式几乎肯定会减少照顾残疾人的开支。更重要的是，而且这一点可以得到充分的论证，即，孩子们留在自己家里的时候——或者，很显著地，在模仿家庭生活的机构环境中，会获得最好的治疗效果。（我们之前所说的有关爱和专业知识的相对价值的内容，这里就不再重复了。）当然了，没有理由这个提案不能延伸到对残疾成人的照顾上。

此外，我们清楚地注意到现在对于传统家庭的疑虑，女权主义者们竭力强调这种疑虑，但强调这种疑虑的又不仅仅是女权主义者。就成人来说，我们偏向生活方式的选择最大化。但在家庭领域中最重要的公共政策利益关注的是孩子，而非成人。这种利益是所有社会共有的，但是在民主社会中，还在培养促进个人自治的社会化模式以及价值观念方面有着额外但又迫切的利益。那项利益意味着在与国家的关系中加强对家庭的保护，意味着信任人们能够在一个自己创造的世界里，对他们自己的孩子负责。

IV 教会

迄今为止，宗教机构构成了美国社会中最大的志愿结社网络。然而，由于意识形态和历史两方面的原因，在讨论社会政策时，它们的角色通常都被小看或者彻底忽视了。不论你对于有组织宗教的态度如何，这个盲点必须被当作很多有关公共政策的思考中的一个严重的弱点。美国的教会和犹太会堂再也不能被有责任感的社会分析所忽略，它们和大型工会、企业或者传媒一样重要。宗教机构不仅是公共领域中的重要"玩家"，而且在人们生存的最基层和最实在的层面上，对他们如何安排生活和价值观来说格外重要。因此宗教机构对理解家庭、邻里还有其他获得权力了的中介结构很关键。

把公共领域等同于政府或者社会的政治形式的观点，有效地从公共政策的考量中排除了宗教。我们之后会谈到反映并助长了这种观点的一些有关政教关系的论战；但是现在很显然我们的整个提案都瞄准了一个有关公共领域的复杂而微妙的理解，在这个公共领域中包括了除政府之外的许多"玩家"。此外，许多发端于启蒙运动传统的现代社会思潮，也通过一两个倾向于最小化宗教角色的假设发挥了作用。第一个假设是教育和现代化确保了对制度化宗教的忠诚度的衰落。即，有一种想法认为现代化和世俗化之间是有着必然联系的。第二个假设是，即便宗教持续繁荣下去，它也只能在私人生活范畴内发挥作用，也因此就和公共政策无关了。两个假设都需要仔细地进行重新审视。

证据，至少在美国，并不支持宗教必然衰落的假说。尽管不断地有宗教衰落的宣告——迎接这种宣告的既有欢呼雀跃，也有悲伤嗟叹——但似乎至少从机构角度来看，宗教和其他一些主要机构（比如高等教育）一样完好无损。值得注意的是，对于近年来所说的宗教衰落，一直是以和20世纪50年代晚期所谓的宗教繁荣之间的比较来进行衡量。和那段史无前例的机构增长时期进行比较，带来了一种非常扭曲的视角。但是，就算宗教的生命力被拿那种误导性的比较来衡量，值得注意的是在过去的几年中，指数又再次上升了。参加教会、宣告从属于教会、财务方面的贡献以及其他指标都显示不管从50年代晚期的顶峰到现在是怎样的衰落，这个趋势现在都已经停止了或者被反转了。注意以下事实，也许对理解美国社会有帮助：在任何一个周日，在各个教会中的人可能要比现场观看职业体育比赛的全年观众总数还多——或者，有将近500,000个本地教会和犹太会堂得到了美国人民的自愿资助。

这里不适合对各种世俗化理论进行详细的讨论。我们敏锐地注意到，需要对宗教机构和社会中的宗教推动力加以区分。我们的方法对上述的第一个假设提出了严峻的挑战，就是那个认为在现代社会中，对制度化宗教的忠诚度必然下降的假设。以那种极其有问题，如果不是明显错误的假设为基础的公共政策，将会继续远离数百万美国人生活中最关键的维度。

第二个假设——宗教只能在私人生活范畴中发挥作用，并且因而和公共政策无关——必须也受到挑战。尽管具体的宗教行为已经被私人化，但是这个命题的第一部分忽视了本质上是宗教性的价值观念，是以多么复杂的方式渗透并影响了我们的公共思维。但是，甚至就算这个命题的第一部分是对的，也无法得出结论说宗教因此就和公共政策无关了。比如说，家庭和宗教机构之间关系密切，而且由于家庭是最重要的中介结构之一（也许就是最重要的那个），这使得教会和公共政策一下子变得有关系了。我们的观点是，家庭、教会和邻里这样的结构都必须在政体秩序中加以严肃对待，在这个意义上它们都是公共机构，我们这么说并没有落入把生活的一切都政治化的陷阱里。

教会（这里指所有宗教机构）很重要，不仅对家庭而言它很重要，而且对邻里和其他社团中的家庭以及个人也很重要。比如说，要理解历史上以及现在的黑人社区，不可能离开黑人教会。有过很多讨论的族群社区也基本上都是以宗教进行界定的，比如说美国犹太人的绝大部分（这有时候是被纳入族群现象里的，但并非总是如此）。当然了，宗教在小镇或者农村社区中扮演的角色不需要细说了。在这些例子中，没有一个显示出宗教只有残存的影响力。没几种机制曾经展示了并继续展示出它们拥有能和宗教相比的持久力量。似乎只有当世俗化的文化和政治的偏见决心装得好像宗教的影响力只剩点余烬的时候，宗教的影响力才只剩点余烬。此外，这些观察在我们看来是正确的，这一事实无关我们希望宗教在美国社会中有或没有什么样的影响力。我们确信,忽视宗教机构在大多数美国人的生活中所扮演的角色,这样的公共政策话语中是有着深刻的反民主偏见的。

在和这个讨论最为相关的公共政策领域中——健康、社会福利、教育等等——其方案、想法和机构的历史发展都和教会分不开。在这个国家的一些地方,特别是在东北部那些历史更为悠久的城市里,社会福利服务功能的很大一块都受到了宗教的支持。这些服务机构的宗教特征正在受到迅速的腐蚀,在下一节里我们会对原因做进一步讨论。在宗教机构从前服务的领域中,没有被政府部门直接取代的宗教机构,正在被资助、证书、执照等类似的力量变成半政府部门。宗教机构内部的专业主义力量、宗教机构没有支持自己的代理部门或者没有坚持公共政策要尊重他们的独特性,都促成了宗教和文化独特性的丧失。政府的责任必须由政府来完成,这种命题——也是我们所挑战的命题——导致的必然后果是,公共(public)是和宗派(sectarian)相对的概念。在公共政策话语中,宗派通常被用作一个羞辱性的词汇,来攻击任何具有宗教色彩的东西。我们的主张是,这种用法本身以及支持着这种用法的偏见,破坏了对独特性的褒扬,而独特性对于社会多元性来说则是必不可少的。

资助、许可证和证书的现行模式所产生的同质化后果,得到了税收政策的强化,而税收政策对于乐意在公共领域中扮演自己角色的宗教机构"浇了一盆冷水"。由于过多的"政治活动"而有丢掉免税政策的威胁就是一个明证。更加不祥的兆头是正在发展的税务支出的概念(第五部分会再细说)。最近所谓的税务改革的目的,就是在教会本身和与教会相关的附属机构之间楔进一个楔子,使后者曝光、承担责任,也因此受到国家的更大管控。这些方向,我们认为,根本上就是判断错误的。如果逼得太紧,就有可能激起一部分公众的激烈反应,在这部分人看来,这是对宗教的攻击,他们是不会赞同的。但是公共政策的决策者们,不该等到那种反应出现了,才为当前的趋势提供补救措施。正是考虑到公共政策的利益,才要为作为关键性中介结构的教会提前准备一种积极的进路。

所有这些问题显然都涉及与政教分离相关的复杂议题。我们还有其他许多进行法学研究的学者都相信,政教问题在法律上的处境,现在陷入了概念的混乱和实践的矛盾之中。"教会与国家质检耸立的分离高墙"(这是杰弗逊的话，而非宪法中的）是一个早该彻底重新思考的神话。我们对宪法第一修正案中的宗教条款深表赞同。然而，它们不该被理解成要求绝对的分离主义；这种绝对的分离主义在理论上是无法想象的，而且在实践中也和教会和国家之间过去以及现在都存在互动的事实相抵触。这也是另一种宏伟的抽象概念，削弱了社会机构之间相互联系的方式，以及人们实际安排自己生活的方式。

简单说来，"不得确立官方宗教"（no establishment of religion）的意思应该是，国家不偏向任何宗教机构。"宗教实践自由"（free exercise of religion）意思是谁都不会在违反其意愿的情况下，被迫进行宗教实践或者信奉某种宗教。只要国家在宗教问题上既不偏向也不强制，那就没有违反政教分离原则。尽管这个问题要比这里所说的复杂，法院无疑将要花费时间从迷惑中挣脱出来，我们希望公共政策能够总体上更接近"库兰德规则"（the Kurland rule）（这是以芝加哥大学的菲利普·库兰德命名的），就是说，如果某一政策推动了一个合法的世俗目的，那么这一政策是否采用宗教机构就是一个在法律上中立的问题。这显然在教育、儿童福利和社会服务等领域具有普遍的意义。

今日的危险不在于教会全体或者任意一个教会将取代国家。如果宗教的定义不是被非常狭义地解释为崇拜和宗教教导，那么更真实的危险其实是国家将会取代教会的功能。注意到后一种情况是在现代国家中的极权主义模式，无论它是左派还是右派建立起来的，并不是杞人忧天，而是非常清醒的必要认识。多元主义，包括宗教多元主义在内，是少数几个能阻止那个模式成功的强大障碍之一。尽管那些推动这种模式的人通常都是在不经意间这么做的，但无视他们中的许多人——各种专业人士、官僚、政客——在这种国家扩张中有着深切的既得利益这一事实，却是很幼稚的。尽管在很多情况下，意识形态方面的利益无疑都是最首要的利益，但他们在就业和权力方面也有着非常实际的利益。

从一开始，我们就在一直强调中介结构在产生和维系价值观念方面的重要性。就此，我们已经讨论了家庭的功能。在家庭内部和家庭与更大的社会之间，教会是承载并传送那些在我们的社会中起作用的价值观念的首要机构。这不仅是因为大多数美国人认为他们最重要的价值观念本质上是宗教性的，而且因为那些充斥在我们的公共政策话语中的价值观念，都是和某种具体的宗教传统密不可分的。缺少了连接这些价值观念的教会以及其他中介结构，结果不是社会少了起作用的价值观念；结果是国家在产生和维系价值观念方面具有了不受任何挑战的垄断地位。不用说，我们会发现这当真是一种令人非常不愉快的状况。

于是，从我们的最低限度命题来看，就是说公共政策不该削弱中介结构，其中有许多含义就变得明白了。已经提到过的有税收和管制，对这两点我们将在下一节里进行更为充分的讨论，因为它们所影响的不仅有教会，还有全部的志愿结社。就宗教机构来说更加具体的是对"享有平等机会的权利"（right to equal access）的要求，这个概念对独特性毫无帮助而且还削弱了它。这里我们再次遇到了无法辨别歧视的问题，或者换句话说，无法区分歧视和慎重的问题。比如说，在我们看来，一位信仰意大利罗马天主教的老太太，想要住在一个由意大利罗马天主教徒运营并住满了意大利罗马天主教徒的养老院里，并没有什么错。坦白地说，我们觉得挑战这一最容易理解的愿望是有悖常理的。然而它就是受到了挑战——实际上这一愿望变得越来越不可能——方式就是剥夺此类"宗派的"或者"歧视性的"机构的公共资助。同样的情况显然也适用于卫理公会教徒、无神论者、人道主义者和黑色穆斯林①。公共政策的合法的世俗目的是，确保老年人得到应有的照顾。公共政策也应该规定，只要人们认为那是自己和他们最关心的人所渴望的，他们就应该尽可能多地得到这种照顾。此外，和公共政策相关的唯一禁令就是反对种族歧视。（因为几乎没有黑人是意大利罗马天主教徒或者白人是黑色穆斯林，所以就说这在结果上构成了种族歧视，这种荒谬的对社会抽象化的实践，如今在政策思考中流毒甚广。）

在公共政策削弱宗教的中介结构方面最辛辣的例子，就是当前那些目的在于禁止收养和看护机构采用宗教性标准的诉讼。就是说，有提议认为那些为犹太教徒、新教徒或者天主教徒孩子们服务的机构如果接受了公共资助（它们当然接受了），那么就该把它们都宣布为非法的。这会造成数

---

① 黑色穆斯林（Black Muslims），此处特指历史上非裔美国人的黑人民族主义组织，他们宣称自己是穆斯林，但这些团体当中的一些在伊斯兰世界的主流群体中并不被认为是穆斯林。——译者注

个残忍而灭绝人性的后果。第一，把孩子送去收养机构，或者把孩子交给看护机构的家长，被剥夺了在如何抚养孩子方面最基本的发言权。正如在前一节中提到过的，这是最基本的人权之一，而且除非在最紧迫的必要时刻之外，都不应该予以否定，特别是当你想到把孩子交到这些机构去，并不总是完全出于自愿，就更不该否定父母的权利。另一个后果是严重地削弱了这些机构中的雇员和志愿者的工作动力。在很多情况下，若非在大多数情况下的话，他们的动力是活出自己的宗教信仰，并明确地传达这一信息。还有一个更深层次的结果，也许是最重要的结果，就是孩子被剥夺了接受宗教训练的权利。这可以被很好地解释为对宗教实践自由的否定。国家没有正当的权威可以决定这不是严重的权利剥夺。什么对于抚育孩子来说是必要的，应该留给那些生了孩子和照顾孩子的人来决定。除非对孩子造成了刑事疏忽或者其他伤害，否则国家应该无权干涉。再强调一次，合法的世俗目的只是孩子们得到照顾。

有反对的声音可能会说，把涵盖面如此广泛的社会服务都留给宗教和其他的志愿结社，意味着许多不属于这些组织的人会得不到服务。然而，当我们回想一下，只要社团愿意执行公共政策的目的，那么几乎所有可能想到的社团就都会得到公共资助，于是这种反对的声音就会暴露出它的可疑之处。这种机构也许会拥护一种宗教、全部宗教或者不拥护宗教。几乎每个人都归属于某种团体，而这些团体可以在有公共资助的情况下，在社会服务方面对公共政策予以协助。实际上，如果我们真的关注那些陷入困境的人们，那么有一点是值得注意的，就是我们社会中游离于社会规则之外的那些人，比如说居住在贫民窟的人们，基本全是由志愿结社在照顾，而且它们通常都具有宗教性。政府官僚——实际上是全部的官僚——在帮助那些因反抗普遍化类别而真正被边缘化的人群方面，没有什么天分。救世军（the Salvation Army）不需要国家教它如何在对人们表达慈悲之心的时候表现得没有宗派特征。然而，如果救世军的工作人员无法对自己服侍的对象布道，那么救世军存在的理由将会被严重削弱。

最低限度命题还认为，中介结构范式反对通过法律手段在公共空间中消除象征符号这种日益增长的趋势。在城镇公共用地上树立圣诞树或者光明节灯盏是一个非常恰当的好例子。在公立学校自愿祷告是另一个例子。还有在硬币上刻着的"我们信仰神"（In God We Trust）。这些可能是小事，但正是无数的这些小事构成了公众精神。加利福尼亚州的一个法院最近裁定，把耶稣受难日（Good Friday）定为全州的假日是违宪的，这已经在走向荒谬了。如果把受难日之前的那个星期五定为假日，估计不会有人反对，毕竟世俗的目的是要给全州的工人们多一天休息。但是当世俗目的和宗教意义相结合的时候，很显然就不再符合宪法了。

我们的命题假定没人有权不受自己所处的社会环境影响。在第二节里，我们谈到了在个人权利和集体权利之间存在的张力。如果有人光着身子在纽约的缅街（Main Street）上走，公民们现在有权利打电话给警察，让他们制止这无礼的行为。这些和社区价值观有关的规则，当然在许多地方都正在经历变化。在对社区标准所下的定义中，变化是一个常量，而且制定社区标准的人，对待容忍在公共场合中发生的离经叛道行为这个问题上，可能要比大多数人都要更倾向于相信人有思想和行动上的自由。重点在于，个人打电话叫警察来阻止受到集体同意的行为，其能力必然是有限的——比如说，在城镇公共用地上摆放圣诞树。没人有法定权利在公共场合不遭遇宗教符号，并因此把他对这些符号的厌恶强加于珍爱这些符号的社区之上。只要公共空间开放给受到社区珍爱的所有符号，那就不存在"官方确立"某一宗教而非其他宗教的问题。公共政策现在偏向于所谓的城镇广场无符号状态（symbolic nakedness of the town square）。此外，社会抽象导致了反民主的后果，说它反民主是因为它们否定了人民通过民主方式决定的，公开歌颂自己的意愿——他们的文化和他们的信仰——而且，同样重要的是，这些反民主的结果在公共空间和要在公共空间中推进的价值观念的问题上，给了国家一个垄断的地位。

在布鲁克林区的公租房计划中，在哈西德派犹太人社区和拉美裔社区的领袖之间达成了一个协议，以把两个社区聚拢起来，又基本保持两个社区都完好无损的形式租住公寓。出于种族和宗教歧视的理由，这个协议可能是非法的。在这个特例中，这个协议又是相当明智而又公平的，因此应当是合法的。没人受到伤害，除了"绝对分离主义者"（strict separationist）和"几何学式的政教整合主义者"（geometrical integrationist）①，他们

---

① 此处的"几何学"应当和前面的几处一样，意指用几何学式机械、抽象的方式来对待复杂的社会问题。——译者注

可能会因为自己的抽象概念被破坏而感觉被冒犯了。但是他们用不着在公租房里租住公寓。我们强调"在这个特例中"——因为公共政策，特别是在宗教和集体价值的领域中，应该对特例多一些尊重。

最后，这整篇文章中处处都在解说我们的最大限度命题（公共政策应该尽可能地利用中介机构）的意义，这些说明同样也适用于教会。我们的建议是宗教机构应该被解放出来，为公共利益做出最大的贡献。在社会服务和教育等领域，这意味着这些机构应该自由地继续从事它们一直以来所做的事情。

此外，而且也是符合我们的最大限度命题的是，我们期待在各个政策领域中，会有更多的公共资助，以满足人们的需求；我们特别要谈到的论点是，中介机构，包括宗教机构在内，应该被尽可能地用作政策目标的执行机构。和现在某些公共政策和法律观念相反，更多的资助并不有赖于更多的政府管控，以及随之而来的有关多元主义的战争。有关教会和其他中介结构，当政策不必以服从和压制为代价来促进公众的同情心和责任感时，罗斯福新政带来的希望（the hope of the New Deal）[1] 将会更接近实现。

V 志愿结社

对教会的讨论自然导向了志愿结社这个话题。当然了，教会是——在它可能具有的其他属性之外——一种志愿结社。但是志愿结社这一类别当中，还包括了许多其他可以在社会中扮演关键的中介角色的结构。

关于志愿结社所指含义的争论由来已久。就本书的目的而言，志愿结社指的是一群人自愿组织在一起，以追求特定的目标。（遵循通常的用法，我们排除了商业组织和其他主要服务于经济目的的组织。）对目前的讨论而言很一个重要的话题是志愿者服务。许多志愿结社的工作人员中，拿工资的和志愿者都有。从本书的目的出发，关键点在于人们为了某种共

---

[1] 此处的 New Deal 应该是双关，一方面指罗斯福新政，一方面指彻底的改变。因为罗斯福新政中推动了对工会等社团的建设，并对贫民等实行有效救济，具有强烈的自由主义色彩，曾被人批评新政政策促进了社团主义，所以作者认为罗斯福新政带来的希望就是对中介结构的使用。另一方面 New Deal 又有彻底改变的含义，作者认为应该对目前的社会及政府关系进行彻底的改变，所以这里也是在说实现彻底改变的希望在于运用中介结构。——译者注

同的目的结成的自由的社团，他们可能付钱给某些人作为劳动报酬以达成此目的，并非决定性的事实。

至少自托克维尔以来，志愿结社在美国民主中的重要性就已经获得了广泛的认可。志愿精神在美国比在其他西方社会中都要繁荣，有理由相信这和美国的政治体制是有关的。社团制定规则条例、选举行政人员、辩论、对行动方针进行投票，还是民主的学校。不过我们认为有些社团的目标是多么无足轻重、坚持着错误的判断或者稀奇古怪，它们仍然发挥着这一关键的功能。

撇开其政治角色不谈，志愿结社对于其实际作为而言是极为重要的。现代福利国家出现之前，几乎社会服务领域的所有事务都处于志愿结社的支持之下，而且通常这些志愿结社都具有宗教性质。今天，仍有大约1900所私立学院和大学，4600所私立中学，3600家志愿医院，6000家博物馆，1100个乐团，5500家图书馆，和不少于29000个非政府福利机构存在。当然，并非所有这些中介结构都同等重要。乐团和推广集邮或者收藏古董车的团体，不管在其他方面它们有多重要，都不在本文的讨论范围之内。在五花八门的志愿结社中，我们对一种类型感兴趣——就是那些提供与公认的公共责任相关的社会服务的社团。

对志愿结社的攻击来自几个方面，政治光谱中的右翼和左翼都有。有些谴责它们效率低下、腐败、制造分裂，甚至是具有破坏性的。很多人赞同公共服务不应该处于私人控制之下。来自极左派的挑战是，这类社团提供的方法只能治标，让慈善的概念长存，还有操纵人们接受现状。

这些并非只是口头攻击。它们反映出了一种趋势，即，对于绝对私人目的之外的全部有组织行为，都确立了国家的垄断地位。这种趋势在几个方面产生了后果：完全禁止，压制性税收，把具有惩罚性效果的许可证制度以及运营标准强加于非政府机构之上。

当然了，志愿机构中确实存在着腐败和效率低下的例子。然而，如果对政府性和非政府性的社会服务在这些方面进行一个比较，结果则几乎不支持政府垄断。应该很明显的是，政府官僚在维系和扩张政府垄断方面是有着既得利益的。同样，政客们在设立服务方面也有着利益，因为他们可以居功，并且对于这些服务可以行使一定的权力。简言之，现代福利社会中的社会服务免不了沦为政治分肥拨款（pork barrel）①的一部分。

分肥拨款对于政治民主来说也许是必要的。但是，当我们所说的既得利益使用强制性的政府权力来压制个人自由、主动权和社会多样性的时候，就产生了我们要应对的问题。有观点认为，这都是必要的，因为志愿结社常常和政府机构的职能相重合，这种论点并不能打动我们。重合也许实际上提供了富有创造性的竞争、刺激工作表现的动力，和更多的选择。但我们更加基本的看法是，反对任何公共事务本质上都必须是政府性质的这种观念。这种观念与美国的政治传统严重相悖，而且其结果是反民主的。它创造出来的是国家的客户，而非自由的公民。它扼杀了对于一个政体的生命力而言最重要的主动性和责任感。

我们当前的问题也和朝着专业化前进的趋势紧密相关。不论是在政府机构还是非政府机构中，专业人士都在攻击据说不够标准的服务，而不够标准通常意味着不专业。专业人士通过组织和说客们日益说服了国家，以立法程序创立标准和证书，重创了志愿结社，特别是那些雇佣志愿者的社团。最终结果就是朝向政府垄断的趋势，和朝着专业人士在社会服务领域垄断的趋势，两种趋势通力合作齐头并进。这种垄断性控制和所提供服务的实际质量之间的联系的确令人起疑。

专业标准在某些领域中当然重要。但是，如果专业意见宣称在对待人们管理自己生活的问题上具有司法权，则必须带着坚定的怀疑态度去审视它们。再说一次，普通人是他们自己最好的专家。当持有证书的专家们通过说服对人们的生活进行指导的时候——比如，当父母意志消沉到认为，如果不持续地向儿童养育专家咨询意见，就没有能力自己抚养孩子时，那事情就已经很糟了。然而，当这种指导是以胁迫手段强制实行的时候，那就更加糟糕。当然了，专家垄断的成功确立，最为有效地剥夺了低收入人群的权力。

现在，专业人员结成工会使专业化的状况更加恶化。原则上，非政府机构的雇员们可以和政府雇员们一样轻而易举地结成工会。实际上，大型工会更愿意和政府提供的大型而统一的管理层打交道。标准和证书变成了

---

① pork barrel，分肥拨款，指议员为赢得当地选民的选票而在基层工程上花费的大笔政府拨款。——译者注

工会和管理层之间协商的条款，并因此加强了向着专业垄断前进的动力。另外，工会对志愿工作似乎有种天然的敌意。它声称志愿者是无偿的劳动力，因此受到了剥削。这种主张近来也获得了一些女权主义者的推动，因为许多志愿者都是妇女。

我们抗议使用劳动力和女权主义的论调来掩盖强制性垄断的确立，以及剥夺人们管理自己生活的权力，但是我们的立场既不反对工会，也不反对女权主义。谁定义了剥削？我们相信当人们被剥削的时候，他们很清楚，而不需要专家、劳动组织者或者女权主义作家们来指导。只要志愿工作真的是自愿的——通过自由选择承担下来的——那么对这种工作就应该珍视，而非污蔑。希望志愿者完成的有用活动和他们实际提供的服务，都有巨大的价值。此外，因为它们在官僚控制下相对自由，志愿结社是在社会服务中进行创新的重要实验室；而且，当然了，它们还支撑着对美国式生活中丰富的多元主义的表达。

对志愿原则的攻击，也协助了一种资本主义思维的扩张，就是要在所有东西上都加上价签，因为只有有价格的东西才有价值。我们相信，在生活的有些领域中，包括公共生活领域，并不是所有的东西都要用金钱来衡量，这种想法是比较恰当而人道（也比较"人性"）的。只有私人生活才由人道而非出于金钱的动机来主宰，生活的其余部分都只不过是自相残杀，这种假设削弱了我们对于政体的认识。

有关辅助性专业人员这个方面的发展，还应该多说一点。诚然，从事任何对社会有用的职业的人，都应该获得充满敬意的认可，并拿到体面的薪水。然而，大部分辅助性专业人员的发展实际上是专业人员和工会垄断者们在建造自己的帝国，把较低地位的职业纳入到他们的等级制度当中。至少在某些情况下，形容这种发展的最佳词汇是剥削。例如，由于父母和其他普通人被纳入了专业人士的既得利益之中，他们就不再能对专业人士进行问责，那么这就是剥削。

随着在现代社会中，知识和技能的迅猛增长，职业是必要的，也不可避免地会有组织和工会去捍卫它们的利益。这种发展不能，也不该被逆转。但是可以被重新定向。职业的目的是服务社会——而不是反过来。但是在太多的时候，专业人士们都把那些他们服务的人视为客户（clients），不幸的是，这里用的是其拉丁语的词源中原本包涵的意义。一个罗马贵族的客户（食客），在社会等级中只比他的奴隶高一级，和今天那些完全顺服地依赖于专家们的客户相去并不甚远。这种概念在民主社会中毫无立锥之地。

专业人士们应该辅助他们服务的对象。收入较高的人们会用"我们的"医生或者"我的"医生，不管他们发展起来的是什么模式的依附关系，那也基本上是出于自主选择。当低收入人群指称专业人士的时候，也应该可以使用物主代词。

我们的研究方法中包含的政策含义，也涉及了我们社会中的非营利性基金会所扮演的角色。严格说来，有着不同类型的基金会——完全私有的、公众资助的、操作型的等等——但是现在的攻击是针对所有类型的。这种观点可以用赖特·帕特曼（Wright Patman）后期的观点加以总结，帕特曼对基金会的讨伐导致了1969年税务改革法案的条例I：

> 今天，我要提出一项法案，来终结一种极端恶劣的不公平，对这种不公，这个国家及其公民们都再也无法忍受下去了：结束所谓的私人控制的慈善基金会所具有的免税地位，以及他们在商业上的统治地位和积累财富的习性……用最直截了当的话来说，慈善事业——人类比较高尚的本能之一——已经被滥用成了蓄意规避对国家负有的财政和道德责任的一种制度化手段。（国会记录，1969年8月6日）

当然了，基金会确实滥用了实权，需要对之加以限制，但是，如果我们不想对社会造成十分严重的损害，那么设限者们所表露出来的憎恶和敌意也需要受到限制。对基金会设置限制的人们组成了一个奇怪的联盟。右翼力量由于基金会的社会实验（比如福特基金会在城市贫民区的黑人中开展的项目）而仇视它们，而其他力量则是由于大企业（"权势集团"）在资助基金会中所扮演的角色而对其怀有敌意。1969年法案中最危险的部分是赋予美国国内税务局（Internal Revenue Service）以监管基金会行动的新权力。取消或者威胁取消免税地位的权力，是最为有效的控制手段。（近年来，这被用来威胁反对越战和拥护各种不受欢迎的目标的宗教组织。）和不少百万富翁将上缴更少的税收这种前景相比，更加不祥的前景是政府对于受到官方反对的主张或项目的管控。

和这一忧虑直接相关的，是已经渗透到公共政策的税务支出（tax expenditure）的较新观念。比如说，它会算出因为一所私立学院享受免税，所以政府就丧失了一定数额的岁入。岁入损失（revenue lost）被称为一种税务支出。这可能看起来像是一点点无害的记账，但是支出这个词暗示着那所学院实际上得到了政府的补助（税务支出是一种政府支出），所以应该受到政府管控。这个暗示，实际上有些官僚是说得非常明白的，具有萌芽阶段的极权主义性质。其逻辑是社会的所有财富实际上属于政府，因此政府应该能够决定这所有的财富——包括免于税收的财富——应该如何使用。如果真要使用税务支出这个概念，也应该用作一种简单的会计手法，而不具有任何规范性含义。

尽管大型基金会可能似乎和我们所讨论的中介结构离得有点远，但实际上对于那些处在最基层的中介结构来说，它们常常很重要，特别是在教育和卫生领域。如果所有这些机构都被政府取代了，就会有比现在更加统一的标准强制实行，以及更大的金融责任（尽管存在于各种政府社会服务机构中的极端腐败并不会让人对后者感到乐观），但付出的代价可能会很高。大规模的官僚化，法律程序的增生（从中产生了公众的憎恶和律师们的业务），高尚念头的萎缩，疏离感的增加——这些都可能是代价的一部分。最少，应该有鼓励志愿精神的公共政策，它至少已经在我们的社会中延缓了这些现代性造成的损失。

和以前一样，我们的最大限度命题——即，使用志愿结社作为公共政策的实施者——比最低限度命题更成问题。比如，你会想到在对毒品成瘾、青少年犯罪和精神疾病的治疗和预防方面，采用寄养家庭和过渡休养所（half-way houses）① 的办法。有理由相信，相比于官僚化的超大型结构（以及它们的基层机构）这些办法花费都比较少，也更加有效。或者你会想到在 1975 年，成功安置超过 100,000 名越南难民，靠的不是成立了一个政府机构，而是通过志愿机构（主要是宗教组织）完成的。对这个运用志愿结社实现公共政策目的的实例，理应进行仔细地研究。还有另一个例子，是妇女健康运动的增长，这个运动在一些地区已经有效地挑战

---

① 过渡休养所（half-way houses），为获释犯人、精神病患者、瘾君子和酗酒者所设，他们虽不需完全住院，但仍需适当看护和照料，直至能重新进入社会。——译者注

了医疗权威机构对行医的垄断。像伊凡·伊里奇（Ivan Illich）和维克多·富克斯（Victor Fuchs）这些人的想法应该加以检验，因为这些想法具有给人民以权力，重拾对自己卫生保健责任的潜力。在分散医疗服务输送系统方面，也应该为了实现从权力分散到货真价实的授权的转变，而对现有的实验给予鼓励。

我们清楚地知道社区参与的提案并不新鲜。最明显的例子就是社区行动计划（Community Action Program），它是20世纪60年代"向贫困开战"（War Against Poverty）中的一部分。CAP在很大程度上使人们的幻想破灭了。有些人指责它是对接纳威胁或可能威胁到基层权力精英们的人的行为进行掩饰。因此，社区组织被剥夺了实际功效，转而变成了政府的附庸。来自政治光谱另一端的谴责认为，CAP资助了政治改革的鼓吹者和颠覆分子。而其他人则控诉CAP使社区组织和代议制政府的机构变成对立阵营。在某种程度上，这些批评是相互排斥的——它们不可能同时都为真。但是这些事情无疑都在60年代的不同地方发生了。

那一经验绝不可能证明社区参与的想法是错误的。首先，60年代的特殊发展情形，使那个年代成了试验这个想法的最差时机（在同一时期进行的社区管控学校的实验也同样不合时宜）。第二，更重要的是，用以协助社区参与的机构并非社区本身的实际机构，而是那些计划负责人创造出来的。特别是在城市中心的黑人贫民区，情况尤其如此——而这一地区正是该计划的主要焦点——在这些地区，宗教机构多半都被忽略或者甚至被故意削弱了。在某种程度上，黑人社区的家庭结构也遭遇了同样的对待。简言之，该计划的失败正是因为它没有利用现有的中介结构。

然而，中介结构可以被政府所吸收，可以变成那些有意摧毁美国社会而非对其进行改革的人手中的工具，可以破坏政体的机构。这些才是真正的风险。另一方面则是前文中已经描述过的中介结构的益处。这两方面合在一起，构成了对政治想象力的大挑战。

VI 通过多元主义进行授权

多元主义的主题在本文中已经反复出现了多次。这最后一节的目标很简单，就是要妥善解答几处尚未了结的问题，对旨在通过中介结构来维系多元主义的公共政策所可能遇到的反对声音预先做出回应，并且对美国社会中的一些事实情况加以强调，这些事实指出了本文所提倡的方法中所含的潜力和局限。

很显然，我们所说的多元主义，其含义要远远超出地区口音、圣帕特里克节（St. Patrick's Day）和黑人骄傲日（Black Pride Days），尽管这些也很重要。在提供不同的颜色、服装和习俗之外，多元主义使得在意义世界（world of meaning）之内和意义世界之间出现张力成为可能。意义世界以独特的方式把现实拼合在一起。不论参与到这些世界中的人把自己视为主流还是亚文化，受到官方庇护还是革命者，他们各有不同，但都是文化整体的一部分。然而悖论在于，你要通过确认自己所参与的那个部分才能感受到整体。这关系到前文所述的伯克有关"小连队"的洞见。用更加现代的心理学术语来说，它和"身份危机"（identity crisis）相关联，而这一危机则是大众社会中的"身份扩散"（identity diffusion）所导致的。在你的团体中——不论它是种族的、民族的、政治的、宗教的团体，还是具有上述全部特征的团体——你会发现回答"我是谁"这个最基本问题的答案，并且在实践这一答案的过程中得到支持。从心理学和社会学的角度来看，我们认为，有个身份总比没有强。从政治角度看，我们认为，只要所有的团体都遵守能让多元社会成立的最低限度的规则，那么公共政策就无权对各种解决身份认同问题的方法的功过进行价值判断，公共政策应该避免削减美国人民可以选择的身份，而应该予以加强（就是我们从头到尾都在谈的最低限度和最大限度命题）。

这一思路假设以"合众为一"为象征的过程并非零和游戏。即，一的实现不是以众为代价的。用积极一点的口吻来说的话就是，一所代表的全国性目的，正是维系众的存在。当然，张力是存在的，而且如果是为了维持对于国家民族的存亡来说必要的结构，那么妥协也是必要的。但是在多元化政治的艺术中，这种张力不该被清除，而应该作为一种催化剂而受到欢迎，以促成更有想象力的和解。公共政策在本文所讨论的领域中，我们相信，最近几十年以来，一直以过于消极的方式对待多样性的张力，也因此过于轻易地将统一的解决方案强加于所谓的全国性社会问题之上。在这种思路中，多元主义被视为社会政策规划的敌人，而非产生更加多样化的解决方法的源泉，毕竟那些问题产生的原因和界定标准都是多种多样的。

纵观全文，我们都在强调，我们的提议中没有任何针对那些负责设计和实施社会政策的人的敌意，也没有要对他们的良好意愿进行控诉的意思。造成今天这种损害多元主义的政策的原因，一部分需要从现代化、理性化和官僚化的隐喻中所暗含的过程里去寻找。超大型结构具备的管理型思维模式——不论是 HEW，西尔斯·罗巴克（Sears Roebuck），还是 AFL - CIO①——都倾向于寻求单一的解决方案。一个简单又全面的答案是，对待"非理性的"独特性没有耐心，只有当遭遇抵抗的时候才被迫对更细微的差别做出让步，不论这种抵抗是来自于经济市场上的消费者需求，还是政治市场上的有组织的特殊利益集团。公共政策所面临的挑战是要预先考虑到这种抵抗，而且，除此之外，还要抛开自己对待特殊性的敌对态度，并把促进众多特殊利益当作自己的目标，因为正是这些特殊利益在实际上构成了大众福祉。因此，我们的提案绝非要诋毁社会规划，而是用一项比现行方式更加复杂也更加令人兴奋的任务，向决策者们提出挑战。同样的，当社会服务的各个领域中的专业人士们，把自己的职业任务界定为帮助和辅助人们，而非创造出一种权力垄断，借以让人们变成依附于自身的客户，那么他们的自尊心就会得到提高。

当然了，有些批评人士会谴责我们的提案是"割据化"（balkanization）、"重新部落化"（retribalization）、"教区化"（parochialization）等等。先不谈巴尔干地区是否具有相关性，我们想明白地表明，部落和教区并不是诋毁性词语。它们常常被用作贬义，是十八世纪晚期出现的一种世界观所造成的。简单说来，那种世界观认为自然法则通过人们的政治意志得到反映，而后者是可以由理性的人决定并实施的。在过去的一百年里，那些幼稚的自然、意志和理性的观念，已经在从心理学到社会学到物理学的几乎所有学科中，被彻底地证伪了。然而讽刺之处在于，尽管没有几个人仍然相信这些神话，但是大多数社会思想和规划仍继续表现得好像它们是真的一样。结果就是，特殊主义（"部落意识"）的敌人变成了一个精英部落，试图把秩序强加于真实世界表面的非理性之上，并且

---

① 这三个超大型结构分别指美国卫生、教育和福利部（HEW），理查德·西尔斯和阿尔瓦·罗巴克联合成立的希尔斯（Sears）大型连锁百货商场，以及美国劳工联合会—产业工会联合会（AFL - CIO）。——译者注

他们发挥作用的前提是大多数美国人认为不合情理而且与自己的价值观念相敌对的。社会思想已经遭到了严重的破坏，政策也失败了，就是因为我们没有发展出一个多元主义的范式来取代那个已经被证伪的十八世纪的假设。我们希望本书中的提案，是朝着发展这个范式的方向所迈出的一步。

在这篇文章中，我们多次涉及民主价值观，并且告诫要提防威权主义和极权主义的替代形式。我们敏锐地察觉到公共政策中的局限，即打着"人民"的幌子，但实际上起作用的是 kratein①，即有效权威。我们还察觉到，美国的政体已经远离了显示民主理念有何可为的道路。政治操纵、媒体歪曲和单纯的冷漠所导致的结果是，绝大部分美国人在重大的国内和国际政策的问题上，几乎没有政治意愿，这里所说的政治意愿和民主理论中所用的含义相同。在民主政体的形式框架内，这些问题必然要由更加专业的政治精英来回答。但正是在谈到中介结构的时候，大多数人具有最准确意义上的政治意愿。在家庭、教会、邻里、兴趣、工作地点和休闲等问题上，大多数人非常清楚什么对他们有利。如果我们真的忠实于民主过程，那么设计公共政策的目的正是要赋予*他们的*政治意愿以力量。很可惜大部分美国人在美国和巴西的关系问题上都没什么政治意愿，但是那不构成削弱他们在教养自己孩子问题上非常清晰的政治意愿的理由。实际上，使政治意愿在其确实存在的地方无法发挥的政策，也会阻碍政治意愿在其还不存在的领域中发展，因此会进一步削弱民主进程，并为替代它的其他选项打开大门。

对有些人来说可能很难接受的是，并非所有理性利益都会朝一个方向汇集——或者至少对于哪些利益是理性的还没有达成普遍一致的意见。这意味着公共政策必须容忍长期的矛盾状态。对于那句常常被带着愤世嫉俗的情绪来援引的格言——"政治是可能性的艺术"，我们不需要屈从。事实上，政治是发现*什么*具有可能性的艺术。需要探索的并非单一的政策在遭遇特殊性的反击之前能走多远的可能性。相反，需要探索的，是通过强化无数的特殊利益而实现一个共同目标的可能性。这需要那些对社会政策

---

① 这里源于民主的希腊语词源 Demos Kratein，Demos 是"人民"，Kratein 是动词"统治"，即民主。Kratein 应为动词，这里可能被理解为统治集团了。——译者注

进行思考的人具有一种全新程度的谦逊——这里所说的谦逊，不是降低我们追求满足人们需求并且创造一个更加公平的社会的理想，而是在我们对需求和公正所下的定义方面保持谦逊。这个社会之中的每一个世界，不论它称自己为亚文化还是超文化或者只是美国文化，实际上都是一种亚文化，也是整体的一个部分。那些身处公共政策规划和实施领域的人，需要有意识地记住这一点。

有的亚文化把自己的价值观念视为普遍性的，把自己的行为方式视作世界性的，但这并不会减少它的亚文化色彩。纽约上西区的鸡尾酒会中明显的部落模式，并不比布鲁克林绿点区的波兰舞会中所体现出的部落色彩弱。前者是通过那些试图超越各种特殊性的人们之间的互动产生出来的，但只是导致了一种新的，而且还不一定更有意思的，特殊性。参加鸡尾酒会的人们可能会认为自己在思想上是解放的，的确，他们可能已经选择抛弃了一些自己生而具有的特殊性。但实际上，他们选择了一种新的特殊性。*解放并非逃离特殊性而是发现适合自己的特殊性*。你所选择的特殊性可能包括生活方式、意识形态、友谊、住所等等。继承来的特殊性则可能包括种族、经济环境、地域、宗教，以及，在大多数情况下，政治倾向。多元主义意味着在继承来的特殊性和通过选择实现的新的特殊性的进化之间的活跃互动。在一个多元社会中，公共政策的目标是尽可能多地维持特殊性，希望人们能够接受、发现或者设计出一种适合自己的特殊性。

也许有人会说，本文中所提出的公共政策的重新定向其实是幼稚且不切实际的。有一种强有力的观点认为，在现代性中推动改变的动力，是通过超大型结构特别是现代国家来运作的，它们就像一个巨型的利维坦或者蒸汽压路机，无情地摧毁在创造大众社会的路上所遇到的一切阻碍。有很多坏兆头都在支持这一论点。尽管我们无法预测这一进程的结果，但是我们决不能向所谓的必然性屈服。从更有希望的一面来看，有迹象表明，美国人民的政治意愿正在开始更加强硬地坚持自己的主张，反抗"大众一体化"（massification）。例如，有的社会分析专家把大众传媒描述为不可抗拒而又有同质化能力的力量，与这种观点相反的是，有强有力的证据显示，人们对于媒体信息并非不加批判地接收，而是通过无数的世界观折射出来，打乱了想要成为大众操纵者的人的意图。（幸好，有许多媒体信息常常相互矛盾。）新款福特"埃兹尔"（Edsel）①仍然不受欢迎（尽管埃兹尔本身是收藏家们收藏的对象）。有研究表明，许多有关越南战争的新闻中的反战倾向（我们也有这种倾向）往往折射成了对官方政策更强的支持。对各种性解放和生活方式解放的提倡，在人们对家庭理想的忠诚度方面所造成的损害，可以用经验方法证实的其实没多少。三十年的电视英语（更别提此前三十年的广播时代）并没有清除地域口音。简言之，令来自政界、文化界和商界的肥皂剧承包商们惊愕的是，对于当代贩卖新世界观的不法贩子们，美国人民展现出了一种坚定的怀疑精神，并且显然更倾向于相信自己的判断。我们不愿意夸大这些充满希望的迹象。相反的证据也能列举出很多。我们认为没有理由让自己屈从于那常常被描述为今日美国的"大众一体化"。

今日美国——那些词汇对于我们的论点非常重要。尽管我们的命题，我们希望，和现代工业化社会普遍相关，不论其性质是社会主义的还是资本主义的，但是其实现的可能性则尤其与美国相关。（我们可以说北美，包括加拿大，但是加拿大的特殊性中有一些方面——比如说法语的加拿大人和说英语的加拿大人之间存在的双民族主义——则超出了本文的讨论范畴。）美国社会至少有五个特点使它成为最适合的实验室，检验那些制定来强化中介结构和通过中介结构成为可能的多元主义的公共政策。第一是美国社会的移民属性。这一事实对多元主义的影响不言自明。第二，我们的社会相对比较富足。我们有资源去实验一个更加人道的秩序——比如，可以让每个美国人都有比较体面的经济收入。第三，这是一个相对比较稳定的社会。我们社会所面对的前景中既没有革命，也没有确定而快速的衰退，因此我们不用应对需要就社会问题给出全面或者确定答案的危机。第四，民主思想，以及使得民主进程能够进行的宽容和公平竞争的概念，实际上遍布整个美国社会。这使我们的社会在意识形态方面有利于多元主义。第五，不论它们被削弱成了什么样子，我们仍然保有相对强大的机

---

① 埃兹尔（Edsel）是福特汽车公司在1958—1960年间设计研发的车型，意在与通用汽车公司和克莱斯勒公司在美国国内市场竞争。但是事实是埃兹尔并不受欢迎，销售情况也非常低迷，福特公司在这款车上损失了数百万美元。"埃兹尔"成为"失败"的代名词，而且由于其性能低劣，名字也被解读为"每天都有另一处漏了"（Every Day Something Else Leaks）。这里应该是用埃兹尔讽刺大众媒体试图控制人们的意图又一次失败了。——译者注

构——政治的、经济的、宗教的以及文化的——形成了社会政策制定中的对抗性力量。想要实现垄断的愿望，至少在理论上，会遭受到挑战。而且我们的历史证明，这一理论在更多的时候得以践行。

最后，我们知道会有人争论说，不论这些对美国来说多有希望，但是美国对世界其他地方来说都是极坏的。这种观点认为，美国在民主多元主义方面的实验所获得的成功，是以其他地区为代价的，特别是那些比较贫穷的国家。这是个复杂的论点，本文无法对其进行公平论断。但是可以反过来问，如果我们消除以上五个特点中的任何一个，美国是否就会在某种意义上对世界更有好处。如果美国人民有更强的同质性，如果他们和危地马拉的农民们一样贫穷，如果他们的制度不那么稳定而且对民主的冲动不那么根深蒂固——这其中的任何一个条件是否能对一个更加公正的全球秩序做出更确实的贡献呢？我们不这么认为。

另一方面，我们也不像其他一些人那样，确信美国就是人类历史上的或者至少是现代工业化世界中的"先进社会"。也许它是——也许不是。但是我们确信这样一点：有些预测认为，大众社会是必然的，而在大众社会中，漫无目的的个人，被从一个不再属于他们的政体秩序中排除出去，孤独且无力；美国则有一个非凡的机会，可以和这些预测相抗争。我们确信，在美国继续进行的民主多元主义实验中，中介结构也许就是让人们获得新的力量的机构。

二 彼得·贝格尔和理查德·约翰·纽豪斯的回应

自我们撰写那篇构成本书焦点的文档至今已近二十年了。这个念头既使人惊惶，又给人慰藉，正如进行回顾性反思时常常感到的那样。根本上的惶恐，当然了，是来自于我们的文字终将消亡的暗示，这是此类著述都无法逃避的结局。还有更为世俗一些的忧虑，就是我们两个本来都并非政策分析人士，我们可能再一次做了超出我们能力的事。针对我们这个特定的例子，安慰来自于我们认识到中介结构（mediating structure）这个概念在今天和在20世纪70年代一样是合宜的，而且目前的政治气候更加有利于实现这个概念所具有的实践意义，至少是实现其中的一部分。

无论如何，在中间的这段时间里，没有发生任何事情使我们改变自己有关这些中介结构在现代社会中所具有的战略重要性的想法。在过去的二十年中，世界发生了急剧的改变，我们也是。没有改变的是现代社会的基本构造，它使庞大的、无名的而且具有潜在压迫性的巨型结构和个体那脆弱的个人世界相互对峙。在这些巨型结构中最重要的，当然是现代国家。现代国家所具有的压迫性力量在20世纪的极权主义中达到巅峰。近来发生的重大幸运事件之一就是极权活动可耻地倒台了，至少暂时是如此的，而且其中的原因已经广为人知。遗憾的是，这并不意味着"历史的终结"已经到来，而且民主资本主义将从此开始统治直到永远：你永远不能低估人类能有多么的健忘和愚笨。然而，大环境仍然前所未有地有利于民主、资本主义和多元主义，而且中介结构也借此获得了繁荣的机会。

但是即便是最为民主的国家也拥有供其任意使用的可怕力量，足以渗透并控制社会生活的方方面面。实际上，这种力量会被不断地滥用是无可避免的事情，即便驱使动用这种力量的动机在道德上是没有问题的。正如作者之一（纽豪斯）经常说的，原罪是基督教教义中唯一一个可以被在经验上证明却无益于信仰的。现代福利国家基本上是大规模使用权力的最为重要的实例，其动机总体而言是良善的，却发展成了进行压迫和腐败的工具。福利国家建立的基础是民主政体和市场经济这对双生子，却转而对二者都构成了威胁。从福利国家中孵化出的官僚体制危及民主政体，而福利国家运转产生的天文数字的花费则危及市场经济。如今，在每个工业化民主政体中，福利国家都面临着危机。这一危机，看上去确实很痛苦，但也提供了一个新的机会，去进行由中介结构这个概念所引发的思考。

转向右倾

《给人民以权力》原本刊行于卡特政权时期，现在看来，那好像是一个很久远的政治年代了。自那时起，美国的政策话语的中心就开始显著地向右翼偏转。1994年11月的选举，可以说认可了这种转向。其结果是，二十年前可能看起来极度乌托邦式的想法，现在会被那些在政治上持温和态度的人们以一种"事实如此"的口吻说出来。这种转向在诸多议题上都得到体现，而且在中介结构这个概念所具有的政策意义中也是如此。迈克尔·乔伊斯（Michael Joyce）和威廉·尚博拉（William Schambra）在本书的一个章节中很好地总结了这种当前在政治上很现实的新思潮。在

1977 的版本中，我们说过，我们的目的不是要粉碎福利国家，我们的政策建议首先关注的也并非削减政府开支。今天看起来，我们似乎有理由在这两个方面都少一点谨慎。两个作者在这个问题上有些分歧（相较贝格尔而言，纽豪斯已经准备好看到福利国家更加彻底的分崩离析），但是我们都同意，现在有可能对社会政策进行比我们当时设想的更为广泛的调整，而且考虑到联邦赤字的问题，在这个问题上考虑中立的税收政策（revenue - neutral policies）是不切实际的。威廉·高尔斯顿（William Galston）所著的章节说明了这个重新思考的过程并不局限于共和党一边。

　　现在，美国正处在反视自身的情绪中。鉴于世界其他地方正在发生的情况，这其实是一种非常危险的情绪。在社会政策方面采取内省式思考很明显比在其他政策领域采取这种形式的思考的危险程度要低，但是尽管如此，这仍然是可悲的。在美国所发生的只是更大局势中的一部分。福利国家遭遇的危机在西欧基本已成现实（别忘了，西欧是最早构想出福利国家的地方），而且由这一危机引发的论争和在美国发生的非常相似。大卫·格林（David Green）所写的章节清楚地展现了其中的相似之处。随着在美国的讨论不断发展，我们认为多关注一下国际上的经验会有所助益，首先是发达工业社会的经验，但是，一些对社会政策有着创新思考的发展中国家或者新兴工业化国家的经验也值得注意。这里我们想到的是智利，它的养老金制度正在进行急剧的私有化。此外，东南亚的一些正在迅速发展的社会从一开始就在寻找一种限制政府在社会服务投放方面的角色。某种角色的反转也并非完全不可能——更加发达的社会也有可能从智利或者马来西亚［那些可能受益于索尔斯坦·凡勃伦（Thorstein Veblen）所谓的"后发优势"的国家］这些地方学到东西。不过那个话题最好还是留给将来可能出现的课题。

　　在最近几个月里，美国的中间偏右派中一直流传着一种必胜主义的论调。这种回应是可以理解的，也确实是应得的。不过也有些夸大其词。因此，我们在原则上并非完全不同意吉姆·平克顿（Jim Pinkerton）在其所写章节中表达的见解，其大意是在许多有关这些议题的知识界的争论中，我们一方获得了胜利。原则上，是的——就是说，如果我们想象有一群不偏不倚而且完全理性的听众，那么我们确实赢了。不幸的是，这样的听众是很稀少的。尽管平克顿脑中有那么多好的论点，但是福利国家的旧范式仍然萦绕着政治话语。这基于以下的社会政策公式：确定一个社会问题；将其定义为政府职责；设立一个旨在解决该问题的政府项目。智识上的习惯和其他习惯一样会慢慢死去。多年来都遵循这个公式进行思考的人们，不容易被引导向新的角度来看待现实。但是除了懒散的思维模式之外，其中还涉及更大的利益。围绕着每一个福利国家政策，都滋生出了非常巨大和强有力的既得利益。中介结构的概念中所暗含的范式转换直接威胁到了其中的一些既得利益。不用多说，他们会反击。的确，无论在何处尝试任何类似的概念，遇到的抵抗都是激烈的。这里只要举一个例子：教师联合会对任何涉及在学校选择方面真正的家长自由的教育改革，都是强烈反对的。

中介结构的定义

当我们第一次对中介结构的概念进行阐述的时候，它便在相当广泛的意识形态领域中受到了欢迎。早在当时，这种接纳程度本该使我们感到忧虑。很快，*中介结构*这个术语本身变得家喻户晓，常常被不带引号地引用，也没有把我们的小书列为引用的出处。我们并没有抱怨，相反感到荣幸。毕竟，如果你凭空创造出来的一个词被当作一个普通名词来使用，是一件令人高兴的事情——比如*可口可乐*(coke)，或者*传真*(xeroxing)，或者*冰箱*(fridge)。然而也许是不可避免地，这个概念的迅速扩散导致了严重的错误解读。我们对于中介结构的定义是相当清晰的：那些处于个人的私人世界和现代社会的那些庞大而非个人性的结构之间的机构（institutions）。它们组成一个载体，个人的信念和价值观可以通过这个载体传递到大型机构中去，借此成为"中介"。它们因而是"双面的"机构，既面"向上"，又面"向下"。那么它们的中介行为是对社会生活的两个层面都有益的：个人得以受到保护，抵御来自现代生活的异化和"无序"（anomie），而大型机构，包括国家在内，则被和统治着普通人实际生活的价值观念联系起来，从而获得合法性。在这个定义中，中介就是做着中介的事。换言之，我们并没有开列一个武断而抽象的清单，规定哪些机构应该被严格地称作中介（尽管我们列举了一些宽泛的类别，比如志愿结社（voluntary associations）、教会、邻里）。相反，我们认为如果一个机构充当了中介的角色，就应该被认为是一种中介结构。这一定义中的成分被以很有趣的方式误解了，在左派和右派中都是如此。在左派中，这个概念被从动员草根阶层以及，最近以来，被从实行公有制的角度进行理解。肯定的是，有些草根组织和基层社区也许确实是中介结构。但是在以下两种情况下它们可能并非中介结构：它们要么是通过代理人从外部对人们的生活世界构成的入侵，这种情况下它们不过是大型机构的分支而已；要么是私人意义体系和生活方式的飞地，而和更大的社会之间毫无瓜葛。在右派看来，这个概念被理解为包括政府之外的所有机构，这样一来，当然了，把整个概念的外延扩展到了一个毫无用处的境地。通用汽车公司或者联合卫理公会都并非中介结构，尽管一个通用汽车工厂下属的车间或者一个本地的卫理公会教会可能是中介结构。事实上，甚至是一个本地的政府机关都有可能和它所服务的人群的价值观之间存在着有意义的联系。并非每个非政府组织都是中介结构。

尽管我们创造了这个短语，这个概念却并不新颖。中介机构的重要性已经被现代政治思想界的许多作者所肯定，至少可以追溯到埃德蒙·伯克（Edmund Burke）捍卫法国革命者们的"小连队"（small platoons），反对对他们进行"几何式"抽象（geometric abstractions）。同样的机构也被包括在了罗马天主教思想中的"权力自主"原则（the principle of "subsidiarity"）中。社会学理论则认为这些机构对社会凝聚力来说至关重要——正如埃米尔·涂尔干认为志愿结社缓冲了现代性对个人的压力，或者德国社会学中对法理社会（Gesellschaft）和礼俗社会（Gemeinschaft）的区分，或者所谓的芝加哥学派所着迷的多种形式的社区，这些社区迅速成长起来，为生活在现代大都市那毫无个性特征的广阔中的个人提供了意义和归属。我们将自己置于这光荣的社会思想潮流中是非常明智的。不过我们可能被自己对这些机构的热情冲昏了头，忽略了它们中的一些在社会中肯定扮演了罪恶的角色这一事实。因此，从我们所做定义的角度严格来说，黑手党、三K党以及试图让政府和乘坐UFO造访的外星人进行谈判的组织的本地分支，也都可以被描述为中介结构。它们确实在个人和更大的社会中起到了中介作用。只是由此传递的是犯罪的、不道德的或者纯粹疯狂的信念和价值观。我们现在要指出，（简单来说）存在着好的和坏的中介结构，社会政策必须从它们传递的价值观念来进行这种区分。例如，如果教育券（educational voucher）① 变成了社会政策的一部分，那么对于由罪犯或者狂热的种族主义者运营的学校，或者寻求向孩子们灌输明显是疯狂的世界观的学校，教育券就不该是可以讨价还价的。这种歧视显然制造了一些麻烦，但是并非不能克服。因此，就罗伯特·伍德森（Robert Woodson）对于在城市内的邻里间发挥作用的那些非常令人敬佩的机构的描述，我们没有什么可挑剔的。但是我们也注意到这样的事实（正如他也注意到的那样），这些机构中，并非全都一样值得敬佩。幸好，对抗这种病态的管制只在小范围内需要，因为除了相对很少的特例之外，人们会做出对他们和他们的孩子来说最好的选择。（而且公共政策应该永远偏向于尊重人们认为最好的那边。）

对管制致命的接纳

回想过我们以前写下的内容，我们现在必须讨论一下在中间的这几年里日渐占据我们思想的问题：如何保护中介结构免于对政府管制的致命接纳。就算没有税收资金支持这些机构，问题依然存在；当把税收资金导入这些机构的时候，问题明显大大增加了——打的旗号是责任、公平，或者随便什么其他理应管理公共资金使用的道德准则。我们当时注意到了这个问题，但是我们现在要说，那个时候我们没有对它给予充分的严肃对待。基本上，从那时起这个问题便大大地恶化了。除非这个问题得到解决，否则当这些机构首先被政府"发现"然后又受到政府资助的时候，那种原本把这些机构和政府部门区分开来的生命力就被摧毁了。它们实际上变成了顶着另一个名字的政府部门。这并非仅只是一种发生的可能。它已经在私人慈善领域全面发生了。

在 20 世纪 70 年代，我们低估了伴随着政府资助的腐败的程度——当然并非犯罪意义上的滥用资金（那相对是种能加以管理的情况），而是隐藏得更深的腐败，这些机构重新改造自己以继续成为政府施舍的受益人。对这些公共资金能够借之被导向中介结构的不同机制，道格拉斯·贝沙洛

---

① 教育券（education voucher 或者 school voucher）是一种政府发行的资助证明，学龄儿童的父母可以用它全额或部分地支付他们自己选择就读的公立或私立学校当年或当期的学费。——译者注

夫（Douglas Besharov）提供了一个非常简明扼要的描绘，并且指出其中一些机制可能比另一些更受青睐。不论采用哪种机制，前述的问题都依然存在。莱斯利·伦考斯基（Leslie Lenkowsky）和马尔文·奥拉斯基（Marvin Olasky）所著章节为这里所讨论的腐败提供了令人心惊的证据。通过这个静悄悄的"政府化"过程，中介结构发生了畸变，这个问题必须放在任何对社会政策进行的重新思考的核心位置。

因此，我们必须对当时标记为"最大限度"（maximalist）和"最低限度"（minimalist）的选项进行重新思考。最大限度选项是使用中介结构，通过税金来投放社会服务；最低限度选项是规避这种资助，仅只是赞同政府不应当干预中介结构，让它们按照自己选择的方式运作。当然了，后一种选项是比较经典的保守选项。这个问题我们并没有完全解决。而且本卷各章的作者们之间也有着不同的意见。因此，迈克尔·霍洛维茨（Michael Horowitz）明显偏好最低限度选项，而斯图亚特·巴特勒（Stuart Butler）则相信有方法可以降低接纳政府的风险。无论如何，我们清楚并没有足够的理由声称更加偏好最大限度选项（如同我们以前做的那样）。这种选择必须是有条件的，要建立在一整套意在为这些机构创造出一顶保护伞的立法和政策方案之上。设计这样一整套方案是我们现在正在考虑的后续课题的内容。如果最终得出的结论是这样的一套方案在当前的条件下是无法实现的，那么就必须转而选取最低限度的立场，并且对必然的政治后果予以坚决的回应。这一选择影响深远，应当放在学术研究的优先位置上。

这个问题的另外两个方面也应当加以思考。如果我们说这些机构应该受到保护，我们的意思是它们想要被保护。然而，事实上很多机构迄今为止都对自己作为半官方部门的身份感到很满意。它们可能已经被致命地包括在政府管制之下了，但是它们对此却很享受，也不想从中获得自由。我们不确定如何去解放那些对受奴役的状态甘之如饴的人们。这个问题的另一方面涉及宗教。许多中介结构都是教会的分支，或者至少起初是这样。在过去的四十多年里，联邦法院对宪法第一修正案所做的世俗化（或者去宗教化）诠释所带来的后果是，以宗教界定自己且寻求税金资助的机构，被迫降低了对自身宗教色彩的强调，或者甚至对其完全否定，而这些宗教因素原本却是它们存在的理由。因此，我们现在会看到这样的荒谬景象，比如说，一个接受政府资助的天主教学院，会大声宣布自己提供的教育当中没有特别的天主教色彩。因此，最大限度选项所需要的保护伞，必须要能够容下那些不想为了受到政府资助就使自己变得世俗化的宗教机构。同样，这个问题并非难以克服的。许多欧洲的民主国家（比如德国和荷兰）在这个问题上就能提供些帮助。在美国的情况下，要解决这个问题，就必须得有一个包括立法和诉讼在内的议事日程。

结　论

正如迈克尔·诺瓦克（Michael Novak）在其所著章节中所清楚说明的，中介结构在社会政策中的角色引起了一连串相互关联的问题。本书无法装作已经回答了所有的这些问题。如果这本书能够进一步推动讨论，厘清选择，并且至少约略勾画出一些实践的方向，那么就达到它的目的了。

二十年后回首往昔，当我们说对于《给人民以权力》这本书中的论述而言，1977年的政治文化没有今天的那么有利，我们是承担了听起来像是为自己服务的风险的。然而，我们要强调的是，不同于今天的政治文化中的某些方面，中介机构的提法并不是反政府的。我们是倾向于政府的。我们强烈支持尽力践行美国的实验（American experiment）——即自治——的政府形式。教宗约翰·保罗二世在其有关社会准则的通谕 *Centesimus Annus*（第一百年）中，强调了"社会的主观性"这个概念。其含义是人以及社区中的人处于一个最佳位置，来回答亚里士多德所说的*核心政治问题*（*the* political question）：我们应该如何一起安排我们的生活？（How ought we to order our life together?）在这个意义上，人需要管理自己。"国家"并不指导人民；是人民指导国家。

这个政治问题同样也是一个道德问题，而且除非中介结构的提案能够和下一代的智识以及道德能量相接轨，否则它不会走得很远。在过去的五十年间，可以很公平地说，社会政策对智识和道德两方面的刺激大部分都成为人类行为政府化的俘虏。典型的假设是人们无法进行自治。无疑有许多原因造成了这种被束缚的状态。大萧条和第二次世界大战中的能量的国有化都在其中起了作用。许多知识分子的前途变得日益依赖扩张的政府也是因素之一。但是，在更深的层次上，从所谓的美国人的日常生活中，产生了一种智识上的异化。家庭、邻里、教会这些"小连队"被看做是过时、沉闷又"狭隘"的东西。新事物，令人兴奋的事物，是计划、理性和社会修正——一句话，扩大了的政府管控。

知识界有没有可能对普通人的日常生活产生兴趣呢？在不沦为某些平民主义的浪漫幻想的猎物的情况下，我们认为答案是有可能的。我们非常希望这是可能的情况，因为如若不然，在那些对自以为比当事人更加清楚该如何生活的人保持着憎恶的人看来，知识分子阶层就会是永远的敌人。《给人民以权力》并不囿于具体的政策指导，邀请大家来重新发现对于美国实验在学术和道德上的激情；美国实验是美国人民以自由或能在远非完美的世界中找到的随便什么美德的名义，所进行的自己管理自己的探索。

第17章　相对性的时代中宗教传统之间的对话[①]

描述一个时代的特征总是充满了风险，但是把我们的时代叫做充满相对性的时代，我认为，是十拿九稳的。许多人（尤其是神学家们）仍然相信我们身处于一个世俗的时代。这种信念背后的假设是所谓的世俗化理论。一旦你剥去它外面矫揉造作的社会学术语，基本命题其实很简单：无论在机构秩序或个体意识中，现代化都意味着宗教的衰落。有许多研究宗教的学者间达成了广泛的一致，我和他们一样，也曾支持这一理论，并对其做出了贡献。我以前错了（我用了近二十年的时间得出这个结论，但这是另一个故事了）。我觉得我们这些曾经犯了相同错误的人其实并非完全错了。现代性确实改变了宗教的社会和心理环境。但是这种改变未必是世俗化，除了在世界上的某些地区，尤其是西欧和中欧（但那也是另一个故事了）。当今世界的大部分地区（重要的一点是，包括美国）正在见证宗教热情强有力的爆发，有些具有影响深远的文化、政治和经济后果。一百多年前，尼采在他认为一个无神论的时代即将来临之际，宣告了上帝的死亡。如果他活到今天，可能会感到失望。不久之前，我看到一个保险杠贴纸上写着："亲爱的尼采先生，你死了。你非常忠实的，上帝。"（在大波士顿地区，我们有大约六十所高等教育机构，所以我们有不少精彩的保险杠贴纸！）

现代性不一定导致世俗化。现代性所必然导致的，是多元化。现代化的所有根本力量带来了一种情况，即大多数人不断地遭遇和他们原本的生

[①] 本章选自 Dialogue between Religious Traditions in an Age of Relativity. Mohr Siebeck, 2011。——译者注

长环境所不同的信仰、价值观和生活方式。在机构层面上,这意味着不同的(宗教的或其他的)意义共同体不得不找出共存的方法,除非他们想让自己的社会卷入不断的,可能是暴力的冲突之中。在个体层面上,它意味着人们不再能够把上一代人的世界观当作理所当然;相反,他们必须在生存环境中所提供的可以相互替代的世界观之间做出选择。换言之,多元化也意味着*相对化*。换句话说,信仰、价值观和生活方式失去了它们理所当然的地位。需要强调的是,这个过程不但影响了宗教,而且影响了所有认知性和规范性的现实定义。但是这个过程对宗教的影响尤为尖锐。这对任何宗教传统而言都是非常大的挑战,但和世俗性的挑战是不同的。

美国和欧洲的宗教形势是相当不同的。从任何合理的标准来看,美国的世俗程度都大大低于欧洲。然而随着个体在各种宗教选项之间做出复杂而且常常很怪异的选择,相对化的过程在两块大陆上都有极强的呈现。法国社会学家丹妮尔·赫威—里格尔使用了"bricolage"① 这个词描述这种现象,勉强可以翻译成"拼装"——跟孩子把一片片乐高玩具以不同方式组合一样。她的美国同事罗伯特·伍思诺使用了"拼布宗教"(patchwork)指涉同一种现象。两种构想都描述了做出选择的个体;只是很偶然地,美国人更多地做出了宗教的选择。我无法在这里详谈造成这两块大陆之间差异的原因;我选择轻松点的办法,提一下我最近和格蕾丝·戴维以及艾菲·福卡斯合著的新书《宗教化的美国,世俗化的欧洲?》。本文中,我只想说在全世界都可以观察到基本相似的多元化和相对化进程,虽然对此做出的反应有极大差异。必须努力地寻找处于原始隔离状态的净土,才能找到仍对这些进程免疫的人们,也许在亚马逊丛林深处会有所收获。但是必须得加快速度了。隔离的状态注定很快会被入侵,有可能是石油勘探队,也可能是生态旅游倡导者们。

相对性的体验广泛的弥散于任何现代或现代化中的社会。大部分人就像应对大部分的生活一样对付相对性。他们试着不要想太多关于它的事情,他们尽量把乐高玩具拼成最好的样子,他们在随便一个看似合理的意义共同体中求得支持,然后如果他们实在觉得很困扰,他们就从随便一个

---

① "Bricolage"源于法语,大致可以翻译成使用手头现成工具摆弄修理利用手头东西制成的物品。作者使用了"tinkering"作为英语中的对应词。——译者注

找得到的心理治疗机构那里寻求帮助（在欧洲和美国，有种家庭作坊专为摇晃的世界观提供维护和修复服务）。但是有的人（不光是知识分子）在生活中需要更加有条理的意义结构。换言之，他们需要一种理论（具有某种严密程度）。可以提供两种看似矛盾的理论可能——相对主义和基要主义。两者都给其拥护者提供了一定程度的确定性，因此缓和了相对性引起的不适。

相对主义是对相对性的*完全接纳*。这也可以说是必然性所造就的美德。其基本假设是没有现成的道德或宗教真理，对这种真理的追寻是徒劳无功的，而且可能是令人讨厌的。一旦接受了这个命题，它便会让你真正体验到解放。个体开始注意到自己是个自由人，而且世界是个让他行使这种自由的宽广舞台。有一点很重要，就是思想并不复杂的人也可以持有这种世界观。在美国民俗中的流浪汉哲学家就是这种可能性的一种体现——这种人，除了他自己独特的价值观之外，对什么都不忠诚；戳穿全部所谓的确定性；对所有愿意不去烦他的人都极为宽容。我想补充一点，这并非一个完全不吸引人的形象。如果相对主义有赞歌，那应该是伟大的美国民谣"哈里路亚，我是个废物！"。但是要成为一个相对主义者，不一定得是流浪汉。至少在现代社会，有一种广为传播的态度，其最高，也许是唯一的美德，就是宽容。在美国，这种态度已经被民主信条——"这是个自由的国度！"——或者"让我们保留不同意见"。在欧洲也同样会遇到对宽容的狂热崇拜。我的朋友兼同事，托马斯·卢克曼在德国参与了一项富有想象力的研究，研究内容是日常生活中的道德判断——不宽容是道德批判最通常的目标之一。我要再一次说明，这一现象是有其吸引人之处的。美国有关对种族、民族和宗教少数群体持有偏见的数据呈下降态势，便与此有关。而当人们带着这种泛宽容的观点，遭遇绝对无法容忍的信仰和行为时，危机便出现了。在欧洲，所谓的多元文化的危机便是一个重要的例证。

相对主义也可以用高度复杂的术语进行表述。马克思、尼采和弗洛伊德被合理地视为20世纪主要相对主义理论的奠基人。第二次世界大战之后，各种形式的存在主义被描述为"猜疑的艺术"，这在当时被认为是一条通往自由之路。后来，所谓的后现代理论，一旦识破其中故弄玄虚的行话术语，就可以看到这种理论非常清楚地提出追寻真理是徒劳的。世上没有客观事实,只有"叙述"——没有具约束力的道德判断,只有对终将曝光的既得利益的表达。所有形式的相对主义都有一个共同的问题:如何使相对主义者自己的理论,豁免于强加在其他所有人的理论之上的"解构"。时常会出现一些漫画般的情节,努力寻找对揭破事实真相有免疫能力的认识论精英,这里不对之进行讨论。刚才提及的理论体系都是世俗性的,有的是彻底反宗教的。但是我们至少应该简略地讨论一下宗教形式的相对主义。

我发现英国神学家约翰·希克(John Hick)① 所做的大量工作是最有趣的(而且,我想补充一点,引人入胜的)例子。希克号召在神学界掀起一场"哥白尼式的革命"。他认为,大多数宗教传统都自认为居于绝对真理的岩石之上,从那里出发,也只有从那里出发,才能设法直面终极现实。这可以和哥白尼之前,将地球视作宇宙秩序的中心的观点相比较。希克建议,我们应当把各个宗教传统看成行星,围绕着终极现实的太阳旋转。没有行星能完全地看到现实,而只是它的几个方面。神学家必须小心地比较不同的局部视角,并把它们拼凑在一起,尝试更加接近真理。这个宗教太阳系的比喻中存在的问题是:有种可能性,它并没有处理,即从有些行星上,是根本看不到终极现实的——他们可能面对着其他方向。换言之,有可能有的视角不仅是局部的,而且是*错误的*。希克察觉到了这个问题。我认为他的解决方法并不尽如人意:如果有的视角导致了在道德上不可接受的行为,那么我们就将这些视角判定为错误的。我要提出另一个比喻:希克没有完全直面托尔克马达②的身影。

应对相对性的另一个极端是基要主义(fundamentalism)。这个术语有很多不同的用法,通常是贬义的(基要主义者就是那些反对你所谓的开明主张的人)。定义不是完美的,但是我认为,对基要主义所能下的一个有用定义是:基要主义试图恢复或重新创造一种绝对确定的、可以被再次

---

① 约翰·希克(John Hick),英国基督教神学家,宗教哲学家,主要著作有《信仰与知识》、《恶与仁爱的上帝》、《多名的上帝》等。——译者注

② 托尔克马达(Torquemada),西班牙第一位宗教裁判所的大法官,被认为是"中世纪最残暴的教会屠夫",在1483—1489年间共判决烧死了10220名异端,另有6860名在逃或已死者被缺席判处火刑(焚烧模拟像),被判穿圣宾尼陀服、抄家与终身囚禁的有近10万之众。——译者注

当作理所当然的世界观。人们的注意力通常都放在基要主义的宗教版本上,这种形式确实有很多。但是也有非常重要的世俗版本。20世纪最残暴的基要主义形态是世俗形态的。但即便拥护的是比较和平的意识形态,基要主义也可以摆出绝对的确定性和对持异见者零容忍的姿态——正如这些绝对真理的传播者们所说,持异见者就是"还没明白真理的"那些人。在美国针对堕胎问题的运动中,"支持选择权"(pro-choice)和"支持生命"(pro-life)① 两派的活跃分子们,和最激进的伊朗毛拉们一样狂热(尽管通常这些活跃分子们不会想要从身体上清除针对他们的批评者们)。正如最近我们看到的那样,有些"气候变化"(climate change)的拥趸们也会如此狂热。所有的基要主义运动,不论是宗教的还是世俗的,都对潜在的成员们许下相同的承诺:"来加入我们吧,这样你就会找到迄今为止都在逃避着你的确定性。"这样的承诺足够真实:如果你能完全相信这据说很确定的世界观,那么你确实会得到看起来像确定性的东西,那会让你非常平静。

宗教基要主义者,正如其世俗的表亲们一样,会走向两个方向。第一个方向,他们可以寻求将自己的世界观强加于整个社会。这个目标通常只能通过暴力手段达成,如果成功了,也只能通过极权政制(totalitarian regime)。这个类型中,上一个公开进行的基督教方案,是西班牙内战中的国民军,他们试图重建一个"完整的"天主教社会。幸好极权主义的实践在现代条件下难以维系。第二个方向则比较温和,尽管有其自身的问题,但更有机会获得成功。现在的目标是将一种世界观,加诸处于基要主义控制之下的亚文化或教派之上,而非强加于整个社会。

如果大家赞同前文中对相对性的社会基础的分析,那么基要主义者和相对主义者比他们自己以为的要有更多共同点。二者都试图逃离不确定性所带来的不适,以及被迫做出选择的负担。二者可以说都是现代性中的流亡者(尽管相对主义者认为自己是最现代的)。而且基于哲学和社会学的理由,对两者都应加以拒绝。从哲学角度来说,两者都体现了对理性的拒绝——因为对理性的追求就意味着真理存在的可能性,以及怀疑的正当性。从社会学角度来说,两者都破坏了社会秩序的稳定性——因为基要主

---

① 即赞同堕胎和反对堕胎的两派。——译者注

义者们创造出来的要么是暴政，要么是无止境的冲突；相对主义者们则阻碍了道德共识的形成（埃米尔·涂尔干所谓的"集体良知"），如果缺乏这种共识，社会就会毁灭。对这两种极端立场的拒绝，必然导向寻求*中间立场*。当涉及宗教问题的时候，这种寻求便恰好指向我一直准备要谈的话题（你们可能一直在想我到底什么时候才会进入正题！）——*宗教传统之间的对话*——换言之，各种宗教可能性之间的接触。

这种对话并非全新的概念。基督教历史上的使徒时代，很大部分是以新的信仰和犹太教之间的对话为标志，虽然这种对话并不总是以和平的方式进行。教父时代则由耶路撒冷和雅典之间长久的对话所构成（不论德尔图良是否愿意）。在伊斯兰教控制下的安达卢西亚，[这就是被大肆吹嘘的穆斯林、犹太教徒和基督徒之间共存状态（*convivienca*）在理论上的表现]，在霍亨斯陶芬家族统治下的西西里王国，以及在莫卧儿皇帝阿克巴的治下，不同的宗教传统间也存在着开明的对话。因为前文略加描述的原因，当今的时代大大扩展了对话的机会。可以说，共存既是一种挑战，也是一种社会必然。

你可以区分出不同类型的对话。一种是宣教类——和"他者"交谈，使他们皈依。这无疑是讨人厌的类型。然后还有其他的三种类型，这三种类型就其本身性质而言，都是完全可以接受的——学者式对话，单纯以知识层面的理解为目标；移情式对话，寻求发展出一种对待"他者"的积极态度；以及有政治动机的对话，寻求不同宗教人士之间的共同点，以服务于理想的道德目标（例如和平、社会正义或者人权）。然而，还有另外一种（比较罕见）的对话类型，也是本文所关注的——为了扩大自身对真理的掌握而进行的对话。我不确定如何命名这一类型——也许可以叫做*对话式接触*（*dialogic engagement*）。

当代宗教间对话的萌芽可以追溯到1893年在芝加哥举行的世界宗教大会（World's Parliament of Religions），该届大会的著名事件之一就是吠檀多（Vedanta）第一次造成了西方世界的巨大轰动。第二次世界大战后，随着现代性在全球加速推进，对话的实践变得非常普遍，包括由梵蒂冈和普世教会协会（World Council of Churches）发起的官方对话。对话人是有所不同的。基督教—犹太教之间进行对话的强烈动机很明显，是使基督教与任何形式的反犹主义彻底决裂。当前有一股主动与伊斯兰教进行对话的风潮，原因也很清楚。不太受政治因素影响，但受到哲学因素极大影响的，是在亚伯拉罕宗教与起源于印度次大陆的宗教，尤其是印度教和佛教，之间的对话——在耶路撒冷和贝纳勒斯之间增进理解的对话。随着基督教人口向全球南方转移，在全球南方（特别是非洲）充满浓厚超自然气氛的基督教和全球北方镇定得多的基督教之间，将势必有一场对话。

在本次讲演的余下时间里，我将为有效的对话式接触提出一个前提和六项条件。如果我真的想傲慢一点，带着对伊曼努尔·康德应有的歉意，我可以把所观察到的内容称为"任何将来能够自呈为相对主义和基要主义之间的中间立场的对话之导论"。也许我最好还是算了。

前提：除非你愿意接受相对化所带来的不确定性，否则不要开始这种接触。换言之，这对基要主义者们不适用。这个前提可以分别从亚伯拉罕宗教的三个分支进行阐述。我们在波士顿大学的研究中心——文化、宗教与世界事务研究所（the Institute on Culture, Religion and World Affairs）——最近结束了一个为期两年的项目，其间，一队来自美国和欧洲的学者们提出了如何在基督教、犹太教和伊斯兰教的思想框架内达成前文提到的"中间立场"。［我屈服于在这里加上一个脚注的诱惑：研究团队的成员们写就的论文，由我主编，已经集结成册出版，标题为《在相对主义和基要主义之间》（*Between Relativism and Fundamentalism*）。就这个话题，我发展了自己的思路，和安东·齐泽维尔德（Anton Zijderveld）合著了《褒扬怀疑》（*In Praise of Doubt*）。我还要加上祖鲁人的一句谚语："如果我不敲响自己的鼓，谁又会替我敲呢？"］

条件一：如果你开启了一场真诚的对话式接触，你必须接受一种可能性，即接触产生的后果之一，是你自己的看法至少在某种程度上会发生改变。换言之，你离开对话的时候，已经不是开启对话时候的你了。当然，这并不意味着你会皈依谈话对手的世界观。有很多社会和心理因素解释这为什么在大多数情况下不大可能。然而，你不该预先排除这种可能性。不论如何，都会有一些变化。

约翰·希克详细叙述了他是如何变得对基督教和其他宗教传统之间的关系感兴趣的。他曾是一位新教牧师，生活在一个有很多宗教少数派居住的英国城市——有穆斯林、印度教徒、锡克教徒。起初在他看来，"这些他者"只是缺乏他所遵循的真理。随着他无数次地在与他们的接触中进行互动，他渐渐发现不可能这样去想他们。他开始玩味这样一个观念，他也可能向他们学习些什么——就是说，学习点宗教方面的东西。对任何熟悉现代社会心理学的人来说，这都不是什么新鲜事。有很多数据说明，在与他人的交谈中，人们的看法是如何发生改变的。我们的确是社会动物。当人们彼此以一种严肃而持久的方式交谈，一种我称之为认知污染（cognitive contamination）的过程就会发生。这就是基要主义者必须避免和持异见者交谈的原因。如果他们成功地控制了整个社会，他们会控制一切与外部世界的交流。如果他们必须将自己限制在教派亚文化的微型极权主义形态，他们将用对身体的强制取代心理上的压力。

我觉得我们不应该为这一基本的社会心理学现象感到困扰。如果我们有理由确定自己已经获得了真理的一些线索，就应该能够想到其他的线索可能会强化我们手中的真理，甚或改变我们对于它的理解。那时，曾是别人世界的一部分，就会变成我们自己世界的一部分。当我第一次造访伊斯坦布尔的时候，我很担心家里的一些事情。我无法打电话找到家里的任何人，也因此变得很焦虑。东道主带我去参观蓝色清真寺①，它是金角湾沿岸最壮观的建筑物之一。那是傍晚时分，没有举行礼拜，显然游客们也已离开。清真寺空荡荡的，只有几个老人坐在靠后的地方，在沉思或者也许是在睡觉。除了寂静和空旷的巨大空间，别无他物。突然，我的焦躁消失了，我的思绪也变得宁静。我不知道在这种空间中，是否有很多穆斯林都有过一样的体验，但是伟大的苏菲派诗人鲁米，写过一些有关神存在于无，神的话语透过寂静传达的美丽诗句。如果可以这么说的话，这就是体现伊斯兰教感受力的一件工艺品——广袤而一无所有的空间——对我来说不再是异物，而成为我自己世界的一部分。

条件二：你必须能够对自己传统中的核心和边缘内容加以区分。用我自己的社会学概念来说：认知污染导致认知交涉（cognitive bargaining），这反过来就会导致认知妥协（cognitive compromises）。这些发展可能会以区别很大的复杂程度出现。在过去的两百多年里，西方世界的宗教思想家们一直在与现代世俗性进行激烈的谈判。他们被迫对于自己信仰中什么是

---

① 即苏丹艾哈迈德清真寺，因其室内墙壁上所贴的蓝色瓷砖而被称为蓝色清真寺。——译者注

可以协商的，什么是不可以协商的进行选择。有些基督教思想家们愿意放弃大部分（如果不是全部）耶稣的神迹，但是复活（无论经过怎样的诠释）是不容商榷的。例如，犹太教思想家们准备无视利未记中令人毛骨悚然的惩治罪犯的刑罚，但是，包含了神赐予以色列人的戒律的摩西五经中的核心信仰是不能放弃的。

在这一点上，普通信众通常比神学家理解得更好。长久以来，天主教、新教和东正教的神学家们就西方教会在尼西亚信经中插入"来自圣子"（filioque）①的问题进行着对话；而在天主教和路德派神学家之间，则就因信称义的原则进行不断的对话。我相信这两种对话的努力都得出了相关会议的所有成员所愿意接受的折中方案。我绝不愿意非难这些为达成普世教会和解的努力；特别是我所感兴趣的第一个对话。但是我清楚地注意到，这些教会的大多数平信徒对这些细微的差别并不了解也不感兴趣。在今天的俄罗斯，一场非同凡响的东正教复兴运动正在发生。不久之前，我在圣彼得堡的一个重要的教堂里参加了一个人潮汹涌的礼拜仪式，那是一次对东正教的虔诚的宣告仪式，令人印象深刻。我怀疑有多少在那里的人会对围绕着"来自圣子"的问题所进行的谈判有一丝丝兴趣，而且我很确定，如果我告诉他们，没有什么令人信服的原因可以解释为什么东、西教会不应该重新合并，他们会嘲笑这种想法——他们本能地知道自己的虔诚和西方教会里的虔诚是非常不一样的。然而他们对于自己信仰传统中的内容何为核心、何为边缘的认识，却极少成为普世教会实践中的一部分。这也就是为什么这些普世教会实践常常看起来像在想象中的国家之间举行的边界议定谈判。

条件三：必须接受当代宗教中的自愿原则。这单纯是建立在多元化所带来的经验证据之上——在现代条件下，宗教垄断是极难确立的，即便是国家想这么做也很难。人们可以选择，如果无法强迫他们，也必须说服他

---

① 尼西亚信经有着不同的版本，在天主教的版本中，有关圣灵的叙述是"我信圣神，祂是主及赋予生命者，由圣父圣子所共发。祂和圣父圣子，同受钦崇，同享光荣，祂曾藉先知们发言"；在圣公会的版本中，是"我们信圣灵，是主、是赐生命者，从圣父、圣子所出，与圣父、圣子，同受敬拜，同享尊荣"；在东正教的版本中，则是"我信圣神，施生之主，发于圣父，偕父及子惟一钦崇，藉先知者之口而尝谕"。可见，在东正教版本的尼西亚信经中，认为圣灵是来自于圣父，但并未提及圣子，由此产生东、西教会的一大分歧。——译者注

们。法律上所界定的宗教自由，是对经验证据进行规范性的合法化。（也许这是说明法学家们称为事实的规范性力量的好例子）。

罗马天主教会自法国大革命以来的历史，就是一个很有启发性的例子。我认为，宗教中的自愿原则深深地厌恶传统的天主教思想，这种说法是公正的。因为在十九世纪的大部分时间里，教会所走的每一步都在与之做斗争。可以肯定的是，威斯特伐利亚和约以及随后对新教的妥协，迫使教会从一些垄断性的活动中后撤，但这些妥协是政治必要性而非神学原则的产物。无论如何，天主教会对国家和其他教会机构（比如，在南特敕令中）是做出了让步的。个体应该自由选择自己的宗教，这种思想一直都令教会反感。但是自愿性宗教的现实变得越来越紧迫——起初是在天主教是少数派的国家（比如美国）或者在世俗政权把教会推出了公共空间的国家（比如法国）——最后，经过遍布整个西方世界的难以抵御的社会发展，最终，其他地方也沦陷了（比如拉丁美洲）。第二次梵蒂冈大公会议（the Second Vatican Council）上对宗教自由所发布的公告，最终在神学上认可了在实际中无论如何也无法避免的事情。在这份公告背后最具影响力的两位神学家，一位是美国的约翰·考特尼·默里（John Courtney Murray），一位是法国的雅克·马里坦（Jacques Maritain），这并非偶然。

条件四：必须接受现代的历史研究成果具有同样适用于传统的效力。这恐怕是最困难的条件，因为它严重地削弱了对于经文和宗教机构的幼稚的理解方式。它迫切地要求在信仰的核心内容和边缘内容之间做出区分。无须多言，这对亚伯拉罕宗教来说，困难是最大的，因为他们的宗教经典据称是神启而得。印度教徒和佛教徒可能不会有太大的问题。种姓制度的似然性并不取决于摩奴法典的权威，如果历史学家们证明佛祖从没存在过，对佛教徒来说也几乎不是什么问题。

有一个简短但重要的观察：我完全可以想象，看到刚才所列举的四项条件的任何人都会总结说，它们是一个自由派新教徒的思维产物。我会毫不迟疑地认罪。但是我要在我的罪行申述中加上两条非常客观的评述。第一，正如恩斯特·特洛伊奇和马克斯·韦伯非常透彻地理解的那样，新教与现代性有着长久而亲密的关系。因此，新教思想先于其他任何宗教便设法应对现代性所可能引发的后果，这是很正常的；而且在这个过程中，新教做出了很多认知上的让步。第二，使这些让步看上去合理的社会和心理过程并非由新教引起，而且其后果影响了每个宗教传统。生存世界的多元化导致了相对化，认知交涉被人们用来应对和许多的"他者"的接触，自愿结社的发展成为现代性中非常重要的机制之一，以及现代历史研究的出现——这些现象中，没有一个是新教徒发明创造的，即使是新教徒们，早前也被迫要面对它们。天主教会内部的观察者们（通常是贬损地）使用了"新教化"这个术语来形容一些近来出现的变化。这种反应很容易理解，某种程度上，一个非天主教的观察者甚至会接受这个术语（虽然可能不是从贬义的角度去理解）。然而，如果认为这种变化是因为新教徒的影响力或宣传，那会是极大的错误。因此，不管愿意不愿意，天主教会不得不接受它变成了一个自愿的结社组织，随之而来的是平信徒的影响力的增加，以及他们对"拼布宗教"倾向的上升。出现这种现象不是因为天主教会受到了新教神学的影响，或者想要模仿公理会的（Congregational）教会结构，而是因为它不得不应对其身处的环境中实际上存在的发展。

条件五是相当明显的一项：不将"他者"视为敌人，而是在相当混乱的宇宙中寻求意义的伙伴。每个人类共同体都必然将自己定义为"我们"，以区别于"他们"。对话式接触的理想状态是，"他者"被重新定义为"我们"之一。

在对犹太人的大屠杀中，少有的几个令人开怀的片段之一，是在盖世太保的鼻子底下，丹麦的所有犹太人被一夜之间安全地送到瑞典。这个壮举中包含了丹麦社会的各个机构之间的通力合作，从国王到地方警察。战后，一个美国犹太人代表团拜见了丹麦首相。代表团团长说："我们前来向你们为我们的人民所做的一切表示感谢。"首相回答道："我们没有为你们的人民做任何事情。这一切是为*我们*的人民所做的。"

最后，条件六：很多宗教间的对话所关切的是发现彼此的共识。这种关切完全可以接受，特别是当其目的在于维护共同的人道精神，或为这样或那样在道德上可取的行为寻找共同的基础的时候。对话不是寻求真理的一部分，也不应该成为对话主要关切的内容。在那种情况下，说不和说是同样重要。

既然这个讲座已经变得相当絮叨，那么我将用另一件我个人的轶事来作为结束。这件事属于耶路撒冷和贝纳勒斯①之间的对话。这件事非常合适地发生在印度。当时我在加尔各答。由于一个我记不清了的原因，我前去拜访一位印度史诗方面的法国专家。出租车司机把我送到这位学者居住的小巷入口处。当我想穿过街道走进小巷时，我被迫停下脚步，为一个葬礼的队伍让路。像在印度常常见到的那样，一位老者的尸体躺在一块木板上，尸身覆盖着鲜花。队伍中只有数人，有一个显然是在念经的神职人员。这是我第一次看见印度葬礼。我相当震惊。在美国或欧洲，你通常看不到毫无遮蔽的尸体被抬着穿行于街头巷尾。等我到了那位学者家里，我告诉他刚刚的经历。因为我不知道关于这件事自己还能说什么，我就问他那些人在念什么。他告诉我可能是薄伽梵歌中的某一章。

和许多其他的印度酒店一样，我所住的酒店房间里也有一本薄伽梵歌的英文译本。我坐下开始读那一章。那是一首献给真实自我的很美的颂歌，它把真实的自我描绘成永恒而不朽的存在——"风不能使它枯萎，火焰不能将其焚烧"。其中最常被引用的段落说道，正如人会扔掉不再需要的衣服，自我也会抛弃不再需要的身体。正如河流归向大海，自我终将融入神性的海洋。我以前读过这一章，但是不知道它会被在葬礼上念诵。所以当我读到最后一行的时候，我呆住了："明白了，就得安慰。"

我问自己，如果我对这位老者表示出了关心，并陪伴他走向火葬的柴堆，会不会得到安慰。我觉得不会的。为什么？我只懂一点点希腊文，但我当时想到了新约中的一个词——*ephapax*——一劳永逸（once and for all）。它主要出现在希伯来书中，指的是基督为人类一次性献上自己作为祭物。但是那个时候我完全没有想到基督。我想到的是那位老者，他脆弱的身体和脆弱的自我——我希望他能存留在自己独一无二的现实中，超越死亡，直到永远——而不要被融化在一个没有人情味的神性的海洋之中。

虽然我对印度的宗教怀着极大的敬意，但我还是以亚伯拉罕宗教的方式，对贝纳勒斯说了不。

---

① 印度北方邦东南部城市，1957年更名为瓦拉纳西，是著名的印度教圣地。——译者注

第18章　在比较语境下的南非[①]

在南非的论争中充满了对可以与之进行比较的经验的诉求。各方行动者都使用了类比。他们中的大部分通过强调南非的独特性和暗示手边的类比因此并不适用,以对抗对手所进行的类比。所有的国家都是其历史和环境的独特产物。这种独特性并不妨碍进行适当的比较。在本章中,我们试图分辨在各种经验诉求中,哪些是有帮助的,哪些是没有帮助的。

没有帮助的类比:世界上最后一个殖民地

殖民地类比代表了一种没有帮助的经验诉求,为形形色色的行动者所采用。在西方有关南非的概念中,有一种思维模式是很明显的,就是把南非的冲突和变迁看作第二次世界大战后的去殖民化过程中迟到的最后一章。持有这种看法的人,将南非最根本的"问题"定义为肤色不对的人在掌权。这种想法的背后隐含着"非洲人的非洲"这个观念。改变那些在比勒陀利亚的掌权者们的肤色,被视作根本性的挑战。改变的必然性来自于以非洲和其他地区的去殖民化模式为基础的历史潮流。

为什么这种类比没有帮助?

南非不是一个殖民地社会。1910年英国给予了南非有效的自治权,并且南非在1933年取得了和加拿大、澳大利亚以及新西兰一样的主权地位,以及自治领地位。任何对于南非在与英国关系中具有真实自治权的疑

[①] 本章选自 Peter L. Berger and Bobby Godsell, eds., *A Future South Africa: Visions, Strategies and Realities.* Boulder, Colo.: Westview Press, 1988。——译者注

虑，都应该被1939年围绕南非决定加入第二次世界大战中英国一方而展开的激烈讨论所打消。1961年，当南非成为独立于英联邦之外的共和国时，它与英国之间最后的附属关系便被斩断了。

这些宪法地位的细节很重要，因为它们显示了南非社会中权力的实质。权力是掌握在一部分本土人口手中的。那些寻求在现政府中进行根本性变革的人，他们所面临的任务不在于说服殖民权威，告诉它继续占领的消耗超出了收益，而是通过武力或说服，帮助一部分人从另一部分人手中夺得权力。这是更加困难的。

在驱逐殖民霸主的过程中，经济、军事和政治代价会超过其收益。非洲去殖民化进程的速度表明了利益的平衡点变化得多么剧烈和快速。从1950年到1955年，只有一个地区获得了独立（利比亚）。从1955年到1959年，六个地区成为独立非洲的一部分。1960年，又出现了十六个独立的国家，之后的八年内又增加了十六个。

当然本文并非要争辩殖民主义的本质，但是可以说欧洲从非洲大陆的快速撤离，对列宁主义有关帝国主义和最近的依附理论提出了重要质疑。用军事术语来说，去殖民化主要包括了本土游击部队的持久战，和对殖民势力的消耗。军事风险通常不高。

和这种殖民模式形成对比的是，在南非的冲突是一部分人民和另一部分人民之间的斗争。尽管四百万白人是人口中的少数，但是他们有着极大的权力：四十万左右可动员的陆军；五万左右的警察部队；大量的行政和财政资源。

重温罗德西亚

南非国内所进行的一种殖民类比是在南非和罗德西亚/津巴布韦之间进行比较。这种类比最常被南非右翼政治势力所使用。最近几年，重组国民党［Herstigte Nasionale Party（HNP）］在大街上张贴带有"记住罗德西亚"标语的海报。对这些群体而言，罗德西亚的教训在于，调和和让步被证明是罗德西亚白人的慢性自杀。罗德西亚被视作白人定居者的社会和"非洲逻辑"以及殖民势力，特别是英国，的背信弃义的行为之间所做的又一次无望斗争。右翼从罗德西亚这个相似实例中得到的训诫是："战斗，不要妥协"。例如，针对1987年5月国民党（National Party）提出的白人竞选标语"改革，可以；投降，不行"，保守党（Conservative Party）做出的回应是："罗德西亚既改革了也投降了"。

左翼也用了津巴布韦作为类比。有时是用来表明南非变革是不可避免的方向。其他时候，它被用来告诉大家，黑人民族主义最为激进或好斗的表达形式，就是最终能够获得胜利的形式。布特莱齐（Buthelezi）①就相当于津巴布韦/罗德西亚的埃布尔·穆佐雷瓦（Abel Muzorewa）②，奥利弗·坦博（Oliver Tambo）③就相当于罗伯特·穆加贝（Robert Mugabe）④。

这种类比也没有帮助，不论它外面披的是右翼还是左翼的外衣。首先，津巴布韦曾是殖民地。在其独立的整个过程中，英国在其政治事务中扮演了核心角色。罗德西亚的伊恩·史密斯（Ian Smith）1966 年发表了单方面独立宣言以反抗英国。英国则公布了"实现多数管治之前不能独立"（NIBMAR）。英国倡导并且主持了在兰卡斯特楼（Lancaster House）召开的会谈，这次会谈最终导向了津巴布韦的独立获得国际承认。⑤南非则没有这种外部殖民地参考标准带来的负担和优势。第二，南非的民族人口组成和津巴布韦的差别很大。南非的白人和黑人的比例为 1∶5，和津巴布韦冲突时期的 1∶20 的比例大不相同。（津巴布韦现在的比例是 1∶

---

① 曼戈苏图·布特莱齐（Mangosuthu Buthelezi），以夸祖鲁/纳塔尔地区祖鲁族为主的黑人民族主义政党因卡塔自由党（Inkatha Freedom Party）的创始人和领袖。——译者注

② 埃布尔·穆佐雷瓦（Abel Muzorewa），津巴布韦卫理公会主教，1978 年，在白人政府和津巴布韦非洲民族联盟和津巴布韦非洲国家联盟在内的黑人势力签订协约后，获联合推举担任津巴布韦罗德西亚临时政府的首相。——译者注

③ 奥利弗·坦博（Oliver Tambo），南非黑人解放运动领导人，南非非洲人国民大会全国主席。——译者注

④ 罗伯特·穆加贝（Robert Mugabe），津巴布韦总统，曾任不结盟运动首脑会议主席、英联邦国家首脑会议主席和南部非洲前线国家主席。——译者注

⑤ 伊恩·史密斯（Ian Smith），津巴布韦及前罗德西亚政治家，1964 年至 1965 年出任英属自治殖民地南罗德西亚的总理，后于 1965 年 11 月发表《单方面独立宣言》，宣告从英国独立，同时组织白人少数管治，并自 1965 年至 1979 年出任罗德西亚总理。在其出任总理期间，绝大部分黑人都没有投票权，史密斯领导的罗德西亚人阵线每次都得以在大选中胜出，直至 1979 年，迫于国内黑人民族主义者进行的罗德西亚游击战、联合国制裁和国际压力的困扰，在 1978 年达成了一份《内部解决》，促使黑人党派联合非洲民族议会的领袖埃布尔·穆佐雷瓦在 1979 年就任总理，并组成了由白人和黑人共治的联合政府。1979 年《兰卡斯特楼协定》签署，津巴布韦在 1980 年立国，罗伯特·穆加贝当选首任津巴布韦总理，标志着该国进入多数管治的时代。——译者注

70.）南非具有显著的"有色人种"和印度人社区，也让它呈现出和罗德西亚非常不同的种族政治模式。第三，南非和津巴布韦在历史和经济两方面都明显不同。在南非，白人移民历史和黑人与白人之间的互动历史更长——在南非有三百年，而在津巴布韦实际上只有一百年。更重要的是，南非有着更加发达的工业经济。鉴于1980津巴布韦独立时，不超过五分之一的津巴布韦黑人有正式（工资）的工作，南非的十个黑人中至少有五个有正式工作，也许其余的五个中有四个都是依靠移民汇款生活。南非的城镇工业无产阶级数量庞大。这一点在政治上造成的后果已经通过强有力的工会运动表现无遗，其工会运动出现于黑人工人阶层中，现在已经对政治变迁的过程产生了影响。

仅仅因为不同的变迁发生在同一个地区就把它们的模式等同起来，是很危险的；如果仅仅因为这些变迁中的主要行动者的肤色相同，就认为它们的变迁模式相同，就更加危险了。这种比较必然会忽视被比较的两个社会中的政治权力结构。如果仔细研究布特莱齐和穆佐雷瓦，坦博和穆加贝这种在政治上有力的比较，就会很好地证明这一点。

埃布尔·穆佐雷瓦是作为罗德西亚两个主要的黑人民族主义运动之间达成联合的标志而被拉入政治的，即乔舒亚·恩科莫（Joshua Nkomo）①领导的津巴布韦非洲人民联盟（ZAPU），和恩达班宁基·西托莱（Ndabaningi Sithole）②（后来是罗伯特·穆加贝）领导的津巴布韦非洲民族联盟（ZANU）。穆佐雷瓦上台的时候没有自己的政治组织或者追随者。他后来领导的组织，非洲人全国委员会（African National Council）实际上是作为ZANU/ZAPU的联盟存在的。当这个联盟失败的时候，在罗德西亚政府和ZANU以及ZAPU之间的赞比亚以南非洲谈判也失败了，穆佐雷瓦仍然在政治舞台上，并且开启了一个谈判进程，继而和罗德西亚白人行政机关结成了联合政府。

相反，布特莱齐领导着一个政治组织，而且拥有政治上的追随者，即使对他进行最激烈抨击的批评者也不得不承认其追随者数量众多。他本身

---

① 乔舒亚·恩科莫（Joshua Nkomo），ZAPU的创始人和领导者，被称为津巴布韦的民族主义之父，也是后来津巴布韦的反对党领袖。——译者注

② 恩达班宁基·西托莱（Ndabaningi Sithole），ZANU的创始人之一。——译者注

就是一股强有力的力量。尽管他反对武装斗争策略的立场割裂了他和南非非洲人国民大会（ANC）和泛非洲人大会（PAC）之间的关系，他也没有和比勒陀利亚结成任何联盟。如果他这样做了，其性质和史密斯—穆佐雷瓦政府的性质也是非常不同的。其结果也会不同。

重温阿尔及利亚

在当前的论争中更占上风的是用阿尔及利亚作类比。阿里斯泰尔·霍恩（Alistair Horne）① 所著的《野蛮的和平之战：阿尔及利亚 1954—1962》（*A Savage War of Peace*：*Algeria* 1954 to 1962）有广大的读者，似乎唤起了南非读者们似曾相识的感觉，以及对不祥之事的预感。所做的比较包括那些阿尔及利亚的"黑脚们"（pieds noirs）的态度和行为；还有法属殖民地和南非镇压叛乱的策略之间的相似之处。不祥的预感通常都和城市恐怖行动的兴起相关。

阿尔及利亚在所有的殖民地类比中是最引人注目的，因为它和南非在很多方面都有相似之处：定居者和本土居民之间的比例（阿尔及利亚的比例是1：8），移民社会的"深度"（depth），以及特别是武装斗争所进行的变革将带来的潜在损失（死亡人数估计在一百万到四百万人，还有另外一百万人会重新迁居到法国的城市地区）。阿尔及利亚抵抗运动，阿尔及利亚民族解放阵线（FLN），所采用的令人厌恶的恐怖战术，法国军队的折磨，和在南非打着反叛和镇压旗号的行为，在伦理上也可以有效地找到相似点。

然而，这一类比的预测性因为一个重大区别而大打折扣。查尔斯·戴高乐住在巴黎，而非阿尔及尔。这个事实，盖过了其他所有因素，宣布所谓的"戴高乐选项"这一投机方案只不过是异想天开。要说服一位领导和一个政府放弃一片相当富饶的殖民地，和说服另一位领导和另一个政府在自己的土地上宣布退位，是完全不同的两回事。

塞尔玛不是索维托

破坏对南非的冲突的理解的另一种类比，是很多美国人通常隐晦地把

---

① 阿里斯泰尔·霍恩（Alistair Horne），爵士，英国记者，传记作家，欧洲史专家，尤擅19世纪到20世纪的法国历史。——译者注

自己国家的民权运动和南非的种族冲突进行比较。这种类比很有诱惑力。对很多美国人而言，种族偏见肯定听起来很耳熟。实行种族隔离制度的实质，以及更主要的，为这种制度进行辩护的合理化，都让美国人好像回到了离他们并不太远的过去。这种类比中带有一个充满希望的寓意。尽管为美国的有色人种争取完整民权的斗争是激烈而又困难的，但是如果从它最近的阶段来看，从最高法院在1954年判决学校取消种族隔离，到1964年通过民权法案（Civil Rights Act），其间基本没有流血冲突，而且历时相对也比较短。美国的民权斗争也表明，根深蒂固的种族态度可以改变得多快，正如美国黑人在南部歧视黑人的诸州（Jim Crow southern states）所取得的政治和经济方面的发展所显明的那样。

为什么把塞尔玛和索维托弄混是错误的？

第一个答案是，因为南非的白人和黑人的人口比例和美国的情况大不相同。这两个国家的情况差不多正好是反过来。第二，因为民权斗争只是结束了一个在其早期的源头更加血腥的进程。打美国内战是为了决定美国是否能以一半奴隶一半自由人的状态存在。对这个问题的否定回答是在1865年做出的，决定其立国之本是所有公民的完全平等。第三，在美国民权运动中各方势力的力量对比和南非的情况非常不同。在美国，本地的社区和政治家们反对联邦法院、联邦政府（最终由联邦执法官所代表），媒体，教会和许多其他全国机构。这些都没有削弱这一斗争的英雄性质。然而，那是一次力求达成理解，以及将国家宪法运用于某个地区的斗争；那是一次坚决的努力，以实现并结束延续了一个世纪之久的计划。

而在南非则相反，提到议事日程上的，是到底是一个国家还是两个国家的问题。面临的挑战不是完成一个有关全国性价值观的计划，而是彻底地改变这些价值观、法律及其实践。在这场斗争中，国家机构通常正是反对进行变革的一方。法院的权力被从英国那里继承来的议会制政权的教条严重限制。媒体是分裂的，电子媒体只力挺政府支持的变革。在南非的斗争最主要是对权力的争夺，以及谁能行使权力，而非那种完全无关这两个问题的去除种族隔离制度。

塞尔玛类比所具有的误导本质，可以通过沙利文原则（Sullivan

Code)的历史发展得到很好的说明。这一原则的最早形式极其强调去除种族隔离制度,比如强调工厂的"休息放松"设施,在招聘和晋升中反歧视行动的标准中,都很强调去除种族隔离。原则的第一版中没有提到已经成为核心的工人代表和工会的问题。然而,很重要的一点是,沙利文原则迅速发展,以解决工会的问题,而且在它当代的版本中,它的确比任何其他与就业相关的原则都更全面地与政治变革相结合。尽管如此,错误的开端可以至少部分地归结为把塞尔玛和索维托弄混了。

也许这种类比中所固有的一个更严重的危险,在于它倾向于低估在南非的争夺中的重大利益,也因此低估了各方势力,也许尤其是现政府,为了抵制对于变革的天真要求可能走多远。南非的问题是谁来统治,以及怎样行使政治权力。这种斗争比起在公共汽车上或者商店中去除种族隔离,或者甚至选民登记运动,都更具根本性。因此应该认为抵制的程度和本质,特别是对"权力移交"的要求的抵制,都更加坚决。而且谁来扮演联邦执法官的角色呢?

在美国和南非同种族歧视做斗争的经验之间进行比较,有些方面是有帮助的。在美国表现出来的种族态度上的柔韧性,应该激励所有的想要逃离偏见这副手铐的南非人民。美国南部的经济活力展现出了去种族主义在经济上的益处。随着种族藩篱在南非出现裂口,这些现象都正在变得明显起来。

伊朗国王的最后日子

随着南非变成一个国际"动荡地区",和其他当代国际大戏之间的比较是无可避免的。在处于种族隔离状态下的南非和国王统治的伊朗之间有许多相似之处。两个国家都表现出缺乏完全的或者有效的民主制度。在两个国家中,都是通过相当大程度的高压政治来维持对局势的控制。在国王统治下的伊朗和博塔(Botha)① 控制下的南非,两者都制定了雄心勃勃的社会和经济改革计划,以在政治权力的角逐中先发制人。

---

① 彼得·威廉·博塔(Pieter Willem Botha),于 1978 年在 B.J. 沃斯特辞职后接任南非总理,在国防和安全事务上执行强硬路线,强烈支持政府的种族隔离政策。后于 1984 年当选南非总统至 1989 年。其间同曼德拉及其领导的非洲人国民大会达成政治协议。——译者注

伊朗这个类比在南非的论争中最有力的运用，在于国王出人意料地被迅速推翻。政权曾经看起来坚不可摧。富有，军事上很强大，还有有力的国际盟友。如果这样的一个政权都可以被民意和面目狰狞的阿亚图拉摧毁，南非为什么不会？这个问题很重要，而且需要严肃地讨论。这两个社会之间有许多细节上的不同之处。为了服务于当前的讨论，将指出以下三点。

第一个不同是在伊朗存在着强有力的伊斯兰民族主义信仰可以进行动员。在推翻国王统治的过程中，伊斯兰教明显扮演了核心角色。国王政权的确实的伊斯兰教性质受到了破坏。他的许多改革方案触犯了（或者可以被变得触犯）对伊斯兰社会的传统看法。对于国王政权及其改革的伊斯兰式的反对有着明确的反现代特征，这样就吸引了传统主义者和从伊朗突然而又具有分裂性的现代化中获益最少的那部分城市化新居民。

第二，在国王政权的最后几个月中，他的行为反复无常，犹豫不决，而且效率低下。国王进行统治的意愿从他掌权之初就不是很坚定。

第三（几乎肯定是和以上两点相关的），事实证明伊朗的陆军是效率低下又靠不住的统治工具。

要说宗教在南非的斗争中也有类似的角色，那么这个角色要模糊得多。基督教宗教群体对现政府的态度有支持，有反对，还有无视。荷兰归正宗教会（the Dutch Reformed churches）基本上对现政府表示支持，南非教会协会（the South African Council of Churches）则全身心地致力于替换现政府，"独立"教会，尤其是锡安基督教会（the Zion Christian Church），则在政治上不倒向任何一方。

要描绘南非的现任统治者的行为，只能用坚决、始终如一和强硬来形容。南非的小屋里没有哈姆雷特这种优柔寡断的人。

然而，最重要的区别在于两个社会的军事机构，以及它们与政治机构间的关系。在南非，冲突线是沿着种族界线画的。防守力量的绝大部分都是南非白种人组成，领导人也几乎都是白人。伊斯兰民族主义和反对国王的情绪可以而且确实破坏了伊朗军队执行命令的意愿和能力（据说在反抗国王的最后阶段，驻守德黑兰的不对不得不每两周就更换一次），而南非的将军们和部队对于现政府的忠诚却毫无疑问。只有现政府中的右翼组织有不忠的暗示，他们宣称自己在军队中有支持者。

菲律宾式的人民权力

马科斯政权在菲律宾的倒台,并被科拉松·阿基诺政府取代,必然会产生和南非之间的比较。1986年的早些时候,人们有时会把温妮·曼德拉和科拉松·阿基诺相提并论。大规模群众抗议在破坏马科斯政府的过程中扮演了令人印象深刻的角色。在这样的抗议活动面前,一个看上去无所不能的政权便轰然瓦解,这就再次提出了这个问题:为什么在南非不行?

无疑,希望终结种族隔离时代的普遍民意是存在的。也不缺乏可以动员这种民意的组织和标志。事实上,南非的历史上曾有很多次大规模的示威。也许五十年代提供了最引人注目的证据:大约17000名妇女在比勒陀利亚的联合大厦(the Union Building)前游行;在反抗运动(the defiance campaign)中,大约有10000名群众因为蓄意违抗种族隔离法律而被关进监狱;1959年的反通行证运动(anti-pass campaign);对公共汽车和土豆的联合抵制。

这些群众运动带来了政府方面的激烈回应。渐渐地,群众动员变得越来越困难。尽管上千人的集会还是可以进行,而且确实仍然在进行,但是大规模的露天集会,特别是游行,已经变得几乎不可能了。然而,即便这种集会确实发生了,尽管它们通常会激起政府的激烈反应,它们也绝对没有把政府逼到接近倒台的地步。很难想象大规模示威、全国罢工和不合作运动能够成功地在南非实现权力移交。

为什么?

军方在两个社会中再次扮演了非常不同的角色。尽管数十万甚至数百万人在街头举行的示威在菲律宾的政权更迭中扮演了重要角色,但实际上这是陆军参谋长,拉莫斯将军以及许多其他高级军事领导人的背叛才导致了权力的移交。无法想象这种事件会发生在南非的任何左倾的权力变更当中。

还有一点更深层次的差别。马科斯政权可以被形容为一群忠于马科斯且受其庇护的个人聚集在一起所组成的人际网络。马科斯政权代表了个人的独裁。而在南非,权力是由南非的白人所行使的。在这个群体内部,有一个政党自1948年以来连续赢得了所有的选举。南非的现政府是一个显著的少数群体霸权。要打破这种霸权，要么得在战场上击败现在掌权的群体（南非白人），要么得说服他们新的权力行使形式才符合他们的最大利益。街头示威看起来无法达到这两种目的中的任何一个。

尽管和伊朗以及菲律宾之间的类比只运用在最表面的公众论争中，但它们预示了南非变革的一个关键维度——变革的时间范畴。正如在伊朗和菲律宾那样，只花费了很短的几年，甚至几个月，事情便发展到了一个剧烈且具决定性的点，所以南非内外的人民都在等待近在眼前的世界末日。媒体谈论的是一个处于危机之中的国家。在描述和分析中经常出现的一个假定是"事情不会再这么继续下去太久了"。出现了各种有关变革将会在数月或数年内发生的预测，目前为止都被证明是不现实的。根据任何道德衡量标准，以及当然了，和发达的自由民主国家相比，南非都是一个处在危机之中的国家。当前的紧急状态（State of Emergency）很清楚地说明了这一点。然而，稍微回顾一下历史，就可以看到这种危机是慢性而非急性的。而且也没有任何看得见的迹象表明"解决方法"近在眼前。

在伊朗和菲律宾的这类类比中，有两个潜在的假设：一个是分析性的，一个是规范性的。

分析性假设认为非民主政府天然就不稳固。这通常被表述为一种对南非的观察："一个只有四五百万的少数群体不可能统治一个有三千万人口的国家"。从历史上来看，这种断言就是错的。在民众同意的基础上建立政府是一种例外，而非规则。这种说法在历史的当下是对的，在历史的其他时刻也是如此。在相当长的时间里，少数派都成功地统治了大多数人。20世纪，弗朗哥统治下的西班牙，萨拉查统治下的葡萄牙，以及斯大林统治下的俄国，都提供了实行高压统治的政权却延续了数十年的例子。

规范性的假设通常和暴政必然终结这样的情绪联系在一起，它认为推翻一个邪恶的、压迫性的政权，将必然带来社会进步。历史再次表明这不是必然规律。其实上述的两个国家，伊朗和菲律宾，就表明一个压迫性政权的覆灭会带来非常不同的后果。根据每一个可观测指标，现在的伊朗比以前在国王统治下的时候更不自由。相反，菲律宾的阿基诺政府则总体看起来比它的前任温和得多。

那些追求而且预测南非的白人霸权行将就木的人，需要解释这个结果将会如何发生。要做到这一点，他们需要说明为什么之后的权力模式会更好。解释不了前一点，那说明他们是不切实际的。说明不了后一点，则预示着将来会出现令人意想不到并且可能令人不快的后果。

一些不太常见但更加有用的比较

到目前为止，我们已经概述了在有关南非的论争中最常见而又最富误导性的比较。现在我们想转向两种新的类比，它们使当前的论争变得更加有趣。

日本明治维新

南非的政治变革必然意味着白人霸权的终结。南非黑人必然会赢得对政治权力有意义和有效的获取。白人政治家和白人所定义的政治制度会变成多种代理人之一。他们会失去对政治的控制权，尽管他们可能还会持续拥有重要的影响力。

1868 年，日本实现了小型权力集团霸权的终结。那一年，一个持续了七个多世纪的政府模式结束了。在这种模式下，政治权力的行使由一个霸主，将军，和一个下层军阀网络，大名，协同完成。这些基本上是封建领主或者族长反过来利用战士阶层，武士，来行使控制权，征收税赋和统治领地。在这种统治所延续的七个世纪中，日本在封建无政府状态和封建中央集权之间来回波动。在德川将军统治的 268 年中，刻板的封建制度发展起来。武士变成了世袭的精英阶层，并提供了有力的行政管理。在阶级顺序中，手工业者的地位低于农民，商人又低于手工业者。

日本的封建统治从内外两方面都遭到了侵蚀。数世纪以来，日本借由地理因素和通过自身不懈的努力，维持了自己相对于亚洲及世界其他地区的孤立，其间只有相对短暂的军事远征和入侵间断了这种状态。随着探险和海上贸易的增加，日本的孤立地位变得越来越难维持。1853 年，美国舰队司令马修·C. 佩里在江户湾登陆。他要求有贸易权，之后又要求对居住在日本的美国公民有特殊法权。法国、德国和英国也提出了类似的要求。面对现代海军，日本幕府除了同意基本没有什么其他选择。

日本的将军统治已经在经济变革中遭受重创。在整个十九世纪，金钱经济发展起来。金钱和市场撕开了封建藩篱，颠倒了阶层排序。当叛乱的武士在京都夺取了控制权，就不只是为了失去的国家主权复仇，而是斩断与封建制的过去之间的联系。

正是这种斩断和过去的联系使得日本的例子和有关南非变革的论争具有特殊的联系。首先，在内外压力之下发生的变革，是从统治阶层内部开始发生的。第二，变革被塑造为复辟，而非革命。将军统治被以十五岁的天皇的名义废除。第三，对既有的精英给予极大的关怀，特别是武士阶层，他们是新秩序的支柱。这一点是通过很多方式做到的，也许最显著的是用贵族特权交换成为企业家的机会。

要结束这个故事，很重要的一点是说明在十九世纪剩下的几十年里，日本带着令人惊叹的能量，全身心地投入现代性，并取得了了不起的成果。日本的新统治者们——明治时代，或者说启蒙时代的人们——迅速地走向构建现代化的经济和军事机构。就业和从事经济活动的障碍被移除了。国家开始投资人力资本，后来诞生了世界上受教育程度最高的人民。在进入下个世纪之前，这个国家已经发生了转型。急剧的经济增长正在发生，这足以支撑一支现代化的军队在1905年让沙皇俄国尝到战败的耻辱，然后入侵朝鲜和中国，并最终对美国构成了严重的军事挑战。

比较性的经验必须被看做一种建议，而非处方。试图复制发生在另一个时间和地点的经验，无法让我们学到什么。相反，当我们询问在我们自己的处境之中是否可能存在起作用的对应物时，我们就在累积智慧。从这个角度，我们对于明治维新这个类比，就能问出很多有趣的问题。

南非境内的经济活动本质发生变化，是否正在侵蚀种族隔离制度？

很多迹象表明是这样的。需要承认，黑人工人达到了熟练雇工和半熟练雇工的水平，使得建立黑人工会组织成为可能，而且这也使黑人在市场上有了力量。黑人消费者所占的人口比例使人们对快速增长的黑人财富和安乐生活产生了新的兴趣，并且使南非黑人在经济上产生了影响力，这种影响力现在只是获得了承认，但他们还未以有组织的形式行使这种影响力。不分种族的劳动力，不分种族的市场，使具有种族排他性的社会和政治制度显得越来越不合时宜。

种族隔离制度是否受到了外部的侵蚀？

这个问题较难回答。表面上看，当然了，南非肯定是最不受欢迎国家这一称号的有力竞争者。这个国家屡次受到东方/西方/北半球/南半球的联合谴责。这种明确的在语言上的对立，在多大程度上削弱了政府的信心和效能呢？也许这种无处不在的批评并没有削弱它的决心，反而使其得到了强化。更有说服力的是国际经济压力所具有的腐蚀性。同样，这也很明确。最近的经济表现必须被放在孤立而非接触的处境中观察。然而，因为南非的经济，特别是在20世纪五六十年代，已经变成了具有重大分化的经济，国内能够大量生产各种商品，它对世界经济的参与就更加分化和复杂。当今国际经济链条的两个方面可以说明这个观点。主要的西方公司对本地附属附属机构的撤资增加了对南非在管理、技术和专业方面的经营能力的要求。这种要求的增加必将导致更多的南非黑人参与到工作中来。同样的，制造业的南非化——现在已经超出了以前几十年的那种粗糙的进口替代领域——可能会增加对劳动力的技术水平要求。技术获得强化之后，会反过来增加工人的生产力，以及谈判的筹码。

在统治阶级内部是否存在寻求根本性变革的群体？

对这个问题的答案取决于分析人士和行动者对根本性变革是如何理解的。种族隔离意识形态中的经济成分显然已经被掌权者所抛弃。劳动力市场的去种族化已经基本完成。当前的经济计划使用的是行政范式，它明显超越了总的种族隔离制度。然而，在社会领域，而且显然在政治方面，种族分离和种族霸权依然占据中心地位。

什么可以扮演相当于当日本开始进入根本性的政治、经济和社会转型时，皇室复辟在其中的角色？

南非社会特别缺乏全国性象征符号——对全部的三千万居民都有意义的符号。宗教似乎是这种符号唯一的可能来源。然而，目前宗教对分裂和联合所起的作用是一样的。

怎样能够将现在的统治阶级中的核心要素积极地引入到后种族隔离时代的社会中？

如果摆到南非白人面前的，是要他们投降来换取种族隔离制度的终结，那么他们一定会抵抗到底。红色高棉那种转型追求的是否认现代工业国家的现实，除了这种转型之外，大多数白人在经济中的角色仍将至关重要。加快的经济增长会使本来已经稀缺的技术更加宝贵。如果说这个答案闪烁其词，那么是因为问题太具有挑衅性。

邓小平时代的中国

日本的明治维新给出了一个有鼓励作用的相似例子。当代中国的例子则令人沮丧。如果这种类比有任何效力，那就在于要使一个受到高度管制的社会现代化且自由化，而不危及统治集团的控制权，会遭遇到什么样的困难。很多人会希望邓小平和博塔的改革能够摧毁两个社会目前的权力模式，因为这些权力模式显然就是应该被摧毁的。我们也认同这种观点。然而，认为这些领袖们真的会进行湮灭自己的改革，似乎期待得太多了。我们所能希望的最好结果，就是意想不到的积极结果。

如果在中国内地和南非之间真能找到什么相似之处，尽管我们不是很确定能找到，那应该是在于试图自由化社会中的某些方面，而不威胁到政权的根本。中国领导人们迫切地想要增强社会中经济理性和效率的程度，这已经迫使政府在社会某些方面放松管制。然而，中国领导人似乎不愿意为这种自由化付出代价，如果代价意味着中国共产党要放弃手中的政治权力。博塔政权希望在南非社会的许多方面，从经济到表演艺术、体育和许多公共机构，如果不能实现去种族化的话，至少能实现多种族化。然而迄今为止，在白人继续在政治权力领域继续行使控制权的问题上，博塔政权还没有表现出放松的意愿。

这两个社会似乎都发现了"改革"的结果未必总是自己所预期的。它们也并不总是能够被控制、被遏制或者被逆转。在中国，变革的首要动因看起来是源于统治阶级内部。改革主义的举措和社会其他群体之间建立起了一种互动关系，而社会中的这些其他群体（比如学生）可能促进或者延缓进一步的变革。

对那些作为中国共产党官员而行使权力的人而言，削减这个制度的角色和权力的举措，也就自动地削减了他们自己的权力。共产党在中国的统治地位，和自定义的白人排他主义机构在南非的霸权之间确实存在某些相似之处。

第二个有趣的类比取决于这两个社会在经济和政治目标上可能有多大程度的分歧。如果谈到两个社会的现代化和增长目标，那么自由化（或者使用不那么容易在南非吃闭门羹的词，去种族化和解除管制）似乎是必然的。然而，如果政治规则还继续被现在的统治者垄断控制，那么这些目标就会和政治需要相抵触。当权者具有创建部分自治区域的公认需求，而这种需求会开辟出自发行动的区域。在这些区域中的行动者可能会希望以自己的方式行使自治权，而他们行使自治权的方式会让处于核心位置的人不舒服。在纳塔尔-夸祖鲁地区建立一个不带有种族色彩的区域性权威的渴望，和政府对都市政府［也就是区域性服务委员会（the Regional Services Councils）］界定的种族结构之间的冲突说明了自治区域和中央政府之间的张力。在中国的语境下，对于香港1997年回归中国内地的论争也提供了一个类似的例子。

目前的指标似乎说明在中国出现一个民主政治制度的前景比较渺茫。这是否说明在南非，要超越种族隔离的政治制度，也会有类似的困难呢？

对词汇的选择：集权主义政制对威权主义政制

非民主政权可以被划分为集权主义路线和威权主义路线。在集权主义国家中，统治集团完全控制社会。社会组织的所有方面都屈从于进行统治的政治制度。政党通过在意识形态上有联系的下级组织，控制着人们在各个领域里所进行的努力。希特勒的国家社会主义政权很好地说明了这种情况。纳粹党协调了纳粹青年、教师、科学家、艺术家、劳工和雇主团体。最终，保持在纳粹党的系统控制之外的部分自治组织，就是军队，而这并不是因为纳粹党不想让军队成为自己的下属。在威权政制下，政治权力的行使方式是非民主的：即，处于任何机构之外的事实使得统治者对被统治者负有责任。然而，社会并非被容纳在一个政治精英们所创造或控制的机构矩阵中。还存在着机构自治的领域——尽管它们还没有强大到足以挑战或改变政治精英阶层的地步。

注意这种差别是分析性的，而非道德上的，这很重要。有些威权主义国家可能比极权主义国家还要野蛮和令人不快。（有一个当代的例子可以很好地说明这种情况，就是威权主义的伊朗和极权主义的俄罗斯之间的对比。）

南非很清楚属于威权主义，而非极权主义。对政治权力的行使并不民主，但是在政府框架之外仍然为教会、工会、艺术家和学术界留有运作"空间"。这一事实对于现存的进行变革的战略和它们成功的几率都非常重要。"空间"意味着南非要打破种族隔离范式，比中国挣脱集中控制的社会要容易。新的范式需要新的机构和新的人。在极权主义国家，这种新的机构，就算只是存在着，也会立刻就威胁到现存的秩序。团结波兰党（Solidarity）① 的出现挑战了政府所认可的工会运动，并且确实威胁到这些国家支持的工会和这些工会所拥护的共产党。在南非，把黑人工人组织起来的工会的出现却没有这个问题。南非政治自由的程度，尽管是受到限制的，使人们对新的需求可能带来新的机构还抱有一定的希望。在现有的选举人中出现新的政党和联盟便是一个例证。

第一世界和第三世界碰头的地方？

用来描述和解释南非现实的另一组常见标志，可以在经常用到的第一世界/第三世界的类比中找到。从这组类比来看，南非同时表现出了第一世界和第三世界的特征。

显然，支持这组类比的证据可以找到。在许多方面南非确实显得很像尼日利亚上面叠加上澳大利亚。白人极为缓慢增长的生育率表现出一种第一世界的特征，白人学校也因此面临下滑。南非的空间状态，是看起来像波士顿和悉尼的现代城市和典型的第三世界棚户区聚居地和农村荒地相结合。

然而，这种类比同样是有误导性的。它低估了在南非的现实中农村和城市、工业和封建维度之间的相互作用。把第一世界和白人，第三世界和黑人之间的现实归因为巧合也是危险的误导。这种清晰的交集所掩盖的远比它说明的要多。如果要画出现代/前现代的分界线，那么应该把索韦托的部分［肯定有蒂埃普克鲁夫扩建区（Diepkloof Extension），但是可能是更大的区域］包括在现代的部分，而排除一些相当农村的白人区域。

经常和这个第一/第三世界的类比一起出现的"经济二元论"模型也一样具有误导性。几乎找不到任何真正的生存经济的证据。大部分南非人都相当依赖于正规的现金工作，要么是直接的工作，要么是通过移民汇

---

① 团结波兰党（Solidarity），在野党，2012 年 3 月成立，是从最大的反对党法律与公正党分裂出的一支政治力量。——译者注

款，或者依赖于有正规工作的人的非正规经济活动。

类似的，"两种文化"的模式也是错误的，至少是部分错误的。赫利伯特·亚当（Heribert Adam）① 最近指出，认为南非社会在文化和种族方面呈现多元状态的普遍观念是值得商榷的。种族多样性是不争的事实。然而，如果文化被理解为普通人的生活方式，以及社会现实中被最为重视的方面，那么文化多元主义便是有问题的。有大量证据表明一种工业文化正在崛起。现代服饰、住房、食品，特别是现代的反应模式打破了地理分隔和种族界限。这种同质化的工业文化对意识形态的修改能力，很好地表现在受到威胁的华纳兄弟影业把主要的美国电影都从南非的电影院中去除了。南非白人面对的是一个简单的选择：要么放弃种族隔离的电影院，要么别看这些电影。地方市政府不得不做出决断。最后，从彼得斯堡到比勒陀利亚，白人们都选择了兰博而非种族隔离。

依附/现代化之争

南非和世界其他地区之间的相互影响一直以来都是理论争辩的焦点，南非在其中为两种社会变革的进路充当了一次示范性的小白鼠。

依附理论，最初是由一群拉丁美洲的新马克思主义社会科学家发展起来的，这种理论将世界看作一出巨大的戏剧，其中处于中心（"都市"）的资本主义力量控制并剥削世界其他欠发达地区（"边缘"）。在这种观点看来，欠发达状态不是一种不幸的事件，一种历史的偶然，而是发展的必然（而且大部分是故意的）结果。用安德烈·冈德·弗兰克（Andre Gunder Frank）② 的话来说："不发达状况的发展。"简言之，不光是存在着富裕国家和贫穷国家；而是有些国家之所以贫穷，是因为其他国家富裕。使用源于马克思主义和列宁主义的帝国主义理论的术语来说，依附是对蒲鲁东的名言"财产就是盗窃"的巨大展开。这一系列关系被看做资本主义

---

① 赫利伯特·亚当（Heribert Adam），南非学者，对南非的种族隔离制度及曼德拉生平进行了广泛的研究。——译者注

② 安德烈·冈德·弗兰克（Andre Gunder Frank），著名的马克思主义经济学家，依附理论的重要代表。将马克思主义与自由主义的经济学观点进行了结合，从而为依附理论在20世纪70年代的发展增添了活力。——译者注

所特有的，至少是在其成熟状态之下如此，而摆脱困境的唯一方法就是向社会主义过渡。

如果把这种诠释方案应用到南非，其独特的种族特征就可以最终用南非有效的资本主义需求进行解释。一个基本需求就是维持一个大型、廉价的劳动力队伍，并用政治压迫和社会隔离对其进行驯化。种族隔离制度并非某种历史偶然，而是南非资本主义制度的内在特征——正如经常对它的形容那样，"种族资本主义"（racial capitalism）。种族隔离不是一种被认定为非理性的心理偏差（美国心理学家用以解释"种族偏见"的那样），而是在南非维持资本主义的一种完全理性的安排。所以，只有向社会主义过渡才能为这个国家的种族疾病提供真正的治疗。

现代化理论，最初由美国社会科学家在20世纪50年代提出（虽然是在各种经典社会学理论的基础上提出的，特别是马克斯·韦伯和埃米尔·涂尔干的理论）重点较少地放在资本主义和经济因素本身。当代世界中改变的主要动力，是来自于技术及随之而来的转型（即韦伯所说的"理性化"），或者使世界更加理性，为人类生活所带来的革命。这些改变的总和就是现代化——对生活的各个方面都在技术的驱动下日益理性地重组，包括经济，还有其他各种制度性领域，以及非常重要的，人类的意识（价值观念、信仰、道德、宗教）。

运用于南非的情况，现代化提供了一个截然不同的视角。南非是个处于现代化的阵痛中的国家，这遵循了和其他地方相同的模式，尽管这些模式都根据当地情况进行了调整（包括种族人口情况）。在这种理论中，种族隔离确实被看做一种历史的偶然，对现代化的整体历史进程来说是种外在因素。此外，种族隔离是对历史逻辑的一种非理性干预。只要资本主义还是一种非常现代的经济体制，种族隔离就是一种对资本主义发展逻辑的不理性的干预——扭曲了市场力量的效能，引入了一种阻碍资本主义发展的政治体制，并且培养了一种构成了"发展的阻碍"的思想态度（类似于，比如说，印度的种姓制度，或者原始社会的萨满信仰）。所以，废除种族隔离制度将使南非的所有现代化机制，包括资本主义经济，都带着更强的理性效能进行运转。

这里显然不能对每种理论路径都展开评论。我们对两者都持有批评态度，尽管对第二种的批评要少一些。两种路径在各自对人类社会的观察方面都太过理性主义:依附理论夸大了资本主义制度的理性,现代化理论则夸大了所有东西的理性。两者都诞生于启蒙运动的哲学以及进步的神话。我们倾向于把南非的历史看作一个更为凌乱的事件。两种路径都扭曲了,尽管第一种比第二种扭曲得更为厉害。依附理论家们所持的观点,南非资本主义的发端和早期发展和种族隔离制度之类的东西相处融洽,甚至可能需要这样的制度,是有一定道理的。但是,如果更接近今天的状态,那么这种观点就迅速地失去了其合理性。这种路径必须假设,最少在国家的经济和政治精英之间存在一种秘密合谋。然而,至少自1948年以来,南非局势的一大特征就是这两大精英阶层之间的对立。依附理论的观点被迫要无视这样一个事实,即正是南非资本主义的成熟对种族隔离的社会造成了重创。最后,这种观点必须撇开所有有关社会主义体制的经验证据,已有的证据几乎不支持所谓社会主义有助于种族和睦的观点,或者就现在的讨论而言,有助于在总体上实现经济和社会的更大平等的观点。

应用于南非的现代化理论同样也是扭曲的,因为它倾向于掩饰南非局势的独有特色。它倾向于从体系的角度进行理性的判断——即,如果从全社会的角度来看,某种事物被认定是理性或非理性的,那么社会本身就会被认为是一个有效体系。这就忽视了一种情况,即,对一个群体来说非理性的东西(比如说英语的商人)可能对另一个群体而言非常理性(比如说南非荷兰语的官员)。另一种说法就是,现代化理论倾向于忽视或者至少是不那么强调社会中的既得利益的力量。许多具有强大既得利益的集团根本不在乎他们的行为会如何影响到作为一个有效体系的社会全体。而且,现代化理论家们倾向于对"发展的阻碍"持有过于轻率的看法,即那些被一般认定为非理性却推动着活着的人们前进的价值观念、信仰和情绪——例如,国家自豪感或者民族自豪感(比如在荷兰裔南非白人或者祖鲁人),种族恐惧(在南非白人的心中是如此明显)或者在"同志们"的行动中表现出来的愤怒。

最后,南非尽管有其独有的特征,但它仍是当今世界的一个重要组成部分,其本身也受到其他地区力量的影响,依附理论和现代化理论的这种观点是具有启发性价值的。依附理论,虽然其主要命题大部分都是错误的,但它将引起了关于国际经济力量对于南非的影响,以及在任何现代经济体系中都存在的既得利益问题方面的关注,这是有一定助益的。现代化理论，尽管扭曲，并且对于现代化进程的看法过于乐观，但在引起对全球进程的关注方面是很有助益的，比如工业化、城镇化或者识字率和大众传媒引起的思想变化，这些——除了许多地方性的变化之外——都是贯穿整个当代世界在起作用的。

种族隔离范式

截至目前我们已经以借鉴其他社会经验的方式，审视了用以解释或可能解释南非现实的方法。然而，除了借鉴他人的经验之外，还有一种思考南非冲突的方式需要进行讨论。南非的冲突几乎被普遍地看作是白人和黑人的政治利益之间的斗争。白人现在握有权力。黑人想要权力。在这个概念背后是两个关键的假设：

——第一，南非的政治利益是以肤色进行划分的。

——第二，这些从种族角度进行划分的利益天然是相互冲突的。

这些假设是种族隔离思想（apartheid-gedagte）的核心。然而，在远超出种族隔离支持者的队伍之外，这些假设也仍然当道。它们变成了几乎所有人对南非的感受的一部分。它们变成了政治辩论语法的一部分。听见抵抗派发言人宣称"黑人"想要 X 或者 Y，就和听见右翼的发言人阐述着"白人"的渴望一样普遍。

这些假设有多准确？

它们显然经不住批判性推理的考验。当你问"黑人"或者"白人"的政治利益是什么的时候，你最终面对的要么是对于文化或语言权利的关切，要么是对披着文化外衣的物质利益的关切。如果南非的冲突真的是集中在语言权利上，那么可以轻易获得解决。至于标榜着种族问题的物质利益，它们不仅被掩盖了，而且被曲解了。

正如史莱姆（Schlemmer）在第一章中所说，现政府所关注的，更多的是和保留某种物质生活方式相关，而非文化利益。我们必须再一次询问：是什么生活方式？就白人选民所关注的保留有序的城郊生活，抗击犯罪，保留收入，避免（甚至更高的）税收，这些肯定是中产阶级共同的渴望。日益增长的南非黑人中产阶级的态度会和这些渴望不同吗？如果大部分南非白人想要持续增长且有效的国民经济，可靠的行政服务，有用的社会服务，以及安全的居住和工作环境，那么要建议那些和他们处于同样位置的黑人们要求什么不一样的东西呢？

我们问这些问题不是说南非人民的政治利益是一致的：很显然，有关什么是好的，以及如何最好地达到自由、繁荣和公正的目标，这样的讨论非常流行。我们所质疑的是关键的裂痕走势是否必然与肤色吻合。

如果今天没多少人会坚称政治利益由生物特征决定，那么会有很多人指出种族冲突的在主观和体验上的基础。种族隔离制度悲剧性的成功已经变成了一个自我实现的假说。因为种族和阶级经验已经被安排沿着两条平行的轨道前进，种族和阶级利益中的身份认同因素是很显然的。而且种族是一个如此明显而又方便的标签——为人类的经验提供了相当具有吸引力的归档系统。只要行动者按照这些方面构建他们的社会现实，冲突就需要具备种族的形式。

然而，在认为的定义和根本定义之间还有一个关键的差异——特别是就未来前景而言。对南非历史的仔细研究提供了许多例子，它们破坏了以种族划定利益的概念。在南非反对种族主义统治的组织中，领导阶层中总是有白人的。目前，白人在 ANC, SACP, UDF 和 COSATU 中都扮演着重要角色。如果他们能够打破对他们肤色的生物决定论，其他人也可以。

种族隔离模式的重要之处在于，和所有模式一样，它对问题的定义排除了一些解决方法。如果政治利益是根据种族界定的，也是根据种族而形成对立的，那么从定义上来说，没有种族歧视的民主未来就是不可能的。剩下的选项只有压迫性的白人少数派政府或者压迫性的黑人多数派政府。爱因斯坦的物理学无法用牛顿的语言去思考。只要我们还在使用牛顿的语言，那么我们就排除了爱因斯坦的洞见。同样的，只要行为者们还在用种族决定论的语言对南非问题进行辩论，他们就阻止了自己超越种族隔离制度。

超越种族隔离制度的南非：可能吗？

最后，对人类经验进行比较研究，对南非的未来有什么启示呢？向着没有种族其实的未来前进可能吗，或者必须以希腊悲剧的眼光来看待这样的未来？

传统智慧又一次起了误导作用。"历史上有特权的少数派哪有自愿向多数派移交权力的呢？"是经常摆出来的令人绝望的问题。这个问题是个反问句。它预设了回答是："从没有！"，而这个答案不但从历史的角度看是错误的，而且是荒谬的。这个问题要么必须被理解为毫无意义，要么它的否定式答案就是对现代世界的出现的否定。

工业社会首先在欧洲出现，它见证了政治权力和经济机遇从封建制下的精英们向大众社会的转移。政治领域的普选权，以及经济领域中，职业藩篱的废止和劳动组织的出现，都根本性地改变了权力在这些社会中的行使方式。在有的国家中，这种改变伴随着（或者更普遍的是跟随着）政权的暴力变更。在更多的国家中，这种改变的发生则越来越多地是通过现有的统治集团发起或至少是容忍的行动实现的。这些行动削弱了统治集团的政治权力和物质特权。

这些统治集团是自愿改变的，或是迫于环境压力呢？这种区分根本上说是无意义的。历史记载表明，在有些社会中，统治集团发起了、鼓励了并促进了变革。在其他的社会中，他们则对变革予以抵制，直到发生武装冲突。

也许说明这种过程的最有趣的当代例证，就是西班牙的民主化，西班牙迈向民主的进程是从上层发起的。这里的变革不能被看做内部或外部压力强迫的结果。这一举动发生的背景是痛苦的斗争和意识形态上的对立，并在西班牙内战时达到顶点。其结果是一个多元化的民主国家，左翼和右翼的极权主义运动都被有效地边缘化了。如果民主能在弗朗哥统治下的西班牙实现，为什么不能在博塔统治下的南非实现呢？

出现了两个相关但是又不同的问题：

——如何引导统治集团放弃控制权？

——这样的进程怎样才能迈向民主制度而非新形势的非民主统治？

两个之前提过的例子，明治时期的日本和邓小平时代的中国，实际观察。实际上只有两种方法能引导统治集团放弃控制权：被迫，或被诱。强迫这种可能的变革手段在南非行不通，至少在可预见的将来不行，因为军队的现实不允许。因此必须找到一种方法，使权力共享成为统治集团中的成员们愿意接受的方案，毕竟他们是行动的目标。在明治时期的日本，通过给予被抛弃的贵族以某种经济补偿（主要是政府债券的形式），使他们在新秩序中获得经济利益。这也可以说是巨额行贿。这一举措获得了巨大的成功,以至于大量的原贵族阶层成员变成了新的资本主义体系中的资本家和企业家。这种从封建主义向资本主义的过渡,被一个设计精巧的意识形态花招所合理化,原有的武士精神(忠诚、纪律、节俭)被转变为类似所谓的"新教伦理"的了不起的东西——即,转变成了一种有益于现代化的价值体系。"天皇制度"是其中的焦点。

邓小平时代的中国,到现在为止,还是这种政治逻辑下的一个比较模糊的例子——部分是因为它还处于起步阶段,部分是因为我们不知道现任领导人希望改革走多远。目前改革的方案似乎是削减一些经济特权以保障政治权力——正如有些观察家所说,试图在维持列宁主义政体的同时拥有市场经济。这是一项艰难的壮举。有人怀疑这个方案中的某一方面会不得不在时间面前投降。只要熟读任何一期《北京评论》(Beijing Review),都会让它的读者生动地感觉到从这项方案中产生的意识形态张力。

统治阶层的精英极少因为参加道德争论就走到放弃统治的一步——因为大部分拥有权力和特权的人都沉着地相信他们在道义上有权享受这些。相反,在缺乏不可抗拒的强制手段的情况下,当统治集团相信长期看来放弃控制是对他们自身有利的时候,他们便会这么做。要做出这样的结论,需要高度的分析能力;要有效地实践这个结论,则需要同样高度的政治意志和敏锐度。

如果需要一个离现在不那么近但具有启发性,而且还没讨论过的例子,那么1867年促成了奥匈帝国的大妥协(Ausgleich,奥匈折衷方案)是一个。在那之前,奥地利的寡头们一直在整个哈布斯堡王朝疆域内实行中央集权统治。外部和内部的压力使得整个统治集团得出结论:继续现状是行不通的。主要的外部压力是奥地利在1866年被普鲁士战败。内部压力来自于臣服的民族对平等权利日益增长的要求,其中匈牙利人是最大的一支,最为团结且对自己意见也表达得最为激烈。奥匈折衷方案涉及奥地利精英根本上放弃控制(也可以说分享权力)。这种妥协也吸引了另一个精英团体,就是匈牙利贵族。最后出现的二元国家使双方的利益都得到了满足。奥匈帝国的两个部分发展方向并不一样:前一个朝着多元化民主的方向前进;后一个朝着匈牙利马扎尔人霸权为基础的中央集权国家发展。在随后的几十年中,二者都经历了各种压力。然而整个安排注定失败的命运却并不清楚：奥匈帝国是战败之后瓦解的。如果它避免参战或者赢得了战争的胜利，那么很可能它会迈向更加广泛且民主的妥协——一个扩展了的折衷方案——斯拉夫民族有可能会参与其中。

让我们回到第二个问题：放弃控制权之后，怎样能采取民主形式，而不仅是换种寡头政制形式？

有很多文献都有些夸大地标榜为"民主理论"，它们从宽泛的比较研究的视角对民主所需的条件和公认的要求进行解析。这里不能对它们进行评述。可以说它们并非结论性的：这些文献并未给出什么方案或对策以终结威权主义。然而，比较研究的经验显然说明这种转型是可以实现的。

尽管以上的讨论没有给南非找到"解决方法"，但是可以从中得出几个结论。

在大多数情况下，使统治集团放弃控制权的非暴力变革需要时间。快速而剧烈的变化容易导致一种寡头政制取代另一种寡头政制，而不会产生民主政权。革命性的剧变会产生新的暴政。这种剧变极不可能发生在南非。南非的方案必须是诱导性的，而非把当权者迅速踢出局。有证据表明，统治集团内部有重大影响甚至是决定性影响的人士已经觉得维持现状代价太高。是否会达成一个折衷方案，或者会是长期痛苦而血腥的困局，将由当前权力分化的双方的政治领袖们所具有的想象力、技巧性和勇气来决定。

打破种族隔离的模式：新的机制、新的
领袖和最重要的新的象征符号

如果比较研究的经验说明世界末日的善恶大决战并非南非必然的宿命，那么它也暗示克服种族隔离制度需要新的机制、新的领袖类型，以及最重要的是，有新的象征性的合理化。

种族隔离机制是种族动员的机制。后种族隔离时代的机制必须是没有种族歧视的动员机制。种族隔离机制采用了封建的权力和权威形式。后种族隔离时代的机制必须进化出民主的权力和权威形式。

从实际层面说，后种族隔离时代的南非要围绕着任何现代工业化国家所关切的问题进行组织：繁荣、自由和公正。这些目标都必须不带种族歧

视地进行界定。范式的转换已经很明显了。

有关大学角色的讨论,例如在威特沃特斯兰德和开普敦的大学,其本质是关于大学在现代国家中的政治和职业任务的论争。政治上,这个论争的实质是自由派和马克思主义关于教育在社会中的作用的认识之间的竞争。职业上,它是让毕业生具备有用的技术,和教育充当"吸引注意力"的角色之间的竞争。这些辩论都无关种族。

资本主义对社会主义:哪条发展道路?

另一个例子,尽管时常被从种族角度理解,但却比南非政治的去种族化持续得更久,也更重要,那就是资本主义和社会主义的论争。当前把种族获取权力的问题,和组织及管理全国资源的最好方法(对此最好的表述是"种族资本主义")两者融合在一起,模糊了南非人民所面临的最关键的问题:走哪条发展道路?白人政治霸权助长了南非政治中对经济的无知。现政府的措辞说明南非现在是沿着资本主义,甚至是自由资本主义的路线进行组织。但是国家管制尤其在南非黑人生活的主要方面都处于中心地位,那么显然国家的说法并不属实。反抗集团所采用的措辞则说明南非基本上是一个富裕的国家:问题在于财富都集中在了不对的人手中。事实上,南非相对来说是个贫穷的国家。人均国民生产总值是美国的七分之一,现有财富的再分配只能稍微扩展一些特权阶级的圈子。如果国民渴望有好的住房、健康、教育和就业机会能提供给全部三千五百万公民,就必须实现经济持续显著增长。南非每年的人口增长率大约是百分之二三,那么国民生产总值的增长速度就必须持续地高于人口增长速度,而这在20世纪80年代是无法实现的。要实现这样的增长速度,需要对国内经济资源进行有效的管理,还要成功地参与世界经济。哪种经济管理方式,资本主义还是社会主义,能实现这个目标呢?

资本主义和社会主义的论争在南非基本是个回顾性的议题。这个议题所关注的是经济和政治结构之间关系的实质——资本主义在种族隔离制度的出现和维系中所起的作用。当它转向讨论未来的选择时,这个议题也会具备新的形式。对此进行的讨论应该把当代的其他国家的经验纳入考虑。

20世纪对衡量两种制度的表现提供了经验性证据。资本主义的组织形式中，生产方式主要由私人决定，比起社会主义来，在创造财富、消除贫穷、实现平等方面更加成功。资本主义似乎也是实现民主的必要非充分条件，此处的民主被理解为受制约且负责任的政府体系。

更为重要的证据显示，当国家通过私人形式的贸易和投资渠道参与世界经济体系时，它们发展得最好。日本和东亚"四小龙"的经济增长现象，从根本上挑战了依附理论对中心-边缘地带的分析。非洲大陆独立的三十年也得出了否定的结论：主要靠发展支援和世界经济相连的中央主导型经济并不增长。

东亚经验需要认真研究。虽然在这些国家中，私有制的作用毋庸置疑，但是它们并不符合政府角色最小化或者市场主导的自由主义观念。政府对社会资本进行了极其显著的投资，比如住房和教育。商业和政府之间总是有着紧密的联系。这些国家也并没有实行自由贸易政策。然而，这些社会基本上仍然实现了令人印象深刻的资本主义增长。

南非是否能有效应对经济增长的挑战，将决定新的政治体制能给全南非人民带来什么实际的好处。

开放的未来

有理由希望，建设新的没有种族歧视的机制能够获得成功。尽管南非的历史写满了种族分化，但也存在重要的无种族歧视主义传统。这样的传统在所谓的说英语的教会中很明显。1986年荷兰归正宗教会决议中，宣布种族主义是罪，并接纳所有种族的基督徒成为会员，从而扩展并强化了这种决心。非种族歧视的伦理，源于市场的迫切需要，也在经济中发挥着作用。大部分大学和私立学校都实现了去种族化。所有反对种族隔离制度的政治组织也显著地推动了这种非种族歧视的伦理。新的独立民族主义运动（Independent Nationalist movement）基本上根据种族问题，把自己和传统的民族主义者区分开来。

然而，在种族隔离之外的变化，需要的明显不仅是新酒，还要有新的酒囊。需要的不仅是新的政党，还有新的政治过程。在这个过程中，领袖的本质将会不同。领袖吸引的将是意识形态上的盟友，而非种族上的。要实现这一点，他们将要改变南非象征符号的现实。他们要帮助缔造国家统一的符号，使南非人民发展出对这片土地和这个国家的忠诚。

等待南非的既不是天堂也不是末世决战。相反，被提上议程的是缓慢而且常常伴随痛苦的通往现代性的征程。一个没有种族歧视的民主而繁荣的社会是可能的。南非人民只需要让它成真。

附录 1

为"结束种族隔离制度之后的南非"项目进行现实测试所建议的分析大纲

1. 内部批判

这意味着根据行为者*自己的*认知地图对他们提问;换言之,这里试图探查几个认知地图中的弱点或前后不一致的地方,但不暗示现实中需要的是完全不同的认知预设。

(a) 认知地图中的事实性错误。

例如:有关经济或人口数据的简单错误。

注意:只有当这类错误关系到行为者的策略逻辑时,才值得指出。

(b) 行为者的目标和策略之间的矛盾。

例如:所宣称的目标 A 可能无法通过所采用的策略逻辑实现,但是实际上却达成了没有公布并且公认并不理想的目标 B 的可能性或概率。

(c) 行为者的规范和策略之间的矛盾。

例如:指出行为者采用的策略和其拥护的规范相抵触。

注意:这里不引入外部规范,例如本项目(SABA)的访谈者所持有的规范;相反,要引入和正在使用的策略逻辑相关的行为者*自己的*规范。

2. 外部批判

这意味着根据访谈者的认知假设对行为者提问,因此意味着行为者的认知地图可能在实践中是有缺陷的。根据访谈情境的敏感性,对其缺陷的指出可以是直接的("我认为你这里是错的")或者间接的/假设性的("有些人认为现在的情况是这样的,你对此如何回应?")。

（a）和可替换的认知地图相对峙。

如果访谈情况许可，通过要求行为者回应一个完全不同的对现实的诠释，使他受到了挑战。如果这看起来过于困难，那么可以采取以下的方法。

（b）和具体的在认知上的不同意见相对峙。

即，不同于挑战行为者的整个认知地图，这是根据访谈者的（或者可以换成"其他人的"）现实观念，质疑其认知地图的具体部分。其中包括四个方面：

（i）策略无意中造成的后果。

例如："你这么做是因为你想达到那个目标。你是否考虑过出现完全不同的事态发展的可能性或概率？"

注意：这个系列的问题和上面1（b）类别的问题很相似，只是在于无意中造成的后果的*程度*。

（ii）没有意识到的经济代价。

简言之："你是否弄明白了将要为你的策略付出什么？"

（iii）没有意识到的政治代价。

例如："你是否弄明白了这个策略将会对这一特定的政治关系产生什么影响？"

（iv）没有意识到的社会代价。

例如："你是否弄明白了这个策略会对你的支持者内部的凝聚力或者社会身份产生什么影响？"

（v）没有意识到的国际代价。

这个够简单。

3. 规范性批判

这意味着根据和"结束种族隔离制度之后的南非"（SABA）项目相关的规范对行为者进行提问。用否定的方式来说就是，这个特定的策略是否可能对以下几点造成破坏性影响：

（a）种族隔离制度的废止；

（b）南非的民主前景；

（c）经济基础的保存；

（d）人力消耗的最小化？

附录 2

分析大纲

经过修正的分析框架，意在为指导项目第一阶段要进行的研究/写作而提供一个宽泛的共同框架。

1. 谁？

社会和政治定位：

从标准的社会科学分类的角度（由团体大小、年龄、种族/民族、阶级、职业、教育程度构成），进行团体识别。

识别团体内部和团体之间的分离/分裂和联盟。

从南非或者美国的整个政治光谱（political spectrum）的角度进行团体识别。

团体的历史。

领导、组织和征募的模式。

领袖的既得利益（承认的和未承认的）。

2. 为什么？

远期目的：

识别公开声称的未来方案。

识别隐性的未来方案。

规范性预设：

- 声称的团体规范/价值观念。

这些预设的意识形态定位：

- 使这些预设对团体中的人具有意义的更广泛的社会思潮。

认知预设：

- 这些人所运用的"认知地图"（cognitive map）（他们如何看待自己？他们如何看待南非、美国或者整个世界的现实？）
- 他们如何看待他们公认的对手，及其目标、利益以及价值观念？
- 他们如何看待情境中的其他行为者？

3. 怎样？

策略：

辨识公开宣称的实现理想方案的策略。

识别隐形策略——即，从采取的行动中而非使用的措辞中所体现的策略（也许并未被有意识地认为是策略）。

识别团体所认为的障碍。

4. 这些策略是合理的吗？

现实测试：

这是基于团队对于现实的共同认识，包括：

- 评估团体的认知预设。
- 评估团体具体策略的可能后果和代价（政治的、社会的和经济的），以及成功实现的概率。

译后记

和彼得·贝格尔教授相识并结下师生之谊，至今已有七八年了，但我仍然清晰地记得第一次见到他的情景。2007年的夏天，我到波士顿大学参加由贝格尔教授创立的文化、宗教及世界事务研究所（CURA）组织的夏季研讨会。贝格尔教授的揭幕演讲主题是遍及全球的宗教复兴现象。由于我之前已经读过他所编著的《世界的非世俗化》一书，对其中的很多概念都比较熟悉，所以整个演讲给我留下最深刻印象的并非学术上的新观点，而是贝格尔教授对于自己的学术生涯所抱持的一种态度：作为一位声名卓著的社会学大家，他从未羞于承认自己的世俗化理论已经被证伪，或者急于对之做出任何辩白；相反，他乐于见到这一切的发生，因为这意味着人类社会仍是一个让他充满兴味的研究对象。茶歇闲聊的时候，我问他为什么会选择社会学家作为自己的职业，他面带笑容，眼睛里透着狡黠的光芒，说："因为我觉得研究人类社会，就好像偷看别人的信件，或者透过别家房门的钥匙孔向里面窥视一样有趣——顺便说一句，我确实偷看过别人的信件。"这句话的个中深意我到后来才能够逐渐领会——社会学家所做的工作就是保持着对人类社会的好奇，来揭露表象之下的真相，或者说揭示现实的各个维度——但当时，它已经勾起了我对社会学的浓厚兴趣。

其后与贝格尔教授的交往日多，越深入地了解他的学术思想，便愈加景仰这位大家的治学态度及学术素养。所以当贝格尔教授和我通电话，要求我担任这部文集的译者时，我的心中可谓五味杂陈。一方面我诚惶诚恐，不知以自己有限的水平（以及更为有限的幽默感——而贝格尔教授却总是带着幽默甚至有些戏谑的眼光来看待各类社会现象）能否胜任这一工作；另一方面，能够有幸将自己极为尊崇的导师的著作介绍给中国的读者，又自然感到极其光荣，甚至有些雀跃不已。我犹豫地说出自己的疑虑，他只说了一句话："你是我的学生，我知道你可以的。"老师对我有如此信任，我自当庶竭驽钝，以冀回报师恩于万一。

本书的翻译工作大部分是我在缅甸进行田野作业的间隙完成的。缅甸的供电网络和互联网服务还相当不稳定，所以我的翻译也是时断时续，心中难免焦急，却又无计可施。由于我在专业知识和翻译语言两方面均甚浅陋，翻译行文不免时有捉襟见肘之感，"求其信已大难矣"，许多原文中的精妙语句难以完全展现其精髓，实为一大憾事。译文之中若有不当之处，还请各位读者海涵，并予以批评指正。此外，我特别加注了一些重要的学者及其学术成就，有心人士必能从中寻得一片新天地。希望各位读者能以这本文集为起点，更加全面、深入地了解贝格尔教授的著作全貌。相信各位必能在智识上获益的同时，也在学术精神上受到启发和激励，并自此开启一段社会学的新旅程。

最后，征得贝格尔教授的同意，我想把这本译作敬献给师母布丽吉特·贝格尔。她是一位睿智、风趣而又富有自我牺牲精神的伟大女性。愿她高贵的灵魂得到安息。

谢夏珩
2015年秋于缅甸腊戌